JN000922

Rich Thanks to Racism

How the Ultra-Wealthy Profit from Racial Injustice

JIM FREEMAN

超富裕層の人種差別戦略

善意の裏でボロ儲けする
アメリカのビリオネアたち

ジム・フリーマン

橋本篤史[訳]

光文社

超富裕層の人種差別戦略

善意の裏でボロ儲けするアメリカのビリオネアたち

RICH THANKS TO RACISM
How the Ultra-Wealthy Profit from Racial Injustice
by
Jim Freeman

Originally published by Cornell University Press

This edition is a translation
authorized by the original publisher,
via Japan UNI Agency, Inc., Tokyo

よりよく公正な世界のために闘おうとするすべての人たちへ

目次

凡例

傍注において、「※」つきの番号は「著者による注釈」のあるもの、「＊」つきの番号は「訳者による注釈」を付したものである。印のついていない番号は原注であり、巻末にまとめた。

はじめに

2020年の夏、アメリカの人種問題に関してふたつの大きな出来事があった。ひとつは過去に例がなく、もうひとつはこの国の歴史を通じて数え切れないほどくり返されてきたことだった。

まず、5月25日に起きたジョージ・フロイドの死亡事件をきっかけとして、アメリカで初めて制度的(システミック)レイシズム[*1]の存在が広く世に知られるようになった。人種不公正を終わらせるための支援を表明することが流行となり、国内すべてと言えるほどの企業や政策立案者らがブラック・ライブズ・マター運動を支持する公式声明を発表した。

ついで、7月になると、これまで何度も起きてきたように、制度的レイシズムへの人々の関心は急激に薄れていった。主要メディアはこの問題の報道からほぼ身を引いていた。新たな〝意識の高い(ウォーク)〟企業の多くは、非難されている差別的な方針や慣行を排除するプロセスにとりかかりながらも、抗議デモが終わるなり通常運転に戻っていった。そして政策立案者の大半は、デモが行われたときにいつもしていること、すなわち騒動を鎮め、事態を〝正常〟に戻すために必要な最低限の変化を模索していた。

ひどく不公正な現状がこれほど広く受け入れられている状況を目(ま)の当たりにすると、人種的公平に向けて今も熱心に活動している人々が今後数カ月から数年のあいだにどれだけの進展を遂げられるのかわからなくなる。この本を書いている時点（2020年8月）では、私はどこか楽観的な気分でいる。制度的レイシズムの影響を強く受けているコミュニティが先頭に立ち、これまで必要とされながら先延ばしにされてきた変革の波を起こしてくれるだろうと。その一方、現実的な考えがないわけではない。アメリカ社会から制度的レイシズムを一掃するには、人種や民族の垣根を越えて人種正義運動のメンバーや支持者になる人をよりいっそう増やさなくてはならない。

本書は、そうした取り組みに参加したいと思っているすべての人に向けて書いたものである。今後数年のあいだに、私たちはまず間違いなくアメリカ史上もっとも重大な社会変化を巻き起こすチャンスを得るだろう。私たちが国として達成できること、到達しうる目標、排除できる不公正のなかで、全米で何世紀にもわたり何千万人もの有色人種を打ちのめし、社会の隅に追いやってきた制度的レイシズムを撤廃するほど大切なことはない。「黒人の命も大切だ（ブラック・ライブズ・マター）」と言って満足するのではなく、その言葉を一致団結して実現することが、私たちの生涯を貫く重要な課題である。あなたがこの運動にできるかぎりの貢献をしてくれること、そして、本書がその一助となることを願ってやまない。

＊1　特定のマイノリティ集団にとって不利となるような仕組みが組み込まれた社会で生じるレイシズム（人種差別主義）。

序章

戦略的レイシズム

本書で明かす事実について、10年前の私が読んだら抱いたであろう抵抗感をみなさんが抱かないようにと願うばかりだ。

当時の私はそうした事実を信じようとはしなかっただろう。その意味するところは、私にはとうてい理解の及ばないものだったはずだ。長いあいだ公民権を専門とする弁護士を務めてきた身として、人種不平等が起こる原因をつねに把握してきたと言いたいが、いかんせんそうはいかない。今ではキャリアの大半において、有色人種が向き合う課題を正しく理解してこなかったと痛感している。私は全米各地の黒人と褐色人種が多数を占めるコミュニティと手を携え、彼らが直面する不公正と闘えるようできるかぎりの支援をしてきた。ところが、実際には自分たちが誰と何について闘っているのかよくわかっていなかった。[1]あのころの私は、「正義を阻む最大の障害は無知である」と考えていた。それが私たちにとってもっとも手強い敵だと信じていた。だが、本当に闘っているのが格段に厄介なものだと気づいたのは、ずいぶんあとになってからのことだった。

アメリカの人種格差をどうやって説明したらいいだろう？　それはどこから生じたのか？　なぜこんな状況が続いているのか？　私にとって、その答えは粒子の粗い過去のニュース映像に見出せるものだった。アラバマ州バーミンガムでは、ブル・コナー署長が子どもたちに向けて高圧の水や警察犬を放っていた。同州セルマでは、州警察官や民間人が黒人の投票権を求めるデモ隊を容赦なく打ち据える「血の日曜日事件」が起きていた。さらに、アーカンソー州のリトルロック高校では人種統合を阻止するために州兵が動員され、アラバマ州のジョージ・ウォレス知事は「今こそ人種隔離を、明日も人種隔離を、永遠に人種隔離を」というスローガンを意気揚々と揚げていた。いずれの映像も、このうえないほどの説得力があった。[2] 私はかつて、長引く人種不平等の起源はすべて、両親や祖父母の世代の不見識きわまりない見方や人格にあると思っていた。他方、そうした不公正を支えるイデオロギーは、進歩的な考えを持つ私たちの世代では必然的に廃れるだろうとも思っていた。私の見るかぎり、現代の不平等は悲劇的だが遠い過去の有害な残滓に過ぎず、やがては歴史のゴミ箱へ捨てられる運命にあった。そして私自身も不公正を一掃する箒の役割を望んでいた。私たちが社会に残る不公正を指摘すれば、きっとアメリカ国民や政策立案者は真の人種平等を実現するために立ち上がり、行動を起こすだろう。かつてキング牧師が言ったように「道徳的な世界が描く弧は、正義に向かって伸びている」のだから。[3]

しかし、時が経つにつれて、正義はそう簡単には実現しないこと、道徳の弧は思いどおりには曲がらないことがわかってきた。もっとも、そのような認識は平等を求める闘いに負けたから生じたのではない。勝ったから生じたのだ。少なくとも、私たちが一般に勝利とみなしているものによって。

私は長年にわたり、制度的レイシズムを根絶し、ポジティブな社会改革を実現するための草の根運動を支援することに力を注いできた。そうした取り組みの中心には、平等な教育の実現、大量投獄の終結、移民の権利保護、「学校から刑務所への直通パイプライン」の廃止、よりインクルーシブな参加型民主主義の構築といった、有色人種のコミュニティの最優先事項を支援するキャンペーンが存在する。キャンペーンの指導者は、アメリカでもとりわけ政治的・経済的に疎外されたコミュニティの若者や大人たちである。そのようなコミュニティは、シカゴやニューヨーク、マイアミ、ロサンゼルス、デンバー、フィラデルフィア、オークランド、ジャクソン、ニューオーリンズ、フェニックス、ニューアーク、ボルチモアなどにある、アメリカ社会が目を背けたがるような、黒人と褐色人種が多くを占める地域だ。だが、コミュニティの指導者たちの飛び抜けた忍耐力と飽くなき献身のおかげで、住民たちは本当に多くの重要な、画期的とさえ言える勝利を手にしてきた。そのため、彼らが直面する人種不平等は今ではかなり軽減しているか、あるいはすでになくなっていると考える人もいるかもしれない。しかし、これほど長い年月が経過し、キャンペーンを率いる人々が多大な犠牲を払ったあとでも、これらのコミュニティが抱える状況は、始まったときよりも改善したとは言いがたいのである。

もちろん、彼らの勝利が大きな前進を表していて、目覚ましい効果をたくさんもたらしたのはたしかであり、そのことに疑いの余地はない。だが、問題はコミュニティが2歩前進するごとに、すぐさま別の力が働いて、2歩あるいはそれよりも多くの歩数を後退させられていることだ。

最初はそれがわからない。目の前の闘いに勝つことに集中しているからだ。また、勝利への道はいたってシンプルなものに思えるだろう。こうした取り組みはどれも、本来すぱっと割り切れるような問題に対処することを前提としているのだから。実際、私たちが行ったのは、大勢の人にとってひどく有害であることが明らかな不公正を指摘したことだけだった。K―12[*1]での校外停学や退学処分の横行、あまりにも多くの人が放り込まれる刑事司法制度、移民関税執行局（ＩＣＥ）による移民の非人道的な扱い、人々の投票権をあからさまに制限しようとする試み、公立学校の縮小化。いずれの事例でも、不公正の元凶である政府機関よりも簡潔ではるかに優れた選択肢は存在していた。しかし、闘いは苦難の連続だった。私たちはあらゆる場面で熾烈な抵抗に遭った。しかも、対立相手は私たちが勝利したあとでさえ、人種平等を覆すための闘いを止めようとしなかった。

ある差別的な政策を打ち破っても、すぐに同工異曲としか言いようのない政策が現れる。自分たちで立案した政策を打ち出しても、それが完全な形で実施されることはない――たとえそうした政策が、明らかな不公正に対処し、公平で優れた慣行の導入を意図していたとしても。くわえて、私たちが一連の問題に対処しているあいだ、ほかの問題に関する恐ろしい政策が次々と実施されていく。まるで、レイシズムを舞台とした巨大なモグラ叩きゲームだ。ひとつを打ち破ったかと思えば、今度は同じくらいひどい不公正が出現する。どんなに苦労して闘っても、どんなに勝利を積み重ねても、本当の意味で変化が起きたと感じられることはめったにない。

＊1　幼稚園（Kindergarten）の年長から始まり高校を卒業する（12年生＝高校3年生の学年）までの13年間の教育期間。

そんななか、私は自分の目にしているものにいくつかの傾向を見出した。通常、キャンペーンやコミュニティにはそれぞれ異なる利害関係者や意思決定者がいるものだが、私たちの対立相手はどんな場所でも一貫していた。州や地方を問わず、どこで活動していても、私たちが対峙する悪しき政策はたいてい同じ支援団体やシンクタンク、メディアからの厚い支持を受けていた。全米各地で有色人種のコミュニティが日常的に直面している巨大な壁に立ち向かおうとすると、きまって同じ組織の同じ人間が同じ政策をぶつけてくるのだった。彼ら対立相手は、たとえそれぞれの場所に実際に存在していなくても、自分たちの計画を進めるうえで望ましい政策が適切な人物の手に渡るよう取り計らっていた。そのため、私はさまざまな州の政策立案者がほぼ同時に、一見するとまったく同じ内容の新たな政治構想を掲げる場面に何度も出くわすことになった。なんとも不気味な感覚だった。フロリダ州タラハシーの議員が、コロラド州デンバーやイリノイ州スプリングフィールドの議員と同じ〝革新的な〟改革案を突如として思いつく。メリーランド州やアリゾナ州、ミシシッピ州、カリフォルニア州、ニューヨーク州の学区や警察が、どういうわけか同じタイミングで似たような政策を実施する。これらの政治構想はいろいろな分野にまたがっていたが、すべてに共通する点がひとつだけあった。有色人種のコミュニティに壊滅的な打撃を与えていたのである。

関心をかきたてられた私は、こうした政策についてくわしく調べてみることにした。これらはいったいどこから来たものなのか、支援しているのはどんな組織か、組織のネットワークに資金を提供しているのは誰なのか。すると驚くべきことに、調査は何度となく同じ名前の小さな集団にたどり着いた。人々に日々甚大な被害をもたらしている政策の大半は、ひと握りのビリオネアや億万長者[*2]が生み出したものだった。[※1]つまり、私がともに働いていたコミュニティが日常的に人種不平等と――多くの場合、自分たちの暮らしを守るために――闘っている一方で、超富裕層であるアメリカ実業界とウォール街の経営者たちは、そうした活動に真っ向から対立する組織に資金を投じていたのだ。[※2]彼らは実質的に、人種不公正の永続化を促進していた。

こうした組織は人種問題の発展を妨げるだけでなく、対立する有色人種のコミュニティよりも圧倒的に多くの資源(リソース)を使っていた。それが超富裕層から提供された多額の資金のなせる業(わざ)だと知ったとき、私は驚きに目を瞠(みは)った。超富裕層は、税金の控除を受けるために、自分たちにとってはささいな金額をどことなく魅力的な団体に寄付していたわけではなかった。低所得層の有色人種コミュニティを荒廃させるという確固たる方針のもと、何十億ドルという資金を注ぎ込み、戦略的に投資していたのだ。この巨額の投資によって、国内はおろか国際的な規模で人種不平等を売り物にする団体の業界全体が支えられていた。しかも、こうした取り組みは巧妙に隠蔽されているか、少なくとも偽装されているため、彼らの企みに気づく者はほとんどいなかった。

※1　もちろん、あらゆる富裕層がこのような形でお金や影響力を行使しているわけではない。世の中

＊2　個人資産10億ドル以上を有する人々。

には信頼できる企業市民や人道主義者もたくさんいる。しかし、このあとの章でも説明するように、こうした人種差別的な方針を積極的に支持するビリオネアや億万長者はみなさんが思っている以上に多いのだ。公平を期すために言うと、そういう人のなかには、芸術作品や博物館、公衆衛生など、崇高な活動に富の一部を充てている人も多い。その手の寄付は、本書で述べるタイプの投資とは違って、大きな宣伝効果をもたらしてくれる（それこそ、まさに超富裕層の寄付者（ドナー）が切望しているものだ）。これらの取り組みが世に与える利益と、本書で取り上げるような超富裕層の秘密裏の活動が招く損害のうちどちらを重んじるかは、読者のみなさんの判断に委ねたい。

※2　本書では、「超富裕層（ultra-wealthy）」という用語は、自分たちには多大な利益をもたらす一方、あらゆる人種や民族（とくに有色人種）の低所得層、労働者階級、中流階級の人々にはひどく有害なやり方で富と権力を行使するビリオネアや億万長者の集団を指す。

コミュニティ破壊の裏に隠された意図

こうした発見に至ったとき、私は右も左もわからない新人というわけではなかった。弁護士としてのキャリアをすべて制度的レイシズムの打倒に捧げてきたので、ずいぶん前からいろいろなことを学んでいた。たとえば、人はレイシズムについて考えるとき、偏った思想を持つ個人間の衝突とみなすことが多い（あるいはそうとしかみなさない）が、現代のレイシズム被害の大半は実のところ個人の偏見ではなく、私たちの生活を形作る政策や制度から生じている。この種のレイシズムは、誰かをNワード[*3]で呼ぶほど露骨なものではないが、それと同じくらい、あるいはそれ以上に有害であり、影響を及ぼす相手の数もはるかに多い——実際、アメリカ国内だけで数千万人に害を与えている。

たとえば、アメリカでは有色人種の若者は白人の若者と比べ、日常的な教育が行き届いていない。それは毎年の〝学力格差〟や高校卒業率、大学進学率といった数々の指標からなる人種不平等からも明らかである。また、そこから生じる深刻な影響が、国じゅうの無数の家庭で深く、痛切に感じとられている。だが、そうした不平等のうち、教育制度に関しては個々の大人が抱えるあからさまな人種的偏見にもとづくものはごくわずかだ。それよりもずっと大きな問題は、この国全体が有色人種の若者のために公平な競争の場を用意できていないことである。

同じように、刑事司法制度におけるきわめて大きな人種格差は、警察官や検察官、裁判官の偏見ではなく、一連の重大な政策決定に起因している。したがって、仮に組織から〝腐ったりんご[*4]〟を取り除くことができたとしても、既存の大量投獄制度があるかぎりこれからも深刻な被害と人種不平等が生じつづけるだろう。

つまりはっきりしているのは、本書で挙げる制度やそのほかの制度によって、コミュニティ全体が

＊3　Nigger（黒人に対する差別表現）の婉曲的な言い方。
＊4　周りに悪影響を与える人や物を指す言葉。

毎年深刻な被害を受けているということである。制度そのもののせいで必然的に不平等な結果が生じているのにもかかわらず、私たちは解決に向けた切迫感を共有できていない。これぞまさに、現代のレイシズムが広く普及した形態だ。私たちは大多数の有色人種に不必要な害を与える公共政策は積極的に実施する一方、そこから損害が明らかになっても、適切な対処には二の足を踏んでしまっているのである。

20年にわたってこうした力学に取り組んできた私は、その仕組みについてしっかりと理解しているつもりだった。アメリカが国民、とくに有色人種に対して、きわめて残酷な態度をとりうることも知っているつもりだった。私が知らなかったのは、自分が闘っていると思い込んでいた残酷さよりも、さらに高度な形態の残酷さがあるということだ。

私は制度的レイシズムの原動力は無知にあると思っていたので、どれほど敵意に満ちた人間でも、深く根ざした人種不平等に向き合うよう説得できると信じていた。私の対立相手は、有色人種のコミュニティが置かれている状況を知らないために、不平等への向き合い方について異なる意見を持っているだけだと思い込んでいた。だが、超富裕層が自分たちの資源をもとに人種不公正を擁護・促進する方法を調べるうち、問題は彼らが制度的レイシズムのもたらす壊滅的な害について知らないことではないと気づいた。最大の問題は、超富裕層にとって制度的レイシズムによる害は欠陥(バグ)ではなく仕様なのだということである。

第1章を中心に本書全体で述べていくつもりだが、私がこれまでに学んだことは、人種不公正が超富裕層にとって経済的・政治的利益を追求するための強力な手段になるということだ。そうしたおぞましい事実が公の場で語られることは少ないが、この手の大規模な残酷さから大金を儲ける者がいることはたしかである。実際、公民権運動から50年以上が経った今も、なぜ深刻な人種不平等がなくならないのかと不思議に思う人は多いだろう。理由は驚くほど単純だ。制度的レイシズムは、ごく一部の人に莫大な富をもたらすのである。

さらに言えば、この恐るべき現代の人種差別は「制度的レイシズム」という言葉ではぴたりと言い表せない。あまりにも無機質なうえ抽象的なので、超富裕層の目論みを正確に伝えきれないのである。まるで長引く人種不平等は経済や政治制度の偶然の産物に過ぎないとほのめかしているようだ。実際には、超富裕層がしてきたことはそれよりもいっそう悪質である。彼らが有色人種のコミュニティに対して投じてきた数十億ドルの資金の裏には計画性、つまり〝戦略〟があったのだ。

有色人種のコミュニティを苦しめる政策の多くは偶然ではなく意図的に実施されていると知ったとき、目が覚めるような思いだった。私が目撃した全米各地の家庭で起きた惨状は、善意の政策の副作用や予期せぬ影響によるものではなく、コミュニティの破壊によって直接的にもたらされたものだった。そのことが理解できると、これまで超富裕層が何十年にもわたって、そして今なおもたらしつづけている不公正は、私がかつて制度的レイシズムと思っていたものをはるかに超えているとわかった。これは制度的レイシズムではない。戦略的レイシズムだ。

こうして、私はようやく真実にたどり着いた。大半の有色人種の人々には直感的にわかっていたことかもしれないが、私の場合、理解するのにあきれるほど長い時間がかかった。私たちの世代が受け継いだのは、人種間の混乱だけではない。人種不公正を助長しつづける、生きてうごめく怪物だ。変えてきたのは、その戦術だった。私が長年抱いてきたレイシズムについての考えは完全に間違っていた。現代の人種格差は、アメリカ史における未発達な時代の残滓などではない。アメリカという国を象徴するような、長きにわたる伝統の一部である。

そう、私たちの道徳的な世界が描く弧は、正義に向かって自然と伸びてなんていない。むしろ、不公正に向けてねじ曲げられているのだ。

正直に言って、最初はそんなことを信じたくはなかった。深く困惑した私は、自分が目にしているものをなんとか合理化できないかと悩み、超富裕層がとてつもない資金をこのような形で使う理由に説明をつけようとした。たぶん弁護士としてたとえ疑わしくともなるべく善意に解釈したかったのだと思う。彼らもまた、誰もがそうであるように、この問題について誤った認識を持っていて、寄付金用の小切手に気軽に書けるゼロの数が多いせいでその誤りが大きくなっただけなんじゃないか。そんなふうに、自分に言い聞かせようとしたのである。

実際、ほとんどの人にとって、見るからに人種差別的なふるまいをする者を非難するのはたやすいけれど、戦略的レイシズムの力学や、そうした力学を支える膨大な経済的インセンティブを持った人がいるという考えを理解するのはずっと難しい。私自身もそうだった。しかし、次からの章で説明するように、こうしたインセンティブの影響とその結果もたらされる害は否定できない（超富裕層がレイシズムに加担し、利益を得ていたからといって、彼ら一人ひとりがレイシストだというわけではない。それは十分にありうることだ。トランプ前大統領がみずからを「もっともレイシストからかけ離れた」人間と評したように。[4] 真偽のほどはわからない。はっきりしているのは、彼らが自分たちに莫大な利益をもたらす制度的レイシズムの力学を望んで利用しているということである）。

親愛なる白人のみなさん

この本の目的は戦略的レイシズムに光を当て、誰がなぜそれを行っているのかを明らかにすることである。これはアメリカの人種格差を根絶しようとするすべての人にとって不可欠なテーマだ。そもそも、自分が誰と何について闘っているのかわからなければ、闘いに勝つことはできないのだから。

本書は、とくに私と同じ白人のアメリカ人に向けて書いたものである。[5] 私が長年かけて観察したことをまとめるなら、私たちは人種問題にまつわる防衛機構と回避戦略の精密なシステムを作り上げた、となるだろう。私たちはみずからを取り囲む深刻な不平等から目を背けるのが実にうまくなった。その結果、アメリカにおける人種不平等の現実について、今や人々の認識は驚くほど欠けてしまっている。この先の章では、私を含む白人のアメリカ人の多くが人種問題について一貫して無知である理由と経緯を解き明かそうと思う。私たちはなぜ問題を分析し、解決するのにここまで苦労しているのか。

また、そうした人種的な不見識のなかで、超富裕層はいかにしてたくさんの人を説得することに成功したのか。たとえば、教育制度を立て直すにはまず破壊しなければならない（第2章）、自由を守るにはどの国よりも多くの人を投獄しなければならない（第3章）、「機会に恵まれた地」であるためには、やって来る移民を抑圧しなければならない（第4章）といった具合に（先に言ってしまうと、人種不公正の維持に多大な投資をする者は、私たちが人種問題について何も知らないか、間違った情報を持つよう力を尽くしている）。

さらに本書では、私たちの直面する問題が深刻なものである一方、十分に解決可能であることも示していきたい。とりわけ、ビリオネアや億万長者が不公正を押しつけているのは有色人種に対するものだけではないと認識する人が増えれば、その可能性はなおさら高くなる。彼らの資産構成表（ポートフォリオ）には有色人種よりもはるかに多くの人々が含まれている。このことは、彼らが人種不公正を維持するためにどれだけ尽力しているかわかったことで、よりいっそう明らかになった。彼らが資金を投じる先や、意思決定を導くイデオロギーについて知ったことで、超富裕層が白人のアメリカ人にとってひどく有害な政治構想を推進するためにも、多大な投資を行っていることがわかった。

人種不公正の元凶である生きてうごめく怪物は、実はふたつの頭を持っている。ひとつは有色人種に狙いを定め、もうひとつは圧倒的多数の白人を見据えている。白人が、自分たちの生活が本来あるべき状態よりもはるかに困難な理由を調べれば、人種平等反対派の先頭にいるのと同じ団体や人物にぶつかるだろう。私自身も、超富裕層が私や私の知る白人の生活に多大な影響を与えていると知ったとき、心底驚いた。本書の目的は、そうしたことが起こる理由や、有色人種の闘いが白人の闘いと密接に関連していると広く知ってもらうことで、これまでとは違う可能性、すなわち、すべての国民にとって有益なアメリカを作るというまったく新しい可能性が開けると示す点にある。

それこそまさに、私たちみんなが望んでいることではないだろうか？　私たちは人種や民族にかかわりなく、豊かで幸福で充実した人生を支えてくれる国で暮らしたいと願っている。しかし、この点についてアメリカが人々の期待に遠く及ばないことは誰の目にも明らかだ。多様な背景や政治信条を持ったアメリカ人をつなぐものは多くはないとはいえ、私たちには、この国が今よりもよくなるはずだとわかっている。もっと強くなれるはずだし、もっとすばらしい国になれるはずだ。後述するように、アメリカの可能性を最大限に引き出すカギは、すべての人種と民族が人種正義のために立ち上がることにある。そうすれば、私たちはより強力な民主主義を築くことができるだろう。明るい未来を築き、アメリカを本当の意味で自由の国にすることができるだろう。それこそが、人種不公正という負の遺産を乗り越え、和解と贖罪を見出すための方法だ。

その道は、私たちの前に開かれている。実際に歩くのは容易ではないかもしれないが、今いる道を歩きつづけるほど困難でもないはずだ。この慣れない道を進むために、私たちが協調しなくてはならない点はたくさんある。けれど、おそらく一番大事なのは、有色人種の経験に根差したアメリカを語る声に、もっとたくさんの人が注意深く耳を傾けることではないだろうか。

第1章 レイシズムでぼろ儲けする人々

アンナ・ジョーンズは自分が何を期待したらいいかわからなかった。2013年、シカゴ市が50の公立学校を閉鎖したとき、彼女は大勢の子どもやその家族が行き場を失うことの影響を心から心配していた。とくに気がかりだったのは、閉鎖された学校の多くが黒人と褐色人種のコミュニティに集中していたことだ。そのようなコミュニティは長いあいだ町の権力機構から見放され、貧困や暴力の問題に悩まされていた。しかし、彼女はラーム・エマニュエル市長の言った、こうした学校は「十分に活用されていない」ため閉鎖が必要であるとの言葉を信じることにした。[1] 閉鎖の影響を受ける生徒の数は何万にものぼるだろうし、そのなかには自身の幼い4人の子どもも含まれていたが、結果的には誰もが優れた教育を受けられるようになるという彼の言葉も素直に受け入れた。そしてその年の秋、彼女は屈託のない気持ちで新学期を迎えたのだった。

彼女の気持ちは、子どもたちの学校が閉鎖された影響を目にした瞬間大きく変わった。幼稚園の初日に娘を預けたとき、クラスには54人の園児にたったひとりの先生しかいないのを知って、彼女は泣いた。担任の先生は子どもたち全員の分の教科書やプリントさえ用意できていなかった。小学校はごった返していて、息子の通うプレK*1クラスは体育館の床でランチをとらなければならないほどだった。当時、ただでさえ深刻な財源不足に陥っていたこの地域の学校はここ数年、何度となく予算を削減されていた。そのため、スタッフのクビ切りを余儀なくされたうえ、有意義な生徒向けプログラムや課外活動のほか、美術や音楽、世界の言語といったカリキュラムを廃止せざるを得なくなっていた。そこへ大量閉鎖の影響が重なったことで、健全な学習環境を整えられない学校が続出し、もはや子どもたちの多様なニーズに応えるための教諭や支援スタッフ、教育資源が足りているとは言いがたい状況だった。「私が見たものは、まさに大惨事としか言いようがありませんでした」と彼女は語る。

その結果、アンナは自分の子どもたちが必要な教育を受けられないという事実に日々何カ月も苦しむことになった。だが、教師たちを責めようとはしなかった。彼らのことはよく知っていたし、教え子を愛する優秀な教育者ということもわかっていたからだ。とはいえ、教師たちの熱意や能力だけでは彼らが強いられている悲惨な状況を乗り越えられないこともわかっていた。アンナは自分にできるかぎりのことをしようと、子どもたちが通う学校でさまざまなボランティアを始めたが、それでもまだ十分ではなかった。自分の子どもたちや同じ学校に通う大勢の子どもが政策立案者に見放されているのはどうしようもないほど明らかだった。また、教育制度が今も昔も不平等であることも、それによって子どもたちに豊かな人生を歩ませるチャンスが日に日に失われていることも痛感していた。「白人の住んでいる恵まれた地区では、こんなことに頭を悩ませる必要はないんです」と彼女は言う。「どの家庭も、きっと。だけど、それ自体は何よりなことだと思っています。子どもたちにはきちんとした教育を受けさせるべきですから。子どもにとって必要なものなら、家庭がすべて利用できるようにしなくてはなりません。ですが、それはシカゴのサウスサイドに住む私たちも同じなんです」

アンナの最後の希望が絶たれたのは、シカゴ市が2015年にウォルター・H・ディエット公立学校を閉鎖すると発表したときのことだ。ディエットはコミュニティにとってまさに至宝とも言える存在で、学区内で最後の伝統的な自由入学方式（オープン・エンロールメント）[*2]を採用している高校だった。アンナは自分の子どもたちをなんとしてもディエットに通わせたいと願っていたので、閉鎖が発表されたときは胸が張り裂けそうになった。「あの子たちはすでにたくさんのものを失っていました」と彼女は語る。「これ以上失うところを見るのはいやだったんです」。そこで彼女は、多くの保護者やコミュニティのメンバーたちとともに、市長と学校組織に対して再考を求めようと決意した。

彼女たちは大規模なコミュニティ連合を組織し、市長やシカゴ公立学校のCEOとの会談を要請した。だが、それは相手にされなかった。手紙を書いても、返事はなかった。何度もデモを起こしても、いっさい反応はなかった。そこで彼女たちは教育政策の専門家に協力してもらい、ディエット改善のために研究を重ねた独自の計画案を作成した。彼女たちは数カ月にわたって、ディエットがいかに愛され、コミュニティにとってどれだけ重要な存在であるかを知ってもらうため、思いつく限りの手を尽くした。だが、依然としてそれは無視された。「誰も私たちの声に耳を貸してくれませんでした」とアンナは言う。「市長をはじめとする政治家たちが、私たちのコミュニティを軽んじていると知ったとき、思い切った行動をとらないと、と考えました」[2]。

その行動は、ハンガー（断食）ストライキという形で表された。アンナほか11名のコミュニティメンバーは、エマニュエル市長がディエットの存続とコミュニティの作成した学校改善計画に同意するまでいっさい食べ物を口にしないと表明した。アンナたちは34日間にわたって食事をとらなかった。スト参加者の多くは深刻な合併症を患い、健康を脅かすほどの体重を失った。体調をひどく崩し、途中で棄権する者が続出した。アンナ自身もいっときは入院を余儀なくされたが、それでも抗議を続行した。だがそのころ、市長は町の裕福な地区に新しく出来たきらびやかなチャータースクールでテープカットを実施していた。抗議活動は終わった。理由はひとえに、残りの参加者たちが「市長は私たちを見殺しにするつもりだ」と悟ったからだとアンナは語る。

なぜ1カ月以上も断食するという無茶な行動で自分の身を危険にさらしたのか、その理由についてアンナはこう語った。「子どもたちに教育が行き届いていないのを見るのは、食事をとらないよりもつらいことでした」

私たちはみな、人生のある時点で幸福への障害や脅威にぶつかる。幸いなことに、たいていの人にとって障害はささいなものだし、脅威もごくわずかである。また、そう頻繁に直面するものでもない。

＊1　Pre-kindergartenの略。5歳未満の未就園児を対象とする保育部。

＊2　通学区域内に住んでいなくても同じ学区内であれば入学可能な制度。経済状態や人種などによる分離を緩和する狙いがある。

しかし、アメリカの住民はそれほど幸運な人ばかりではない。彼らにとって、日々の生活はまさに地雷原を歩くようなものだ。ほんの一歩踏み間違えただけで、私たちの知っている人生といったものが終わってしまうかもしれないのである。

カーリル・ピットマンにとっての地雷原は、朝早くから設置されている。彼は毎日、仕事に通ったり子どもたちを学校へ送ったりするために車を運転する際、警察に呼び止められることを覚悟しているという（たいていは週に数回、ときには1日に数回にわたり車を止められるそうだ）。自宅にいるときは、少なくとも1時間に1回、多いときは15分に1回のペースでパトカーが家の前を通り過ぎる。高校生のころには、廊下をパトロールする学校常駐警官（SRO）がいつもそばにいるような気がしてならなかった。カーリルは26歳で逮捕歴はないが、警察がいついかなるときも近くにいるような世界しか知らなかった。

彼はこれまで何度も、数え切れないほど呼び止められ、尋問され、所持品検査を受け、ギャングのメンバーじゃないかと問いただされた。それはときにひどく屈辱的なもので、高校生のときには、混雑した廊下の真ん中でSROから所持品検査の最中にズボンを足首まで下ろされたこともある。また、恐怖心を抱くこともしょっちゅうだ。交通違反の取り締まりをしている警官から銃を突きつけられたり、車を止められて子どもが乗っているにもかかわらず攻撃的な態度をとられたりしたこともある。「みんな、これを〝公共の安全〟のためと主張します」と彼は言う。「ですが私が訊きたいのは、彼らははたして私の安全を守ろうとしているのか、それとも、私からほかの人を守ろうとしているのか、ということです。警官がつねに周囲にいたところで、私は安全とは感じません。むしろ、標的にされているような気がします」

「犯罪への厳しい対応（タフ・オン・クライム）」とはこれまでたくさんの政治家が好んで掲げてきたスローガンだが、カーリルはそれが実際にどういうものかを肌で味わってきた。彼は、厳しい対応が引き起こす苦しみを目の当たりにしてきた。自分の家族を含め、あまりにもたくさんの家族が引き裂かれるのを目にしてきた。コミュニティを抑圧する過度に攻撃的（ハイパー・アグレッシブ）な警察の存在が、大切な人や隣人の不必要な投獄につながる様子を何度も見てきた。10代のとき、彼は警察による厳しい取り締まりが行われる高校で、本来ならささいな校則違反とされるような行為がもとで友人や同級生が手錠をかけられ、刑務所に連れて行かれるのをたびたび目撃した。だが彼は、自分を取り締まる警官たちを責めないようにしている。たいていの場合、彼らは命じられた仕事をしているだけだからだ。とはいえ、彼はこれまでたくさんの物事を見てきた経験から、すべての警官を脅威とみなさなければならないことも知っている。「彼らは私たちのコミュニティに住んでいるわけでもなく、コミュニティについて知っているわけでもありません。なのに、ずかずかとやって来ては住民たちに犯罪者や犯罪者予備軍のレッテルを貼っているんです」

だがカーリルを本当に悩ませているのは、コミュニティへの投資が警察と刑事司法制度をのぞいて何もかも不足していることだ。逮捕や発砲の権限を持った人物を配備するための資金が惜しげもなく投じられる一方、コミュニティの住民が抱える雇用や健康、住宅、教育といった深刻なニーズへの切迫感が欠けているように思われてならない。「学校への投資もありませんし、高収入の仕事に就くとか、医療を受けられるようにするための投資もありません」と語るカーリル。「ですから、ここには家族を苦労して養う人や精神的な病気を患った人、ドラッグやアルコールの問題を抱えた人が大勢います。なのに、送り込まれるのはソーシャルワーカーやカウンセラーといった必要な手助けができる人ではなくて、警官なんです。住民たちが最終的に行き着く先は塀のなかか、あるいはもっとひどい場所です」

カーリルは自分自身も含め、コミュニティの誰もがある種の宿命から逃れられないことを知っている。また、人生の大半において、世界が自分の存在をあからさまに敵視してきたという実感も頭から離れない。「ときどき思うんです。社会は、私がいつか過ちを犯すことを辛抱強く待っているんじゃないかって。そうすれば、これまで何度も私の家族やコミュニティの住民にそうしてきたように、私を排除する理由が得られますから」

毎朝、家族と再会できるかどうかわからないまま家を出るのはどんな気分か想像してみてほしい。親やきょうだい、子ども、大切な人に行ってきますと言ったきり、それが最後の別れになるかもしれない。一日が終わって帰宅したとき、家族がそこにいるかどうかわからないし、そもそも家族に会うために帰宅できるかどうかもわからない。

たいていの人にとって、それはホラー映画の筋書きのように思えるだろう。だが、モニカ・アコスタにとっては何十年にもわたって日常的に味わってきたことだった。

モニカはメキシコで生まれ、3歳のときに家族に連れられてコロラド州に移り住んだ。現在34歳の彼女は、これまでの人生の大半を身のすくむような恐怖とともに生きてきた。自分や家族、友人が強制送還されるのではないか。ある日突然、移民関税執行局（ICE）に拘束され、見知らぬ土地へ送られるのではないか。あるいは、家族や友人が忽然と消えてしまうのではないかという不安に怯えながら。「いつも自分と大切な人のことを心配しています」と彼女は言う。「不安は収まりません。誰かに電話をして相手が出ないと、もうそれだけで最悪のケースを想定してしまうんです」。モニカの不安はただの思い過ごしではない。彼女はこれまで移民制度に大切な人をたくさん奪われてきた。ひとりは彼女の母親である。そのころモニカはまだ10代で、次に会えたのはそれから10年後のことだった。別れた当時、母親は妊娠していたため、モニカは末の妹が10歳になるまで直接会うこともかなわなかった。

ふたたび家に帰れないかもしれないという不安から、モニカは物心がついて以来、学校と仕事以外では外に出たがらない。アメリカに30年以上住んでいて、学生時代は成績優秀、大人になってからも職場やコミュニティの一員として立派に生きているにもかかわらず、彼女は毎日抗不安薬を服用しなければならない。それはひとえに、彼女の生活環境——というより、存在そのもの——が不安に満ちているからだ。いつだって素顔を隠し、四六時中細心の注意を払い、毎日片時も油断しないようにしてこなければならなかった。「誰かを信用できると思ったことはありません」とモニカは言う。「猜疑心が高じて、自分の一部になってしまっているんです。そこへ日々のストレスや不安、抑うつ、病気がのしかかります。こんなふうに自分を隠してばかりいると、精神的にも肉体的にも病んでしまうんです」

モニカは、連邦政府の「幼少期にアメリカに到着した移民への延期措置（DACA）」にもとづく「ドリーマー」として暫定的な在留資格を得た今でも、新しい土地に根を下ろすことを恐れている。「家を買うとか、子どもを産むとか、友人たちのしていることが私にどうしたらできるでしょう？」と彼女は問いかける。「いつ強制送還されるかもわからないのに。母と私のように、子どもと引き離されるかもしれないのに」

アンナ、カーリル、モニカの3人の体験は、決して彼らだけに限ったものではない。事実、日々彼らと同じ重荷に耐えなければならない人は何百万といる。そういう人たちは、アメリカ社会で自分の地位が劣っているというつらい現実をたえず突きつけられながらも、そうした状況から逃れられない。さらに、その副次的効果として避けられないのが、自分や自分の子どもの命がほかの人ほど尊重されていないとつねに思い知らされる一種の感情的・心理的な拷問である。彼らは、自分たちの幸福がほかの人ほど気にかけられていないのは、あらゆる指標からも明らかだという事実とともに生きていかなければならない。ほかの人よりも自分たちを害するほうがはるかに受け入れられやすいという、否定しがたい現実にどうにか耐えていかなければならないのだ。

さらに悪いことに、彼らの命の切り捨ては民間人の行動というより、むしろ政府の制度が原因で生じたものだ。彼らは、政府がなんらかの問題に取り組んだ（あるいは取り組まなかった）結果、自分の子どもたちがひどい不平等から逃れられないのではないかとの不安を感じながら生活している。自分が次のジョージ・フロイドになるかもしれない、あるいは世界最大の受刑者数の仲間入りをするかもしれない、はたまた朝目覚めたとき、大切な人に会えなくなってしまうかもしれないと恐れているのだ。この国の政府がこれまであらゆる人種や民族の人々に押しつけてきた不公正にはさまざまなものがある。だが、ここで述べたような不公正は、政府から個人に与えられるなかでもっとも恐ろしいたぐいのものだ。社会から同じように疎外された人々の直面する不平等がささいなものだと言うつもりはない。だがここアメリカでは、とりわけ残酷な扱いを受けるのは主に黒人と褐色人種のコミュニティに限られている。※

※ほかの有色人種のコミュニティや白人中心のコミュニティで暮らす有色人種、低所得層や労働者階級の白人、あらゆる人種の女性、LGBTQIA＋の人々、障害者、そのほか社会から疎外されたコミュニティが直面する課題は、いずれも似通っているか、まったく同じである。ここではそれぞれの経験を軽んじるのではなく、とりわけひどい形の不公正にスポットを当てることで、すべての不公正に抜かりなく対処する必要性についてみなさんの認識を高めたいと考えている。

このような状況が全米の有色人種のコミュニティに及ぼしている影響についてくわしく知るには、

当然ながら、そのコミュニティに住む人々からじかに話を聞くのが一番だ。そのため、正直に言って私はこの本を書くことにずいぶんと二の足を踏んだ。これまで私は、制度的レイシズムの影響を強く受けている人々が統率力（リーダーシップ）を発揮できるように、キャリアのすべてを捧げ支援してきた。彼らが自分たちの話を語れるような場を作り、そうした話を民主的なプロセスを通じて聞いてもらうことで、適切な対応をしてもらえるようサポートしてきた。したがって、彼らの経験について私なりの見解を述べることで、彼らのリーダーシップを弱めてしまうことだけはなんとしても避けたかった。

　しかし、私はこれまで、アメリカ社会が有色人種の生きた経験を驚くほど軽視していることを学んだ。そのことは、とりわけ低所得層や労働者階級の有色人種のコミュニティに当てはまった。こうしたコミュニティの住民たちが、自分の視点を共有するための発言の場（プラットフォーム）はとても限られている（考えてみてほしい。大手テレビ局のニュースや主流出版物の記事のなかで、制度的レイシズムの影響を直接受けた人物に関して、短い発言や文章以外のものが取り上げられていたことはあるだろうか。ほとんどないはずだ。現在恐ろしい危機が進行しているにもかかわらず、実際に差別の影響を受けている人々は、それをテーマとした公的な会話においてほとんど見えない存在と化している）。したがって、私は本書をそのようなプラットフォームのひとつにしたいと考えている。たとえ限定的ではあっても、あまりに無視されることの多い一連の視点を共有するものとしたい。本書の目的は、人種正義に関する私の見解を読者のみなさんに取り入れてもらうことではない。有色人種の人々が直面する課題に関し、彼らが語る言葉や、その対処法についてたくさんの人に耳を傾けてもらうことである。実際、私はそのようなやり方で、人種正義というテーマについてたくさんの価値あることを学んできた。

もちろん、私がアメリカの人種格差について自分なりの見解を持っていることもたしかだ。そしてそういう見解を持ったのは、人種間の格差の両側がどんなものかを間近で見るというめずらしい機会に恵まれたことが大きい。事実、私は人生の前半を片側で過ごしたが、後半は反対側に位置するコミュニティと密接に関わりながら過ごしてきた。こうした経験を通じて、私はアメリカが国民に与える最高のものと最悪なものの両方を目にすることになった。実際のところ、そうした経験の隔たりは非常に大きく、私が見たものはまったく異なるふたつのアメリカと表現するのがふさわしいかもしれない。

私が最初に知ることになったアメリカは、白人が多くを占める中西部のコミュニティだった。私は白人が中心の学校や教会に通い、白人が中心の同僚たちとともに働いた。この時期の私は、典型的な白人中流階級のアメリカ人と呼べるような経験をしていた。私が過ごす場所は、郊外や大学のキャンパスのほか、大卒の白人の専門職が多く住む町の一角であることがほとんどだった。ドラマや映画で言えば、『素晴らしき日々』や『セイブド・バイ・ザ・ベル』、『ブレックファスト・クラブ』、『アニマル・ハウス』、『フレンズ』、『キューティ・ブロンド』[*3]で描かれたような環境をいっしょくたにして

＊3　いずれも白人を中心とした登場人物たちがくり広げる日常を描いた映像作品。『セイブド・バイ・ザ・ベル』は日本未放送のドラマ。

もらえたらわかりやすいと思う。

私が慣れ親しむようになったもうひとつのアメリカは、主に低所得層と労働者階級のアフリカ系およびラテン系のアメリカ人からなる幅広いコミュニティだ。もっとも、このようなコミュニティの住民の経験がアメリカの有色人種を代表していると言うつもりはない。社会経済的なレベルにかかわらず、多くの家庭がまったく異なる人生を歩んできたことに疑いの余地はないからだ。また、私自身が彼らのコミュニティが直面している不公正の深刻さを理解しつくしているとか、彼らの代弁者だと訴えるつもりもない。しかし、私は過去20年の大半を、こうしたコミュニティについて住民から学ぶことに費やすとともに、コミュニティを形づくる政策づくりに捧げてきた。

過度の一般化を恐れずに言うと、私にはこうした有色人種のコミュニティの住民が、一連の経験を共有しているように思えた。そのうちのいくつかは、私が育った白人主体のコミュニティでの経験と似ているが、いくつかは驚くほど異なっている。

まずは、ふたつのアメリカの類似点から見ていこう。とりわけ顕著なものとしては、どちらの側にも家族やコミュニティの健康、安全、幸福のために、日々多大な、ときとして英雄的な犠牲を払ってくれている人が大勢いるということだ。私が人生の前半に出会った人々も、多くが後半の人生へとつながる道にいざなってくれた。そして、私が人生の後半に出会った人々は、つねにインスピレーションの源となってくれている。

次に、違いについてだ。もっとも重要なものとしては、これらふたつのアメリカでは住民が政府と関わった際の経験があまりにも違いすぎるため、どちらも同じ社会の一部だと主張できるのか疑わしいということである。

たとえば、私のいた白人のコミュニティでは、住民が質の高い公立学校や医療、住宅、公園、コミュニティ・センターを利用できるのは当たり前と考えられていた。かたや有色人種のコミュニティでは、住民は決まって（主に白人の政策立案者から）そんなものに回す予算はないと言われている。にもかかわらず政策立案者は、コミュニティの警察や刑務所、拘置所、検察、ＩＣＥの職員を増やすための資金はつねに確保できているらしい。

また、白人のコミュニティでは、警察が日常生活において交通違反の取り締まり以外で存在感を示すことはほとんどなかった。それは、私が10代のときにつきあっていた連中の多くがほかでは犯罪とみなされるようなことをたびたび行っても変わらなかった。たとえそうした行為が度を越して警察が出動せざるを得なくなったときでも、たいていはにこやかな〝オフィサー・フレンドリー〟[*4]タイプの警官が対応にあたった。彼らは私たちの指導者（メンター）のように接してくれ、もっとも重い処分でさえ、いかめしい顔つきと口頭での注意を与えられるだけで済んだ。私が有色人種のコミュニティで、とくに35歳未満の住民にこのような話をすると、たいてい作り話だと思われる。

＊4　1960年代から80年代に米国で実施された、警察が地域貢献活動の一環として子どもや若者と触れ合うためのプログラム。

私が育った場所では、望むことはなんでも実現できるとつねに言われ、そのための機会や支援も充実していたので、それは本当のことだと信じられていた。私たちを取り巻く社会が、私たちの健やかな成長を第一に考えていることは明らかだった。他方、有色人種のコミュニティでは、資源や開発支援が全体的に不足しているため、多くの若者は自分たちの暮らす社会が成功に向けて投資していないことを日々実感させられている。若者が適切なサポートを得られないと悟り、そのことを受け入れている様子を見るのは心が痛む。彼らの多くが、家庭や学校、そのほかのコミュニティ施設から締め出されてしまっていることは悲劇と言うほかない。

白人のコミュニティでは、働きたい人は誰でもいい仕事に就けるのが当たり前と考えられていた。一方、私が慣れ親しんだ黒人と褐色人種のコミュニティでは、そのような質の高い生活賃金の仕事が見つかることはないに等しい。就ける仕事は生きていくのに必要な賃金を得るのがやっとで、なかにはその水準に達していないものもある。労働者は過酷な労働を強いられるうえ、たいていは複数の仕事を掛け持ちしているため、子どもや愛する人との時間もほとんど持てない。それにもかかわらず、一度きりの失敗、一度きりの病気、一度きりの給料の未払いによって、家族に苦難が降りかかる。

私が子どものころ、汚染された飲み水で病気になるとか、学校や家が健康にとって好ましくない土地にあるといったことを心配する必要はなかった。だが、有色人種のコミュニティでは住民にそんな贅沢は許されない。環境の悪化によって最初に、そしてもっとも深刻な被害を受けるのは、たいてい彼らのような人たちである。

私が育ったコミュニティでは、白人が間違いを犯したとしても、社会から見捨てられるようなことはなかった。過ちには思いやりとソフトな対応が示され、必要に応じて〝セカンドチャンス〟が与えられた（もしこのような特徴がなければ、この本の著者は若かりしころのたくさんのバカな選択がもとで、まったく違った人生を歩んでいたかもしれない）。一方で、黒人と褐色人種のコミュニティでは、間違いを犯した者は——たとえ小さな子どもであっても——政府の機関がしばしば「不寛容（ゼロ・トレランス）」[*5]であることを知る。そして厳しく罰せられたうえ、往々にして切り捨てられるのである。

白人のコミュニティでは、住民は一般に市民生活へ参加するよう促され、政府の機能になんらかの問題が生じた場合、政策立案者の説明責任を問うとともに、民主的な機関を通して問題に対処することが可能だ。かたや有色人種のコミュニティでは、住民が自分たちに影響を与える政策の立案に関して有意義な役割を果たすことはほぼ許されない。かわりに、そうしたコミュニティについてほとんど何も知らないような人々が、住民にとって何が最善か、自分たちの考えを押しつけることができる。また、そこから必然的に生じる問題については、コミュニティの意見や反発は無視されるのが常である。

もちろん、だからといって、白人のコミュニティでは苦労した人がほぼいないとか、有色人種のコ

＊5　トランプ政権の移民政策で用いられた言葉。ここでは、いかなる違反も許容せず、悪事はいっさい見過ごさない姿勢を示す。

ミュニティでは成功を収めた人がごく少ないと言いたいわけではない。当然ながら、そういう人たちも存在する。しかし、政府が問題に取り組んだり取り組まなかったりしたことで、黒人と褐色人種のコミュニティの住民が、私がかつて育った白人のコミュニティの住民よりも圧倒的に厳しい生活を強いられていることは否定できない。端的に言えば、白人のコミュニティでは目標の達成ははるかにたやすく、逆に失敗ははるかに難しい。ひるがえって有色人種のコミュニティでは、成功のためには多くの場合、家族が人並み外れた努力をしなければならない。

さらに言えば、有色人種のコミュニティはこうした明らかに不平等な機会を得るためにですら、非常に厳しい闘いを強いられてきた。先述したような劣悪な環境でさえ、みなが一丸となって大々的かつ長期的に取り組まなければ実現できなかった。コミュニティの指導者たちはつねに警戒を怠らず、人々の幸福を脅かすような公共政策を打ち破り続けなければならない。彼らはコミュニティの住民が豊かな生活を送るチャンスを得るために、この重大な責任を負う必要があるのだ。それもこれも、住民たちが大勢の人の命を奪ったのと同じ要因で命を落とさないようにするためである。一方、白人のコミュニティにそのような最重要課題は存在しない。私はこれまで全米各地に住んできたが、困難な状況に直面することこそあったものの、コミュニティが基本的な生存のために闘わなければならないといったことはなかった。このような違いこそが、白人の特権のなかで、もっとも重要と言えるものかもしれない。

誰が得をするのか？

なぜ私たちはこんなにもたくさんの人を不必要に苦しませているのか？　なぜこれだけの年月が経ってもなお、学校間のひどい不平等が是正されないのか？　なぜ全米のコミュニティを荒廃させた犯罪の拡大解釈と大量投獄制度がいまだになくならないのか？　なぜ何百万人もの移民が強制送還の恐怖に怯えながら生活しなければならないのか？　なぜ医療制度はすべての人の要望に対応できないのか？　なぜごくわずかな賃金しか支払われないことが許されるのか？　なぜ私たちは環境を守るために断固とした行動をとらないのか？　なぜこれほど多くの国民が民主主義から実質的に締め出されているのか？　これらはすべてアメリカ国民の大多数、とりわけ有色人種のコミュニティに長いあいだ影響を与えてきた破滅的な政策に起因している。では、なぜ私たちはそれに対処できないのだろうか？　私たちに解決する能力がないわけではない——むしろ、十二分にあると言っていいだろう。またここで述べた問題について、何かもっともな理由があるわけでもない。こうした問題が引き起こす甚大な被害を正当化する〝相手側の言い分〟は存在しない。メリットとデメリットの表を作ったとしても、メリットの大きさがデメリットのそれを下回るということはないだろう。ではなぜこのような問題が長期化し、さらには時とともに拡大しているのだろうか。

簡単に言うと、そうした状況を支持する者がいるからである。それも、問題が解決されないことで得をするような、非常に裕福で強力な支持者たちが。

現在、この国の富の格差が圧倒的で、今なお拡大の一途をたどっていることは周知の事実だ。一例を挙げると、アメリカでもっとも裕福な400人は、黒人世帯1600万の合計をはるかに上回る富を有している。[3] また、そうした富の集中によって、裕福なアメリカ実業界とウォール街の経営者らが政策決定への強大な影響力を有することを知っている人も多い。しかし、彼らのような人々が多大な経済的・政治的利益を得られるのは、ひとえに人種不公正のおかげであることをわかっている人はまれである。彼らレイシズムの恩恵にあずかる人々にとって、永続的な人種格差は大金を儲ける機会を生み出す源泉であると同時に、莫大な富と権力を支える社会的、経済的、政治的格差をもたらしてくれる。つまり、アンナ・ジョーンズ、カーリル・ピットマン、モニカ・アコスタのような何百万人もの人々を圧倒してきた不当な教育、刑事司法、移民政策は、超富裕層にとっては望ましいことなのである。

次からの章では、アメリカ実業界とウォール街の超富裕な指導者らが制度的レイシズムを支持し、全米の有色人種のコミュニティに甚大な被害を与える公共政策を推進するようになった経緯と理由を説明していく。たとえば、コーク一族やビル・ゲイツ、ウォルトン一族、マーク・ザッカーバーグといったひと握りの金持ちが手を握り、公立学校制度を混乱させ、アンナ・ジョーンズなど無数の人々を直接苦しめる活動に数十億ドルを投じてきた様子を紹介する。また、この国の犯罪の拡大解釈と大量投獄制度のせいで、カーリル・ピットマンのような人々は警官など法執行官の集中攻撃を日々かいくぐらなければならないが、そうした制度の生みの親は全米最大手の有名企業やウォール街の銀行、民間刑務所会社、コーク・ネットワークといった超富裕な指導層であることも説明したい。さらに、モニカ・アコスタを始めとする何百万人もの移民を何十年にもわたって苦しめてきた極端な反移民政策の立案には、同じ人物や団体が重大な役割を果たしてきたことにも触れていきたい。

これらの力学を結びつける糸があるとすれば、それはアメリカ立法交流評議会（ALEC）だろう。ALECは超富裕層が政治的に組織化するための主要な機関である。ALECの会員は300以上の企業と2000人の議員からなるとされ、これら企業会員の共通課題を解決するため、（たいていは秘密裏に）協力して立法活動を展開している。[4] ALECが生み出した法案は信じられないほど多く、毎年全米の州議会に提出される〝モデル法案〟の数は1000を超え、そのうち5件に1件が法律として成立している。[5] ALECの法案は幅広い問題を扱っているが、大部分は制度的レイシズムを擁護し、拡大し、そこから利益を得ることに狙いを定めている。すなわち、アメリカで戦略的レイシズムを推進するもっとも強大な勢力は、現在または近年の会員が国内の〝超有名企業（フーズ・フー）〟から構成されるような一機関なのだ。会員（すでに脱退した企業を含む）には、ウォルマート、グーグル、ホームデポ、AT&T、ゼネラル・エレクトリック、コカ・コーラ、フォード、エクソンモービル、ジョンソン・エンド・ジョンソン、クラフトフーズ、ベライゾン、ファイザー、シェブロン、バンク・オブ・アメリカ、マイクロソフト、ビザ、クアーズ、ゼネラルモーターズ、アメリカン・エキスプレス、コーク・インダストリーズ、フェイスブック（現・メタ）、UPS（ユナイテッド・パーセル・サービス）、イーライリリー、タイム・ワーナー・ケーブル、コムキャスト、デル、アムウェイ、ＩＢＭ、フェデックス、アンハイザー・ブッシュ、ダウ・ケミカル、マクドナルド、ステートファーム、ノースロップ・グラマン、プロクター・アンド・ギャンブル、ウェルズ・ファーゴなどが名を連ねている。[6]

近年、ＡＬＥＣの活動が明るみに出るにつれ、これらの企業やその経営者である著名人のなかには、自身の政治活動や提携関係によって生じる弊害から距離を置こうとする者も出てきた。[7]といっても、それは彼らが制度的レイシズムの推進を止めたという意味ではない。単に、その戦術を変えただけである。また全体的に見れば、レイシズムの恩恵を受けている超富裕層のうち、ほとんどが今後方針を変えるつもりはないことを明らかにしている。戦略的レイシズムは彼らにとってそれだけ価値が高いのである。むしろ、彼らはそうした取り組みをますます拡大している。一例として、第５章では、ＡＬＥＣとそのほかの組織が合衆国憲法を自分たちの意向に沿うよう書き換えようとする取り組みについて紹介したい。

超富裕層という鏡に映った姿

超富裕層が人種不公正の主な受益者であるのはたしかだが、残念ながら、それは彼らに限った話ではない。多くの人にとってはあまり考えたくないことかもしれないが、公共政策の数々をつぶさに、かつ客観的な視点で見てみると、白人の労働者階級や中流階級や富裕層のうち、今も昔も有色人種の負った不公正からかなりの利益を得ている者がたくさん、それこそ何百万人といることがわかる。もっとも顕著な例としては、奴隷制度、ネイティブ・アメリカンやメキシコの土地の収用・併合、ジム・クロウ時代の合法的な人種隔離などが挙げられる。それらは現代まで続く不公正の基盤を築くうえで重要な役割を果たした。[8] だが、私たちの多くが生まれる前に起きた事例に限定して考えるのもまた大きな間違いだ。

たとえば、アメリカの成人のうち、予算の大半が地方財産税によってまかなわれる公立学校の出身という人は多い。このような仕組みはひどく不平等な資金調達構造に結びつくことが多く、とくに有色人種のコミュニティに深刻な影響を及ぼす。[9] こうした不公正は、長年にわたってかなりの注目を集めてきた。だが問題の裏側、すなわちほかのコミュニティの子どもたちがそうした不公正によってどんな恩恵を得ているかについては、ほとんど議論がなされていない。仮に、比較的裕福なコミュニティに住む白人の生徒が、近隣の有色人種の生徒に比べて毎年3000ドルの税金を追加で割り当てられているとしよう。[10] 30人の生徒がいるクラスでは、年間9万ドルの追加予算となる。それによって教員の助手を雇ったり、教室用のコンピューターを購入したりと、さまざまな形で子どもたちに豊かな教育を受けさせられるだろう。さて、このふたつの地域にそれぞれ5000人の生徒がいるとしよう。すると、裕福な地域には年間1500万ドルが追加で支給されることになる。つまり、白人の子どもたちがK―12に13年間通うあいだに、近隣の有色人種の子どもたちと比べて1億9500万ドルの税金が追加の教育費として投じられるのである。

また、アメリカの成人の多くは、一部の従業員にごくわずかな賃金しか支払わないような企業で働いた経験があるが、そのような従業員にはたいてい有色人種が集中している。[11] あなたが彼らよりも高い賃金を得たことがあるなら、その収入は同僚たちに十分な賃金が支払われなかったために生じたものであることを認めなければならない。

また、もしあなたがほかの人と同じように、一部の従業員に最低限の生活賃金すら支払わず、それによって格安の価格で商品やサービスを提供する企業にお金を出している場合、あなたは黒人と褐色人種の低賃金労働者が苦労して生きているなか、相当な経済的恩恵を得ていることになる。

さらに、あなたが白人中心のコミュニティに家を所有していて、有色人種のコミュニティの住宅価格を落とすような政策や慣行、人種的偏見が重なった場合、その価値はおそらく上昇するだろう。たとえば、隣接するふたつのコミュニティにあるのがよく似た、あるいはまったく同じ家だったとしても、こうした力学によって資産価値の差が数万ドル、あるいは数十万ドル開いてしまう。

有色人種のコミュニティで社会サービスの資金が不足し、その結果白人のコミュニティの税負担が減った場合、あなたがそうした白人コミュニティのいずれかに住んでいるのであれば、ほかの人の受けた被害によって利益を得たことになる。

このように、白人が政治的、経済的、社会的権力をもとに有色人種を踏み台にして利益を追求する方法は枚挙にいとまがない。さらに、白人にとっては有色人種の多くが日々被っているさまざまな侮辱や屈辱、甚だしい差別に直面しなくていいという点も大きなメリットと言えるだろう。しかし、それについてはのちほど述べるとして、ここで挙げたいくつかの要素に注目するだけでも、ほとんどの白人が中年に達するまでに、この種の制度的レイシズムの結果何十万ドルもの富を得ていることは明白である。こうした恩恵が世代を超えてもたらされると、中流階級の人々でさえ人種不公正から何百万ドルもの教育的、経済的恩恵を得ることになる。くり返しになるが、すべての白人がここで述べた要素から利益を得ているわけではないし、こうした力学によって得をしている有色人種がまったくいないわけでもない。だが重要なのは、大多数の白人、いわば銀のスプーンをくわえて生まれてきたとは言えないような人たちですら、人生において圧倒的でありながら認識しがたいスタートダッシュを決めているということだ。そして、アメリカでもっとも貧しく、社会から疎外されているような白人でさえ、同じような境遇の有色人種には決して得られない恩恵にあずかっているのである。

レイシズムの共犯者

残念なことに、アメリカの白人——それも、すべての白人——は、これまで大規模な人種不公正の片棒をかついできた。認めるかどうかは別として、私たちはみな、制度的レイシズムが存続し、時とともにますます深刻化するのを許した責任を共有している。長きにわたる広範な不平等への集団的反応は、多くの場合、無関心か無視だった。目の前で起きていることに気づかず、たとえ気づいたとしても、それを止めるために必要な行動を起こさなかった。これこそまぎれもない事実であり、私たちはそこのところをごまかしてはならない。

もちろん、人種不公正への私たちの貢献は、社会全般の近視眼や受け身の姿勢にとどまらない。制度的レイシズムが存続するには、それを積極的に擁護し、広めてくれる人間が必要だ。これに関して超富裕層の責任が大きいことはたしかだが、彼らだけではシステムを維持することはできない。彼らには歩兵が必要である。望ましい政策を支持してくれる議員と、その議員を選んでくれる有権者が必要である。自分たちの優先事項を追求するための公開討論を行ってくれる人々が必要である。社会変革の取り組みに抵抗してくれる大衆が必要である。このような地上部隊がなければ、超富裕層は数の点で圧倒的に劣るため、人種不公正の制度全体が崩壊してしまうだろう。

彼らにとって幸いなことに、これまで新兵は引きも切らず、その大半は白人である。いったいどんな人々なのか？　もしかするとあなたにも、この不名誉な集団に属する人物に心当たりがあるかもしれない。それはレイシストの叔父や隣人のことかもしれない。あるいは特定の誰かではなく、名前も顔も持たない偏狭な人々の集団かもしれない。はたまた「オルタナ右翼」を自称する人々（この呼び名、まるで自分たちが哀れなレイシストの集団じゃなくて、保守政治におけるカート・コバーンさながらのクールで非伝統的（オルタナティブ）な思想家と言わんばかりだ）かもしれない。あるいはひょっとすると、かつての私と同じように、恐竜ばかりに時代に逆行した人間を心に描いているかもしれない。

こうした認識に共通しているのは、制度的レイシズムの擁護者を社会のはみ出し者とみなしている点だ。人はえてして、自分たちと非難すべき（と自分が思う）人たちとのあいだに心理的な壁を築こうとする。「〝彼ら〟レイシストと〝私たち〟は違う」と自分に言い聞かせているのだ。だが私たちは、制度的レイシズムが非常に感染力の強い伝染病のようなものであることを見落としている。近くにいるだけで、いずれは感染してしまうのである。

悲しいことに、ほとんどの人が、超富裕層の歩兵としてこれまでの人生を過ごしてきた。ほとんどの人が、制度的レイシズムの根底にある政策を擁護したり推進したりする議員を支持してきた（それは一部の特別な議員に限らない。歴代のアメリカ大統領のおそらく全員が、連邦議会や州議会の議員の大半が、そして地方選出の議員のほぼすべてがそうだ）。ほとんどの人が、人種不公正の根っこにあるイデオロギーに一度は支持を表明したことがある。ほとんどの人が、社会変化の取り組みなんて必要ないとか、人種不平等に立ち向かうなんて柄じゃないと考えて、人種公正への支持をためらった経験がある。もちろん、有色人種の人々もこうした傾向と無関係ではないが、アメリカに住む白人の場合、制度的レイシズムに加担したことのない人はおそらくひとりもいないはずだ。

私は本当に長いあいだ、そうした現実から目を背けてきた。若いころ、家族や同僚、隣人のなかには、人種問題について古いとしか思えないような見方をする人や、人種不公正の立役者というべき政治家を支持する人もいた。だが、それは世代間のギャップによるものだと思っていた。その後弁護士となって、制度的レイシズムを正当化すべく日夜謀略をめぐらせているような人々とも向き合うようになったが、それでも自分と〝彼ら〟とを区別するのは簡単だった。交渉のテーブルの向かい側に座っている〝彼ら〟、議会で票を投じている〝彼ら〟、テレビで自説への支持を集める〝彼ら〟を目にしても、そこに自分の仲間は見当たらなかった。目に映ったのは、白人至上主義の名残りにしがみつく過去の遺物だった。

ところが、私も歳を重ねて、身近な人が人種問題について無神経な発言をしたり、現状を維持する政治家を支持したりするのを耳にするたび、あるいは、交渉のテーブルで人種差別的な政策を擁護する人を目にするたび、お互いがとても似ていることに驚いてしまう。ほとんどは、私と同じ世代に生まれた人たちだ。私たちは同じ価値観とともに育った。私たちの多くは同じような学校や教会に通い、同じテレビ番組や映画、趣味を楽しんだ。そうして、私はようやく気がついた。人種不公正を支えているのは、年老いた無知な白人ではなかったのだ。もはや、自分とはまったく異なると思っていた人たちのせいにはできなかった。それどころか、私たちはお互いに異なる点よりも似ている点のほうがはるかに多く、どちらも若いころにはさして変わらなかっただろうと認めなければならなかった。また、制度的レイシズムは、今や私の世代に貼られた不名誉なレッテルであることも受け入れなければならなかった。こうした伝統は今すぐ食い止めなければ、私たちの世代が受け継いだように、次の世代に継承されることになる。

誤った人種教育

このような経験を通じて、私はようやくアメリカの人種格差が何十年にも何世代にもわたって維持されてきた仕組みを理解することができた。人種格差を擁護する人々が驚くべき早さで生み出されているのだ。そして、そういう仕組みのほとんどが私たちに受け継がれた価値観や信念をもとにしている。徹底的な個人主義、自助努力の精神、アメリカは能力主義（メリトクラシー）の国だという確固たる信念。これらすべてが、制度的レイシズムの存在を認め、その対処を妨げる文化の形成へとつながっている。

もちろん、だからといって私たちが今まで人種不平等を野放しにしてきた責任を免れるわけではない。だが、これらの問題についてあまり知らされていない人が多いことも事実だ。それどころか、次章以降で述べるように、制度的レイシズムは私たちの視界から巧妙に覆い隠されている。くわえて、私たちの社会は「肌の色で区別しない（カラーブラインド）」だとか「脱人種的（ポスト・レイシャル）」だという根強い迷信が、人種問題への取り組みをなおのこと妨げている。この手の誤謬（ごびゅう）は、人種不公正なんて過去の遺物だと私たちにささやきかけてくる。長引く問題はさして深刻ではなく、ほとんどが個人の道徳心の欠如によるもので、解決のために組織レベルでできることは何もないと語りかけてくるのだ（ちなみに、「肌の色で区別しない」という考え方は、「目をつぶって、何も悪いことは起きていないふりをしよう」という姑息な理論と、それによく似た「悪いことが起きつづけたとしても、そんなのこっちの知ったことか」という原則にもとづいている）。そういうわけで、こと人種問題となると、自分は誠実で善良な人間と思いながらも、実際には何をどうすればいいかわからずにうろたえる人がたくさんいる。その結果、白人の多くは自分たちこそ差別の真の被害者だと思い込み、「黒人の命も大切だ」と言われただけで取り乱してしまう。[12]

誤った教育はそれだけでは終わらない。おぞましいことに、私たちは生まれたときから人種差別的なメッセージを明に暗に浴びつづけている。有色人種は〝私たち〟とは違う人間であり、〝私たち〟と価値観を共有していないとか、〝彼ら〟は生まれながらにしてぐうたらで、無責任で、犯罪を起こしやすく、知能が低いといった具合に。[13] そういう偏見のなかでも最たるものは、もともとは低所得層の有色人種に向けられていた。低所得層の有色人種は、数多くの〝特権〟や〝優遇措置〟を受けていることから、ほかの人たちの足を引っ張っていると思われていたのだ。このような考え方は、有色人種や人種問題をめぐる厄介きわまりない見解や理論へとつながる（それについて、どういうわけか数多くの白人が、まるで私がかかりつけの人種問題セラピストかなにかのように、長年にわたって思いのたけを打ち明けてくれた）。実際、私たちがたとえそうした愚劣な考えを受け入れないよう注意していたとしても、何十年にもわたってさまざまな形で触れてしまうことで、私たちの物の見方になんらかの影響が及ぼされることは理の当然と言えるだろう。

私の場合は、こうした偏見がよくない形で蓄積しないように家族が気を配ってくれていた。けれど、ほかの影響によって染みついた価値観や信念が、私を自己中心的で尊大な人間にしてしまったことは否定できない。私は、学校や職場での成績が優れている自分は、ほかの人よりもいい人生を送る資格があると考えるようになっていた。さらに、成績が悪い人、ＳＡＴ（大学進学適性試験）のスコアが低い人、低ランクの大学に通っている人、立派な仕事に就いていない人は、それに値しないと思い込んだ。これらはいずれも、私や私と似た大勢の人の成長を育む文化において、重要な要素だった。

結局、私は自分の受けた教育を見つめ直さなくてはならなかった。中流階級や富裕層の白人の男女が語るような、自分たちがいかにして自力でここまでのぼりつめたかとか、成功したのはひとえに優れた才能と高い労働倫理のなせる業だといった話は、まったくの絵空事である。彼らの話は根底から間違っているか、本質的な部分が抜け落ちている（たとえば、私自身も努力して今の地位を築いたが、私と同じくらい、あるいはもっと頑張りながらも、私と同じようなチャンスに恵まれなかった人は大勢いる。さらに、あなたの成長に携わる機関が成功に向けて明らかな投資をしてくれるなら、努力するのは簡単になる）。くわえて、私は自分の育った文化が、私や仲間たちの目に映る有色人種の人々をいかにして効率的に非人間化し、私たちがそうした人々をほかの人よりも見下すように仕向けたかについて、解き明かさなければならなかった。

それが第一のステップである。第二のステップは、私や私と同じような白人の人生もまた、必要以上に困難だと理解することだった。だがその原因は、私たちが軽んじ、見下し、怒りをぶつけるよう促されてきた有色人種ではない。私たち白人のなかにも、有色人種と同じように自分や自分の家族に無用な危害を加える人たちがいるのだ。

「肌の色で区別しない」ことを利用した金儲け

アメリカでは、あらゆる人種や民族の人々が日常的にさまざまな課題に直面している。だがもっとも深刻なのは、次のようなことかもしれない。「生まれてから死ぬまで、自分の人生が正しく評価されず、また自分の人生に大きく影響するような決定に携わる際、有意義な役割を果たせない人が大勢いる」

これが何を意味するのかというと、私たちが日々遭遇するシステムは、豊かで充実した人生を送るために必要なものを重視していないということ、また、民主的なプロセスを通じて自分の人生をコントロールする機会が奪われてきた、あるいは今まさに奪われているということだ。つまり私たちが愛している、もしくは愛したいと思っている国が、私たちを愛してくれないことがあまりにも多いのである。

それはCOVID―19が猛威を振るったとき、嫌というほど明らかになった。ALECの会員である大企業に押し切られた政府が、大人たちを仕事場に、子どもたちを学校に戻そうと急ぐあまり、人々の健康と安全をないがしろにしたのである。[14] もっとも、こうした傾向はこれまでも私たちの生活のさまざまな側面に現れ、白人と有色人種の双方を苦しめてきた（もちろん、全体的に見れば平等とは言いがたいが）。たとえば、次のように。

1．アメリカでは、子どものいる成人の多くが、自分の子どもを公立学校に通わせ、その子たちが夢を実現できるような、健康で立派な大人に成長するために必要なことを学ばせている。ところが、これらの学校は今、子どもたちのニーズを満たすのに必要な資源をますます奪われている。カリキュラムが狭められ、クラスの規模が肥大化し、教師たちが疲弊してしまっている学校があまりにも多い。子どもたちは興味をひかれ、人生に影響を受けるような教育を受けていない。[15] 政策立案者は子どもたちをさまざまな面で成長させ、ひとりの人間として大切にする教育よりも、画一的な方針を好み、〝グローバル経済で活躍する〟ための教育とやらに過度の注意を払っている（だが私の知るかぎり、自分の子どもがアジアやアフリカ、南米の子どもよりも経済的な成功者になることを夢見ながら、生まれたばかりの赤ん坊を抱いて病院をあとにする親はいない）。こうした傾向によって、学校から追い出され、教育から遠ざけられる若者があとを絶たない。大学に進学できた若者も、政府が高等教育への投資を大幅に削減し、学生や家族にコストを転嫁したことで、自分が多額の借金を負わされていることに気づく。[16]

2. 生計を立てるため、懸命に働くことをいとわない人は多い。しかし、私たちは減りつづける収入と年金のために、ますます身を粉にして働かなければならなくなってしまった。[17]（国の内外を問わず）たくさんの人が少ない賃金で働く人に仕事を奪われる危険にさらされている。私たちの報酬は〝市場〟が決めると言われるが、それは、雇用主のやりくりできる最低金額を受け取る人が大勢いるということを別の言い方で表したに過ぎない。適切な生活水準を維持するのに十分であるかどうかは二の次なのだ。くわえて、企業の経営者や投資家が巨万の富を築く一方、ほとんどの人は経済的な安定などまったくと言っていいほど得られず、家族や友人と人生を楽しむ時間を持てずにいる。

3. アメリカでは、医療は権利ではなく特権とみなされている。そのため、民間保険の法外な費用を支払うことができず、予防可能な病気にかかって死亡したり、医療費の支払いで破産したりしても、それは自己責任ということになる（年間何十万人ものアメリカ人が、医療費を支払うためにゴー・ファンド・ミー*6のキャンペーンに頼らざるを得ない状況について、私たちは深く恥じるべきではないだろうか）。[18] それはまた、私たちの医療制度が保険会社を始めとする企業の収益を重視するあまり、医療従事者が市民やコミュニティの身体的、精神的、行動的な健康のニーズに応えるための支援が切り捨てられてきたことを意味する。

4. 私たちの未来にとって、この星の健康ほど重要なものはない――人類が種として存続できるかどうかは、地球が健康であることにかかっている。ところが、政策立案者や企業経営者の多くは、気候変動に対処したり、すべての人に清潔で健康的な環境を届けたりする努力を怠り、それに反対することで、人々を危険にさらしている。理由はもちろん、彼ら一人ひとりにとって経済的、政治的な利益があるからだ。

5. 私たちは過去40年以上にわたって、国の資産の大部分を費やし、世界がかつて見たこともないほど大規模な投獄、犯罪化、監視制度を作り上げてきた。[19] また、史上もっとも巨大な（そして費用のかかる）軍事・国家安全保障制度を構築してきた。[20] これらの制度は、本当の意味で安全かつ健康的なコミュニティを作るための効果がないばかりか、これまでに数千万人の人間性を損なってきた。そういう人のなかには、刑事司法制度や移民の取り締まり制度によってむやみに尊厳を傷つけられたり、プライバシーを侵害されたり、不必要な軍事攻撃で損害を受けたり、不当な政策を強いられたり、（多くのアメリカ兵と同じように）さしたる理由もなく命の危険にさらされたりする人もいた。つまり、私たちはアメリカ国民や世界中の人々に対して深刻な危害を及ぼす制度に多大な投資を行ってきたのである。その一方、教育や雇用、健康、住宅、環境といったもっとも差し迫った要望を満たすための制度には、十分な資金を投じてこなかった。

6. 近年、社会保障制度やメディケア（高齢者・障害者医療制度）、メディケイド（低所得者医療制度）といった社会のセーフティ・ネットを解体しようとする動きが盛んである。その結果、人生で困難な時期を経験している人々、たとえば失業した人、家を失った人、健康上の問題を

＊6　クラウドファンディングのプラットフォーム。

抱えている人、不健全な人間関係や虐待から逃れようとしている人、子どもや高齢の家族の世話をしなければならない人、自分自身が高齢化している人などが、基本的な要望を満たし、尊厳を持って生きるのがますます困難になっている。

7. アメリカは多元的な社会であり、その人口は多様性という驚異のタペストリーを織りなしている。しかし、この国の法律や政策、政治家の言説は、多様性の称賛よりもむしろ規範から外れた人々への攻撃や差別へとつながることが多い。またそのうえで、私たちが共通の人間性を認識する力を妨げるばかりか、すべての人の命が等しい価値を持つという事実に蓋をしている。さらに、政策立案者は人工妊娠中絶や銃規制、移民といった物議を醸す社会問題についての世論の違いをうまく利用し、自分たちにとっては優先度が高いが有権者には不評きわまりないほかの政策を推進するための支持基盤を築いている。おまけに、人々が互いの相違にもとづく広範な不公正や、議論を招く社会問題について政策変更の必要性が明らかな状況に直面しても、政策立案者は依然として問題の根本原因に有意義な形で対処することができていない。

8. 現在この国では、シチズンズ・ユナイテッド判決[*7]や投票権の制限、労働組合への非難、および超富裕層に政治支配をさせるための取り組みによって、民主的なプロセスが悪化している。そのため、このリストに記載されたほとんどの政策決定、ひいては私たちの生活に対し、アメリカ実業界とウォール街の経営者らが、ほかのすべての人々を合わせたよりもはるかに大きな支配力を持ってしまっている。[21]

当然ながら、ここに挙げたのは私たち国民の前に立ちはだかる唯一の構造的な問題ではない。だが、アメリカ人の大半が日々直面するきわめて差し迫った問題の大部分を構成している。これらの問題に関してひとつ言えるのは、人種や民族にかかわらず、自分の人生を貶め、必要以上に困難なものにしている要因を調べると、ほぼすべて同じ点に行き着くということだ。人種不公正からもっとも利益を得ているのは、白人が直面する課題によってもっとも利益を得ているのと同じ人々である。

人間や地球のことを顧みず、金銭的利益の飽くなき追求が許されるとき、超富裕層は利益を得る。生徒を追い出す教育制度と、人々を引きずり込む刑事司法制度の異常さを国民が受け入れるとき、超富裕層は利益を得る。金持ちへの減税が、低所得層、労働者階級、中流階級の家庭への重要なサービスよりも優先されるとき、超富裕層は利益を得る。教育が子どもたちのためではなく、アメリカ実業界にとって必要なものになるとき、超富裕層は利益を得る。〝公共の安全〟という言葉が抑圧的な法執行と軍事戦略の正当化に用いられるとき、超富裕層は利益を得る。公的機関が資金不足で民営化へ

＊7　2010年、米最高裁が1人当たりの政治献金額に上限を定めるのは違憲との判断を下した判決。

の道をたどるとき、超富裕層は利益を得る。民主主義の構造が悪化し、コミュニティが自己決定権を失うとき、超富裕層は利益を得る。すべての人の要望を満たすためではなく、一部の選ばれた〝勝者〟だけを救い、〝敗者〟には相応の価値がないと思わせるような競争体制が作られるとき、超富裕層は利益を得る。資源はつねに不足していて、あるコミュニティの利益はほかのコミュニティの損失からなると人々が信じるとき、超富裕層は利益を得る。人間やコミュニティが互いに対立し、それぞれの違いのために争わなければならないと人々が思い込むとき、超富裕層は利益を得る。

だが後述するように、超富裕層は単に利益を得ているだけではない。彼らは、この国の公共政策が大多数の国民ではなく自分たちの利益と一致するように奮闘してきた。その結果、ごく少数の人間がほかの人を踏み台に、あきれるほどの富と権力を手に入れることになったのである。これは決して今に始まったことではないが、年々エスカレートしているのは事実だ。残念なことに、この手の現実を受け入れるよう条件づけられてきた人、とくに白人は非常に多い。しかし、資源の不足した学校や幅広い欠陥を抱えた公衆衛生、高い失業率、ごくわずかな賃金、悪化する環境、犯罪の拡大解釈、出口の見えない戦争、金権政治、広範な差別は、いずれも必然的なものではない。これらはアメリカの生活において避けられない要素ではない。どちらかといえば、私たち自身が作り出した問題であり、変えることが可能だ。

この国の政府を設置するにあたって、すべての人の命が尊重され、すべての人がみずからの生活に影響を与える決定をする際に発言権を持てるような、公正で公平な社会を築く方法がとれない理由はない。「民衆の、民衆による、民衆のための」統治を行う政府を持てない理由はない。また、第5章でも述べるように、現在あらゆる人種や民族に深刻な害を与えるために費やされている資源を、切迫した社会問題への対応や、人間の基本的欲求を満たすことに転用できない理由はない。このような変革の可能性は、私たちのすぐ目の前にある。しかし、そこに到達するには、人種正義は他人の闘いではないと白人たちが認識しなければならない。それは、私たちの闘いでもあるのだ。

分割統治はお手のもの

> この国の黒人（ニグロ）の未来が明るいか否かは、この国の未来と道を同じくしています。長いあいだ悪と決めつけてきた知らない人間と向き合い、折り合いをつけ、受け入れるかどうかは、すべてアメリカ人次第です。白人がしなければならないのは、そもそもなぜ黒ん坊（ニガー）が必要だったか、自分の心に問いかけることです。私は黒ん坊（ニガー）じゃありません。人間です。けれど、もし私を黒ん坊（ニガー）と思うなら、それはあなたたちが必要としているからです……あなたたち、白人が作り出したんです。あなたたちはその理由を見つけなければなりません。この国の未来は、それを問うことができるかどうかにかかっています。——ジェームズ・ボールドウィン『ニグロとアメリカの約束（*The Negro and the American Promise*）』[22]

ここに、ふたつのチーム、AチームとBチームが連続で対戦するレースがあるとしよう。レースは非常に過酷かつ危険なもので、各チームとも生き残れないメンバーがたくさんいる。参加者全員がコース上で怪我を負い、血を流している。どのレースでも、Aチームは圧倒的に有利なスタートを許されているため（どういうわけかそのことに気づいていないメンバーが多い）、結果的にほとんどのレースで勝利を収める。Aチームのメンバーは勝利に沸き、自分たちのリードに歓喜するあまり、Bチームの敗因は個人的、集団的な欠点にあるという持論を展開する。さらに、悦に入った様子でみずからの成功を誇示し、誰もが近視眼的な物の見方をするようになる。当然ながらBチームは憤慨し、いつしか両チームのあいだの敵意が高まりはじめる。一方、レースの主催者たちは、Bチームに与えられたハンデやAチームの勝利に対する誇り、そしてチーム間の敵対関係を利用して、ふたつのことを成し遂げようとしている。ひとつは、自分たちがレースの賞金のほとんどを懐に入れているのを悟られないようにすること。もうひとつは、両チームに「いや、待て。そもそも、なんで私たちは争っているんだ？」という疑問を抱かせないようにすることである。

分割統治（あるいは分割支配）の原則は、統治そのものと同じくらい歴史が古い。実際、アメリカ合衆国よりもずっと古いほどだが、私たちがこの原則を完成させたのは、おそらく人種の分断によってである。アメリカの大富豪たちは、これまで白人のコミュニティと有色人種のコミュニティの対立をたくみに煽ってきた。それも、ヨーロッパから船でやって来た最初の白人移住者たちが、彼らのことをじっと見つめる数多くの褐色肌の顔を見て以来ずっとだ。[23] 白人にとって〝対立〟とは、たいていの場合、自分たちの境遇に対する怒りを有色人種に向けることを意味してきた。有色人種は格好の身代わり（スケープゴート）であり、誰かに優越感を抱きたいという潜在的な欲求を満たしてくれる集団だ。ちょうど、超富裕層のしていることから私たちの目をそらす役割を果たしている。これは古くからの常套手段だが、現在でもまだ通用するようだ。[24] 私たちはわずかなパイのかけらを投げ与えられ、それを守ることに必死なあまり、もしみんなでパイを分かち合ったらどんなことができるかを考えようとはしない。

後述するように、パイ自体は十分すぎるほどにあるが、それは白人が人種正義のための闘いに参加し、有色人種と共通の関心事を見つけないかぎり食べられないままである。もちろん、白人は制度的レイシズムに対処するにあたって、利己的な理由を必要としてはならない。私たちが立ち向かうのは、この国の政府が大規模な人的被害をもたらしているからである。私たちの何百万という隣人が、特定の人々に利益をもたらす制度によって、壊滅的な打撃を受けているのだ。誰もそれを許容すべきではない。アメリカ史には、南北戦争後の復興期や1960年代の公民権運動など数多くの時代があったが、そのたびに私たちは人種問題について一歩踏み出してきた。しかし、どれも真の平等の実現には遠く及ばなかった。むしろ、私たちは〝前進〟すること自体に満足していた。だが、ジェームズ・ボールドウィンが数十年前問いかけたように、有色人種はこうした〝前進〟が人種的に正しい国家を作り出すまで、あとどれだけ待てばいいのだろうか？[25] 十分な数の人が行動せざるを得なくなるまで、あとどれだけの人が（事によっては何世代にもわたって）制度的レイシズムのもたらす惨禍に直面しなければならないのだろうか？　アメリカ史のほとんどを通じて、有色人種は待つように、我慢するようにと言われつづけてきた。そうすれば、いずれその時がやって来るからと。しかし、私たちが平等に向けた公約を守らず、アメリカに住むことの恩恵をすべての国民が享受できるような行動をとらないまま、数世代が経過した。私たちが集団としての道義心によってアメリカ史上の有害な染みを取りのぞくことができたら、人種正義の促進を約束するうえでこれ以上ないほどの裏づけとなるはずだ。

くわえて、私たちはみな、人種不公正と闘うことはすべてのアメリカ人の幸福にとって不可欠な要素だと認識しなければならない。低所得層、労働者階級、中流階級の人々の命と声は人種を問わず軽んじられているが、それはとりわけ有色人種に当てはまる。制度的レイシズムは、あらゆる人を苦しめる不公正の中心にある腐った芯だ。そうした重大な欠陥のあるものを土台にして、本当の意味で優れた世界を作ることなんてできない。私たちは集団として、なぜ人種不公正に対しこれほど寛容になってしまったのかを分析する必要がある。そして、もしすべての人にとって有益な社会を作ろうと本気で考えるなら、まずは今の社会がそうなっていないことを認めなくてはならない。制度的レイシズムはその問題の大部分を占める、避けられない要素である。

さらに、きわめて現実的な視点から言えば、アメリカ実業界とウォール街の超富裕な経営者たちと同じくらいの富と権力を持った集団に立ち向かう場合、ばらばらの抵抗が失敗に終わることは目に見えている。そうした人々はメディアや政治、経済、法制度に対して絶大な影響力を持っているため、人種の違いで分裂した大衆がその権威を脅かすとは考えにくい。そのため、公正で公平な、本当の意味で民主的な社会を築くには、私たち全員が協力して闘わなければならない。

悲しいことだが、白人はみなの家が火事になっているのに、その煙が自分たちが招待されていないバーベキューから上がっているだけかのようにふるまっている。有色人種は制度的レイシズムに数々の抵抗を続けており、実際、彼らが立ち止まったことはない。彼らの取り組みは多くの場合、さらに悪い政策が実施されるのを阻む唯一の手段である。また、私たちが人種正義に向けて成し遂げた前進の原動力でもあり、その姿は組織化された戦略的な民主運動の力を何度となく証明してきた。だが、貧困問題などに関する正当な（そして、しばしば不当な）主張を強く支持する白人は多い一方、人種正義のために公の場で長きにわたり闘いつづける白人は驚くほど少ない。たしかに、時おり開かれる集会にやって来たり、有色人種の低所得層を支援するため慈善団体に寄付してくれたりする白人はたくさんいる。しかし、人種不公正の根本原因に真っ向から取り組むために、労力や資源を提供しつづけてくれる人はごくわずかである。白人は長いあいだ制度的レイシズムの真の解決に向けて闘うのではなく、表面的な改革や象徴的な改革、あるいは〝人種中立的〟な改革に支援を限定してきた。これらの改革は、有色人種が直面する不平等に実際に立ち向かうよりも、人種問題についていい気分になれるという点ではるかに効果的だ。

人種問題への明確な対処を政策として掲げる自称リベラル派や進歩主義者でさえ、有色人種のコミュニティが抱える問題を優先することはほとんどない。政界や支援団体では、人種正義の優先順位が初めから後回しにされることもしばしばだ。[26]また、公開討論でどの問題を提示するか決める際にも、人種正義のトピックはそもそも軽視されるか、完全に切り捨てられることが多い。その根拠はたいてい、白人の有権者にうまくアピールするにはそうせざるを得ないというものだ。実際、白人はほかの人（主に白人）に対し、すべての白人を遠ざけたくなければ人種問題については話すなと忠告するのが常である。これは、あまり見通しがいい状況とは言えない。

このような状況を見ると、白人が人種正義の問題について本当に歩み寄る気があるのかと、有色人種の人々が悲観的になるのも無理はない。実際、多くの人が落胆のあまり、白人が人種問題を解決することはないと考えている。アメリカの歴史を俯瞰したとき、誰が彼らを責められるだろう。有色人種の人々はあまりにも長いあいだ人種問題で孤立してきたことで、不健全きわまりない〝私たち〟対〝彼ら〟の構図を作り上げてしまった。

しかし、希望はまだある。私は白人のコミュニティに思いやりの心や能力が欠けているとは思わない。問題は、私たちの善なる部分が人種正義の取り組みに十分向けられていないか、あるいはまったく誤った方向に向けられていることにある。[27] 現に、こうした事実を知ったうえで、それを受け入れる意思と能力を持った白人は、人種正義を促進するのに有意義な役割を果たしてきた。そして、私は人種正義の闘いに加わりたいと考えている人がほかに何百万人もいると信じている。人種不平等にいら立ち、苦痛さえ感じながらどうすればよいかわからず、心にトゲが刺さったような状態の白人は大勢いる。資源の不足したコミュニティ住民を援助したいと思っている人々、みずからの幸福が有色人種の幸福と切っても切れないことに気づいている人々、そして、この世界でもう少しだけ正義を実現したいと願う人々はたくさん存在するのだ。

これは政党政治、民主党と共和党、リベラルと保守といった概念をはるかに超える闘いだ。そのような所属や分類は、もっと大きな道義的問題、つまり私たちが同じ人間としてどう関わり支え合っていくかに比べれば、たいした問題ではない。さらに言えば、この国の有力な政治団体は、いずれも人種正義を促進するための十分な働きをしていない。私たちは偏狭な政治信条を乗り越えることで、良心的な白人を結集し、有色人種を始め社会から疎外されたコミュニティと連帯し、強固で統一したアメリカを作ることができる。それが、次からの章で述べる内容だ。私たちがこれまでに受けた被害を協力して修復し、よりよいものを作り上げる道筋を明らかにしていきたい。

誤解のないように言うと、私たちは何も「白人の救世主」[*8]が現れて窮地から救ってくれることを期待しているわけではない。しかし、白人にはこれまでよりも頻繁に、有意義なやり方で時間やエネルギー、資源を提供してもらわなければならない。彼らが共感を寄せるさまざまな正義の運動（ジェンダー、経済、ＬＧＢＴＱＩＡ＋、気候変動など）にくわえ、人種正義の運動を支援してもらわなければならない。というのも私を含む白人は、主に超富裕層に恩恵を与える戦略的レイシズムを支えるための重要な要素であるが、それは裏を返せば、あらゆる人種や民族にとって有益なやり方でそれを破

＊8　映画などで虐げられている有色人種の人々に救いの手を差し伸べる白人の登場人物を指す表現。

壊することのできる独自の立場にあるからだ。

しかし、だからといって、すべての白人が一夜にして人種正義の擁護者になる必要はない。幸いなことに、たった10人がコミュニティ内で力を合わせるだけで、多大な影響を及ぼすことができる。各州から100人の白人が人種正義の擁護に身を捧げ、すでに闘いのさなかにある有色人種に加われば、その成果は計り知れないものになるだろう。各州から1000人の白人が集まれば、一大変化が起こるだろう。各州から1万人の白人が集結し、有色人種社会の取り組みを支援したり、互いの利益を促進したりすることに専念すれば、それは革新的なものとなるだろう。ここで述べたことを机上の空論と感じる人もいるかもしれないが、こうした人々はすでに存在している。いずれも、実現可能なことばかりなのだ。[28]

これはまた、超富裕層にとっては最大の悪夢でもある。大勢の白人と有色人種が「そもそもどうして私たちは争っているんだ？」と問いかけ、手を携えることで、私たちはともに築く世界を思い描くことができる。

第2章 才能を潰され、使い捨てにされる若者たち

全米の多くの若者にとって、自分たちの学校が健全で手厚い学習環境を用意してくれること、またそうした環境で成長できるのは当然のことである。成功のためのお膳立ては整っている。生徒たちは毎朝校舎に足を踏み入れるたび、自分たちの教育が尊重されていること、そして、自分自身が尊重されていることを知る。

しかし、一部のコミュニティでは、若者たちの日々の現実はまったく異なっている。子どもや若者は、朝になると、老朽化した学校へ通う。雨漏りする屋根、壊れた冷暖房設備、飲用に適さない水。校舎の入口をくぐっても、出迎えてくれるのは信頼できる大人の笑顔ではない。警察官、警備員、金属探知機、監視カメラだ。校内も教室もとても混んでいるので、廊下を歩くこともままならないし、座る席さえ見つからない。授業に出ても、教師には生徒のニーズを満たすための教材やサポートがほとんど与えられていない。若者は日々、自分たちの人生とはほぼ無縁の、うんざりするほど退屈なカリキュラムの授業を受けさせられ、マークシートを埋めることに終始している。美術や音楽、演劇、体育、休み時間、課外活動など、学校生活をなんとか耐えられるものにしている数少ない時間が、多くの学校で削減、あるいは廃止されている。また、学校外での生活によって学校に行

くのが嫌になったり、つらい思いをしたり、若者にはありがちな間違いを犯したりしても、カウンセラーやソーシャルワーカー、学校心理士といった大人たちが問題の解決を助けてくれることはめったにない。そのかわりに、生徒たちはしばしば停学や退学処分となるか、あるいは手錠をはめられて学校から追い出され、塀のなかに入れられてしまう。

あらゆる人種や民族の子どもたちが、程度の差こそあれこうした障害にぶつかっている。だが、日常的にそれらの多く、あるいはすべてに直面している数百万人のうち、圧倒的に多いのは有色人種の若者だ。彼らは、成功どころか、むしろ失敗するように仕向けられている。すべての生徒が大切にされる学校に通うどころか、まるで使い捨て品のように扱われているのだ。

ここに、すべてのアメリカ人が向き合わなければならない悲しい現実がある。私たちの教育制度の最大の特徴は、それが決して平等ではないということだ。アメリカ史を通じて、私たちが有色人種の子どもたちを白人の子どもたちと同等に扱おうとしたことはただの一度もない。また、教育の平等について〝黄金時代〟と呼べるものは存在しない。有色人種の多いコミュニティの学校において、白人の多いコミュニティの学校と同じレベルの教育機会が実現したことはこれまで一度としてなかった。[1]有色人種は事実上数百年にわたって、白人のアメリカ人が享受しているのと同じ学習機会を求めて闘いつづけ、あらゆる場面で激しい抵抗に遭ってきた。この長きにわたる恥ずべき遺産は、今まで数多くの政策や慣行によって生み出され、維持されてきた。不平等な教育支援金、学校から刑務所への直通パイプライン、ハイ・ステークスな共通テスト[*1]の乱用といった現代の政策は、ジム・クロウ法時代の学校での合法的な人種分離や、ブラウン事件判決[*2]以降の人種分離禁止に対する極端な反発を映し出した政策が直接受け継がれたものである。その結果、長年にわたって大きく分離されたままのきわめて不平等な構造が、全米の生徒や保護者、コミュニティ住民に深い傷跡を残すことになった。

私は20年近くにわたって、全米の黒人や褐色人種のコミュニティと協力し、教育の不平等に立ち向かってきた。そのあいだ、数え切れないほどの生徒や保護者、コミュニティ住民と対話を重ね、彼らの学校やそこに存在している課題について訊き、さらにはそれをどうやって改善すべきか意見を尋ねてきた。また、彼らが学校で直面するさまざまな不足について、何度も話し合いを重ねてきた。学校の設備、クラスの規模、授業カリキュラム、学習教材、指導方法、専門能力の開発、英語学習者へのサポート、懲罰方法、総合支援、特別教育プログラム、成績評価、アカウンタビリティ・システム[*3]、学校風土、家族やコミュニティの関与、教育予算など、数多くの要素について議論してきた。だがいずれの話し合いでも、生徒や保護者のうち、学校を運営する公的機関を不十分な教育の原因として挙げる人はいなかった。また、公立学校を民営化（たとえば、チャータースクール[*4]を導入したり、私立

＊1　結果が受験者に重大な影響を与える大規模なテスト。
＊2　米最高裁が1954年5月に下した、黒人と白人の人種分離を違憲とする判決。
＊3　生徒の成績について学校単位で責任を負うシステム。
＊4　民間の団体が行政の認可（チャーター）を得て、公的資金の援助を受けながら設立・運営する学校。

学校へ通うためのバウチャー[*5]を配付したり）すれば、自分たちのニーズが満たされるという人もひとりもいなかった。むしろ、近年もっとも一般的で切実な関心事は、民営化後の学校制度がどうなるかというものだった。

タタニシャ・ジャクソンが故郷のニューオーリンズで新居を購入する際もっとも重視していたのは、家の近くにいい学校があることだった。ほかの親たちと同じように、タタニシャもあちこちの物件を見て回り、ようやく理想的な地区でぴったりの家を見つけた。その地区の小学校は評判がいいだけでなく、家からわずか半ブロックのところにあった。タタニシャは、今回の引っ越しがふたりの娘に与える影響を思ってわくわくしていた。幼少期を自宅から徒歩圏内のいい学校で過ごすこと――それこそ、娘たちに与えたいと望む、しっかりとした生活基盤だった。きっと、娘たちの人生にとって幸先のいいスタートになることだろう。タタニシャは新居の近くまで来ると、上の娘のジャネルを学校に備えられた幼稚園に入園させるため、そのまま校舎へと向かった。[2] 彼女がニューオーリンズの「スクールチョイス（学校の選択）」という制度を知ったのは、そのときのことだった。

タタニシャは、ニューオーリンズの学校制度が現在進行形で〝実験〟の対象とされていることを知らなかった。教育政策議論の末端には、長いあいだ公立学校の民営化を推進する人々がいたが、彼らの理論は実践には至らなかった。だが、2005年のハリケーン・カトリーナでニューオーリンズが壊滅的な打撃を受けて以来、状況は一変した。ハリケーン・カトリーナの直後、1950年代にスクールバウチャー制度を提唱していた右派の経済学者ミルトン・フリードマンは、『ウォールストリート・ジャーナル』紙にニューオーリンズの公立学校再建に反対する論説を寄稿した。今回のハリケーンによって引き起こされた惨状こそ、「教育システムを抜本的に改革するためのまたとない機会」だというのだ。[3] ほどなくして、学校民営化の支持者たちがニューオーリンズに押し寄せ、自分たちにとって望ましい改革の実験場としてこの町を利用しようとした。チャータースクールやバウチャーはすでに全米各地に広まっていたが、ニューオーリンズは彼らのアイデアを大規模に展開するうえでうってつけの地だった。その結果、市内の公立学校は軒並み閉鎖され、ニューオーリンズは国内初の100%チャータースクール学区となった。町は学校民営化運動のシンボルとなり、「ニューオーリンズの奇跡」は国内外に喧伝され、全米中の多くの学区が従来の公立学校をチャータースクールに切り換えるきっかけをつくった。

そういうわけで、タタニシャが娘を地元の小学校に入学させようとしたとき、すべての学校は抽選で入学が決まるため、家庭ごとの入学枠は保証されていないと告げられたのだった。彼女は驚き、落胆しながらも、すべてがうまくいくことを願って抽選にのぞんだ。だが、結果は落選。娘のジャネルは希望する学校に入れなかった。そこで、彼女は1回目の抽選でどの希望先にも入れなかった人のた

＊5　私立学校の学費など、学校教育に利用を限定した引換券。

めの2次抽選に参加した。だが、それでも近くの学校には入れなかった。

とはいえ、最後のチャンスは残っていた。親たちはまだ空きのある数少ない学校から入学枠をひとつ押さえることができた。それは夏の日の朝8時から先着順で行われるものだった。タタニシャは意志が強く、思い立ったらじっとしていられないタイプだったので、このチャンスを逃すまいと考えた。その日、彼女は午前4時に一番乗りで事務所の外に並んだ。しかし、いざ受付が始まってみると、どの学校も自分の家の近くには残っていないことがわかった。ほかに選択の余地もなかったため、彼女はやむなく残った学校のなかでもっとも通いやすそうなところにジャネルを入学させた。「この制度を信じたかったんです」と彼女は語った。「私の子どものために力を尽くしてくれていると信じたかった」

しかし、彼女の信頼はすぐに揺らぐことになった。6歳のジャネルは新しい学校に通うために朝5時半に起床し、まだ暗いうちに家を発ち、6時発のバスに乗って1時間かけて町を横断しなければならなかった。放課後はさらにひどかった。学校が3時半に終わると、2時間、ときには2時間半もバスに乗って家に帰らなければならなかったのだ。したがって、この児童の学校生活は、基本的に朝6時から夕方6時ということになる。タタニシャは、学校制度が子どもにこれほど極端な要求をしていることが信じられなかった。「大人の1日よりも長い時間、子どもにそんな負担やストレスをかけるだなんて考えられません」

だが、問題はそれだけでは終わらなかった。ニューオーリンズの学校は、生徒の成績を上げ、自分たちの〝実験〟の妥当性を証明しなければならないという強烈なプレッシャーにさらされていたので、教員や生徒、保護者の負担を大幅に増やす学校が多かった。そのため、ジャネルはまだ幼稚園児にもかかわらず、毎晩数時間かかるような宿題を出されるようになった。宿題が終わって、夕飯を食べ、お風呂に入り、寝る準備をするころには午後11時から真夜中ということもしょっちゅうだった。彼女は翌朝5時半に起きるまで、寝る時間がほとんどとれなかった。「大人でもそれだけの睡眠時間ではまともに働けません」とタタニシャは言う。「小さな子どもが、わずかな睡眠時間で日々自分の可能性を最大限に発揮し、全力で集中することなどできるでしょうか?」

幼い子どもへの過酷な要求のほか、こうした環境が家族にもたらした影響は大きかった。たとえば、ジャネルがバスに乗り遅れたときや普段より早く帰らなければならないときなど、学校が自宅やタタニシャの職場から非常に離れていたため、迎えに行くのに何時間もかかってしまった。「うちには特別な支援制度なんて用意されていません」と語るタタニシャ。「子どもが病気になったら、どうやって迎えに行けばいいんでしょう」。くわえて、タタニシャは娘の教育にも思うように携わることができなかった。ジャネルの担任に会ったり、保護者会に出席したりするには、半日近く仕事を休んで学校に行かなければならなかったからだ。「町の反対側にいては、子どもの担任とコミュニケーションをとったり、良好な関係を築いたりすることもできないんです」と彼女は言う。

しかし、何よりも深刻な問題はジャネルの健康面、とくに鎌状(かまじょう)赤血球症という病気にあった。長時間のバス移動と睡眠不足は病気にとって大敵であり、それによって耐えがたいほどの痛みをともなう鎌状赤血球貧血の発作が何度も起こった。そのため、クラスメートがアルファベットや足し算、引き算を学んでいるあいだ、ジャネルはしばしば緊急治療室に入ったり、痛みが治まるまで何日も入院したりしなければならなかった。ニューオーリンズのスクールチョイス制度は、彼女の病気を事実上悪化させていたのだ。

かかりつけの小児科医はジャネルの症状を和らげるため、タタニシャに自宅近くの学校に入学させることを勧め、学区にも家族に寛大な処置をとるよう促した。タタニシャはすぐに行動に移した。自分の選択肢について相談に乗ってくれる学区の職員に片っ端から会いに行き、教育委員会の会合にも何度も出席して、支援を訴えた。そして、病状が悪化していく娘のために何カ月にもわたって懇願を続けた結果、彼女にようやく代替案が示された。それは家から10～15分程度の距離にある学校だった。しかし喜んだのもつかの間、その学校の入学枠が空いていたのは、学区内の格付けで不適格とされていたからだった。かくして、タタニシャは決断を迫られた。娘の学業を優先し、健康を脅かすが評価の高い学校に通わせるべきか？　それとも健康を優先し、転校して学業を犠牲にすべきか？　「そんなとき、親としてはどうすればいいのでしょうか？」とタタニシャは問いかける。「どうして与えられる選択肢がこれだけしかないのでしょう？　あちらをとってもこちらをとってもうまくいきません」。彼女はくたびれたようにため息をつく。「ただもう……望みを断たれたような気分です」

もちろん、タタニシャの言うことは真っ当だ。彼女に与えられた選択肢は、とうていありえないようなものだった。そして、誰もこんな決断を迫られるべきではない。

学校民営化をめぐる議論のほか、チャータースクールやバウチャープログラムに関する争いは、過去20年間のほとんどを通じて教育政策における幅広い言説を巻き起こしてきた。※

※この章では、〝公立学校〟と〝チャータースクール〟を区別している。そのこと自体が議論の的になっていることは私も承知しているし、チャータースクールはみずからを公立学校と称するようになったが、混乱を避けるためにもどちらかはっきりさせておくことは必要である。くわえて、チャータースクールが公共制度からの差別化を選び、私たちが公共機関に期待する多くの特徴を免れようとしてきた事実も踏まえている。

「スクールチョイス」は、有色人種の若者がこれまで十分な教育を受けられなかったという悲しい歴史に対し、共和党が、そして最近では民主党までもが打ち出している魔法の解決策だ。注目すべきは、そうした議論の埒外にあるものである。すなわち、質の高い平等な教育制度を構成する要素は何か、有色人種の若者の発達ニーズを満たしてくれる学校やコミュニティをどうやって作るのかといったことだが、それについて、真の関心はほとんど払われてこなかった。そのかわりに、誰が子どもの教育を管理すべきかをめぐって、果てしない論戦がくり広げられている——公務員か、あるいは民間業者か。

チャータースクールには世論の大きな支持があり、バウチャーにも一定の支持があることは私も理解している。また、すべての争いと同じように、それぞれの支持者は自分たちの大義の正しさを心から信じていて、その信念に反するかもしれない情報と関わるのを嫌うことも知っている。したがって、チャータースクールやバウチャーの熱狂的な支持者のなかには、自分が今敵対者の側にいることに気づいて、ただちに本書を閉じたくなった人も多いだろう。だが、ちょっと待った。本章でこれから述べることは、厳格なイデオロギーに凝り固まった考え方ではない。教育に関する民間部門と公的部門の優劣について語るべきことは多いと思うが、ここではそれを主眼としていない。主な優先事項は、私がともに働いている保護者や生徒と同じである。すなわち、彼らのコミュニティの若者が、白人中心のコミュニティと同じくらい質の高い教育の機会を得られるようにすることだ。私としても、それを実現する方法がひとつだけだとは思っていない。

くわえて、このあと述べる文章は、この論戦の両陣営の見解に共感している。そのため、もしあなたがチャータースクールやバウチャープログラムで豊かな経験をしたことのある保護者や生徒であるとか、あるいはそのようなプログラムへの参加を検討しているとしても、ここでは何を断じるつもりもない。私は、自分の子どもの進路を決めるのがとても難しいことや、保護者や若者に与えられてきた選択肢が非常に限られていること、そのために誰もが希望に満ちた可能性にすがりたいことを知っている。また、個人的な経験から、もっとも優先すべきは子どもにとって何が最善かであって、そうした決定が政治討論にどんな影響を与えるかではないこともわかっている。

あなたが教育者やコミュニティのメンバーで、チャータースクールやバウチャープログラムに個人的な関わりを持ち、その成果を誇りに思っているなら、本書の目的はあなたの取り組みを批判することではないとわかってほしい。多くのチャータースクールが、多くの公立学校と同じく、優れた仕事をしていることに疑いの余地はない。それに、子どもや若者のニーズを満たすため、従来とは異なるやり方を追求したいという考え方はあってしかるべきだ。

あなたが有色人種の生徒を助けたいという理由でチャータースクールやバウチャープログラムを支援している政策立案者なら、ここで述べることをあなたの仕事に対する非難とは受け止めないでほしい。教育格差に対処するための選択肢が人為的に制限されてきたことは私にもわかっているし、何か従来とは違うことがしたい、閉塞した現状を打ち破りたいという思いも理解できる。

あなたがここに挙げたもののうちいずれかに該当するか、あるいはこれから述べることを頭から否定する傾向があるなら、しばらく判断を保留するようお願いしたい。また、学校民営化推進派が提案する改革は、たとえそれが申し分なく実施されたとしても、根深い教育格差によってもたらされる課題には決して対応できないという考えも受け入れてもらいたい。さらに、学校民営化によって実際にどんな恩恵を得られたかはともかく、この一連の改革が全米の生徒や家族、有色人種のコミュニティにもたらした広範な破壊についても考えてほしい。実際、もっとも大きな被害を受けているのは、本来スクールチョイスの主な受益者となるはずだった若者たちである。

最後に、チャータースクールやバウチャーの拡大を支持するあなたの善意は、この計画を推進するための舵取りを行っている人々の思惑とは一致しない可能性があることを理解してほしい。学校民営化はまぎれもなくビリオネアが主導する取り組みであり、彼らの主な動機は全体的な教育の質を高めることや教育の不平等を正すことではない。チャータースクールやバウチャープログラムはむしろ、実態を欺くための隠れ蓑として利用されており、どちらもアメリカのほぼすべての子どもから教育機会を奪う巨大な金儲け追求装置と化している。さらに、学校民営化は彼らが言うところの制度的レイシズムの解決策などではなく、むしろ戦略的レイシズムの典型例である。

後述するように、私たちにはこの国の有色人種の若者に負わせている膨大な教育負債に真っ向から対処し、すべての子どもに質の高い教育を保証するための戦略が用意されている。[4] 私たちは、膨大な数の子どもや若者を苦しめている学習や教育機会に対する不名誉な障壁を取りのぞくことができる。だが、そこに到達するためには、みなが少しのあいだ矛を収め、学校民営化の裏にある真の動機やそれがもたらすリスク、メリットとデメリット、そしてごく少数のビリオネア集団がいかにしてたくさんの人々の善意を食い物にしてきたかを調べなければならない。

全米規模の流行

学校民営化を検討するにあたって最初に調べるべき点は、それが公立学校制度に与えた影響である。現在、全米で公立学校が大量に閉鎖され、チャータースクールやバウチャープログラムに置き換えられている。なかには、公立学校が単にチャータースクールに切り換えられることもある。あるいは、チャータースクールやバウチャープログラムが導入された結果、公立学校と直接競合することもある。いずれにしても、全米に公立学校の大量閉鎖という流行を引き起こしたのである。いくつか例を挙げると、

・シカゴ：2009年以降、少なくとも126校が閉鎖。
・デトロイト：2000年以降、200校以上が閉鎖。
・セントルイス：2003年以降、少なくとも44校が閉鎖。
・カンザスシティ：2010年、28校が閉鎖。
・クリーブランド：2010年以降、少なくとも22校が閉鎖。
・フィラデルフィア：2013年以降、少なくとも29校が閉鎖。
・コロンビア特別区（ワシントンDC）：2008年以降、少なくとも39校が閉鎖。
・フリント：2003年以降、20校以上が閉鎖。
・オークランド：2019年から24校が閉鎖開始。[5]

公立学校制度が崩壊の危機にあるのをよそに、これらのコミュニティを始めとする有色人種のコミュニティでは、チャーター制度が劇的な拡大を遂げている。たとえば、チャータースクールが100パーセントを占めるニューオーリンズを始め、デトロイト、カンザスシティ、ワシントンDC

の学校制度のもとでは、現在40パーセント以上の生徒がチャータースクールに通っている。また、ロサンゼルスとニューヨークシティでは10万人以上の生徒が、マイアミ、フィラデルフィア、シカゴ、ヒューストンでは5万人以上の生徒がチャータースクールに通っている。さらに、表1に見られるように、チャーター制度は全米の都市の学校制度を急速に飲み込んでいる。実際、２０１７年から１８年には、生徒の10パーセント以上がチャータースクールに在籍している学区は２１４カ所にのぼるが、２００７年から０８年の時点では64カ所に過ぎない。[6]

　また、チャータースクールは全米の新たな州に広がりつづけている。[7] とくに「サイバーチャーター」と呼ばれるネットを利用した通信制のチャータースクールは、質の悪さで知られる学校が多いにもかかわらず、在籍する生徒の数は著しく増加し続けている。[8] さらに、州議会と州知事はチャータースクールのさらなる増加を目指し、公立学校がしたがわなければならない規制の適用除外を拡大している。[9] くわえて、成績が悪い（ロー・パフォーミング）とされる学校を引き継ぐような州営学区を設立、あるいは設立を検討している州も多い。[10] こうした取り組みの結果、各州は一般に有色人種コミュニティにおける公立学校の多くをチャータースクールに移行した。[11]

　バウチャーに関しては、現在14の州とコロンビア特別区で同様のプログラムが25件実施されている。[12] また、公的資金を私立学校に振り分けるバウチャーの類似プログラム（「教育貯蓄口座」「奨学金税額控除」「授業料税額控除」など）も、増加する一方である。[13] さらに、バウチャーやバウチャー類似プログラムへの政治的な後押しは、２０１６年の大統領選後、とりわけ強化されるようになった。トラ

表1　消えていく公立学校

学区	有色人種の生徒の割合(%)	公立学校の入学者数の減少:2005〜06年から2017〜18年(%)	チャータースクールの入学者数の増加:2005〜06年から2017〜18年(%)	全入学者数に対するチャータースクールの生徒の割合:2017〜18年(%)
ゲーリー(インディアナ州)コミュニティ学校法人	99%	⬇69%	⬆207%	49%
デトロイト公立学校	98%	⬇66%	⬆50%	46%
キャムデン(ニュージャージー州)公立学校	99%	⬇50%	⬆144%	37%
カンザスシティ(ミズーリ州)学区	91%	⬇41%	⬆77%	43%
セントルイス(ミズーリ州)公立学校	88%	⬇34%	⬆146%	32%
クリーブランド・メトロポリタン学区	85%	⬇34%	⬆86%	30%
ロサンゼルス統一学区	90%	⬇33%	⬆363%	26%
インディアナポリス公立学校	80%	⬇32%	⬆403%	36%
フィラデルフィア学区	86%	⬇29%	⬆140%	33%
サン・アントニオ独立学区	98%	⬇23%	⬆610%	30%
シカゴ公立学校	90%	⬇23%	⬆282%	16%
ボルチモア・シティ公立学校	92%	⬇18%	⬆413%	18%
マイアミ・デイド郡公立学校	93%	⬇16%	⬆289%	18%
ニューアーク公立学校	92%	⬇15%	⬆458%	33%
コロンビア特別区公立学校	87%	⬇12%	⬆148%	47%
アトランタ公立学校	85%	⬇11%	⬆341%	19%
オークランド統一学区	89%	⬇11%	⬆138%	30%

出典:Kevin Hesla, Jamison White, and Adam Gerstenfeld, A Growing Movement: America's Largest Public Charter School Communities, 13th annual ed., National Alliance for Public Charter Schools, March 2019; National Alliance for Public Charter Schools, "Charter School Data Dashboard"; US Department of Education Office of Civil Rights, "Civil Rights Data Collection."

ンプ政権と共和党が支配権を握る議会はこれらのプログラムの拡大を優先事項ととらえ、ほかの州も多くがバウチャープログラムの創設や拡大に追随した。[14]

忘れてはならないのが、学校民営化は当初「慢性的な問題を抱える失敗校（フェイリング・スクール）」に通わざるを得ない少数の有色人種の生徒のニーズを満たすことを目的とした「革新的な実験室」の提供を謳（うた）っていた点だ。しかし、民営化の現在の目標は明らかに、公立学校の全体もしくは大部分をそのまま引き継ぐことにある。そのことは、ハリケーン・カトリーナが去ったあとのニューオーリンズを始めとするさまざまな場所ではっきりと示されている。たとえば、２０１５年には、18万人以上の生徒がいるフロリダ州パームビーチ郡の公立学校の教育長が、学区全体をチャータースクールに移行させる許可を州議会議員に求めている。[15] さらに、２０１５年には『ロサンゼルス・タイムズ』紙が、ロサンゼルス統一学区（国内2番目の規模を誇る学区）内の全生徒の半分を今後8年以内にチャータースクールに編入させる計画が秘密裏に進められていることをすっぱ抜いた。[16]

学校民営化推進派の界隈では、チャータースクールやバウチャープログラムが公立学校に取って代わることはポジティブな傾向ととらえられ、ときには称賛さえされる。一見すると、チャータースクールやバウチャープログラムの成功を強調するニュースやそれらを擁護する記事は引きも切らないように見えるが、そのほとんどは、共通テストの得点や卒業率が上昇したらしいとの報告にスポットを当てたものだ。こうした結果は、教育制度に〝市場の力学〟を導入したおかげだとされ、それによってさらなるイノベーションや競争、パフォーマンス追求に拍車がかかると言われている。公平を期すために言えば、テストの点の上昇に関する彼らの主張を支持する研究はいくつかある（ただし、これらの調査結果の妥当性や意義については、重大な疑義が呈されている。くわしくは後述する）。一方、彼らの主張に反する研究もたくさんある。一般に、チャータースクールやバウチャープログラムへの参加がテストの点数や卒業率にどれほど影響するかについては、全体的な結論が出ていない。[17]また、チャータースクール全体の4分の1の学校では、卒業する生徒の数が半分に満たないという深く憂慮される調査結果もある。[18]にもかかわらず、こうした事実は学校民営化をめぐる公で語る物語（パブリック・ナラティブ）ではほとんど認識されず、チャータースクールやバウチャープログラムが公立学校の代わりとして利用されているという事実もまったくと言っていいほど言及されていない。

くわえて、学校民営化の影響を強く受けている都市の住民たちと長年にわたり密接に関わってきた身としては、公立学校からの脱却を訴える公的な討論を目の当たりにするのは、受け入れがたいものがあった。メディアの報道は過熱し、政治家たちも喝采を送っていたが、それはロサンゼルスやフィラデルフィア、ニューオーリンズ、シカゴ、ワシントンDCといった都市での実体験とはまったくかけ離れていた。過去10年間、私は数十のコミュニティの会合に出席し、数千人もの保護者や生徒、コミュニティ住民にアンケートを取り、こうした傾向の影響をもっとも受けるコミュニティに住む人々にインタビューを行ってきた。彼らが語ることと、一般に報道されることとのあいだには著しい乖離（かいり）がある。

そのようなコミュニティのなかに、新設のチャータースクールに通ったり、バウチャーを受け取ったりして恩恵を受けた生徒がいることはたしかだが、教育制度がここまで大きな変化を遂げたことによる衝撃は、そうした生徒一人ひとりの恩恵をはるかに上回っている。さらに、問題はチャータースクールやバウチャー利用者の全体的な学業成績にとどまらない。だが残念ながら、評論家や、あるいは研究者のうち、成績以外のことを調査する者はほとんどいない。学校の大量閉鎖や学校制度の刷新がもたらす影響を調べるのに、テストの点数や卒業率だけに注目するのは、大量の化学物質を川に流し、生き残った魚の数を数えるだけでその影響を測定するようなものである。たしかにそれも重要だが、実際の影響は決してひとつの指標だけで測れるものではない。

全体的に見れば、チャータースクールやバウチャーの拡大によって、有色人種の低所得者コミュニティのうち、壊滅的な打撃を受けているところが多いのがわかる[19]（学校民営化の影響について紹介するため、以下の枠内にはその影響をもっとも強く受けた都市のコミュニティ住民に行ったインタビューやアンケートの抜粋を掲載している）。

コミュニティの健康と福祉に及ぶ害

「私の住む地域は、85年の歴史を持つ、この土地の象徴とも言える学校を失ってしまいました。近所の子どもたちはバスで倍の距離を移動し、すでに超満員の建物に押し込まれています。地域のために献身的に働き、生涯この地で働こうとしていた教職員たちが去っていきました。私の住

む地域から、町としての個性や居場所が跡形もなく失われてしまったのです」――ピッツバーグの住民

公立学校は通常コミュニティを支える屋台骨だ。ほかのどの機関よりも、共通の目標や関心を軸に人々を結びつけている。私たちのコミュニティをつなぎとめ、家族や近隣の人々をひとつにまとめている。また、コミュニティの活動や資源の拠点であったり、地元住民の誇りの源という場合も少なくない。そのため、学校が閉鎖されると、コミュニティ全体がきわめて脆弱(ぜいじゃく)になり、一連の弊害を引き起こすことになりかねない。人々は仕事を失い、コミュニティの絆は断たれ、家庭に緊張が走り、人や企業はしばしばその地を離れ、資産価値は減少し、暴力が増加し、地域は生きるのに望ましい場所ではなくなる。一般に、学校の閉鎖ほどコミュニティにトラウマを残すものはない。

「私たちは地域の学校、アンソニー・オーバートンから追い出されました……アンソニー・オーバートンはただの学校ではありませんでした。コミュニティの中心でした。私たちがそこで、どれほどの家族や友人とつながっていたことでしょう。先生方のなかには、私にとって母親同然の人もいました。私の子育てを手伝ってくれたんです。子どもたちを育ててくれた人が、今度は孫たちを育ててくれるのを見るのは、何よりの歓びでした……ですが、それも［当時のシカゴ市長］ラーム・エマニュエルがコミュニティにやって来るまでのことです。まるで、爆弾が破裂し

たようでした」――アイリーン・ロビンソン、祖母、シカゴ

残された公立学校に及ぶ害

コミュニティ内の学校が閉鎖されると、残されたほかの公立学校はかなりの追加負担を強いられることが多い。閉校によって追い出されたたくさんの生徒たちを引き受けなければならず、学校は過密状態になり、クラスの人数も増加する。また、チャータースクールやバウチャープログラムに資金が流用されるため、さらなる予算不足を招くことになる。[20]

「[学校がいくつも閉鎖されて]教室はごった返してます。ひとクラスに40人くらいいますよ。なかには立ったままとか、テーブルに腰かけたり、暖房の吹き出し口に座ったりして授業を受けてる生徒もいます」――エリック・ライト、高校生、フィラデルフィア

生徒たちがチャータースクール、私立学校、公立学校に分散するようになると、とくに支援の必要な生徒が公立学校に集中するようにもなる。こうした影響が重なることで、公立学校における教育や学習の質が低下してしまうのは必然と言えるだろう。また、このような傾向が世間による公立学校や

教育者への執拗な批判と結びつき、質の高い教職員が失われてしまうことも多い。非常に優秀な学校や、成績を向上させるために必要な措置を講じている学校でさえ、この手の風潮の被害を受けるのである。

「教師はクラスの規模に圧倒されているので、生徒一人ひとりのニーズに合った授業計画を適切に立てることができない」——ピッツバーグの教師

生徒に及ぶ害

学校の閉鎖は、その結果として居場所を失う子どもや若者に破壊的な影響を与えかねない。友人、教師、メンターなど、人生でもっとも重要な人間関係が一気に断ち切られてしまうからだ。若者にとって、学校を失うことは日々の生活における心のよりどころを失うことでもある。生徒によっては、唯一の居場所を失うことにもなるだろう。

「最近、学校が変わったことで、生徒たちの心が閉ざされているように感じます。校内では、信頼を育んだ学校や先生から見捨てられたような気がすると語る生徒がたくさんいます」——ピッツ

学校の閉鎖は、ある建物から別の建物に移転するという単純な経営上の問題として片づけられるものではない。実際には、(一般に)低所得層や労働者階級の地域に住む有色人種の若者にトラウマをもたらすことになりかねない。

「連中は自分が金を出してもいないこの地域の高校にずかずか乗り込んできて、ぼくらから何もかもを奪おうとしています。この学校を閉鎖に追い込みたいんです。おまえらはこれから先何者にもなれないというメッセージをぼくらに突きつけてるんです」——ネイサン・キレス、高校生、フィラデルフィア

公立学校が閉鎖されても、自分たちを受け入れてくれるチャータースクールが近くにないという生徒は多い。とくに障害を抱えていたり、英語学習者だったり、素行に問題があったり、勉強熱心でないとみなされたりする場合はなおさら難しい。[21] また、私立学校の場合、問題は輪をかけて深刻である。私立学校はどんな理由であれ、生徒の入学を拒否したり退学させたりする裁量権を持っている。とりわけ、障害のある生徒はバウチャープログラムの対象から外されやすい。

「複数の障害を持った息子をニューオーリンズの学校に入学させるとき、学校の制度自体がちぐはぐで、説明責任も何も感じられませんでした。どの学校も、すべての子どもにサービスを提供すべきだとは思っていないのです……向こうの言いたいことはすぐにわかりました。学校側には生徒を選び、どうやってサービスを提供するかを選ぶ自由があるというわけです……最初の年、私たちはＩＥＰ（個人向け教育プログラム）ですでに実施されているサービスを受けるため、3つの学校を訪ねました……誰もあからさまに『来るな』とは言いませんでしたが、当校とは合わないと言われることはありました……子どもが伝統的な型にはまらず、低費用で簡単に教育できないなら、その子はお荷物というわけです。企業型モデルは、息子の教育に関心がないのです」

——ケリー、親、ニューオーリンズ

さらに、バウチャープログラムの大半は私立学校の授業料全額を対象としていないので、差額を自己負担しなければならない家庭が続出する。したがって、低所得層、労働者階級、中流階級の家庭がもっとも強い影響を受けるのは明白である。場合によってはまったく通えなくなってしまうこともあるだろう。そのため、教育機会がもともと限られた生徒は、多くの場合、バウチャープログラムから実質的に締め出されてしまう。

学校民営化の波にあおられながらなんとか新しい学校を見つけられたとしても、タタニシャ・ジャクソンの娘がそうだったように、通学のためにかなり遠くまで行かなければならないことも多い。不便さは言うに及ばず、通学の途中で子どもや若者が重大な危険にさらされる事態も発生する。これは仮定の話ではない。実際に子どもや若者が命を落としているのだ。多くの場合、慣れない通学路で危険な地域を横切ったり、そういう地域に足を踏み入れたりしたのが原因だった。[22]

こうした事例からもわかるとおり、学校が閉鎖されると隙間に落ちたまま戻れなくなる生徒が急増する。[23]

教育制度全体に及ぶ害

公立学校、チャータースクール、バウチャーを含む教育制度全体において、学校民営化の台頭によってきわめて明白かつ憂慮すべき被害が引き起こされる。

・チャータースクールというまったく新しい制度を作ったことで、最低水準の成績を求める規制が減り、新設される学校の質にも非常に大きなばらつきが見られるようになった。優秀な学校もあればそうでない学校もあるが、大半はその中間に位置している。そういうとき、世間の注目は往々にして成績トップ校に集まるが、私たちが見失ってはならない点がある。親たちは子どもを教育する資格もなければ、学校という幅広い定義にさえ当てはまらないような新しいチャータースクールへ子どもを通わせるよう誘導されているのだ。[24] たとえば、カリフォルニア州で15校のチャータースクールを運営する「ラーン・フォー・ライフ」というネットワークは、「パーソナライズに特化した学習」を提供すると謳っているが、学校のある場所はオフィスビルやストリップモール[*6]、元リカーショップなどである。そのひとつ、カリフォルニア州ランカスターにあるデザート・サンズ・チャーター・ハイスクールには、専任の教師もいなければ教室もない。彼らの言う「学校」とは、生徒たちが課題のプリントを受け取り、提出し、その課題に関するテストを受け、ときおり個別指導員(チューター)と面談する場所に過ぎない。デザート・サンズの2015年の4年卒業率[*7]は11・5パーセントだった。[25]

・チャータースクールが優れた新人教師をこの仕事にひきつけてきたのはたしかだが、公立学校の大量閉鎖によって有能で経験豊富な教師、とくに黒人やラテン系の教師が経済的に余裕のないコミュニティで失われることになった。全体的な傾向として、教師の脱専門職化(ディプロフェッショナリゼーション)が甚だしく、優秀な教師を集め、つなぎ止めることがますます困難になっている。その結果、学校民営化の影響を色濃く受けているコミュニティのうち、たくさんの場所で深刻な教員不足が起こりつつある。[26]

＊6　商店街のように店が立ち並ぶ小規模のショッピングモール。
＊7　アメリカの高校(ハイスクール)は4年制が一般的。

・公立学校とチャータースクールは限られた予算と生き残りをかけて争っているため、近年、共通テストの成績がことのほか重視されている。その結果、公立学校とチャータースクールの両方で、範囲が狭く面白みのないテスト重視のカリキュラムばかりが組まれるようになった。

「犠牲者はまずもって子どもたちです。彼らは超がつくほど息苦しい雰囲気のなか、学校に通っています。緊張が絶えることはありません。教師は子どもたちを大切に思っていますが、成績の上がらない子についストレスや怒りを感じてしまいます。そのせいで、自分が職を失いかねないからです」——教師、ワシントンＤＣ

・チャータースクール、過度の負担を強いられた公立学校、あるいは私立学校で、ことさら厳しい懲戒処分が下されているせいで、学校を追い出されたり、学校から刑務所への直通パイプラインに送り込まれたりする生徒の数が増えている。[27]

「チャータースクールでは、子どもは〝規律〟と称される厳格なルールにしたがわなければ退学させられます……子どもたちはたえず停学処分や居残り処分を受けています……なかには、脱落してしまう子もたくさんいます」——イボンヌ・マローン、親、ニュージャージー州ニューアーク

・公立学校とチャータースクールの両方で全体の予算が削減された結果、多くのコミュニティでは、教育指導、生徒支援、課外活動といった重要な総合的支援のための資金が減少している。[28]

> 「私がデトロイトの公立学校にいたころは、木工所があり、歌があり、チェスクラブがあり、ディベートがありました。それこそいろんな活動があって、友人たちはみんな学校や学校の周辺で過ごしていました。ですが、今では「公立学校の民営化と予算削減のため」学業以外の活動はありません。では、そういう活動をしない若者はどうなったのでしょうか？　彼らはストリートにくり出したのです」――カマウ・ケペル、親、デトロイト

・質の高い学校づくりの基本は、教育者と家庭のあいだに良好な関係を築くことにある。閉鎖された多くの学校では、何年も、あるいは何世代もかけて築かれてきた重要な関係が、またたく間に崩壊した。

> 「学校を閉鎖することで、人間関係が引き裂かれます。若者の多くは、たとえ家庭に模範となる人物がいなくても、学校の教師や校長先生と固い絆で結ばれています。そのような関係を終わらせたら、子どもたちは打ちのめされてしまいます」――カルメン・ウォレス、親、フィラデルフィア

・チャータースクールの拡大という西部開拓時代さながらの光景は、別の予測可能な結末を招いた。全米のチャータースクール運営者のあいだで、浪費や詐取、職権乱用が蔓延し、何億ドルもの税金の無駄づかいにつながったのだ。[29]

・私たちの学校制度では、透明性と民主的な説明責任が著しく失われている。第一に、学校民営化は、たいていの場合、市長や州が学校制度を管理するといった反民主的な措置を実施して初めて達成される。第二に、チャータースクールは公立学校と比べて、(必ずしもそうではないが)市民に対する説明責任が欠けており、コミュニティへの関与も薄い傾向が強い。第三に、バウチャープログラムやバウチャー類似プログラムの結果として公的資金を受け取る私立学校は、公の監視がさらに行き届かなくなってしまう。

「[保護者が]チャータースクールに行くと『何しに来た』とか『ここで何してる』と言わんばかりの対応をされます。まるで不法侵入者扱いです。自分の子どもの学校に行っても、そういう反応なんです。なんの情報も得られず、出会った瞬間、歓迎されていないと思い知らされます」

――ドナルド・ショパン、祖父、ニューオーリンズ一般に、学校民営化は負のスパイラルを引き起こすことが多く、たいていのコミュニティはそこから回復できない[30]。こうした力学が起こる仕組みについては、ありがちなパターンがある。公立学校は組織的に資源が不足しており、「失敗しつつある」と過度の中傷を受けることで、たくさんの家庭が離れていく。そうした家庭はよりよい選択肢を求めて、政策立案者が称賛し、メディアでも大きく取り上げられているピカピカの新しいチャータースクールやバウチャープログラムへ向かう。残された公立学校はこうした力学によってさらに逼迫し、しばしば閉鎖に追い込まれる。そうなると、負のスパイラルは深まるばかりだ。残された公立学校の負担はますます増加し、さらにたくさんの家庭や教育者が離れていく。周辺コミュニティにさらなる害がもたらされ、それにともなって学校の閉鎖も拡大していく。その結果、学校の閉鎖がもたらす結果のなかでとくに起こりうるのは、閉鎖に次ぐ閉鎖によって、二次的な被害が急拡大してしまうことである[31]。

「H・D・ウッドソンは、いわば最後の砦と言うべき学校です。閉鎖した学校の生徒だけでなく、チャータースクールから『もう面倒見切れない』と判断された生徒を受け入れています。そのうえで、そういう判断をした学校と同じレベルのパフォーマンスを求められるのです。私たちは［DC―CASなどのハイ・ステークスな共通］テストを始めとする企業型モデルに縛られていて、それはこの学校の予算を本部に引き継ぐための説明として使われます。彼らはわが校の管理職をたえず入れ替え、毎年、職員全員を解雇すると脅しをかけてきます。そのため、教師は疲れ果て、仕事を辞めたいと思うようになります。だってそうでしょう？　自分のクビがつねにかかっているような状態では、子育てをしたり、日々のあれこれをこなしたりなんてとてもできませんから。生徒や保護者、教師、管理者、誰にとっても、この学校に残るのは難しいことです――私たちがどれだけ出来が悪いか、四六時中聞かされるわけですから」――教師、ワシントンDC

ここまでのことをまとめると、学校民営化によって起きたかもしれないイノベーションや、競争にともなう進歩をどれだけ重視したとしても、はたしてそうした変化が引き起こした甚大な損害に見合うものかどうか、合理的な説明ができないのである。そのこと自体、一連の〝改革〟を無効化して終わらせるには十分すぎるほどだ。とりわけ、チャータースクールやバウチャープログラムがさらに普及することで、被害がますます深刻化するかもしれないとあっては。だが、それにもかかわらず学校民営化の動きは近年劇化し、現在ではチャータースクールやバウチャー、バウチャー類似プログラムに対し、地方、州、連邦政府の資金が年間500億ドルほど費やされている。[32]

実際には、学校民営化から生じる深刻な被害は、もっとも影響を受けるコミュニティからの激しい反発を招いている。長年にわたって、保護者、生徒、コミュニティ住民からはっきりと抗議の声が上がっているのだ。彼らは教育委員会や市議会、タウンホールなど、全米各地の会合で、学校民営化のもたらす取り返しのつかない、しばしば壊滅的な被害について議員たちに訴えてきた。彼らはデモやピケッティング、ハンガーストライキ、座り込み、ウォークアウト、ウォークイン、不買運動などを続けている。[33] 10以上の都市が、1964年公民権法第六編[*8]にもとづき、米教育省公民権局に苦情を申し立てた。[34] また、ムーブメント・フォー・ブラック・ライブズや全米黒人地位向上協会（NAACP）、正義の同盟のための旅、ウィー・チューズ・キャンペーンなど、もっとも影響を受けるコミュニティに加盟している著名な全米組織が、もたらされた被害を理由に学校民営化の停止措置を求めている。実際、被害は深刻で、さらにふたつの全米運動が立ち上がることとなった。学校民営化の動きに反対し、公立学校教育を推進する「私たちの学校を取り戻す同盟（AROS）」と「公立教育ネットワーク」だ。学校民営化とその影響は、2018年から2019年にかけて全米で相次いだ教師のストライキやウォークアウトの理由のひとつとしても引き合いに出されている。[35]

学校民営化が恩恵をもたらすとされた当のコミュニティからの反発や、民営化の取り組みを遅らせる輝かしい勝利にもかかわらず、チャータースクールとバウチャー推進派の勢いはとどまるところを知らない。[36] そのため、全米の多くの有色人種コミュニティで、公立学校がまもなく閉鎖されるのではないかというもっともな懸念がくすぶっている。くわえて、学校民営化推進派が長年にわたって明示してきたことがひとつある。それは、彼らが忍耐強く、長期戦もいとわないということである。実際、

＊8　アメリカ国内において人種差別を禁止する法律。第六編では、連邦政府後援事業の資金分配における無差別を保証している。

学校民営化論者の取り組みは、これまで主に黒人と褐色人種のコミュニティに向けられてきたが、本章で後述するように、彼らが最終目標をそれよりもはるかに広く設定していることは明らかである。

ゲイツからコークまで：ビリオネアが主導する取り組み

学校民営化が引き起こす広範な被害と、民営化が実施されているコミュニティからの激しい抵抗があるにもかかわらず、なぜここまで幅広い支持を政党の枠を超え、長きにわたって得られているのか、また、なぜチャータースクールとバウチャーの計画を支えつづけることができるのか、当然疑問に思われることだろう。答えは簡単だ。学校民営化は、アメリカのごく少数のビリオネアが主導し、積極的に資金提供しているからである。

チャータースクールやバウチャープログラムの著名な支持者のうち、ほぼすべてがアメリカの長者番付であるフォーブス400に名を連ねている。[37] 実際、学校民営化の支持は、アメリカのビリオネアに共通する要素になったと言えるだろう。2017年にフォーブスがリストアップした大富豪50人のうち、少なくとも42人が学校民営化の取り組みに直接関わっている。[38]

しかし、超富裕層が教育制度に与えた影響を十分に理解するには、彼らの投資の範囲とその背後にある戦略を掘り下げなければならない（データや財務諸表の数字を見たとたん、たいていの人はげんなりしてしまうことは私も承知している。いくら集中しようとしても、ページ上に書かれた細かい数字を見ただけで、何か〔なんでもいいから〕別のことをしたくなるのだ。ただ、もしそうだとしても、どうか我慢してページを繰ってほしい。私が読者のみなさんをうんざりさせるリスクを冒してでもそうしたわけをすぐにおわかりいただけるだろうから)。

ここに挙げる個人と財団は、学校民営化運動の主な原動力となっている（驚くほどの富が関わっているのを知ってもらうため、フォーブスの順位もあわせて記載する)。

・ウォルトン一族は、資産の大半をウォルマートの事業から得ている。アメリカでもっとも裕福な一族で（純資産1300億ドル)、彼らのうち7人が上位85人の富豪にランクインしたことがある。2016年までに、ウォルトン・ファミリー財団は学校民営化運動に13億ドル以上を投じ、現在も一族の一人ひとりが多額の資金を提供している。[39]

・マイクロソフトの創業者であるビル・ゲイツ（フォーブス2位、純資産1060億ドル）はビル&メリンダ・ゲイツ財団の共同議長を務め、主に学校の民営化を推進・支援するため、K—12の教育問題に年間数億ドルを寄付している。[40]

・イーライ・ブロード（84位、68億ドル）は住宅建設会社KBホームズと年金会社サンアメリカの元代表で、ブロード財団を通じ、学校民営化運動を推進するさまざまな団体に数億ドルを寄付している。

・チャールズ・コーク（13位、410億ドル）と亡き弟のデイヴィッド・コークは、かつてコーク・インダストリーズの過半数株を共有し、学校民営化、とりわけバウチャープログラムの推進に多額の投資を行ってきた。また、自分たちの計画を進めるための「ダーク・マネー」[*9]を提供してくれた者たちのネットワークを構築している。[41]流出した文書によると、資金提供者の一覧にはヘッジファンド・マネジャーのケン・グリフィン（38位、127億ドル）、建築資材卸売会社ABCサプライの元代表ダイアン・ヘンドリックス（79位、70億ドル）、原油・天然ガス会社コンチネンタル・リソーシズの代表ハロルド・ハム（55位、80億ドル）、大手ホームセンターチェーン、メナーズの社長兼CEOのジョン・メナード・ジュニア（41位、115億ドル）、ヘッジファンド・マネジャーのポール・シンガー（239位、35億ドル）、大手ディスカウント証券会社の代表チャールズ・シュワブ（63位、77億ドル）など、名だたる大富豪や億万長者らが含まれている。また、2018年に亡くなった、アムウェイの共同創業者で（ベッツィ・デヴォス前教育長官の父親でもあった）ビリオネアのリッチ・デヴォスも名を連ねている。

・フェイスブック（現・メタ）CEOのマーク・ザッカーバーグ（4位、696億ドル）とネットフリックス会長のリード・ヘイスティングス（239位、35億ドル）は、ともにシリコンバレーの裕福な投資家から出資を受けるシリコンバレー・コミュニティ財団を通じ、学校民営化運動に多額の投資を行っている。

・コンピューター会社デルの会長兼CEOのマイケル・デル（18位、323億ドル）は、多角的な学校民営化計画に数億ドルを投資してきた。

・元ヘッジファンド・マネジャーのジョン・アーノルド（261位、33億ドル）が学校民営化に多額の資金を投じるようになったのは2012年になってからのことだが、近年、その額は莫大なものとなっている。

・GAPの共同創業者であるドリス・フィッシャー（355位、24億ドル）と亡き夫のドナルド・フィッシャーはチャータースクール拡大のため、もっとも早くから熱心に投資を行ってきた。

・元ヘッジファンド・マネジャーのジュリアン・ロバートソン（154位、44億ドル）は、ロバー

＊9　プライバシー保護を名目とした、提供者不詳の献金。

トソン財団を通じて全米の学校民営化の取り組みに多大な投資をしている。また、ニューヨーク市を拠点とした取り組みに力を入れるタイガー財団を設立し、ヘッジファンド時代の同僚からも厚い支持を受けている。

・リンド&ハリー・ブラッドレー財団（工場自動化装置メーカーのアレン・ブラッドレーが築いた富をもとに設立）は、学校民営化を含むさまざまな右派の取り組みを推進する重要な勢力となった。

このほかにも、学校民営化のためにこれまで数百万ドル、あるいは数千万ドルを費やしたビリオネアは少なくない。だが、ここではひと握りの人間が公立の教育に与えた影響について理解するため、右に挙げた人物や財団が近年、学校民営化運動に関して強い影響力を持った各種50の団体に寄付した額を表で示すこととする。[42]ここに挙げたのは、彼らが支援する組織のほんの一部でしかないことに注意してほしい。また、この分野で政治献金やロビー活動に費やされた相当な資金も含まれていない。だが、数字を見れば、ごく少数の超富裕層がいかに大きな影響力を持っているかすぐに理解できるだろう。

表2は、10の資金提供者から著名な学校民営化推進団体に献金された金額（単位：100万ドル）を示したものである。これらの団体は分野内でもトップクラスの発言力を持っているが、理由として

わずか10の後援者から合計7億2000万ドル以上を受け取っている点が大きい。こうした団体では、表2で示された献金が資金のかなりの割合を占めている。

同様に、表3は学校民営化の推進に積極的なシンクタンク（進歩的とされる団体、保守的とされる団体の両方を含む）への寄付金の一覧である（ただし、記された寄付のすべてが学校民営化プロジェクトに投じられているわけではない。納税申告書からそれを判断することはできなかった。とはいえ、これら寄付金の一部が学校民営化と直接関係がないとしても、これほど大きな額である以上、民営化問題への団体の意見を形づくるうえで甚大な影響力を持っていることはたしかだ。さらには、団体が持つほかの資金を学校民営化の取り組みに充当することも可能となる）。

大規模な投資の多くは個々のチャータースクールやチャータースクール運営組織のために用意される。それは通常、チャータースクール・グロースファンドやニュースクールズ・ベンチャーファンドといったチャータースクール投資信託を通じて行われ、次いでもっとも有望と判断されたチャータースクール団体に資金が投じられる。なお、前述した10の出資者からこれらふたつの信託に7億6100万ドル以上が投資されていることに注目してほしい（表4を参照）。

また、学校民営化を推進する超富裕層は、チャータースクールのネットワークに直接投資することもめずらしくない。表5は、全米の著名な10のネットワークへの寄付金額を示したものである。

さらに、こうしたネットワークに向けられた大規模な投資をもっとつぶさに見てみよう。表6は、同じ10のチャータースクール・ネットワークが（a）10の超富裕な出資者から直接受けた寄付、（b）

アーノルド	ロバートソン	ブラッドレー	フィッシャー	シリコンバレー・コミュニティ財団	コーク・ネットワーク	合計
$8.1	$1.3	$0.1	$0.3	$7.1	$0.0	$61.1
$0.8	$7.1	$0.4	—	$0.0	$0.1	$40.2
—	—	$2.9	—	—	$4.4	$7.6
—	—	$1.9	—	—	$217.6	$220.1
$2.0	—	—	—	$1.3	—	$15.8
$4.1	$0.1	$2.7	$0.1	—	—	$29.5
—	—	$0.9	$0.2	—	$0.2	$12.8
$3.1	$0.3	—	$0.6	$1.7	—	$32.3
$4.0	—	—	$0.0	$5.5	—	$96.1
$0.5	$2.0	—	—	$0.9	—	$23.2
—	$3.0	—	—	$1.2	$0.1	$20.6
$1.0	$3.0	$0.5	$0.1	$0.8	—	$35.7
—	—	—	—	—	$27.0	$27.0
$1.2	$4.2	—	$3.0	$0.3	—	$52.1
$4.5	—	—	—	$1.5	—	$16.1
$6.6	$1.0	—	—	$2.5	—	$35.6

アーノルド	ロバートソン	ブラッドレー	フィッシャー	シリコンバレー・コミュニティ財団	コーク・ネットワーク	合計
$0.2	—	$11.2	—	$1.4	$28.5	$50.9
$4.3	—	—	$0.0	$0.3	$3.5	$49.6
—	—	$2.5	—	$0.1	$13.2	$16.3
$0.0	—	—	—	$6.0	$0.0	$24.0
—	—	$6.6	—	$0.0	$8.1	$15.4
—	—	$1.1	—	—	$30.0	$31.7
$0.3	$0.3	$0.9	$0.1	$0.4	$0.0	$19.2

表2　著名な学校民営化推進団体

	ゲイツ	ウォルトン	ブロード	デル
50キャン／ステューデンツ・ファースト	$2.8	$36.0	$5.5	—
スクールチョイスのための同盟／米国児童連盟	—	$31.6	$0.2	—
アメリカ立法交流評議会（ALEC）	$0.2	—	—	—
繁栄のためのアメリカ人	—	$0.6	—	—
ベルウェザー教育パートナー	$8.0	$4.4	$0.1	$0.0
教育的選択肢のための黒人同盟	$4.3	$18.1	$0.2	—
教育改革センター	$1.3	$10.1	$0.1	—
今こそ教育改革を／教育改革のための民主党員	$1.1	$19.4	$6.2	—
エデュケーション・トラスト	$75.6	$9.1	$2.0	—
優れた教育者を目指す会	$12.0	$5.4	$2.4	—
優れた学校を求める家族	—	$14.9	$1.4	—
優秀な教育のための財団	$11.4	$16.6	$2.4	—
LIBREイニシアティブ	—	—	—	—
全米公立チャータースクール連盟	$21.3	$19.9	$2.4	—
ペアレント・レボリューション	—	$8.6	$1.4	—
スタンド・フォー・チルドレン	$20.9	$4.1	$0.5	—

（単位:100万ドル）

表3　学校民営化を推進する代表的なシンクタンク

	ゲイツ	ウォルトン	ブロード	デル
アメリカン・エンタープライズ研究所	$7.7	$1.9	$0.1	—
ブルッキングス研究所	$37.5	$4.1	—	—
ケイトー研究所	—	$0.5	—	—
米国進歩センター	$14.0	$2.0	$2.0	—
ヘリテージ財団	—	$0.7	—	—
州政策（ステート・ポリシー）ネットワーク	—	$0.5	—	—
トーマス・B・フォーダム研究所	$9.6	$6.9	$0.6	$0.1

（単位:100万ドル）

アーノルド	ロバートソン	ブラッドレー	フィッシャー	シリコンバレー・コミュニティ財団	コーク・ネットワーク	合計
$32.4	$5.0	$25.5	$9.0	$111.6	—	$458.6
$3.1	$20.1	—	$0.2	$108.2	—	$302.6

アーノルド	ロバートソン	ブラッドレー	フィッシャー	シリコンバレー・コミュニティ財団	コーク・ネットワーク	合計
—	$9.3	—	—	$1.1	—	$30.0
—	—	—	$0.3	$10.4	—	$51.9
$0.1	—	—	—	—	—	$17.7
$11.3	$30.8	$0.1	$80.0	$37.3	—	$365.3
—	—	—	—	—	$1.5	$3.9
—	—	—	—	—	—	$4.8
—	—	$0.6	—	$2.4	—	$8.4
—	$24.3	—	—	$8.4	$0.2	$59.6
—	—	—	—	—	—	$12.6
$7.4	—	—	$0.0	—	$0.0	$20.5

表4　チャータースクール投資信託

	ゲイツ	ウォルトン	ブロード	デル
チャータースクール・グロースファンド	$60.5	$191.5	$0.6	$22.4
ニュースクールズ・ベンチャーファンド	$100.2	$45.9	$15.6	$9.3

（単位:100万ドル）

表5　代表的なチャータースクールのネットワーク

	ゲイツ	ウォルトン	ブロード	デル
アチーブメント・ファースト（コネチカット州、ニューヨーク州、ロードアイランド州）	$7.9	$4.8	$3.2	$3.8
アスパイア公立学校（カリフォルニア州、テネシー州）	$22.6	$3.3	$6.6	$8.7
アイデア公立学校（テキサス州）	$6.6	$1.8	$0.4	$8.8
KIPP（20州+ワシントンDC）	$43.7	$108.1	$30.1	$23.9
マスタリー・チャータースクールズ（ペンシルベニア州、ニュージャージー州）	$1.8	—	$0.2	$0.4
ノーブル・スクールズ（イリノイ州）	$1.8	$0.8	$0.1	$2.1
ロケットシップ（カリフォルニア州、テネシー州、ウィスコンシン州、ワシントンDC）	$1.2	$0.4	$2.0	$1.7
サクセス・アカデミー（ニューヨーク州）	$0.4	$12.3	$14.2	—
アップリフト・エデュケーション（テキサス州）	$2.8	$1.7	—	$8.1
YESプレップ（テキサス州）	$3.6	$1.0	$0.3	$8.2

（単位:100万ドル）

表6　代表的なチャータースクールのネットワーク

	10の出資者から直接の寄付	チャータースクール・グロースファンドとニュースクールズ・ベンチャーファンドからの助成金	米教育省からの助成金	合計
アチーブメント・ファースト	$30.0	$13.1	$24.2	$67.3
アスパイア公立学校	$51.9	$21.3	$31.2	$104.4
アイデア公立学校	$17.7	$31.8	$225.8	$275.3
KIPP	$365.3	$58.7	$218.8	$642.9
マスタリー・チャータースクールズ	$3.9	$13.0	$17.5	$34.5
ノーブル・スクールズ	$4.8	$13.8	$19.7	$38.3
ロケットシップ	$8.4	$19.6	$18.8	$46.8
サクセス・アカデミー	$59.6	$12.4	$54.2	$126.2
アップリフト・エデュケーション	$12.6	$9.5	$10.3	$32.4
YESプレップ	$20.5	$7.0	$16.0	$43.5

（単位:100万ドル）

チャータースクール・グロースファンドとニュースクールズ・ベンチャーファンドから直接受けた寄付（ただし、大半は同じ10の出資者から間接的に受け取ったもの）、（c）2010年から2018年のあいだ、米教育省からそれぞれ受け取った助成金（大部分が10の出資者、あるいは彼らから資金提供を受けた団体による広範なロビー活動や政策提言の成果である）を示している。[43]

注目してほしいのは、これら10のチャータースクール・ネットワークが、州政府および地方自治体からもらう学校運営の助成金のほか、14億ドル以上の追加の財政支援を受けていることだ。たとえば、KIPPはこの少数のドナー・グループから単独で6億4300万ドル近くを受け取っている（これからは、大富豪に「学校の質は学校の資金とは無関係だ」と言わせないようにしよう)。[44]

彼らビリオネアは、チャータースクールのネットワークに投資するだけでなく、州のチャータースクール協会にたびたび多額の資金を提供し、ロビー活動や政策提言のほか、州内のチャータースクール運営を支援している。表7は、カリフォルニア州、コロラド州、イリノイ州における3つの団体の例である。

さらに超富裕層は、自分たちの戦略の成功を握るカギは(a)学校民営化の推進によってレイオフ(一時解雇)されたり職を追われたりした人の代わりを務める低賃金の教師、(b)学校民営化を支持してくれる公立学校の管理者にあることを認識している。そこで、これら10の出資者は、ティーチ・フォー・アメリカに4億4300万ドル以上、学校制度管理のためのブロードセンターに1億5000万ドル以上の寄付金を納めている(表8を参照)。

学校民営化の出資者の多くは抜け目のない人物だ。彼らは民営化に前向きな姿勢を示す地域の学区、あるいはそうした地域の指導層と密接な関係を持った組織に直接投資することで、改革の取り組みを促進できると理解している。投資されたお金は必ずしもチャータースクールの拡大に使われるわけではないが、ビリオネアたちが〝格好の標的〟とみなす相手との関係を構築するうえで有効である。[45] 彼ら10の出資者たちは、全米の多くの都市部で同じような投資を行っている。表9は、シカゴ、デンバー、フィラデルフィアの3都市の例を示したものだ。

超富裕層はここで挙げた組織のほか、教育系メディアにかなりの資金を投じ、自分たちの方針に

アーノルド	ロバートソン	ブラッドレー	フィッシャー	シリコンバレー・コミュニティ財団	コーク・ネットワーク	合計
—	$0.5	—	$9.2	$27.0	—	$116.5
—	—	—	—	$0.3	—	$11.2
—	—	—	—	—	—	$11.8

アーノルド	ロバートソン	ブラッドレー	フィッシャー	シリコンバレー・コミュニティ財団	コーク・ネットワーク	合計
—	$7.5	—	—	—	—	$105.0
$25.8	$55.5	$0.9	$100.0	$25.7	—	$443.2

沿った報道を支援している。表10では、そのようなメディア5社を示す。また、ほかにも注目すべき事例は数限りなくある。たとえば、イーライ・ブロードは『ロサンゼルス・タイムズ』紙の教育関連の報道に多額の資金を提供している。[46] さらに、アメリカでもっとも裕福な人々の多くが、学校民営化推進の立場をとるメディアを所有、あるいはその手のメディアに多大な投資を行っていることも注目に値する。たとえば、マイケル・ブルームバーグ（8位、534億ドル）とブルームバーグ・ニュース、ルパート・マードック（24位、191億ドル）とフォックス・ニュース、『ウォールストリート・ジャーナル』紙、『ニューヨーク・ポスト』紙、コーク一族の支援するタイム社（『タイム』誌、『ピープル』誌、『フォーチュン』誌、その他多数の出版物を発行）などはその好例だ。

表2〜10のすべての投資額（表6を除く）を合計すると、10の出資者だけでおよそ50の団体に32億ドル近

表7　州レベルの代表的なチャータースクール協会

	ゲイツ	ウォルトン	ブロード	デル
カリフォルニア州チャータースクール協会	$8.4	$56.6	$7.3	$7.5
コロラド州チャータースクール連盟	$0.8	$10.1	—	—
イリノイ州チャータースクール・ネットワーク	$1.3	$10.5	—	—

（単位:100万ドル）

表8　教育者に注目している団体

	ゲイツ	ウォルトン	ブロード	デル
学校制度管理のためのブロードセンター	$5.2	—	$92.2	—
ティーチ・フォー・アメリカ	$14.8	$155.2	$44.4	$20.9

（単位:100万ドル）

くが投資されていることになる。くり返すが、これは学校民営化政策を推進するために超富裕層が資金提供している分野のごく一部に過ぎない。だが、ほんのわずかな例からもはっきりとわかることがある。それは、教育政策の影響をもっとも受ける保護者や生徒、コミュニティのメンバーよりも、巨万の富を有する超富裕層が政策の立案にあたって圧倒的に大きな役割を果たしているということだ。

こうした投資に反映された戦略について、いくつか注目すべき特徴がある。第一に、全体として見ると、彼らのアプローチは驚くほど包括的で戦略的だ。ビリオネアは自分たちと無関係な、あるいは緩やかにつながっているだけの団体に対し、何の見返りも求めずお金をばらまいているわけではない。むしろ、彼らの戦略はそうした慈善的な行為からおよそ想像もつかないほどかけ離れている。超富裕層は教育分野で資産を活用し、可能なかぎり大きな構造的変化を起こそうと企

アーノルド	ロバートソン	ブラッドレー	フィッシャー	シリコンバレー・コミュニティ財団	コーク・ネットワーク	合計
—	—	—	—	$4.1	—	$59.7
—	—	—	—	—	—	$62.1
—	—	—	—	—	$1.5	$13.9
—	—	—	—	—	—	$8.2

アーノルド	ロバートソン	ブラッドレー	フィッシャー	シリコンバレー・コミュニティ財団	コーク・ネットワーク	合計
—	—	—	—	$1.2	—	$4.6
—	—	—	—	—	—	$15.2
—	—	—	—	$0.0	—	$7.8
—	—	—	—	$0.8	—	$24.0
—	—	—	—	$0.1	—	$3.5

んでいる。彼らの投資は、チャータースクールやスクールバウチャーの推進を通じて、教育制度を再構築するよう計画されている。目標は、協力的な個人や組織によるエコーチェンバー（反響室）を地方、州、連邦レベルで作り、自分たちの変革のビジョンを不可避のものにすることだ。そのため、彼らが資金を提供するのは個々の組織だけでなく、組織全体の収益構造だ。また、その途方もない財力のおかげで、かつては存在しなかった、そして今も彼らの支援なしには存在し得ないまったく新しい分野の組織を作り、維持することに成功している。

この戦略は、とくに地方レベルで顕著である。たとえば、ゲイツ財団は計

表9　地域の学校民営化の取り組みに対する代表的な投資

	ゲイツ	ウォルトン	ブロード	デル
シカゴ公立学校	$31.5	$0.5	$6.6	$17.1
デンバー公立学校	$39.0	$3.2	$4.1	$15.7
フィラデルフィア学校協定	$2.5	$5.4	—	$4.5
フィラデルフィア学区	$3.8	—	$3.4	$1.0

（単位:100万ドル）

表10　代表的な教育系メディア

	ゲイツ	ウォルトン	ブロード	デル
チョークビート	$2.2	$1.3	—	—
教育における編集プロジェクト／エデュケーション・ウィーク	$12.9	$1.5	$0.9	—
教育著述家協会	$5.1	$1.8	$0.0	$0.8
NPR（全米公共ラジオ放送）	$17.5	$5.5	$0.2	—
ザ・74（セブンティフォー）	$1.6	$1.6	$0.3	—

（単位:100万ドル）

画を実行するのにうってつけと思われる都市部の大規模な地区をいくつも絞り込んだ。そうしたコミュニティ内で、彼らは特定の問題に取り組む少数の擁護団体に資金を提供するといった慈善団体のような迂遠な手はとらない。ゲイツ財団は、学区、チャータースクール、チャータースクール協会、草の根団体、政策提言団体、研究機関、ティーチ・フォー・アメリカなどの教育団体、地元メディアなど、学校民営化の議論に影響を与えるものすべてに資金を提供する。そうやって多額の資金を広範囲に行き渡らせることで、短い期間で劇的な政策の転換を果たすのである。たとえば、同財団はシカゴ、デンバー、フィラデルフィアといった都市にそれぞれ数千万ドルを投資し、近年、学校民営化運動を推進する組織のネットワークを構築した。ほかのビリオネアもこれに注目し、同様の戦略を取り入れている。マーク・ザッカーバーグはニューアークの学校民営化戦略に1億ドルを、北カリフォルニアのベイエリアの学校に1億2000万ドルを投資した。[47]

学校民営化戦略に関する第二の特徴は、計画の背後にいる者たちが圧倒的な財力を駆使して、選挙に多大な影響を及ぼしはじめたことである。たとえば、教育委員会の選挙はかつては地味で予算の限られたものだったが、今ではビリオネアが戦略上重要な選挙に何十万ドル、場合によっては何百万ドルもの資金を注ぎ込んでいる。[48] 一例を挙げると、2017年に行われたロサンゼルス統一学区教育委員会選挙では、学校民営化推進派が委員会の支配権を獲得するために1000万ドル近くを費やした。最大額のドナーにはウォルトン一族、リード・ヘイスティングス、ドリス・フィッシャー、マイケル・ブルームバーグ、ジョン・アーノルドらが名を連ねたが、彼らのうちロサンゼルスに住んでいる者はひとりもいない。[49]

この手の問題に投じられる資金のレベルは極端そのもので、ときに反対派を圧倒するために利用されることもある。たとえば、かつてワシントン州では州法を改正して州内にチャータースクールの設立を認めさせようとする動きが何度かあったが、そのたびに議会や有権者の住民投票で敗れてきた。にもかかわらず、賛成派は調達する資金の額を増やしつづけ、4度目の住民投票の際、粘り強く、着実に反対派を上回る資金を集め、ついに勝利をもぎとった。過去数年にわたる活動資金の大半は、ゲイツ財団、ウォルトン一族、フィッシャー一族、リード・ヘイスティングス、マイクロソフトの共同創業者ポール・アレン、元マイクロソフトCEOのスティーブ・バルマー（9位、517億ドル）といったビリオネアから提供されている。[50]

第三の特徴として、学校民営化を推進するアメリカ実業界とウォール街の経営者らは、たいていの場合、公立学校が生徒のために十分な資源を確保しようとする取り組みを妨げている。もちろん、教育予算が限られている地域では、チャータースクールやバウチャープログラムへの投資を推し進めようとすれば、そのぶん公立学校の予算が減ってしまうことは避けられない。だが、ビリオネアらはそれだけでは足りないとばかりに、公立学校のために新たな収益を生み出そうとする取り組みに真っ向から異を唱えている。たとえば、2010年にワシントン州で行われた住民運動では、学校その他の優先事項の資金を増やすため、20万ドル以上の収入がある人々への増税を目指していた。しかしスティーブ・バルマーとポール・アレンが反対を表明し、それぞれが反対運動に6桁にも及ぶ寄付金を提供した。[51]

また、超富裕層が採用する手法のひとつに、減税を推し進めることで学校その他の優先事項に使える歳入を減らそうというものがある。たとえば、カンザス州で実施された2012年の極端な減税はコーク兄弟の影響によるところが大きいが、減税の結果として深刻な財政難と予算不足が生じ、カンザス州の最高裁は2017年、同州が公立の教育にかける費用の低さは違憲であるとの判決を下した。[52]

公立学校の資金調達を妨げようとする試みは、間接的な形をとることもある。企業が州や地方自治体から税制上の優遇措置を確保すると、学校制度の税収が減少する。同じように、超富裕層がさまざまな抜け道や海外の租税回避地（タックス・シェルター）を利用して公平な税負担を避けると、学校に不可欠な資源が奪われることになる。

ビリオネアが率いる学校民営化戦略についての第四の特徴は、彼らがあらゆる機会を利用して自分たちの計画を推し進めているということだ。ニューオーリンズの場合、公立学校を閉鎖し、チャータースクールとして再開するきっかけを作ったのは、ハリケーン・カトリーナだった。[53] プエルトリコでは、ハリケーン・マリアだった。ほかの都市では、予算の問題、入学者数の減少、公立学校の成績不振が、学校民営化の口実に使われた。直近で理由として挙げられたのは、ＣＯＶＩＤ—19の世界的大流行（パンデミック）だった。[54] ありとあらゆる状況で、民営化が求められる〝危機〟とやらが捏造され、体よく利用されているのである。[55]

第五の特徴として、学校民営化戦略は思いがけない者どうしを引き合わせるというものがある。ビル・ゲイツとチャールズ・コークに対する世間の評価が二分されている点について考えてみよう。ゲイツの政治観は進歩的と見られていて、彼の携わる慈善活動はメディアでも好意的に取り上げられ、世間から幅広い称賛を受けている。[56] かたや、コークは保守派の大悪党として描かれることが多く、野心的な右翼政策の影に潜む邪悪な闇の勢力というイメージが強い（ここで豆知識。コーク兄弟が父親のフレッド・コークから受け継いだ財産は、ヒトラー政権やスターリン政権との潤沢なビジネス関係から築かれたものだった）。[57] だが、こと学校民営化に関しては、ゲイツとコークの姿勢はかなりの点で一致している。彼らはいくつか同じ団体に資金を提供しているが、問題は直接的な重複だけではない。それぞれが支援する別の団体も、学校民営化を促進する同盟者として協力し合っているのだ。つまり、本章でのちほど述べるように、お互い最終的な目標こそ異なるかもしれないが、民営化問題についてゲイツとコークを隔てる余地はとても小さい。

最後の特徴として、超富裕層が方針を変えたり、戦略を放棄したりする徴候はまったくないということが挙げられるだろう。むしろ、彼らは取り組みを年々エスカレートさせている。ウォルトン・ファミリー財団は、2017年から2021年の5年間で10億ドルを投じ、新たにチャータースクールを設立する計画を発表した。[58] コーク・ネットワークは10年前をはるかに上回る資金と影響力を駆使し、学校民営化をますます推し進めている。[59] また、マーク・ザッカーバーグやジョン・アーノルドといった若手のビリオネアもその影響力を積極的に拡大している。さらに、近年、学校民営化推進派は自分たちの仲間を権力の座に就かせることに成功しつつある。たとえば、トランプ政権で教育長官を務めたベッツィ・デヴォスは、コーク兄弟のかつての盟友リッチ・デヴォスの娘であると同時に、スクールチョイスのための同盟/米国児童連盟の前理事長だ。これは先ほど挙げた10の出資者から4000万ドル以上の寄付金を受けた著名な学校民営化団体である。

ALECは学校民営化計画を積極的に推進するための主要機関であり、先述した人物や団体とも深く結びついている。たとえば、すでに述べたように、ゲイツ、コーク、ブラッドレー財団はすべてALECに直接寄付をしている。さらに、マイクロソフト、ウォルマート、ウォルトン・ファミリー財団、フェイスブック（現・メタ）、ブラッドレー財団、デルはすべてALECに加盟しており、スクールチョイスのための同盟／米国児童連盟、教育改革センター、トーマス・B・フォーダム研究所など、著名な学校民営化推進団体もALECの会員として活動している。[60] 彼らの協力関係の影響力を感じさせる事例は数多く、2015年だけで、ALECの学校民営化政策を反映した少なくとも172の法案が全米42の州議会に提出された。[61]

ここではっきりさせておこう。学校民営化の取り組みはこれまでさまざまな出資者から支持を得てきたが、それはまぎれもなく少数のビリオネア集団の主導による公立学校の敵対的買収である。この小集団による莫大な財政的支援がなければ、チャータースクールやスクールバウチャーが全米の黒人と褐色人種のコミュニティにこれほど大きな被害をもたらすこともなかっただろう。

表層的な改革、進歩の幻想

だが、それでもビリオネアと寄付金受領者たちは、自分たちの取り組みによって教育の質を改善したり、人種不平等に対処したりすることができるとくり返し謳っている。それについてみながまず訊きたいのは「どうやって？」だろう。学校民営化が魔法の解決策だと主張するなら、当然その説明ができなければならない。学校民営化によって、どうやって教育や学習の質を改善できるのか？　どうやって教育制度を公平にできるのか？　そのような成果を上げる秘訣は何か？　なぜ公立学校では同じ結果が出せないのか？

学校民営化計画を取り巻く雑音をすべて取り払うと、民営化推進派の掲げる前提が浮き彫りになる。すなわち、学校の管理を公立から私立へ移し、学校がしたがうべきいくつかの規制を撤廃すれば、教育の質は劇的に向上し、何世代にもわたる多面的な人種不公正の影響は消え去るか、少なくとも大幅に軽減されるというわけだ。ただ、この理屈は明らかにおかしい。低所得層の有色人種のコミュニティで生徒や家族、教育者が直面する問題を学校民営化が魔法のように解決してくれるなんて、ふつうに考えてありえない。単純につじつまが合わないのだ。あるものを別のものに切り換えれば何もかも万々歳になるわけではない。

学校民営化の擁護者にとって、自分たちの〝運動（ムーブメント）〟が実体ではなく虚構にもとづいているというのはあまり知られたくない事実だろうが、それは著名な学校民営化推進団体のウェブサイトを閲覧し、チャータースクールやバウチャーがもたらすとされる価値について調べれば一目瞭然である。

たとえば、「チャータースクールはほかの学校と何が違うのですか？」という問いに対する全米公立チャータースクール連盟の回答は以下のとおりだ。

> ７８００校以上あるチャータースクールは、見た目も中身も個性的な学校です。大学進学に焦点を当てた学校もあれば、モンテッソーリ教育の課程に沿った学校もあり、なかには芸術を各科目に取り入れた学校もあります。ほとんどのチャータースクールは都市部に集中していますが、

郊外や農村部にもあります。また、制服が必要な学校、授業時間が長い学校、すべてのカリキュラムを二言語で教える学校も存在します。可能性はまさに無限大です。チャータースクールは、保護者の方々が子どもにとって最適な学校を選べるように、多様な選択肢の提供を目標としています。[62]

ここに挙げた引用のなかで、チャータースクールに特有のものはひとつもない。すべてが公立学校にも見られる特徴だ。そもそも多様であればあるほど質が高いという考え方もどうかと思うが、公立学校が数十年にわたってさまざまな教育方法やカリキュラムを採用してきたのは事実である。学校民営化の支持者はよく、チャータースクールには選択肢がある一方で、公立学校は画一的だと主張するが、それは事実とは異なる。広い視野で見れば、子どもの教育に関しては保護者が有意義な選択をすべきだという点に誰も異論はないだろう。実現にはたくさんの要素が必要となるが、学校民営化はそのなかに含まれない。

同じように、教育改革センターとジェブ・ブッシュの「優秀な教育のための財団」のウェブサイトを見てみよう。学校民営化によって全体的な教育の質の向上がうかがえる唯一の箇所は、チャータースクールは規制が少なく、結果への説明責任が大きいので優れているという点だ。教育改革センターによると、チャータースクールは「生徒の学力目標をどれだけ満たしているかで判断され」、業績が悪いと閉鎖されるらしい。また「お役所主義」からの脱却によって、「優れた教育」にさらなるスポットを当てることができるという。[63]また、ジェブ・ブッシュの「優秀な教育のための財団」によれば、チャータースクールは公立学校とは異なり、「生徒の成功に責任を負う」ことを条件に「運用上の自主性」が与えられている。[64]

ここでも、言葉と現実が一致しない。まず、説明責任が大きいとされる点について、過去20年間の教育政策の議論を見てきた人なら誰でも、公立学校がチャータースクールに比べて公共への説明責任が不足しているとする根拠はないとわかるはずだ。公立学校の成績に対する責任の問い方についてはいくつか懸念もあるが（くわしくはこのあとのページを参照してほしい）、ともあれそうした学校が厳しい監視の目にさらされていることは否定できない。

また、この制度が〝成績（パフォーマンス）〟の上がらないチャータースクールを平然と閉鎖しているのにも憂慮させられる。公立学校の閉鎖によって生じる弊害は、チャータースクールの閉鎖によっても生じる可能性がある。これらはつまるところ学校であって、期間限定の商売ではないのだ。

さらに、規制が少ないほど教育の質が高まるという主張も根拠に乏しい。チャータースクールが適用免除を求めている規制内容は、教育の質とまったく関係のないことが多い。[65]たとえば、チャータースクールの多くは、生徒のさまざまな懲戒保護の免除を求めている。しかし、チャータースクールが停学や退学によって生徒を排除したり追い出したりできるようになったところで、教育の本質的な向上につながるわけではない。

公平を期すために言うと、チャータースクールが規制を免除されることで、生徒の学習によい影響が及ぶこともある。たとえば、職員の配置について過度の制約が設けられている場合、学校の教師を選ぶ自由度が増すことは有益だ。また、状況によっては、質の高い教育者に大きな裁量権を与えることはメリットになる。だが、私たちの教育制度が直面している課題、とくに低所得層の有色人種の生徒が直面している課題と比べたら、それも微々たるものでしかない。そのような問題に対処するために何千億ドルも費やし、一律で民営化された学校制度を構築して多大な損害をもたらすのは馬鹿げている。さながら、米海軍の第七艦隊に蚊の駆除を依頼するようなものだ。たとえこうした問題について重大な懸念があったとしても、学校民営化よりもずっと効率的で被害の少ない方法は存在する。

結局のところ、チャータースクールやバウチャーに関する景気のいい話は尽きないものの、現実には教育制度が直面しているもっとも重大な問題やそうした制度内での人種不公正にはほとんど対処できていない。学校民営化は、有色人種の若者に立ちはだかる課題に取り組もうとさえしていないのだ。

だが、それにもかかわらず、学校民営化の取り組みは拡大を続けている。理由は、チャータースクールやバウチャープログラムの生徒が公立学校の生徒よりも共通テストで高い点を取った事例を支持者たちが見つけ出し、大衆に向けて喧伝しているからだ。こうしたテストの点での優位性なるものが、学校民営化〝運動〟全体を支える土台となっている。とはいえすでに述べたように、このような主張は根拠が薄い。しかし、仮に彼らが正しいとしたらどうだろうか？　すなわち、チャータースクールや私立学校が実際に公立学校よりもテストの点数を上げることに長けていたら？　私たちはそうした事実をどう扱うべきか？　これらの問いは重要そのものだ。なぜなら、一般に学校民営化や教育制度をめぐる公的な会話において、とりわけ注目されるのがハイ・ステークスな共通テストの点数だからである。私たちはこうした指標をすこぶる重視している。したがって、テストの点という指標が実際に何を意味するのか、また、それを信頼して何のために利用するのかを理解することがきわめて重要である。

個人的な話をすると、私はデータを扱うのが大好きだ。エクセルの表計算シートが映ったモニターを前に、ご機嫌で一日を過ごすこともよくある。そんな私がこれまで全米の州や都市で行われた共通テストの点数を分析した結果、次の結論が得られた。テストの点数を見たところで、特定の学校や学区の教育の質について、中身のあることはほとんどわからない。質の高い教育がどこで行われ、どこで行われていないのか、また、それはなぜなのかを教えてくれる大規模なデータシステムは存在しない。どんなに優れた共通テストでも、生徒がバランスのとれた教育を受けているかどうかを教えてはくれない。生徒が授業の内容をマスターしたのか、それとも単にその内容に関する答え方をマスターしただけなのかを教えてはくれない。学校がテストの点を上げるべく特別に考案した丸暗記法や〝詰め込み教育〟に熱中するあまり、生徒の高次の思考力が犠牲になっているのかどうかはわからない。学校や教師が生徒の知識や能力に貢献したのか、それとも生徒が本来備えていた知識や能力が優れていたのか、はっきりとはわからない。学校側が成果を上げるために生徒を追い出しているのかどうかもわからない。ある学校がほかの学校より優れた成果を上げているのは、その学校がほかよりも多くの資源と組織的な支援を受けているためなのか、はっきりとはわからない。テストの前に受けた教育の結果、どれだけの生徒が学ぶ楽しみを失ったのか、それとも得たのかはわからない。チャータースクールの生徒たちが本当にコミュニティ全体を象徴しているのかどうかもわからない。自分の子どもがどんな教育を受けているのか、親が知りたいことのほとんどを教えてはくれない。

それは、ほとんどの大人が直感的にわかっていることだ。人生は『ジェパディ！』[*10]や「トリビアル・パスート」[*11]とは違う。大人になるということは、選択問題や短答式問題を延々と解きつづけることではない。高い能力を持った大人とは、批判的かつ創造的に考えられる人のことだ。大切なのは、人と協調して働くこと、効果的なコミュニケーションをとること、学校で学んだ内容を実社会で応用すること、問題を解決できる人間になること、他者と健全な関係を築くこと、地球市民として活動することである。社会は共通テストの問いに〝正しい〟答えを提示できる人を求めているわけではない。必要とされているのは、複数の答えを探し出し、訊かれた問いの欠陥を見きわめ、逆に私たちが追求すべき新たな問いを発することのできるような人間だ。みずから知識を追い求めることをいとわず、それを得るために深く考えられるような人間だ。良心的で思いやりがあり、世間の荒波を乗り越え、自分の受けた教育をコミュニティのために役立てられるような人間だ。残念なことに、2002年に「どの子も置き去りにしない法」が成立して以来、注意深く見てきた人ならわかるように、全米中がハイ・ステークスなテストにとりつかれ、その結果、次に挙げるものがすべて現実となってしまった。

・適性、スキル、カリキュラム範囲の多くが未検証のまま、著しく過小評価される。

・非常に多くの若者がみずからの能力や価値を疑い、結果として学校から離れてしまう。
・そのほかの若者の多くが同級生に対して誤った優越感を抱くようになる。
・テストの点数にもとづいて教育の機会が不当に割り当てられる。
・政策立案者が生徒のニーズを満たすために必要な資源を提供しないことで、たくさんの学校や教育者が不利益を被る。
・全米で教育の質が低下する。
・生徒や保護者、教育者、有色人種のコミュニティに最悪の事態が降りかかる。

他方、ハイ・ステークスなテストの急増によってもたらされる全体的なメリットを指摘することは難しい。正当化のためのもっとも一般的な言い分は、こうしたテストが教育成果の不平等を強調するというものだ。しかし、すでにロー・ステークスなテスト[*12]のデータをもとに、まったく同じことが長年にわたって示されている。また、たとえハイ・ステークスなテストを共通テストに導入しても、それが果たす役割はネガティブなものや懲罰的なものだけだ。テストの結果が生徒や教師、学校、学校

＊10　アメリカで1964年から放送されている国民的クイズ番組。
＊11　雑学知識に関するクイズに答える能力で勝敗が決まるボードゲーム。
＊12　ハイ・ステークスなテストとは逆に、受験者に与える影響が少ない小規模なテスト。

制度を貶めたり、罰したり、発展を妨げたりすること以外に使われるケースはほとんどない。

共通テストが成績の診断または向上のツールとして限られた目的を果たせることはたしかだが、こうしたツールをもとに重要な決定を行うことは大きな誤りである。学校の果たすべき説明責任はずっと重要なので、そのようないいかげんな証拠をもとにしてはならない。もちろん、学校にはコミュニティにとって必要なことを行うよう求めるべきだが、その説明責任は現在使用しているツールよりもはるかに意味のあるものにもとづくべきである。

結局のところ、学校民営化推進の根拠は、テストの点を上げることができるというただ一点に尽きることになる。だが、主張には根拠がないうえ、仮に真実であったとしても、そのメリットは教育的価値が非常に限られているため、それをもって膨大な政策決定を行うことは無責任であり擁護しがたい。率直に言って、もし自分の価値を示す根拠として挙げられるのが、共通テストにおける一貫性のない微々たる点差というだけなら、実際には何も持たないのと同じである。そして、こうした証拠の検証に同意しないまま、学校民営化が学校の業績の向上につながる形でテストの点を上げてくれると信じたとしても、そうしたわずかな利益は、その過程で生じたすべての害を覆すには至らない。

学校民営化の根本的な欠陥はそれだけではない。実際、この取り組みはすべてが虚飾に満ちている。たとえば、学校民営化論者は経営を公立から私立へ移行し、お役所主義を減らすことが成功のカギだと主張するが、一方で全米にある何千もの高い学力の公立学校がそうした〝課題〟を抱えながらも成果を上げている理由を説明できていない。

虚飾はまだ終わらない。学校民営化論者は、公立学校の〝失敗〟をしばしば巨大な官僚機構のせいにし、その解決策は小規模でパーソナライズに特化したコミュニティ・ベースのチャータースクールにあると長年にわたって主張してきた。[66]また、チャータースクールの支持者らは、自分たちの意図は公立学校制度の代わりではなく、それを補完する少数のチャータースクールを創設することにあると主張してきた。だが現実には、学校民営化制度は巨大な企業チャータースクールのフランチャイズを作るために多額の投資を行い、その規模はすでに国内にあるたいていの公立学区よりも大きく、今も劇的に拡大を続けている。[67]

チャータースクールは本来、公立学校制度で広く採用できるような新しく革新的な指導戦略を試みることを目的としていた。しかし、開始から30年が経った今、支持者たちは学んだ内容を公立学校に適用することにまったく関心を示していない。また、公立学校では適切な資源が与えられても実行できなかった教育改革をひとつも見出せていない。[68]さらに、公立学校制度に何か問題が起きたとき、彼らが提案する解決策はいつだって同じ、民営化である。

さらに学校民営化推進派は、自分たちはもっぱら子どもの利益を第一に考えているが、反対派は教育者の利益にばかり目を向けているとことあるごとに主張する。[69]しかし、こうした人々はチャータースクールやバウチャーの拡大の結果、公立学校の予算が削減されたり、公立学校が閉鎖されたり、公立学校の生徒が苦しんだりしても、沈黙を貫いている。[70]また、本当に若者を大切に思うなら、学校民営化に投じられた数十億ドルすべてを、資源を奪い合う横並びの学校制度を作るためではなく、既存の学校の改善や生徒の発達上のニーズに対処するために使えばいいのではないか？

さらに、本当に子どもたちのためを考えるなら、子どもたちを教育するためにキャリアを積んできた人々を支援することに焦点を当てればいい。だが、実際に学校民営化を進めるうえで主に用いられた戦術は、教師や教師組合を攻撃し、脱専門職化し、チャータースクールの拡大を組合つぶしの手段として利用することだった。地方組合のなかには長年にわたって非常に疑わしい決定をしてきた組織があることはたしかだし、そのこと自体はもちろん問題だが、教員組合全体を唯一の問題のように扱うのは誤りだ。[71] 実際、学校民営化推進派は、教育格差の震源地を教職そのものに結びつけている。それでいて、公立学校の弱体化と予算の削減をくり返す政策立案者や、教育支援に必要な税金を払わない超富裕層をとがめることはない。さらに民営化推進派は、教師の賃金や福利厚生を削減し、労働条件を悪化させるという攻撃を長期間執拗に行ったあと、いかにして質の高い教師を集め、引き止めるつもりなのか、いまだに説明することを避けている（学校民営化推進派が生徒や家族、コミュニティにさらなる弊害を与えないように、教職員組合が中心となって重要な役割を果たしていることは触れておくべきだろう）。

学校民営化を支持する人々が掲げるもうひとつの主な主張は、民営化によってより効率的に資源を活用し、コストを削減できるというものである。しかし、規制緩和された独自の学校制度の設立は無駄と詐欺と不正の蔓延を招き、税金がチャータースクールの怪しげな経営者を利することに使われるため、まったく効率的とは言えない。[72] またコスト削減に関して、近年、学校民営化推進派はその方針を一新している。現在では、子どもたちをより手頃な費用で教育できると謳うかわりに、公立学校より少ない資金しか受け取れないのは不当だと訴え、公平な資金を受け取ることを目的とした政策提言を展開している。[73]

さらに、学校民営化論者が主張するように、すべての子どもに質の高い教育を授けることが目的なら、さまざまな障害を持った生徒や世界各国からの英語学習者など、あらゆる生徒に対応することが義務づけられている公立学校を、その責任を負わない、またそうするだけの設備がないチャータースクールや私立学校と置き換えることにどんな意味があるのだろうか[74]？

「言い訳無用」の罠

学校民営化推進派によるもっとも有害な虚飾は、とくに有名なチャータースクール、つまりモデルケースとして持ち上げられ、制度全体の拡大を正当化するために使われるチャータースクールが、往々にして生徒の幅広い要望や学習スタイルに対応できていないことだろう。とりわけ急速に広まっているネットワークは、ＫＩＰＰ、サクセス・アカデミー、アスパイア、アイデア、マスタリー、ＹＥＳプレップ、アチーブメント・ファーストといった「言い訳無用」の方針を掲げるチャータースクールだが、これらの学校は厳格に管理されたカリキュラムとひどく有害で厳しい懲罰方法を取り入れていることが多い。

たとえば、第1章で紹介したアンナ・ジョーンズを思い出してほしい。彼女の子どもたちは、シカゴのサウスサイドで学校閉鎖による深刻な影響を受けた。閉鎖された公立学校の多くは実質的にチャータースクールに取って代わられたが、新しい学校はほとんどがノーブル・スクールズのグループ校だった。当初1校しかなかったノーブルは、現在ではシカゴのサウスサイドとウエストサイドに拠点を置く18校のネットワークに拡大している。ノーブルの成長を支えたのは、2006年から2018年に集められた1億5500万ドル超を含む膨大な額の個人献金だ。[75] すでに述べたように、ノーブルは2010年以降、ゲイツ財団から1800万ドル、マイケル・デルから2100万ドル、チャータースクール・グロースファンドとニュースクールズ・ベンチャーファンドからおよそ1400万ドルの寄付金を受領し、米教育省からは2000万ドル近くの助成金を受け取っている。

ノーブルはこれまで学校民営化団体の寵児として共和党・民主党の双方から厚い支持を受けてきた。たとえば、元シカゴ市長のラーム・エマニュエル（民主党）は長年来のノーブルのファンで、同校が学校運営における「成功の秘訣」を発見した、「自分が今まで見たなかでもっとも成功した学校」だと称賛した。[76] また、前イリノイ州知事でかつて未公開株投資会社の経営者だったビリオネアのブルース・ラウナー（共和党）は知事に就任する前、ノーブルに350万ドルを寄付している。[77] さらに、同州の現職知事J・B・プリツカー（民主党）の一族（フォーブス全米7位、290億ドル）もノーブルに多額の寄付をしている（そのうち2校は、ラウナーとプリツカー一族にちなんで名づけられたほどだ）。[78] くわえて2015年、ブロード財団はノーブルを「アメリカでもっとも成績の優れた大規模な公立チャータースクール・システム」と評し、全米ブロード賞を授与している。[79]

では、裕福で政治力もある後援者からのサポートは、何を築き上げるために使われたのか？　アンナ・ジョーンズのような住民を学校閉鎖の混乱に巻き込んでまで実現しようとした教育モデルとはいったい何だったのか？

ノーブルの教育モデルでもっとも際立った特徴は、彼らが多くの生徒を教育しないことを選んだという点だろう。たとえば、米教育省のデータによると、２０１５〜１６年度のノーブルの退学率は全米平均の7倍以上だった。[80]　この期間、シカゴ市内の５７５校のうち、退学者数がとくに多かった8校はすべてノーブルの学校だった。[81]　ノーブルで働く当の教師たちでさえ、学校のやり方や生徒の退学率の高さを「非人間的」と表現している。[82]

さらに、ノーブルは２０１２年、どんなにささいな規則違反でも生徒に罰金を科すという極端な方針で全米から非難を浴びた。ノーブルは、低所得家庭出身の黒人やラテン系の若者が多数を占める生徒たちから、合計40万ドル近くを徴収した。[83]　同校は全国的なニュースになったあとも、懲罰としての過料を違法とする州法が導入されるまで、その方針を改めようとはしなかった。

また、ノーブルは授業カリキュラムの大半を共通テストの準備に割くことで知られている。実際、同校では教師の給与はテストの成績と結びついているため、表面的には魅力的なデータを生んでいる一方で、実際は教育や学習の質を向上させることのない〝詰め込み型〟手法を用いるインセンティブをなおのこと高めている。[84]

こうした状況にもかかわらず、超富裕な支持者たちが気前良く資金を提供してくれるおかげで、近年シカゴではノーブルのような学校が急増している。その一方、すべての子どもに質の高い教育を提供するシステムを構築しようとしない市の姿勢に苦しむのは、アンナ・ジョーンズのような家庭である。

国レベルでも状況は似たりよったりだ。KIPPスクールはおそらく全米でもっとも注目を集め、もっとも多くの受賞歴を持つチャータースクールである。KIPPはチャータースクールの優秀さを示す例としてたえず引き合いに出され、何百というニュース記事で学業成績を称えられている。そのネットワークは現在、10万人以上の生徒を擁する242校にまで成長を遂げた[85]（うち8校はニューオーリンズの公立学校に取って代わり、タタニシャ・ジャクソンの家族を始めとするたくさんの人々に深刻な被害をもたらした）[86]。すでに述べたように、KIPPは超富裕層と連邦政府の双方から莫大な資金援助を受けており、先述した10のビリオネア、チャータースクール・グロースファンド、ニュースクールズ・ベンチャーファンド、米教育省からだけでもおよそ6億4300万ドルもの資金を集めている。さらには、ノーブルと同じく、規則違反に対するきわめて厳格な姿勢と厳しく管理された共通テスト重視のカリキュラムで知られている。

たとえば、米教育省によると、KIPPの指導する生徒は小学生が圧倒的に多いにもかかわらず、2015～16年には全米平均のほぼ2倍の校外停学処分が下されている[87]。個々の学校を調べるとさらなる事実が判明する。ボルチモアでは2015～16年度、市全体でもっとも停学・退学処分が多かったのはＫＩＰＰの学校だった。[88] ボストンでは、２０１４〜１５年にＫＩＰＰの学校が市内で3番目に高い校外停学率を記録している。[89] ワシントンDCでは、チャータースクールは本来公立学校よりも高い割合で生徒を停学処分にしているが、２０１５〜１６年にかけてもっとも停学率の高かったチャータースクール10校のうち、5校がＫＩＰＰの学校だった。[90] また、オクラホマ州にあるＫＩＰＰの学校は、黒人生徒の停学率が全米のチャータースクールのなかで3番目に高かった。[91]

こうした高い停学率にくわえて、ＫＩＰＰは「言い訳無用」のチャータースクールと同様に、ひどく厳格な学習環境を育んできた。彼らは、一見ささいなものにしか見えないルール違反でも厳しく取り締まる「割れ窓」理論を採用している。また、たいていのＫＩＰＰでは、生徒たちは廊下を歩くときはペンキで引かれた線の内側を静かに歩くよう義務づけている。[92]

私が初めてその線を見たとき、そして、黒人の子どもたちが顔を伏せ、手を後ろに回したまま廊下を整列して歩くところを目にしたとき、自分が重犯罪刑務所で囚人たちとともに、彼らの代理人として長い時間を過ごしていたころの思い出がよみがえった。それは、刑務所が囚人をある場所から別の場所へ移動させる際に用いる方法とまったく同じだった。さらに、類似点はそれだけにとどまらなかった。ＫＩＰＰが生徒の社会統制を極端に重視し、厳しいルールを適用する様子は、重犯罪刑務所の運営方法と驚くほどよく似ていた。また、ＫＩＰＰではたいてい白人中心の教師陣と黒人中心の生徒たちが著しい対照をなし、それが刑務所の看守と受刑者の人種構成と重なっているのも見過ごせなかった。ＫＩＰＰの教育方針の多くは、私がそれまで見たなかでもっとも劣悪な環境をモデルにしているように思えた。実際、刑務所運営の大半が受刑者への恐怖と侮蔑にもとづいていることを考えると、同じ手法を取り入れている小学校を見るのは胸の悪くなるものがあった。

広い視点から見れば、ノーブルやＫＩＰＰのようなチャータースクールを積極的に拡大しても、いいことは何ひとつない。なぜなら、ほとんどの生徒や家庭の要望に合った教育モデルを提供できないからだ。このような学校はいわば、修道女に物差しで指を叩かれる大昔のカトリック学校の現代版だ。「言い訳無用」のアプローチや成績の悪い生徒を〝排除〟することは、子どもに対して選択肢のないごく一部の親にはこれぞと思えるかもしれない。だが、ほとんどの保護者や生徒にとっては望ましいものとはならない。そのようなやり方が子どもの成長にとって適切なのか、はたまた健全なのかという当然の疑問を抱くことだろう。

これはとくに憂慮すべきことだ。なぜなら、こうした「言い訳無用」のチャータースクールは私立の古いカトリック校とは違って公費でまかなわれている以上、本来なら公共の利益に資するものでなければならないのだから。にもかかわらず、そのような学校はチャータースクール部門全般を拡大し、すべての子どもの教育を担う公立学校に取って代わるモデルとして利用されている。

また、これはチャータースクールと公立学校の学業成績を比較することの問題がますます大きくなることを示している。ＫＩＰＰは私立学校のネットワークのように運営されており、ほとんどの親はそこに通わせることがわが子にとってどんな意味を持つかわかっている。ちょうど、１９５０年代の親がわが子を修道院に通わせることが何を意味するかわかっていたように。そのため、ＫＩＰＰのような学校には、ＫＩＰＰのような学校で成長できる生徒たちが集められる。ＫＩＰＰのような学校が合わないと思った親は、わが子を通わせないだろう――もちろん、ほかにまともな選択肢がない場合は別だが。かたや公立学校は、人間の多様性全般にまたがる生徒たちを指導しなければならない。彼らは信じられないほど多種多様な興味、適性、ニーズを備えている。そんな生徒たちのテストの点をＫＩＰＰの生徒たちと比較し、それをもとに民営化を正当化しようというのは、あまりにも理不尽だ。

ここで、あなたが同じくらい優秀な教育者たちからなるふたつのチームを結成したと考えてみよう。一方のチームは、ある学校の運営を担当する。そこでは、さまざまなやり方で生徒たちを好ましい方向へと導くことができる。成績の悪い生徒や反抗的な生徒を追い出すことのできる広い裁量権を与えられ、授業のカリキュラムを共通テストの点数アップに絞るよう奨励され、さらには予算を補うために数百万ドルもの私財が投じられる。[93] さて、もう一方のチームは、毎年予算の削減に直面している近隣の公立学校を担当する。そこでは、相手チームの学校を退学したり追い出されたりした生徒を含め、年間を通してあらゆる入学希望者を受け入れなければならない。こうした条件のもとでは、ひとつ目の教育者チームは優れた結果を出すために特別なことをする必要はない。むしろ、これだけ圧倒的に有利な条件でテストの点が上がらなかったら、そちらのほうが驚きだ。

チャータースクールと公立学校の闘いが茶番と呼べる理由は、一言で言えばこの点にある。野球にたとえるなら、チャータースクールは三塁からスタートしていながら、まるで三塁打を放ったかのようにふるまっている。公立学校は弱小校のレッテルを貼られているが、実際には活動を妨害されている。一歩下がって冷静に分析すれば、学校民営化〝運動〟そのものがペテンであり、アメリカ国民に対する詐欺行為だと言わざるを得ない。これまで学校民営化は、破綻しつつある学校と教育不平等の解決策とされてきた。だがもはやおわかりのとおり、この計画を推進する中心人物たちにとって、民営化は目的を達成するための手段ではない。目的そのものだ。民営化それ自体がゴールなのである。しっかりとした調査や推論にもとづいていなくても問題ない。教育格差の根本的な原因に対処せず、全米のコミュニティに壊滅的な打撃を与える雑な計画であっても問題ない。国として膨大な時間と何十億ドルもの公的・私的予算を費やすべき学校改善計画であるという証拠がひとかけらもなくても問題ない。学校民営化運動の指導者にとって大切なのは、なんとしてでもこの計画を進めることだ。たとえその過程で何百万人が被害を受けたとしても。たとえ有色人種のコミュニティに利益をもたらすとされてきたものが、実際にはとてつもなく人種差別的な取り組みであったとしても。

学校民営化というレイシズム

読者のみなさんは、今やRワード[*13]を言ったり言われたりすることには抵抗があると思う。でも、次のことを考えてみてほしい。

1．学校民営化が及ぼす害は、圧倒的に有色人種のコミュニティに集中している。

2. 学校民営化は人種正義の取り組みとして喧伝されているが、実際には過去20年のあいだ、教育改革の話題をほぼ独占し、有色人種の生徒が直面している喫緊の課題から注意をそらしてきた。

3. もしも学校民営化論者が言うように、チャータースクールが本来公立学校よりも優れているなら、なぜ初期の意欲的な取り組みはすべて有色人種のコミュニティに向けられたのだろうか？ チャータースクールのモデルが本当にすばらしいのなら、白人の富裕層が多数を占める郊外もその恩恵にあずかるべきじゃないか？ チャータースクールにそれほど効果があるなら、なぜビリオネアは自分たちのコミュニティの民営化に資金を出さなかったのか？ 白人の富裕層が多いコミュニティの住民は、なぜ地区の教育長や地元議員の事務所の前でチャータースクールを増やせと騒がないのだろうか？ 答えは明白だ。十分な資金力のある公立学校を有するコミュニティでは、誰もそんな表層的で有害な改革を求めていないからだ。さらに、注意深く見てきた人ならわかるとおり、黒人と褐色人種のコミュニティがこれまで学校民営化の標的にされてきたのは、（a）長年にわたって政治的な力をことごとく奪われてきたため、ほかのコ

---

*13 ここでは、レイシズム（Racism）を想起させる表現。

ミュニティほど抵抗する力がなかったから、（b）学校民営化論者が有色人種のコミュニティで〝改革〟を実行しても、世間の厳しい目にさらされることが少ないから、（c）何十年にもわたって放置され、公立学校を弱体化されてきた有色人種のコミュニティでは、たくさんの人が必死でなんでも試そうとするからだ。こうして、有色人種の若者たちは、チャータースクールやバウチャープログラムを今後さらに拡大するための格好の踏み台として利用されてきたのである。

4. 学校民営化の取り組みが明らかにしたのは、私たちの政策立案者は研究に裏づけられた健全な手法による教育改革を求めているわけではなく、むしろ有色人種の生徒に対する教育〝実験〟の実施に大きな満足を感じているということである（この状況を観察し、現代版タスキギー梅毒実験[*14]のにおいをかぎとったあなたの嗅覚は一級品だ）。

5. もちろん、個々のチャータースクールのなかには、所属するコミュニティとともに責任感を持って活動するところも多い。だが、全般的には、学校民営化の取り組みは黒人と褐色人種のコミュニティと**とも**にではなく、彼らに**対して**行われてきた。[94] これらのコミュニティは多くの場合、学校民営化を実施するためとして、学校に対する民主的なコントロールを奪われてしまった。

6. 学校民営化に資金を提供した大富豪たちが実際にしなかったことを以下に示す。彼らは有色人種のコミュニティに出向き、自分たちの富を使って教育の質と平等を向上させたいと訴えなかった。コミュニティのメンバーが不十分な教育機会に対する意見や経験を分かち合えるような参加型プロセスに関わろうとしなかった。コミュニティのメンバーが学校改善のためのプロセスを開発・主導できるような手順の作成に協力しなかった。保護者や生徒、そのほかコミュニティのメンバーが、改革の取り組みを発信するために地域の幅広い専門知識を活用できるように協力しなかった。コミュニティとの思慮深く責任あるパートナーシップを通じて、莫大な富から生じる恩恵を最大限活用できるような真の協力的プロセスを構築しなかった。その一方、彼らは自分たちが実施したい一連の改革をあらかじめ決めたうえで、容易に実行できると踏んだ有色人種のコミュニティに入り込み、その途方もない財力を利用して、自分たちの方針にしたがうようにコミュニティをなかば脅迫したのである。

7. あまり訊かれないことだが、なぜ有色人種のコミュニティには、ほかのコミュニティのような

＊14　米公衆衛生局が１９３０～７０年代にかけて、アラバマ州の貧しい黒人男性を対象に行った人体実験。梅毒の症状の進行を長期にわたって観察するため、患者およそ４００人を無治療のまま放置した。

自己決定権がないのだろうか？　ビル・ゲイツやウォルトン一族、チャールズ・コーク、マーク・ザッカーバーグなどの超富裕なヘッジファンド・マネジャーや企業経営者らは、なぜブロンクスやサウスLA、シカゴのサウスサイド、ウエスト・フィラデルフィア、ニューオーリンズ、ニューアークといった全米の有色人種のコミュニティでの学校制度のあり方を決められるのか？　誰も彼らを選んでいない。コミュニティの保護者や生徒たちは、超富裕層が社会変革のビジョンを実行することに同意していない。また、いわゆる失敗校だけでなく、教育制度やコミュニティ全体に多大な波及効果をもたらすような〝改革〟にも決して同意していない。彼らビリオネアは、自分たちが弱体化させているコミュニティや閉鎖させている学校、自分たちの取り組みの結果解雇されている教師、その過程で被害を受けている生徒たちについて、基本的に何も知らない。いったいなんの権利があって、有色人種のコミュニティで好き放題しているのだろうか？　なぜこれほど多くの人が、自分の富と政治的影響力を利用してもいいと思っているのだろうか？　仮にあなたが、そうした質問の答えに人種的な要素は関係ないとか、超富裕層が自分のお金を使って何をしようと勝手だと考えているなら、こう自問してみてほしい。もしオプラ・ウィンフリー[*15]が、全米の白人中心のコミュニティを標的に公立学校制度を変革するため暗躍していることが知れたら、世間はいったいどんな反応をするだろうか？　一言で言えば、ヒステリーだ。たとえ、オプラが誰からも愛されていようと。

8. これまで有色人種のコミュニティが学校民営化に反発しても、たいていは無視されてきた。ところが、まれに反応せざるを得ないというとき、学校民営化推進派は反対派の真っ当な懸念に対し、しばしば恥ずべきやり方で応えてきた。たとえば、全米黒人地位向上協会（NAACP）がチャータースクール拡大の一時停止措置を求めたとき、『ワシントン・ポスト』紙の論説委員は驚くほど上から目線の記事を寄せている。NAACPの理事にのっけから「少しは勉強をしたらどうか」と提案し、チャータースクールがワシントンDCの「教育の形を変えた」と主張、さらに、この「豊かなスクールチョイス」の恩恵にあずかるのが有色人種の子どもたちであることを「本来なら少数派の利益を考えるべき団体にどうか理解してほしいものだ」と述べたのである。[95] 同様に、ニューヨークのチャータースクール「サクセス・アカデミー」（先に紹介）の理事長を務めていたヘッジファンド・マネジャーのダニエル・ローブ（306位、28億ドル）は、学校民営化に反対する黒人の州上院議員を「偽善者」と非難したうえ、「三角頭巾を被った[*16]連中よりも有色人種に被害を及ぼしている」とこき下ろした。[96]

9. 先述したように、有色人種のコミュニティ内で積極的に推進されるチャータースクールのうち、

---

*15 ビリオネアとしても知られるアメリカの著名な黒人女性司会者。
*16 反黒人を掲げる白人至上主義団体、クー・クラックス・クラン（KKK）を指している。

保護者が自分の子どもを通わせたいと思うような学校は多くない。秩序を保つために刑務所の手法を採用し、厳しい懲罰形式によって生徒を問答無用で追い出す「言い訳無用」のチャータースクールにわが子を通わせるのは、保護者にとって最善の策ではないはずだ。これは、子どもに質の高い教育という選択肢を与えられない親が、やむにやまれず下すたぐいの決定である。悲しいことに、こうした立場に追い込まれ、〝不本意だけれどほかよりはましな〟選択をせざるを得ない保護者がたくさんいる。ただ、はっきり言っておくと、これはまぎれもなく権威主義的な教育モデルであって、目的は批判的思考を持った人間ではなく、従順で扱いやすい市民を作り出すことである。人々を解放するのではなく、順応させることを目論んでいるのだ。

10. この問題の一方では、白人のビリオネアが資金を提供し、さらにアーン・ダンカン元教育長官、ジョン・マケイン、ミット・ロムニー、ジェブ・ブッシュ、そしてトランプ前大統領までもが、学校民営化は「われわれの時代の公民権問題」に取り組むものだとし、その政策を擁護している。[97] 他方、全米各地の有色人種からは大規模な反発が湧き上がっており、学校民営化が彼らのコミュニティに害を及ぼすという数多くの証拠を示しているにもかかわらず、彼ら有色人種はあたかも教育制度を立て直すうえでのやむを得ない犠牲のように扱われている。

11. 学校民営化の影響をもっとも強く受けるコミュニティが、教育制度の大幅な改善を求めていないと言うつもりはない。しかし、黒人と褐色人種のコミュニティの公立学校はたしかに不完全ではあるが、それでも生徒や保護者、コミュニティのメンバーが何十年にもわたって改善しようと努力しつづけてきた成果であることに変わりはない。人々は自分たちの暮らす地区でよりよい学校を作るため、長きにわたって奮闘してきた。それは多くの場合、学校民営化を目論む人物によって仕組まれた激しい抵抗や強大な障害に立ち向かうことを意味していた。だが悲しいことに、公立学校が民営化によって閉鎖されたり、弱体化させられたりすることで、せっかくつかんだ勝利の数々が水の泡と化しつつある。

たとえば、過去20年にわたって、学校から刑務所への直通パイプラインを解体するために全米で大規模な運動が実施されてきた。この運動の先頭に立ったのは、不寛容（ゼロ・トレランス）な校則の影響をもっとも受ける黒人と褐色人種のコミュニティの生徒や保護者、あるいはそうしたコミュニティのメンバーだ。彼らは全米の学校の政策や慣習を次から次へと変えさせるなど、目覚ましい成果を上げた。しかし、チャータースクールのほか、バウチャープログラムによって推進される私立学校はほとんどがこうした進歩の適用を免（まぬが）れ、今なお抵抗を続けている。また、すでに述べたように、チャータースクール制度は変革と正面切って対立し、有色人種のコミュニティが公立学校をめぐる闘いで直面したのと同じような、有害で懲罰的なアプローチを採用する学校を積極的に推進している。このように、学校民営化の取り組みは、若者一人ひとりが教育を受ける権利を学校に認めさせるべく闘ってきた有色人種の努力を真っ向から否定するものである。

12. 公立学校の閉鎖やチャータースクールの拡大によって、たくさんの経験豊富な有色人種の教師が、経験が浅く組合にも属さない白人の教師に取って代わられることになった。[98] これは、学校民営化運動に関する数々の影響のなかでも、有色人種のコミュニティにおける組合に属した教師の仕事が大幅に失われたことを意味する。そうした仕事は数多くのコミュニティのなかでもっとも安定した、高収入の職種のひとつだった。仕事が失われたことの波及効果は相当なものので、教師だけでなく、彼らの子どもや家族、コミュニティにも影響を及ぼしている。

13. 残念ながら、学校民営化運動の副作用として、質の高い教育は不足していると人々が思い込み、結果的にコミュニティどうしの分断が進んでしまった。そのため、人々は〝いい学校〟という限られた枠をめぐって争うことを余儀なくされた。というのも、学校民営化の取り組みは、すべての子どもが質の高い教育機会を得るために必要な措置をとっていないからである。

14. 1960年代の公民権運動のさなか、さらには歴史を通じて、人種差別的な教育の政策や慣行に怯える有色人種の子どもや若者を救うため、地方、州、連邦政府の役人が立ち上がる場面が多々あった。だが今日の政府は、有色人種の子どもたちの教育を民営化することによって、教育に対するみずからの責任を実質的に放棄している。[99] 政府関係者はそれまで自分たちが担当していた問題から手を引き、優れた結果につながると信じるに足る理由もなく、職務を民間業者の手に委ねている。これは人種正義を求める闘いにおいて、痛ましいほど皮肉な様相を呈している。なぜなら「スクールチョイス」の起源は、ブラウン事件判決以降、白人のコミュニティが学校の統合を避けようとしてきたことにあるからだ。[100] つまり、学校民営化は本来人種平等を阻止するために考案されたものなのに、今では人種正義を実現するための取り組みとして世間に売り込まれている。そして、私たちの政府は進んでその協力者になっているのである。

15. 学校民営化推進派は保護者にスクールチョイスを与えたいと言うが、質の高い近隣の公立学校で子どもに教育を受けさせることを選択している大多数の保護者についてはどう考えているのだろうか。白人中心のコミュニティの保護者は当たり前のようにそれを享受できる一方、なぜ黒人と褐色人種のコミュニティの保護者は往々にしてそうした選択ができないのか。現在、有色人種のコミュニティでは、〝選択〟とは多くの場合、資源の不足した公立学校か、きわめて有害な民営化システムのどちらかを選ぶことを意味する。そんなものは、決して選択ではない。

私は何も、学校民営化計画を推進するビリオネアが、有色人種のことを生まれながらに劣った存在とみなす隠れレイシストだと言っているわけではない。だが、もし民主的な方法に頼らず、不健全でひどく有害な一連の改革を実行するために有色人種のコミュニティを標的に定め、自分たちが引き起こす害を意に介さず、コミュニティの反発にしっかり向き合わず、自分たちの計画の拡大を正当化するためにそうしたコミュニティを実験台にし、そのあいだコミュニティが直面する長く深刻な不平等に対処せず、あまつさえ悪化させるなら、住民の生活をまったく尊重しないばかりか、制度的レイシズムに加担していることになる。

有色人種のコミュニティは長きにわたって学校民営化を阻む存在として扱われてきた。彼らはたえず搾取され、白人中心のコミュニティが通常払われる敬意はおろか、尊重さえ表されずに日々を過ごしてきた。実際、学校民営化推進派が白人中心のコミュニティを黒人と褐色人種のコミュニティと同様に扱った例はないはずだ。そのような場面はほとんど想像すらできない。

現代の制度的レイシズムは一般の人が見聞きするようなものとは異なり、白人のバス運転手が黒人の女性裁縫師に席を立つよう怒鳴りつけるたぐいのものではない。そのかわり、よく見られるのは次のような事例だ。ブッシュ元大統領は、今日私たちが直面している学校民営化の流れを始動、あるいは劇的に加速させた「どの子も置き去りにしない法」を施行しながら、この法律が人種正義のための取り組みであるとくり返し語っている。また、同法が対処するであろう「(黒人への)低い期待というささやかな偏見」*17を非難したことでも知られている。[101] しかし、学校民営化がもたらしたものは、それが破壊的かつ権威主義的な改革だというささやかな偏見にとどまらない。たいていの場合、有色人種への意図的な無関心という重大な差別を生み出したのだ。

仮にあるコミュニティの意見が一致して、学校民営化が子どもたちの教育機会を向上させるのに最適な道だと結論づけるなら、それはそれでしかたのないことだ。だが、今までそのような流れに至ったことはない。実際、学校民営化の取り組みは、有色人種のコミュニティにおける教育軽視の実態（資源不足で不平等な公立学校）を別の形態に置き換えただけである。どちらも有色人種の若者の人生を破壊しかねないものであり、実際に破壊してきた。そして、いずれにしても痛ましいほど教育の不足した有色人種の子どもが増える結果へと結びつく。したがって、どちらも受け入れるべきではない。私たちには第三の道が必要だ。だが残念なことに、こうした問題をめぐる公的な議論は学校民営化擁護派によって徹底的に歪められているため、もっとも明快な真実も見出すのが困難である。

白人の同意をこしらえる

学校民営化を取り巻く状況を見ると、なぜこれほどたくさんの国民の支持を得られたのかという疑問が浮かび上がる。正確に言えば、なぜ白人、それもリベラルや進歩的な人間を自認する人々のあいだでこれほどの支持を得られたのか？　なぜ過去15年のあいだに、学校民営化を右派と共和党の優先

＊17　長いあいだ不平等な待遇を受けてきた有色人種の人々に対して、大きな期待を持たなくなること。就職や大学入試などにおける積極的格差是正措置（アファーマティブ・アクション）につながるとされる。

課題から超党派の支持を受ける課題へと転換させることができたのか？

答えは、マーケティングにある。ビリオネアの後援者たちは学校民営化政策を推進するために、非常に洗練され、多面的で、莫大な費用のかかる広報キャンペーンに資金を投じてきた。それは有意義な改革や真の前進にもとづく広報キャンペーンではなかったし、本来そうなるはずのものでもなかった。ドン・ドレイパー[*18]が、タバコは有害という事実から消費者の目をそらし、それを売り込んだようなものだ。大衆は（しばしば意図的に）ミスリードされ、同時に子どもへの同情心を利用されてきたのである。超富裕層がこうした公で語る物語（パブリック・ナラティブ）を変化させるために用いたカラクリには、以下のようなものがある。自分たちの政策に有利なストーリーや広告をメディアにあふれさせる、メディアへの支配力と影響力を駆使して世論を形成する、ポップ・カルチャーを使ってメッセージを強化する、チャータースクールに資金提供して広告やＤＭキャンペーンを実施する、主流メディアがこれまで有色人種のコミュニティが抱える問題や優先課題をほかのコミュニティと同列に扱ってこなかったことを利用する、アーン・ダンカンやベッツィ・デヴォス前教育長官といった自分たちの政策にとって望ましい人物を、これらの問題に関する公で語る物語（パブリック・ナラティブ）を導けるような地位に据える……。

こうしたカラクリをもとに、学校民営化推進派は次に挙げるような重要なメッセージに焦点を当ててきた。

メッセージその1：公立学校は失敗しつつある

学校民営化計画の肝は、公立学校の代わりが必要だという認識を生み出すことにあった。民営化推進派は、実際に新たな市場を作らなければならなかった。新しいものが必要だと人々に信じさせなければならなかった。そのためには、公立学校は修復不可能なほど破綻しているか、あるいは少なくとも根本的な欠陥があると人々に信じ込ませる必要があった。そこで、民営化推進派はことあるごとに「失敗しつつある公立学校」や「公立の教育に及ぶ危機」について言及してきた。2016〜17年のわずか2年間で、このふたつの（または密接に関連する）語句はアメリカの新聞に5000回以上も登場した。[102]

もちろん、公立学校がこれまでたくさんの子どもたち、とくに有色人種の若者を挫折させてきたことに疑いはないが、かといって公立の教育制度全体がどうしようもないほど崩壊しているということにはならない。公立の教育制度には多数の欠陥があるが、原因を公立の教育そのものに帰することはできない。だが「嘘もつき通せば、やがては真実となる」と言われるように、「公立学校は失敗しつ

＊18　1960年代のニューヨークを舞台にした米ドラマ『マッドメン』の主人公で、広告代理店の敏腕ディレクター。

つある」という概念がまことしやかに語られるようになると、家庭には公立学校以外の選択肢が必要だとの考えが世間に浸透するようになった。

メッセージその2：チャータースクールとバウチャーは有色人種の貧しい子どもの要望に応えるものである

超富裕層や彼らの方針を支持する政策立案者のうち、とりわけずる賢い連中はひとつのことを学んだ。低所得層や労働者階級の家庭のためだと主張すれば、たとえそれがまったくの偽りであっても、右寄りの政策が実現する可能性が飛躍的に高まるのだ。「どの子も置き去りにしない法」と名づけられた由来もそこにある。アーン・ダンカンは学校民営化を劇的に拡大させたことへの批判から逃れるため、たえずそれを人種正義の問題として扱った。また、トランプ前大統領はバウチャーに対する前例のない連邦政府の投資計画について発表するとき、ダンカンの主張を使いまわした。[103]

以下に挙げるのはすべて、人をあやつるための単なる言葉遊びだ。超富裕層が支持する政策の内容を聞こえのいいメッセージに変えることを得意とするフランク・ランツは数年前、学校民営化の支持者に対して「スクールチョイス」ではなく「教育機会の均等」と呼び、「バウチャー」ではなく「機会奨学金」と呼ぶよう指示した（ほかにも「遺産税」を「死亡税」と呼んで批判したり、さらなる大気汚染を認める法律を「クリアスカイ法」と名づけたりするなど、同様の例は枚挙にいとまがない）[104]。民営化推進派はこのやり方を踏襲し、平等な教育の必要性を切に訴えるメッセージやマーケティング手法をこしらえることで、人々が持つ思いやりや共感の心に巧みにつけ入った。彼らは有色人種の子どもが「失敗している公立学校から脱け出し」、「学力格差を解消」できるよう手助けするのが焦眉の急だとくり返している。[105] 民営化政策を推進する団体のほとんどが洗練されたウェブサイトを持ち、サイト上には幸せそうで勉強熱心な黒人やラテン系の子どもたちの写真がふんだんに並べられている。また、そうした団体のすべてが同じ論拠をもとに動いている。ここで、もっとも著名な学校民営化推進団体のホームページとキャッチフレーズを見てみよう。[106]

・全米公立チャータースクール連盟

「すべての子どもは最高の教育を受けるに値する――私たちはあらゆる家庭、とりわけ質の高い公立学校へ通えない家庭が利用できるような、優秀なチャータースクールを増やすことに取り組んでいます」

・優れた学校を求める家族

「子どもたちみんながすばらしい学校へ通えるようにするための運動」

・米国児童連盟

「すべての子どもには世界水準の教育を受ける資格があります。私たち米国児童連盟は教育の選択を求める国民の代弁者として、子どもたちが質の高い教育機会を平等に得られるよう全米で活動しています」

・50キャン

「こんにちは！　50キャンです！　私たちは地域のリーダーたちからなる非営利ネットワークとして、子どもたちが住んでいる場所にかかわらず質の高い教育を受けられるよう支援しています」

こうしたメッセージはいずれも説得力があり、心ある人なら誰も反対できないようなものばかりだ。そして、それこそがポイントである。世間の人々にこれはビリオネア主導の民営化政策ではなく、貧しい子どもたちのための社会運動だと信じ込ませる狙いがあるのだ。

このような手法は、全米で起きている政策論争からも明らかである。たとえば、マサチューセッツ州では2016年、チャータースクールの州内上限数を引き上げる「クエスチョン2」の州民投票が実施された。取り組みを主導したグレート・スクールズ・マサチューセッツは宣伝活動の一環として、黒人とラテン系の家族ばかりが登場するテレビCMを多数流し、「失敗しつつある」学校に「閉じ込められている」子どもたちを救うため「あなたの助けが必要です」と訴えた。[107] この手のCMは視聴者の心を動かすことを意図しており、実際に動かされる人は多い。事実、それはアフリカで飢餓に苦しむ子どもたちを救うためにコーヒー代を寄付するよう求めるコマーシャルとある種の（おそらくは意図的な）類似性を持っている。

しかし、クエスチョン2を支持する広告の費用を出したのは、チャータースクールを増やせばコミュニティに利益がもたらされると信じるマサチューセッツ州の黒人やラテン系の保護者たちではなかった。それどころか、その高額な宣伝費用の大半は、マサチューセッツ州の住民によって支払われたものですらなかった。グレート・スクールズ・マサチューセッツは宣伝活動のために2170万ドルもの寄付金を集めたが、そのうち1500万ドルはニューヨークに拠点を置く、優れた学校を求める家族から寄せられたものだ。彼らはウォール街のヘッジファンド・マネジャーや超富裕層からも寄付金を集め、学校民営化を支援している[108]（先述したように、優れた学校を求める家族はウォルトン・ファミリー財団から約1500万ドルの寄付を受けているほか、イーライ・ブロード、ジュリアン・ロバートソン、コーク・ネットワーク、シリコンバレー・コミュニティ財団からも助成金を受領している）。クエスチョン2が有権者によって否決されると、優れた学校を求める家族は選挙活動へのドナーの身元を隠していたとして、州の選挙史上最高額の罰金を支払うよう言い渡された。同団体は調停の一環としてドナー・リストの開示を余儀なくされ、その結果、活動の背後にいる最大の後援者にマイケル・ブルームバーグ、コンチネンタル・ケーブルビジョンの元CEOエイモス・ホステッター（225位、36億ドル）、ウォルマートの遺産相続人アリス・ウォルトン（11位、514億ドル）、ドリス・フィッシャーと息子のジョン・フィッシャー（342位、25億ドル）、ビリオネアのヘッジファンド・マネジャー、セス・クラーマンなど、数多くの大富豪や億万長者が含まれていることが明らかになった。彼らはチャータースクールの上限数を引き上げるために数十万ドル、場合によっては数百万ドルを寄付していた。[109]

学校民営化は本来的には人種正義の取り組みであるというメッセージは、大衆メディアにもあふれている。たとえば、2010年の映画『スーパーマンを待ちながら』では、子どもの教育について黒人やラテン系の家族が抱える絶望が見事に描き出され、チャータースクールがその解決策として位置づけられている。また、2012年に公開された同じテーマの映画『ウォント・バック・ダウン――ママたちの学校戦争――』は、実業家のフィリップ・アンシュッツ(41位、115億ドル)が所有するウォールデン・メディアが製作を担当した。両映画の公開にあたって大規模なPR活動が行われたが、資金の大部分はビル・ゲイツが援助したものである。彼は「『スーパーマンを待ちながら』のキャンペーンを補う社会貢献活動のため」と称して、ジェフ・スコール(131位、50億ドル)が会長を務めるパーティシパント・メディア(現・パーティシパント)に200万ドルを提供した。[110] さらに、ゲイツ財団からのほかの寄付金受領者らとともに、同映画に出演している。

注目すべきは、こうした印象操作があからさまに行われているということだけでなく、白人が人種平等の問題に立ち上がる可能性も示していることだ。全米各地にはチャータースクールの設立と拡大に情熱を注ぐ白人がいる。彼らは、それが人種正義のための闘いだと心から信じている。もちろん、この計画を推進しているビリオネアに騙されたりミスリードされたりした結果、彼らの理想が別の形の人種不公正に結びついてしまったことは残念と言うほかない。とはいえ、アメリカの人種問題に取り組む白人の意欲と能力を疑問視する人にとっては、学校民営化はある意味で期待を抱かせてくれる何よりの証拠である。

メッセージその3：チャータースクールとバウチャープログラムは公立学校よりも優れた成果を生む革新的な制度である

人は新しいものや革新的なものを好む。古いものの欠点をどう克服するかよりも、あるニーズを満たすための新しいアイデアについて話すほうがずっとわくわくする。教育分野では、チャータースクールとバウチャーが25年ほど前から新しくきらびやかな存在として取り沙汰されてきたが、とくにここ10年はその傾向が強い。事実、チャータースクールが公立学校よりも本質的に優れているという印象を与えることを目的とした、いいとこ取りのデータや成績優秀なスクールの体験談を載せた提灯記事があとを絶たない。なかでもとりわけ人気なのは、有色人種のコミュニティから卒業生の全員または大半を大学へ進学させる「奇跡の学校」だ。

こうしたチャータースクール関連の報道でとくに注意すべきなのは、実際に報じられていない部分だ。たとえば、これはほとんど触れられていないことだが、卒業前に「奇跡の学校」から追い出されたりやめさせられたりした生徒は、目覚ましい卒業率や大学進学率にはカウントされていない[111]。同様に、この手の問題に関する報道のなかで、明らかに失敗しつつあるスクールや、最高峰のスクールと成績が同じか、あるいはずっと上の公立学校を強調するたぐいの記事はほとんど見当たらない。

メッセージその4：チャータースクールとバウチャーを求めているのは保護者たちである

アメリカ人が新製品より好きなものがただひとつだけある。品薄の新製品だ。私たちはクリスマスになると、子どもたちに話題の新しいおもちゃを買ってあげたいと考える。もし数に限りがあると言われたら、夜中に目を覚まし、暗闇のなかウォルマートの前で開店を待ち、店内を過去数十年ぶりの速さで走ってでもそれを手に入れようとするだろう。

これを貴重な教えととらえた学校民営化推進派は、一部のチャータースクールで入学の待機者が出ていることを利用し、スクールへの入学は狭き門という印象づくりをするようになった。[112] さらに、チャータースクールを拡大する理由として、こうした待機者の存在を挙げはじめている。[113] つまり、質の高い公立学校がすべての子どもに与えられるわけではないという事実から生じる家庭の一時的な焦りを利用して、抜本的で長期的な変化を生み出しているのだ。学校民営化論者が、質の高い教育が不足した状況を作り出すうえで中心的な役割を果たしていることを考えると、こうした戦術は控えめに言っても不適切だ。また、同じ条件の比較対象がないため不当でもある。公立学校は入学資格を持った若者を必ず受け入れなければならないので、待機者が発生することはない。さらに、もし生徒があらゆる公立学校を見て回れる制度があったなら、きっと大勢の生徒が喜んで自分の通う学校とは違う公立学校に入るための列に加わるだろう。

さらに言えば、志願者よりも空き枠の方が少ないチャータースクールもあることはあるが、現実には多くのチャータースクールが欠員を埋めるのに苦労している。実際、今では広告業界全体がチャータースクールを支援することによって発展しており、その手法は公立学校から生徒を引き抜いて入学者数を増やすダイレクト・マーケティング戦略に頼っている（グーグルで「チャータースクールマーケティング」と検索してみてほしい）。事態は今や、K—12の学校が一般消費者向け製品と同じように売り込まれるところまで来ている。

たとえば、2015年のカリフォルニア・チャータースクール会議での「デジタル・マーケティング入門」というプレゼンテーションでは、出席者に対し「チャータースクールはデジタル・マーケティング戦略によって、資金調達や入学率、コミュニティから必要な支持をとりつけるといった障害を乗り越えることができます」という説明をするよう勧めている。またマーケティングのヒントとして、スクールのウェブサイトや販促物には「やる気アップ」や「やりがい」、「刺激的」、「効果的」、「オプション」、「選択」といった言葉は使ってもいいが、「競争」や「実験」は避けるようにとのアドバイスがつけ加えられた。チャータースクールはマーケティングの力を使って対立相手、つまり公立学校を打ち破ることを推奨されている（チャータースクールに特化したあるマーケティング会社は「商売敵（がたき）に負けるな」と社員に発破をかけているという）。学校によっては、入学者のうちほかの家庭や友人を紹介してくれた家庭にギフトカードを配るところもある[114]。

このようなマーケティング・キャンペーンにしばしば税金が使われていることは特筆に値する。サイバー・チャーターについて調べたところ、５年間でわずか10校が合計９４４０万ドルの公的資金を広告費に使っていることが判明した。[115] ここからわかるのは、チャータースクール制度が需要に応えるよりもむしろ需要を生み出しているということだけではない。すでに資金不足の公立学校の予算がさらに削減されるなか、公的資金がこのようなことに使われていいのかという重大な問いが湧き上がる（さらに、チャータースクールの〝効率性〟を称えるしらじらしさも浮き彫りとなる）。

メッセージその５：チャータースクールは公立学校である

近年、チャータースクールの支持者のあいだで明らかな戦術の変化が起きている。かつてチャータースクールは、公立学校との差別化を図ろうとするのが常だった。しかし近年では、自分たちは公立学校だと猛烈に主張しはじめている。[116] ２０１６年のマサチューセッツ州のクエスチョン2をめぐるキャンペーンでは、学校民営化推進派が掲げたスローガンのひとつに「クエスチョン2に一票を。強い公立学校を作ろう」というものがあった。[117] さらに、学校民営化推進派が自分たちをどんなふうに述べているか見てみよう。「教育改革のための民主党員」はみずからの使命を次のように定めている。「私たち民主党員は、アメリカの公立学校の子どもたちを守るため、党内で指導者を育成・支援するような政治改革組織を率います」。[118] 同様に、「スタンド・フォー・チルドレン」は「われわれは公立の教育の向上に努めます」をモットーとしている。[119] 実際、この分野の推進団体に関して、ウェブサイトやほかの資料で述べられていることを通じて学校民営化問題に関するスタンスを見分けることは至難の業だ。

自分たちが起こそうとしている大きな社会変化について、はっきりとした見解も示せないようでは、こうした組織の誠実さを疑わざるを得ない。とはいえ、この傾向は明らかにふたつのことを示している。第一に、学校民営化論者は、国民が実は公立学校を望んでいることを知りながら、それを自分たちのために利用しようとしているということ。第二に、彼らは実際には競争に関心がないそぶりを見せながら、教育業界の向上のためには市場原理にもとづく競争が欠かせないと主張していることだ。彼らは、コーラと市場シェアをめぐりしのぎを削るペプシになるつもりはない。ニュー・コーラと名前を変えることで、客が本当に欲しい商品ではなく、自社の商品を買うよう仕向けているのだ。

メッセージその6：学校民営化への反論はすべて、現状を維持するための的外れな見解である

学校民営化の支持者が自分たちの政策を推進するために用いる主な戦略に、反対派を排除するというものがある。すなわち、反対意見はいずれも無視するか、単に「現状を擁護するもの」として退けるのだ。[120] さらに、彼らはその財力をもとに仲間の意見を持ち上げる一方、反対派には学校民営化にともなう実体験について話をする貴重な機会をほとんど与えない。

たとえば、『スーパーマンを待ちながら』のような民営化賛成派の作品が、反対派、すなわち民営

表11　学校民営化に関する論調

氏名および所属団体		アメリカの主要紙で取り上げられた回数（2015〜17年）
民営化賛成派	エヴァ・モスコウィッツ（サクセス・アカデミー）	194回
	ジェブ・ブッシュ（優秀な教育のための財団）	125回
	ミシェル・リー（ステューデンツ・ファースト）	49回
	ニーナ・リース（全米公立チャータースクール連盟）	34回
	ジーン・アレン（教育改革センター）	27回
民営化反対派	ジトゥ・ブラウン（正義の同盟のための旅）	7回

出典: Westlaw

化の影響をもっとも受けている黒人と褐色人種のコミュニティの住民数千人を代表する組織の意見と比べて、どのように報じられているかを見てみよう。『スーパーマンを待ちながら』は公開から数年経ったあとも、全米の主要な新聞の数百という記事で取り上げられた。[121] かたや、「ムーブメント・フォー・ブラック・ライブズ」が政策綱領で学校民営化の中止を求めた際、全米の主要新聞のなかでそのことについて触れた記事はまったくなかった。[122]

同様に、2014年、学校民営化の影響を受ける数十の都市の保護者や生徒を代表する「正義の同盟のための旅」が、『千の削減による死――レイシズム、学校閉鎖、公立学校の破壊（*Death by a Thousand Cuts: Racism, School Closures, and Public School Sabotage*）』という題の報告書を発表した。そのなかで彼らは、学校民営化に関する広範な被害を目録化し、全米の有色人種コミュニティにおける非常事態を宣言した。だが、国内の主要新聞はいずれも報道しなかった。[123]

映画や報告書の発表といった大きなイベント以外でも、民営化問題についてメディアで取り上げられる意見は推進派に偏っており、チャータースクールやバウチャープログラムの拡大でもっとも影響を受けるコミュニティの人々が取り上げられることはめったにない。たとえば、優秀な教育のための財団、ステューデンツ・ファースト、全米公立チャータースクール連盟、教育改革センター、サクセス・アカデミーといった著名な民営化推進団体（いずれも先述した10のビリオネアから多大な資金援助を受けている）のトップは、２０１５～１７年の3年間、主要新聞で27回から１９４回にわたり言及・引用されている。一方、「正義の同盟のための旅」の代表ジトゥ・ブラウンは、同じ期間にわずか7回しか言及・引用されていない（表11参照）[124]。

文化人類学者のマーガレット・ミードはかつてこう言った。「思慮深く、献身的な少数の市民が世の中を変えられることを疑ってはなりません。実際、世の中を変えてきたのはそういう人々にほかならないのですから」。彼女が言及しなかったのは、世の中を変えようとする超富裕で献身的な少数の市民が引き起こす惨状だった。彼らは世の中を変えるべく努め、その過程でもっとも影響を受ける大勢の人々を無視したり軽んじたりしてきたのである。

メッセージその7：選択肢はふたつしかない——学校民営化か、現状維持か

学校民営化計画に欠かせない要素のひとつとして、支持者たちが作ったエコーチェンバーを利用し、国民に誤った選択肢を与えることが挙げられる。失敗しつつある公立学校を支援するか、それとも

チャータースクールやバウチャーが生み出すイノベーションと機会均等を支援するか。通常、国民に与えられるのはこの手の二者択一だ。失敗しつつある公立学校に関するメッセージが（しばしば見られるように）公で語る物語（パブリック・ナラティブ）にうまく浸透すれば、学校民営化は実行可能な唯一の代替策とみなされる。実際、それは必然の進化と考えられるようになるだろう。

メッセージその8：学校民営化を支持するビリオネアは、思いやりにあふれる慈善家である

学校民営化の取り組みに資金を提供するビリオネアは、その寛大さと大胆な社会変化の先頭に立つリーダーシップをたびたび報じられ、称賛されている。こうした報道の一部が関係者の利害によって支えられているのは間違いないが、そこには戦略上の意義もある。彼らが思いやりの心から学校民営化を進めているという発想は、人々の注意をほかの目的から逸らすことにつながる。本当の理由は、一般の人には受け入れがたいものである。

教育における戦略的レイシズム：誰が得をするのか？

ここで挙げたメッセージに共通しているのは、どれも人々を惑わせ、混乱させるものばかりということだ。すべての政策課題、とくに制度的レイシズムの問題と同様に、学校民営化推進派と政策立案

者は行動によって支援するのではなく、人々を口先で丸め込んできた。私たちは彼らが何を語っているかではなく、何をしているかに注目しなければならない。

また、社会政策についてのもっとも重要な問い——すなわち、（1）誰が得をするのか（2）誰が損をするのか、ということから目を背けるべきでもない。（2）については詳細に語ってきたので、（1）についてもう少しくわしく述べたいと思う。

先述したように、学校民営化によって（しばしば非常に限られた）恩恵を得た生徒や保護者、教育者もいるにはいる。だが、そのような恩恵は超富裕層が築いた巨万の富と比べたら微々たるものだ。学校民営化によって、すでにアメリカ実業界とウォール街の経営者らの富は飛躍的に増加している。しかし、それも彼らが今後数年間で公立の教育の解体から得ようとしている利益からすれば、わずかなものに過ぎない。もちろん、学校民営化を推進するビリオネアが抱える動機は千差万別で、なかには決定的な違いもある。利他的な者もいれば、明らかに利己的な者もいる。数十年にわたる急進的な政治思想に突き動かされた者もいれば、短期的な政略をもとに行動する者もいる。チャータースクールに限って支援する者もいれば、バウチャーだけと決めている者もいる。だが、彼らに共通するものがひとつだけある。それは、学校民営化に対する強い経済的関心だ。彼らの行動の大半はそうした関心に沿っており、それに反することはありえない。

この問題について、自分とはあまり関係ないと思うアメリカ人は多いかもしれない。とりわけ、白人中心のコミュニティでは、少なくとも直接的な影響という点からすれば、学校民営化の影響なんてこれまであってないようなものだった。しかし、こうした問題がほとんどのアメリカ人にとって対岸の火事と呼べる状況は終わりを迎えつつある。というのも、有力な学校民営化論者の狙いが、低所得層のコミュニティ内の学校だけでなく、すべての公立学校にあるとわかったからだ。黒人と褐色人種のコミュニティでの民営化の推進は、さらなる計画を実行に移すための布石に過ぎない。彼らは今、真の目的を追い求めている。それはすべての、あるいは大半の子どもたちに影響を与えるという点では、本当の意味で肌の色で区別しない（カラーブラインド）と言える。[125]

たとえるなら、海のなかに血が漂っていて、周りをサメがぐるぐると回っている状況である。チャータースクールの急激な拡大はそれ自体が深刻な脅威だが、今や学校民営化計画でもっとも著名なチャータースクールの支持者たちがスクールをさらに急進的な目標への序章と見定めているのは明白だ。[126]スクール・チョイスが全米でかなりの牽引（けんいん）力を得た今、彼らは本性をあらわすかのごとく、全国的なバウチャープログラムを提唱している。[127]

学校民営化論者は目指す先がどこであれ、自分たちの政策を広く普及させるための富と政治力を急速にたくわえている。また、それを実現するためのショック・ドクトリン[*19]型戦術は今なお健在だ。[128]学校民営化によって有色人種のコミュニティではすでに惨憺（さんたん）たる結果が出ているが、チャータースクールとバウチャーがさらに拡大すれば、その影響はいっそう破壊的なものとなるだろう。

企業の私欲（コーポレート・グリード）のドクトリン

学校民営化は教育だけの問題と思われがちだが、実際にはずっと大きなイデオロギーと戦略の一部である。何が民営化のプロセスを推進しているのか、また、なぜそれが脅威なのかを理解するためには、そうした広い文脈で考えるのが大切だ。とくに重要なのは、民営化がアメリカ実業界とウォール街の主要な政治課題のなかでどんな意味合いを持っているのかを探り出すことである。

政治の嵐が吹き荒れるなか、学校民営化の方針はここ数十年、変わらない位置を占めている。これまでさまざまな形で国民に示されてきたが、実際の内容は驚くほど一貫していて予測可能だ。すなわち、アメリカ実業界とウォール街の経済的利益にたえず焦点を合わせてきたのである。民営化の支持者たちは、しばしば自分たちの取り組みを確固たる信念にもとづいたイデオロギーの一部と表現するが、それは煎じつめれば「企業の私欲（コーポレート・グリード）のドクトリン」と特徴づけられる。この教義（ドクトリン）に含まれるもの、そしてその支持者たち——国内の大半の大企業、銀行、投資会社の経営トップら——が擁護するものの共通点は何だろうか。それは、アメリカ実業界とウォール街の経営者らが、ほかの人々を踏み台に

＊19　大規模な自然災害や政変によって人々がショック状態に陥った隙に急激に行われる経済改革。

して自分たちの富を拡大するための一連の政策である。そうした政策は数十年にわたって共和党政治を支配してきたが、現在その影響力は民主党の一部にも及んでいる。[129] そして、次のような政治的立場を優先する。[130]

1. 富裕層や企業への減税を実施する。
2. 最低賃金の引き上げに反対する。
3. 低所得層、労働者階級、中流階級向けの公共サービスを削減する。
4. 新たな収益機会の創出を促進する（公共サービスの民営化や国内外の〝新市場〟への進出など）。
5. ビジネスの規制（とくに富の蓄積を妨げる規制）を緩和する。
6. 労働組合と対立する（賃金カットや労働者保護の縮小の促進など）。
7. 企業への助成金を国民に納得させる（減税や救済措置など直接的なもののほか、公的資金サービスを通じた企業利益の優先など間接的なもの）。

この政策を進めてきた主要勢力に、ＡＬＥＣ、米国商工会議所などの企業ロビー団体、繁栄のためのアメリカ人、クラブ・フォー・グロース、税制改革のためのアメリカ人、フリーダム・ワークスなどの擁護団体、ケイトー研究所、ヘリテージ財団、アメリカン・エンタープライズ研究所、ステート・ポリシー・ネットワークなどの右派系シンクタンクなどがある。[131] これらの団体は、拝金資本主義のビジョンを実現するために必要な政治的優位性をつねに保っているわけではないが、持っている視野は長期的だ。彼らは自分たちの取り組みに莫大な資金を投じることで、大企業の収益性を現代アメリカ政治における唯一の関心事とさせることに成功したと言える。

すでにおわかりと思うが、ここに挙げたなかで学校民営化を猛烈に推し進める団体は多い。また、民営化のキーマンと言えるビリオネアもこれらの団体のほとんどに多額の資金を提供している。では、企業の私欲のドクトリンに映し出される優先事項は、教育制度とどんな関係があるのだろうか？

教育という金のなる木

学校民営化が彼らにとって優先度が高い理由を理解するため、まずはアメリカ実業界とウォール街の経営者らがどれだけ公立の教育制度のような公共サービスを注視しているかを見ておこう。政府が税金を使って無償でサービスを提供するとき、ビリオネアのなかには自分たちの富を増やすための機会がいくつも潰えていると考える者がたくさんいる。つまり、（1）企業が営利目的で同等のサービスを提供する機会、（2）そうしたサービスを再構築し、企業の優先事項を支援してさらなる収益を生み出す機会、（3）賃金を減らしたり、〝不要不急の〟サービスを廃止したり、多くの人々に対価を払わせたりと、サービスをより〝効率的〟に提供することで、みずからの税負担を減らし、ひいては収益を増加させる機会だ。そのため、彼らが公立の教育制度について見るとき、公共の利益や民主主義社会に不可欠な特徴は目に入らない。その目に映るのは、巨大な未開拓市場が搾取されるのを待ち受けている構図だ。

たとえば、学校民営化は6000億ドル超の産業の収入を公的機関から民間へ移すだけでなく、現在公務員が行っている業務から企業の利益を上げる可能性を生む。ここで、超富裕層が学校民営化によってすでに利益を得ている多数の方法のいくつかをご紹介しよう。

・サイバー・チャーターを含む営利目的のチャータースクールや私立学校を設立する（全米のチャータースクールの5校に1校が営利企業によって運営されている）。[132]

・チャータースクールや私立学校で使用されるカリキュラムや、その他教育プログラムを開発する。[133]

・学校民営化計画を推進するための共通テストを作成する。[134]

・チャータースクールや私立学校で行われる清掃、調理、生徒の送迎、警備、会計、法務、コンサルティングといったサービスを提供する。[135]

・チャータースクールが発行する政府保証債に投資する。[136]

・チャータースクール向けの不動産や賃貸スペースに投資する。[137]

・チャータースクール・チェーンの運営や不動産取引を行う営利企業を設立する（また、地方債や不動産取引の複雑さを利用し、公的資源を使って多額の収益を得る）。[138]

・チャータースクールに建設ローンを提供する。[139]

・チャータースクールの建設に投資することで、多額の税額控除を申請する。[140]

・バウチャープログラムの税額控除を利用して税負担を減らし、利益を生み出す。[141]

・やむなく融資を受けた財政難の公立学区から、税金でまかなわれた利払いを徴収する。[142]

・学校民営化にはつきものの高級化（ジェントリフィケーション）を活用する。[143]

こうして見てみると、すべての大手投資銀行が学校民営化から利益を得ることを目的とした特別ファンドを設立したのも不思議ではない[144]。

また、超富裕層が学校民営化から大々的に利益を得るための方法として、教育制度が企業経営に補助金を出すよううまく仕向けたことが挙げられる。超富裕層が民営化のプロセスを通じて教育政策にますます大きな影響力を持つようになると、彼らはそれを利用し、K―12のカリキュラムを雇用者の要望に合わせるよう全米の教育政策立案者に圧力をかけた[145]。教育制度が生徒の将来の市場価値を軽んじるべきでないことには誰もが同意するだろうが、アメリカ実業界はそのための職業訓練が教育においてもっとも重要かつ唯一の目的であると多数のアメリカ人に信じ込ませた。それにより、教養ある若者や大人を育てるために必要な数々の教育的要素が犠牲になった。一例として、近年では芸術や社会科学、保健体育の意義が軽んじられる一方、ＳＴＥＭ[*20]教育への関心がにわかに高まり、ＳＴＥＭの特化を謳った保育園や幼稚園まで登場するに至った。こうした傾向はアメリカ実業界にとって高い価値を持つ。なぜなら、職業訓練にかかるコストをほぼすべて一般市民に転嫁できるからだ（これはわが国最大の社会福祉プログラムと言えるかもしれない）。

超富裕層が学校民営化を優先するのも、教育制度にかかるコストを削減できるからだ。たとえば、超富裕層は教育における規制緩和と脱組合化の両方を追い求めてきた。彼らの立場からすれば、すべての生徒の教育上のニーズを満たし、経験豊富な教師に相応な賃金を支払うのは、コストがかかるうえに効率的でない。そこで、民営化され、規制緩和された教育モデルを推し進める。そうしたモデルは一般に組合が存在せず、生徒の教育機会の保護も少ない。とりわけ、特別な支援が必要な生徒、移民の生徒、教えるのが困難と考えられる生徒への保護が不十分だ。[146] この手の取り組みは、それぞれ教育コストの削減を約束するものではあるが、その恩恵の大部分は超富裕層が享受し、ほかの人々にはありとあらゆる被害がもたらされる。

同じように、超富裕層がバウチャープログラムやホームスクール*21、サイバー・チャーター、オンライン教育全般の拡大を強く推しているのは、教育費を削減するためだ。[147] バウチャープログラムが普及すると、現在何百万もの家庭が無料で受けている教育のうち、少なくとも一部の費用を負担しなければならなくなる。だが超富裕層からすれば、それは新たな収益機会の獲得と税負担の軽減をもたらしてくれる。しかも、ホームスクールの生徒が増えれば増えるほど、公的資金でまかなわなければならない生徒は少なくなる。同様に、オンライン教育が普及すれば、校舎や教師、各種支援サービスなど従来の学校にかかるような費用の多くが不要になる。これもまた税負担の軽減だけでなく、莫大な収益を得る機会へとつながる。たとえば、「ジャンク債(ボンド)の帝王」として悪名を馳せたマイケル・ミルケ

＊20　科学（Science）、技術（Technology）、工学（Engineering）、数学（Mathematics）の4分野を総称した言葉。

＊21　学校に通わず、自宅を拠点に学習を行う教育形式。通常、学校の提供するオンライン授業を受けるのではなく、保護者みずからが教師役を務める。

ン（217位、37億ドル）は、ほかのウォール街の投資家たちとともにオンライン教育サービス会社K12を立ち上げた。同社は年間10億ドル近い収益を上げ、見るも無惨な結果を生み出しながらも、ALECを通じオンライン教育の拡大において主導的な役割を果たしている。[148]

ファストフード型教育モデル

企業の私欲のドクトリンを論理的に追求すると、チャータースクールやバウチャーの拡大が続くことで、ほぼすべての生徒へのサービスが大幅に削減されることは十分に考えられる。公立の教育制度が設立されて以来、もっとも裕福で政治力のある市民は、学校への適切な資金提供をサポートする機会がいくらでもあったにもかかわらず、一貫してそれを怠ってきた。むしろ、そうした取り組みをたびたび妨害してきた。彼らが学校に対してこれまで以上に大きな権力を持つようになった今、教育の公平性を自発的に高めてくれるとはとうてい信じられない。それどころか、超富裕層はほかのあらゆる分野の政策と同じことをしつづけるだろう。つまり、自分たちの利益にならない分野の政府支出を削減し、税負担を抑えようとするのである。他方、民間部門は市場に参入するときいつもしていること、すなわち利益を最大化しようとするだろう。超富裕層はそうやって大多数の生徒の教育費を削減し、自分たちのために使える教育予算をできるだけ確保し、コスト削減が可能な分野をなるべく多く見つけようとする。

実際、学校民営化の方針が定着した場所では、民営化が導入されて間もないにもかかわらず、ここで述べたような事態が起きている。たとえば、トランプ前大統領は就任するなり、チャータースクールやバウチャーの積極的な推進、教育資金の削減、生徒の教育を受ける権利を保護する重要な規制の撤廃に取りかかった。[149] そのような取り組みには、低コストの共通テストへの依存拡大や「各州共通(コモンコア)」のカリキュラム開発などが含まれる。これは近年、学校民営化推進派が主導してきたほかの連邦コスト削減案にくわえて実施されたものである。先述したように、州や地方レベルの政策立案者は通常、学校民営化に対応するにあたって、学校全体への予算配分を減らし、コモンコアにもとづくタイプの厳格な授業カリキュラムを導入して生徒へのサービスを削減する。[150]

民営化の影響をもっとも受ける地域では、公立学校は生徒へのサービスを切り詰めなくてはならない。またチャータースクールは一般に教師の給与を減らし、経験が浅く資格も十分でない教師をたくさん雇い入れることで人件費をカットしている。[151] このような地域の学校制度は、悪いとまではいかなくとも平凡な教育を提供する学校にますます侵食されている。いわば教育の「ファストフード型モデル」だ。学校は規格化された質の低い商品を、低賃金で働く経験の浅い労働者を通じて提供する。[152] もちろん、なかには質の高い学校もあるが、地域のなかでは少数派だ。大多数の生徒は特上リブロースではなく、マクドナルドのハンバーガーのような教育を受けることになる。

チャータースクールのなかには、主に民間からの多額の寄付金によって、ほかの学校にはできないようなサービスや機会を提供しているところもある。だが、そういったオプションが永続的な特徴だと思うのは間違っているうえ、拡大したチャータースクール制度におけるすべての学校がそのような特徴を備えているわけでもない。これらの学校が多額の資金を提供される主な理由は、学校民営化政策の広告塔となる学校を持つことが戦略上有益だからだ。いわば民営化計画における〝客寄せパンダ〟である。将来の顧客を惹きつけ、〝教育市場〟でさらに大きなシェアを確保するために赤字覚悟で投資しているのだ。大多数のチャータースクールは、同じレベルの民間の寄付はとても受けられない。チャータースクール制度が飛躍的に拡大したら、平均的なチャータースクールが受け取る寄付金の額はさらに低くなるだろう。したがって、制度が拡大するにつれて、多くのチャータースクールの最良の特徴は広く再現されるどころか、完全に消えてしまう可能性のほうが高くなる。さらに、ビリオネアがＫＩＰＰのような学校を支援してきたように、すべての学校に未来永劫資金を提供してくれるということはまずありえない。

結局のところ、もし学校民営化の方向性に疑いを持っているなら、この取り組みのリーダーたちのほかの優先事項を調べればいい。コーク・ネットワークのメンバーやＡＬＥＣの会員、共和党の指導者たちは、低所得層、労働者階級、中流階級の家庭へのサービスについて、自分たちの見解をはっきりと表明してきた。最低賃金や福祉給付金、環境保護、手ごろな掛け金の医療保険など、とくに重要なサービスや保護に対し、一貫して反対を表明してきたのだ[153]。したがって、学校民営化政策の推進がすでに確立されたパターンの唯一の例外と考えるのは、愚かとしか言いようがない。

学校の民営化を主導するビリオネアたちは、教育の質を向上させることについて、これまでなんの関心も示さなかった。彼らは、すべての子どもに質の高い公平な教育サービスを提供するよりも、特定のチャータースクールやネットワークに時おり小切手を切るほうがはるかに安くつくことを知っている。仮に、あなたの年収が1億ドルだとしよう。地域の学校やそのほかの優先事項に使う資金を捻出するために、あなたの税率区分に該当する人に5パーセントの増税がなされた場合、あなたは年間500万ドルを追加で負担することになる。あなたが自分の財産をもっとも重視するなら、増税に反対し、地元のチャータースクールに500万ドルの寄付をするのがベストである。税金からそのぶん控除されるし、民営化が進むシステムから利益を得るためのさまざまな仕組みを利用できる。おまけに、公立学校を弱体化させる取り組みを促進することで、納税額をさらに減らすことができる。経済的にはずっとお得だし、うまくいけば黒字に転換できるかもしれない。しかも、税金を公平に支払っていないと世間から後ろ指を差されることもなくなる。むしろ好意的に受け止められ、〝人道的な行い〟に対し賞を贈られることさえあるかもしれない。むろん、恩恵を受けるのはあなたが寄付をした学校の生徒だけで、ほかの学校や周辺のコミュニティはその過程で被害を受けることになるだろう。それに、同様の寄付を定期的に行わないかぎり、どんな恩恵を生み出したところで短命に終わってしまう。

ここまで読めば、ビリオネアの人々が自分たちの資源を最大限に活用して教育制度を実質的に買い上げているのも驚くにはあたらないだろう。そうすることで、自分たちに莫大な経済的利益がもたらされるのだ。彼らは私たちの教育制度が直面している本質的な問題に取り組んだりはしない。チャーータースクールや私立学校に出資する熱心な慈善活動家に見せかけながら、その過程でさらに裕福になっている。つまり、自分たちの手でタイタニック号を沈めながら、デッキチェアを並べ替えて金儲けする方法を編み出したのである。[*22]

減税、そして〝幸福〟への道

2014年に開かれたコーク兄弟のネットワーク会合で、チャールズ・コークの「名参謀」リチャード・フィンクはプレゼンを行い、アメリカの有権者の多くがコークの右派的な政治目標に不快感を抱いていることを嘆いた。彼はこう認める。「私たちは規制を減らしたいと思っています。なぜか？　それは、もっと利益を上げたいからです。そうでしょう？　税金を余分に払わなくて済むように、政府の支出を減らしたいのです」。だがそのためには、有権者に自分たちが欲に駆られているのではなく、むしろ高潔な意図を持っていると納得させなければならない、と彼は言った。「私たちが善意から行っていること、そして、善良な人間であることを彼らにわかってもらわなければなりません」と語るフィンク。彼の提案は「福利のための運動」に取りかかることだった。つまり、自由市場こそが「幸福への道」であり、政府の介入は依存や専制政治、ファシズムを招くとの考えを売り込もうとしたのだ。したがって、最低賃金のような政策を廃止するのは、安い労働力を使って利益を最大化するためではなく、むしろ「自由」を推し進めるためだと国民を説き伏せる必要がある、と彼は考えた。
出典：ジェイン・メイヤー『ダーク・マネー――巧妙に洗脳される米国民』（引用は拙訳。邦訳は伏見威蕃訳、2017年、東洋経済新報社がある）

情勢を分析する

この学校民営化という政策課題は、最終的にはどこに行き着くのだろうか？ ニューオーリンズのようにほぼすべてがチャータースクールとなるか、あるいはアウグスト・ピノチェト将軍の独裁政権下におけるチリのようにバウチャーが支配することになるのか。いろいろな点から考えると、そのあいだのどこかに収まるだろう。[154] 学校民営化を支援するビリオネアのうち、とくに民主党の支持を公言する人は、バウチャーよりもチャータースクールを支持する傾向が強い。彼らの望みは、チャータースクール制度を広範囲に拡大しつづけることだ。たとえ彼らが大部分または完全にチャーター化された制度を支持していないとしても、今の傾向が続けば、おそらくそうなることは避けられない。

＊22 「タイタニック号のデッキチェアを並べ替える」は、大きな変化が起きているさなか何の役にも立たないことをするたとえ。

チャータースクールは本来、公立学校に比べてかなりの優位性を持っているので、両者の〝競争〟はきわめて不公平なものとなり、チャータースクールの拡大を後押しする。おまけに、権力と富はたいてい成長への意欲を抑えきれない人間の側にあるので、控えめな志を持った人を圧倒することはほぼ間違いない。

また、右に述べたような人々の対極に位置するのが、ユニバーサル・バウチャーの実現をがむしゃらに追い求める人々だ。これは極右主義者たちの数十年来の目標で、コーク一族やジェブ・ブッシュなど、保守政治に多大な影響力を持った人々がこのビジョンに打ち込んでいる。[155] たとえば、1980年にデイヴィッド・コークがリバタリアン党の公認候補として副大統領選に出馬したとき、その綱領は個人・法人へのあらゆる課税に反対し、低所得層、労働者階級、中流階級の家庭に提供される政府支援の大半を取りやめることだった。また、ほかにも義務教育制度の撤廃や公費による教育費負担の廃止も訴えていた。[156] たとえチャータースクールやバウチャープログラムのためであっても、公的資金が教育に使われることを望まないというわけだ。結局このキャンペーンは、彼らの超がつくほど保守的な思想が世間からまったく受け入れられず、大失敗に終わった。だが、それでもコーク兄弟と同盟者たちはこの政策目標を果たすため、主に水面下での活動を何年も続けてきた。[157]

チャータースクールやバウチャーを重視した制度の導入は壊滅的な結果を招くだろうが、学校民営化を推し進めるビリオネアたちも一枚岩ではないため、制度の支持者の善悪を見極めることが大事だ。たとえば、チャールズ・コークとビル・ゲイツを突き動かしているイデオロギーはまるで異なっている。コークに関しては、有色人種の若者の教育機会を改善しようという兆候はまったく見られないが、自分やほかの超富裕層の経済的、政治的利益を追求したいという信条はありありとうかがえる。ゲイツはその反対だ。教育の質と平等を改善したいという彼の発言を疑わせるものは何もない。だが、彼はいかんせん重大な被害をもたらす方向へ進んでしまっている。彼の投資のほとんどはチャータースクールと関連するもので、バウチャーへの支持を公式には表明していない。だが、彼が数千万ドルを提供しているのは、ジェブ・ブッシュの優秀な教育のための財団など、コークのバウチャーの方針に沿った団体である。さらに、ゲイツのチャータースクールへの支援は、チャールズ・コークやウォルトン一族、ベッツィ・デヴォスらが目指す急進的な学校民営化への道を開くうえできわめて重要なものだ。すなわち、ゲイツを始めとする人々の意図は本来純粋なものだったのかもしれないが、実際には〝怪物を解き放つ〟ことに貢献し、公立の教育制度全体を破壊しようとする人々の計画を進めたのである。言うなれば、彼はチャールズ・コークの手先として働いていたのだ。

長丁場を闘う

ＡＬＥＣの関連機関で、コーク兄弟のネットワークの主要な投資先であるハートランド研究所のジョセフ・バスト所長は、自分たちの教育改革の戦略について次のように述べている。「アメリカの初等・中等教育機関は、この国に残っている最後の社会主義企業だ……学校教育を民営化するには、親にバウチャーを与えて、そのバウチャーで好きなＫ―12校の授業料を払わせればいい……都市部の貧困層のための試験的なバウチャープログラムは、州全体のバウチャー化への道を開くものだ。ほとんどの公立学校は、遠からず私立学校に変わるか、単純に閉鎖されるだろう。最終的には、中流階級や上流階級の家庭は子どもの教育費を支払うのに税金による援助を期待も要求もしなくなる。それが完全なる民営化へのステップにつながるだろう」。

出典：Gordon Lafer, *The One Percent Solution: How Corporations Are Remaking America One State at a Time*（Ithaca, NY: Cornell University Press, 2017）.

教育におけるハンガー・ゲーム

私たちが今後進む方向を変えないかぎり、教育制度の未来は暗いものとなる。ニューオーリンズはチャータースクール制度においてこのうえなくすばらしい教育を提供していると注目を浴びているが、それでもなお、評価者の見るところ、学校制度が人種、階級、教育上の利点によって極端に階層化され、豊かな教育体験はトップクラスの生徒にしか与えられていない。また、生徒の退学と追放が横行し、卒業率はルイジアナ州のなかでも最低レベルだ。家庭には厳しい通学の負担がかかるうえ、放漫経営がはびこり、「ニューオーリンズの奇跡」の恩恵を受けるはずだった家庭から極度の不満が上がっている。[158]

同様に、チリではバウチャースクールと私立学校が学校制度全体の54パーセントを占める体制に移行すると、残りの公立学校はバウチャーを使ってもほかの学校に入学する余裕のない家庭の生徒が中心となった。[159] 教育向けの公的資金は激減し、教育の不平等が深刻な状態になり、公立学校の質は大幅に低下した。[160] また、同国の教師の給与は70パーセント下がり、教職のさまざまな面で全体的な質の低下が見られた。[161] そのため、教育の質を示す指標は民営化政策を採用しなかった国々と比べ、相対的に低い結果となった。[162] 階層化されたバウチャーベースの制度に対する不満が高まり、2011年から2012年にかけて、数十万人のチリ人が教育の不当利得行為の停止を求めて大規模なデモ活動とボイコットを行った。[163]

この課題が向かっている方向を理解するには、「企業の私欲のドクトリン」とその推進者の利益にもっとも沿った教育制度について考えるのがいいだろう。そうした点から見てみると、ある教育制度を構築する目的は、企業の経済的な需要を満たすために制度そのものを〝効率的〟にすることだとわかる。そして、もっとも効率的な制度とは、人々の教育レベルをその人が就くであろう仕事で必要なレベルに一致させることだ。したがって、限られた数の高度な技術職には高い教育を受けた人材が必要とされるが、熟練を要しない多くの仕事には高学歴は不要だ。むしろ、そのような人物は望ましくない。高い学歴を持つ者は、高い給与を期待するからである。そう考えると、企業にとっては低賃金で働いてくれる代替可能な非熟練労働者が大勢いてくれたほうがはるかに望ましい。つまり、超富裕層の経済的関心は、企業の利益を最大化するために必要な教育を子どもたちに提供することである

（純粋な経済的関心以外のものがいっさい生じないというわけではないが、多くの場合、富を蓄えるという関心に圧倒されてしまう）。

このように、とても裕福で政治力のある人々にとって、すべての子どもに質が高く平等な教育を提供することは効率的でない。すべての子どもを対象とする豊かで充実したカリキュラムに投資することは効率的でない。すべての子どもに訓練されたプロの揃った質の高い教育や学習環境を用意することは効率的でない。すべての子どもがそれぞれ持つニーズを満たし、障害のある子どもや英語学習者が最大限の可能性を発揮するために必要なものを用意することは効率的でない[164]。

いずれも驚くようなことではない。ここで挙げたような意向は長きにわたって政策に反映されてきた[165]。富裕層の子どもが通う私立学校は年間3万ドルから5万ドル、あるいはそれ以上の学費がかかることが多いが、もっとも裕福で政治的な影響力を持つ市民たちは、低所得層、労働者階級、中流階級の子どもに同程度の教育投資を行うことが資源を有効活用する道になるとはついぞ考えたことがない。そのため、裕福な家庭出身の子どもには高額な教育と立派な仕事が約束される一方、低所得層や労働者階級出身の子どもは質の低い教育を受けて低賃金の仕事に就き、中流階級出身の子どもは中程度の教育を受けて両親と同じような仕事に就く。もちろん、こうした一般論には例外も多く、ある程度の上昇が見られることもある。しかし、ほとんどのアメリカ市民が体験してきた現実は、おおよそこのようなものだった。

民営化の進んだ学校制度で何が変わるかというと、教育制度内の階層化と不平等が悪化し、全体的な質も低下し、すべての保護者が望むような上等な教育を受けられる生徒の数が激減する。つまり、すべての子どもの教育に対する社会のコミットメントが今よりもさらに少なくなり、教育機会の供給も輪をかけて制限されるのだ。民営化が進めば、教育はますます映画『ハンガー・ゲーム』さながらの熾烈な競争へと変わるだろう。生徒は最高レベルの企業向け職業訓練を提供する数少ない学校への入学枠を求めて競い合う。多くの〝敗者（ルーザー）〟たちは将来、非熟練の低賃金労働者として働くのに必要なだけの教育しか受けられなくなる。それはもはや正規の教育と呼ぶに値しないだろう。とりわけ、チャールズ・コークとその同盟者たちの思惑どおりに事が進んだ場合には。もちろん、ここで述べたことは裕福な家庭の子どもには無縁だ。富裕層は、子どもに高額な私立学校で最高レベルの教育を受けさせるための費用を支払うことができる（あるいは、私立学校のバウチャーや名門私立学校と同じ機能を備えたチャータースクールを通じて、税金を使って子どもの教育を支援することも可能だ）。しかし、それ以外の人々が直面するのは、社会的地位の上昇する見込みがさらに低くなる未来だ。中流階級の場合は、転落の可能性がはるかに高まるだろう。かなりの才能に恵まれ、従順で、「やり抜く力（グリット）」を持った子どもでないかぎり、〝身分を超えて出世する〟ことはかなわなくなる。つまり裕福でない子どもは、低所得層の有色人種の子どもと同じように扱われることとなる。質の高い教育機会を得るためには、自分が本当に特別な存在であることを証明しなければならなくなるのだ。

　これぞ教育における民営化と効率化の実態だ。まさしく、どん底への競争である。大多数の子どもたちは、自分が望んでもいない運命を無理やり背負わされる。教育制度では、子どもたちの才能が今よりもさらに潰される。若者を使い捨てにする傾向がエスカレートし、ますます多くの生徒が見捨てられ、特別な支援を要する生徒や学習指導が困難な生徒への保護やサービスは低下する。全米では、壊滅状態のコミュニティが急増するだろう。将来的には、有色人種の低所得層が多いコミュニティの住民など、とりわけ不利な条件からスタートした人々がもっとも苦しみ、半永久的に下層階級に甘んじることになる。すべての子どもが可能性を最大限に発揮すべきだという考え方が否定され、子どもは商品、または経済の歯車としてしか見られなくなる。

このように、学校民営化の議論は、有色人種のコミュニティの公立学校や公立学校全体を救うための闘いではない。この国で有意義な教育を受ける権利を確保するための闘いである。こうした権利はすでにひどく損なわれており、強大なビリオネアたちがここでも全米の教育政策の決定に多大な影響力を行使している。彼らは、政府が教育に投資すべきだとはいっさい考えていない。[166]今や、私たちは教育の聖戦における決定的な分岐点に立っている。なぜなら、超富裕層と数多くの同盟者たちが、学校民営化を拡大する取り組みで勝利を収め、それをさらにエスカレートさせているからだ。もはや、彼らがおのずと立ち止まらないことは明らかであり、誰かが状況を打破しなければならない。そして、高額な私立学校に通わせるだけの蓄えを持たない家庭の人々は、みな彼らを打ち破ることに直接的な利害関係を持っている。

この闘いは必要なものであると同時に、幸いにして勝算がある。というのも、学校民営化の拡大によって得をする人よりも損をする人のほうが圧倒的に多いからだ。しかし勝利を収めるためには、学校民営化の次なる獲物であるコミュニティの住民、すなわち白人が多数を占めるコミュニティの住民に、この闘いに加わってもらわなくてはならない。今まで最前線で闘ってきた有色人種のコミュニティと協力してもらう必要があるのだ。

優秀さと平等への道

そうした多民族が団結した闘いの目標はもちろん、学校民営化の終結だ。だが、私たちがその代わりとして推進すべき指針がまだはっきりしていない。つまり、チャータースクールやバウチャーが質の高い公平な学校を作るための答えでないなら、いったい何が答えなのだろうか？

学校民営化の歴史を見ればわかるとおり、すべての子どもにふさわしく、すべての親にとって望ましく、社会全体の利益を守るような教育を提供してくれるのは、近隣の公立学校をおいてほかにない。だが、それは何も判で押したような学校を全米各地に作るべきだということではない。むしろ、その反対だ。私たちはイノベーションと実験を促し、必要とあらば柔軟な姿勢も持たなければならない。しかし、すべては近隣の公立学校を主な教育提供機関と位置づける学校制度に沿ったものとするべきだろう。[167] したがって、さまざまな教育方法を模索し、各カリキュラムの重点分野を取り入れ、特定の生徒のニーズを満たすことに焦点を当てた公立学校は存続するだろうし、そうさせるべきである（また、仮にそのような機能を持った質の高いチャータースクールがあるなら、公立学校制度に組み込めばいい)。さらに、ほかの学校が優秀な学習計画を用意している場合、子どもたちは自分の学校に閉じ籠る必要はない。ここで挙げたことはいずれも、子どもたちが近隣の公立学校で質の高い教育を受けられるような公共制度のもとで実現可能である。

とはいえ、このような強固な公立の教育制度が最適のアプローチであるのはたしかだが、そうした制度のなかで長年もたらされてきた教育機会の著しい不平等はこれからも容認してはならない。有色人種の低所得者コミュニティのほか、すべてのコミュニティの生徒と保護者は、子どもの教育の機会と成果が人種と住んでいる地区によって左右されるような学校制度よりも、はるかに優れたものを手に入れる権利がある。アメリカのすべての親は、自分の子どもが質の高い教育を受けられることを期待すべきである。そうしていけない理由は何ひとつとしてない。誰であろうと、どんな環境で暮らしていようと、ほかの人と同じ豊かな人生を送れるような教育を受ける権利こそ、私たちの社会があらゆる子どもに与えるべき基本的な保証である。

現在、世界のほとんどの憲法では教育を受ける権利が明確に認められているのに対し、合衆国憲法はそれを認めていない。[168] 私たちは、州憲法のもとで、教育を受ける権利を与えられている。ただし、そうした権利はとても弱いため、先述した学校にはびこるような忌まわしい状況でさえ、ごくまれにしか違憲とみなされない。この問題にどうやって対処すればいいのか。ここでは、いたってシンプルな提案を3つ挙げてみたい。

1．超富裕層が望むものではなく、親やコミュニティが子どもたちに望むものをもとに、学校を作ろう。

2．生徒の発達におけるニーズに合わせて教育方針を決めよう。[169]

3．人種不平等がもたらした被害を力を合わせて修復し、全米の有色人種のコミュニティが抱える教育負債に対処しよう。

2に関して言えば、私たちはあまりにも長いあいだ、生徒たちを知識で満たすだけの空っぽの器として扱い、学校を設計してきた。しかし、親ならみんなわかっているとおり、有意義な学習と学力の向上は、子ども全体に注意を払うことで初めて実現できる。作家で教育者のケン・ロビンソンが言うように、子どもは手脚の生えた脳ではない。つまり、社会的、感情的、身体的、心理的、道徳的、知的なニーズのすべてに対処することで、生徒は成長できるのだ。残念なことに、ほとんどの親は公立学校を青少年の育成機関、すなわち、子どもが健康で立派な人間に育つよう支援する場所だと考えている。だが、そのような考え方は、実際の教育制度の運営や資金供給の仕組みとはまったく相容れない。私たちの学校は、青少年をゼロから育成するために構築されたわけではないのだ。

そのため、生徒が空腹や満たされない健康上のニーズ、不安定な生活環境に苦しみながら登校しても、学校には彼らを支援するための設備が備わっていない。また、生徒がコミュニティの暴力や大量投獄制度、反移民の政策や論調による影響と闘っていても、学校は彼らのニーズを満たすことができない。さらに、生徒が不安や抑うつ、自尊心の低さを感じたり、感情をうまくコントロールできなかったり、友人や教師と健全で良好な関係を築けずに苦しんでいたりしても、学校は彼らが必要とする協力やサポートを提供することができない。私たちの教育政策は、生徒の発達上のニーズと、彼らが日常的に立ち向かう現実をほとんど考慮してこなかった。

しかし、学校の外の世界が学校内の教育者に数々の課題をもたらしているのは間違いないとしても、広範な社会的不平等が教育制度のもとで必ずしも再現されるわけではない。むしろ、生徒が直面するきわめて不平等な状況を緩和するため、学校や青少年支援制度を通じて利用できる効果的な戦略は数多く存在する。とはいえ、残念ながら、利用可能な戦略のなかにはかえって生徒の問題を悪化させてしまうものも少なくない。こうした教育戦略はすべて、生徒が学校に持ち込む経験と同じ〝発達におけるインプット〟とみなすことができる。

子どもの大部分はそうしたインプットで成り立っている。その一部は、子どもの発達上のニーズに応えられるようなプラスのインプットである。母親の妊婦健診、安定した生活環境、質の高い医療、幼児期の充実した機会など、プラスのインプットは学校の外で得られるものが多い。だが、学校内で得られるものも少なくない。それぞれの文化に応じた幅広く魅力的なカリキュラム、少人数のクラス編成、社会性と情動の学習支援、質が高く充実したアフタースクール・プログラムなどはその典型だ。

その対極に位置するのが、マイナスのインプットである。発達上のニーズと相反するこのインプットは、生徒に害を及ぼしたり、彼らの学習と成長を阻害したりする。学校の外での例としては、すでに述べたような貧困、トラウマ、毒性（キラー）ストレス、制度的レイシズムなどが挙げられる。学校内で言えば、過密状態、学校心理士・ソーシャルワーカー・看護師などの支援スタッフの不足、共通テストを重視した退屈きわまりないカリキュラム、規律違反に対する停学・退学の横行や司法制度への不必要な依存、学校閉鎖の危機がたえず存在することから生じる情緒不安定などがある。

こうしたインプットの配分によって、教育不平等の大きさや、それが時とともにどれだけ拡大・縮小するかが決まる。たとえば、比較的裕福なコミュニティの子どもは発達におけるプラスのインプットが豊富であるのにくわえ、マイナスのインプットが非常に少ない状態で学校にやって来る。彼らの学校生活はそうした比率を反映し、強化される。一方で、プラスのインプットが少なく、マイナスのインプットが多い状態で登校する若者も少なくない。学校のなかには、生徒の発達の遅れを取り戻すために、プラスのインプットを豊富に与えることで教育不平等を解消しようとするところもある。しかし、たいていの場合、発達上のニーズを大量に抱えて学校にやって来る生徒は、同級生よりもプラスのインプットを少なく、マイナスのインプットを多く受け取るため、教育不平等が悪化し、ひいては社会全体の不平等も深刻化してしまう。

このような流れはなんとしても断ち切らなければならない。私たちが学校にすべての子どもへの良質な指導を望むのであれば、学校は子どもたち全員のニーズを中心に構築しなければならない。それこそ真に公平な教育制度を作るための、たったひとつの確実なやり方である。まずは生徒の発達におけるニーズを評価し、そこから先へ進まなければならない。それ以外はすべて時間と資源の無駄だ。

実際、しかるべき出発点から若者に適切な投資をしないのであれば、彼らが直面する真の課題や状況に対し真剣に取り組まないのも同じである。したがって、必然的に生じるであろう標準以下の学業成績に文句を言うこともできなくなる。このようなアプローチを取れば成功することは、全米に数多く存在する「サステナブル・コミュニティ・スクール（ＳＣＳ）」[*23]の経験からもわかっている。だが残念なことに、私たちは社会としてすべての子どもにそうしたアプローチを実行することをためらってきた。[170]

したがって、教育不公正の根本的な原因に真っ向から取り組むには、すべての学校が資源、スタッフ、制度、管理などを、発達におけるインプットの格差に対処できるような形で整備しなければならない。社会不平等によって深刻な被害を受けている若者のために、彼らが学校で受けるプラスのインプットを増加させるべきである。また、彼らだけでなくすべての生徒が学校から受けるマイナスのインプットを根こそぎ排除すべきである。さらに避けられないこととして、生徒が発達上のニーズを明らかにしたとき、彼らが教育制度の隙間に落ちないようにしなくてはならない。肝心なのは、彼らの問題の根本的な原因に取り組み、子どもたち一人ひとりが自分はきちんと見守られ、大切にされていると感じられるようにすることだ。さらに、そのような隙間を完全に取り除く作業にもとりかかるべきである。そうすれば、子どもたちの教育や発達に責任を持つ大人が彼らのニーズを無視した結果、子どもたちが失敗してしまうこともなくなるだろう。

生徒の権利章典

学校にもっとも投資をしてくれる人々の意見を優先し、生徒の発達上のニーズを中心に据えることを戦略として公平に行えば、教育を受ける権利について有意義な定義を生み、それを実現することができるだろう。質の高い、平等な教育制度に何を含めるべきか？　生徒やその家族、コミュニティは何を期待すべきか？　教育者と教育政策立案者には何を提供してもらうべきか？　こうしたことを、私たちは集団として決めるべきだ。

いずれも本質的な問いであり、最終的には先に述べた課題に取り組むため、コミュニティが一丸となって答えを出さなくてはならない。だが、まずはこのような議論がどんな成果を生み出すかという実例として、以下の枠内に「生徒の権利章典」の一部を示したい。これは、私が全米各地の都市で生徒や保護者、教育者、そのほかコミュニティ住民との参加型プロセスを通じて作成した文書にもとづくものである。これを掲載したのは、読者のみなさんが前述の問いにみずから答える意欲を削ぐためではなく、対話の糸口として役立つよう願ってのことである。この章典には数多くの関係者の見解を

＊23　学業を超えたコミュニティ全体との結びつきを目指す学校組織。もともとは2001年、シカゴ市で公立学校の閉鎖と民営化への反対運動として始まったものが全米に広まり、学校の建設へとつながっていった。

示すとともに、すべての子どもの要望を満たすような公明正大な学校づくりのため、私たちの研究の集大成を反映させている。

生徒の権利章典

すべての児童および青少年は、プレKおよびK―12のあいだ、近隣の公立学校において公平かつ質の高い教育を無償で受ける権利を有する。そうした教育は、生徒の知的、社会的、感情的、身体的、心理的、および道徳的な発達の要望を全面的に満たすことを目的とする。提供される教育の機会は、それぞれの文化に配慮し、生徒一人ひとりの固有の才能および学習意欲を育むことに重点を置き、歴史的な不平等を是正し、平等主義的で参加型の民主主義を築くことを目的とする。また、批判的かつ創造的な思考を持ち、良心的で思いやりにあふれ、責任感と熱意を持った社会参加者となるよう生徒一人ひとりを育成するものとする。

地方、州、および連邦の政策立案者が行う教育政策の決定は、すべてこれらの価値観に沿うものとし、すべての児童および青少年が、少なくとも次のような教育機会を最大限得られるようにしなければならない。

1. 学習に役立つとともに、そこで学び、働く人への尊敬を表すような、安全で、清潔で、快適で、居心地のよい施設。

2. 人種、民族、国籍、社会経済的地位、英語力、性指向、性自認、性表現、移民資格、障害、および宗教を問わず、すべての生徒を肯定し、受け入れ、支援するような学習環境。

3. 生徒の身体的、精神的、および行動的な健康のニーズに対応し、必要な生徒には質の高い授業前、放課後、および通年の充実した学習機会を提供し、総合的な支援を通じて学習の妨げとなる重大な障害にも対処できるような学校。

4. 個別指導が可能な規模のクラス、必要とされるあらゆる支援スタッフ、最新の授業教材および学校図書館、現代の技術を備えた教室、毎日の健康的な食事および運動へのアクセス、プロとして生活費が支払われる教職員、ならびに学校に常駐する法執行官、武装警備員、金属探知機、および監視カメラの未設置といった、質の高い学習条件。

5. 芸術、世界の言語、科学、数学、文学、社会科、市民教育、民族・文化研究、保健体育、社会性と情動の学習、および児童の年齢にふさわしい遊びを含む、豊かで、魅力にあふれ、コミュニティに根ざした、文化と関連する総合的なカリキュラム。

6. 資格を持ち、訓練を受け、十分にサポートされた職員が授業を計画し、同僚と協力し、有意義な専門能力の開発を受け、生徒一人ひとりの発達および学習のニーズに対応するために必要な時間および資源を与えられたうえで提供する効果的な指導。

7. 真の学習（オーセンティック・ラーニング）を中心とし、カリキュラムに正しくしたがい、パフォーマンス評価およびポートフォリオ評価をもとに知識および能力を示す有意義な機会を生徒に提供し、教育および学習のプロセスを改善するために診断的および形成的に活用でき、生徒が学習上の困難を感じた場合はタイムリーかつ効果的な介入を可能にし、共通テストの結果に懲罰的意味合いを付さないような、質の高い評価制度。

8. 生徒の学習および前向きな校風を支持し、規律上の問題に対して予防的かつ修復的なアプローチを使用し、深刻な危害の差し迫った脅威から学校組織のメンバーを保護する選択肢がほかにない場合を除き、校外停学処分または退学処分とせず、刑事司法制度または少年司法制度に頼らないような、発達段階に適した懲罰方法。

9. 選挙で選ばれた代表者による教育委員会、生徒、父母または保護者、そのほかコミュニティのメンバーが自分たちに影響を与える問題について学校および学区の意思決定に参加する有意義な機会、ならびに生徒の父母または保護者が教育プロセスに積極的に参加する機会を含む、教育プロセスへの民主的な統制。

10. 生徒の権利章典のあらゆる要素を扱った、質・量ともに優れたデータを住民に提供し、コミュニティに根ざしたアプローチで学校改善を推進、および生徒の権利章典を施行し、ならびにこうした取り組みを補うために有資格の専門家チームが定期的かつ総合的な学校の品質審査を行うような、強固な説明責任制度。

生徒の権利章典に書かれていることを実施すれば、アメリカの公立学校の生徒一人ひとりに恩恵がもたらされるだろう。もちろん、生徒が受ける恩恵の度合いは人によって大きく異なる。多くのコミュニティでは、生徒の権利章典に書かれていることは、とくに注目すべきことでも目新しいことでもないかもしれない。彼らの学校は、すでに基準をおおむね満たしている。しかし、ほかの人々、とくに低所得層の有色人種コミュニティの住民にとっては、生徒の権利章典で述べられているような教育はまさに想像を絶するたぐいの、夢の世界から飛び出てきたものと思えるだろう。彼らの学校がこのような形に近づいたことはなかった。端的に言うと、すぐにでも行動を起こすべき理由はそこにある。すべての生徒や保護者、コミュニティに対し、活気ある家族や地区を作るために必要なものを学校が備えられると保証できるのだから。

だが私たちはこうした生徒の権利章典を作成するだけでなく、それがすべての若者にとって役立つ形で実施されるように、必要な措置を講じなければならない。そのためには、生徒の発達上のニーズに沿った真に公平な学校助成金制度を開発し、制度的レイシズムによる影響を受けて疎外されてきた若者への追加的な資源とサポートを優先し、とりわけ有色人種のコミュニティが負っている長年の教育負債を返済しなければならない。でなければ、これらのコミュニティが受けた数世代にわたる大規模な被害を完全に修復することはできない。

もちろん、どんなに優れた学校でも独力でできることには限りがある。十分な生活賃金の仕事、無理なく買える住宅、適切な医療、出産前のケア、手頃な料金の保育、そのほかの重要な社会サービスの不足といった、生徒が学校の外で受けている不平等な発達におけるインプットを促進する問題に取り組まないかぎり、学校や子どもたちの可能性を最大限に引き出すことはできないだろう[171]。また、法執行機関や児童福祉、少年司法制度など、青少年にたずさわるすべての機関の政策と慣行を、教育制度における発達上の目標と一致させる必要がある。

つまり、これらの問題は総合的に扱わなければならないのだ。教育や発達の機会を改善するのに必要な費用をまかなうため、まずは毎年学校民営化に費やされている約５００億ドルの税金を再投資することから始めるべきだろう。さらに第5章では、最終的にすべての子どもの教育を国家的優先事項とする場合でも、生徒の権利章典と総合的な青少年育成計画の実施が十分に可能であることを述べよう。

こうした方針は、新しいチャータースクールやバウチャープログラムを大々的に立ち上げるほど魅力的ではないかもしれない。ビリオネアが資金を提供する政策提言(アドボカシー)グループやシンクタンク集団のようなものは存在しない。もちろん、数百万ドル規模のマーケティング・キャンペーンの恩恵を受けてもいない。けれど、もし私たちが分断された不平等な教育という卑劣な構造に決然と立ち向かうなら、そこに近道はない。不十分な教育が何世代にもわたって有色人種の若者にもたらしてきた損害を、小手先の対策で元に戻すことはできない。また、学校の経営陣を一新することで生まれるマジックも存在しない。

取るべき道はひとつしかない。すなわち、アメリカ国内のすべての子どもに適切な資源を提供し、もっとも効果的な戦略を採用して、子どもたちみんながふさわしい教育を受けられるようにするのである。私たちは、全米の白人中心のコミュニティでそれを——少なくともそれに近いことを——実現できた。黒人と褐色人種が中心のコミュニティでも、同じように実現できるはずだ。そうすれば、教育の不公正という恥ずべき遺産をようやく一掃できるだろう。そして、平等な教育という今までにない黄金時代を切り開くことができる。もはや人口動態と運命は一致することなく、学校は一部の富裕層ではなく、私たちが望むものになる。

第3章　あなたには厳罰を、私には奉仕と保護を

社会正義を追求するうえで最大級のハードルは、社会変化が実現可能だと人々に理解してもらうことだ。ほとんどの人は、私たちの生活を形づくる支配的な力は変えられないと思っている。だが、よくよく注意してみると、私たちの暮らしに多大な影響を与えている公共政策は決して静的なものではなく、つねにどちらかふたつの方向へ動いていることがわかる。一方では、ある種の力が公共政策を人道的で平等主義的なものに変え、個人、家族、コミュニティの要望に応える方向へと後押ししてくれる。一方、それとは逆の方向、すなわち富と権力を集中させ、社会不平等を助長し、大多数の国民に害を及ぼす方向へ推し進めようとする力も存在する。これは、アメリカ史における終わりのない綱引きだ。残念なことに、近年では後者の力が勝るケースのほうがはるかに多いため、私たちが経験する変化のほとんどは、人間の苦しみを劇的に拡大し、社会不平等を広げてしまっている。このような傾向や、時とともに生まれる変化の大きさを示す例として、アメリカの刑事司法制度ほどふさわしいものはないだろう。

たとえば、1970年代初頭、国家の独立から200年近くが経ったころ、アメリカの刑事司法制度のもとで刑務所と拘置所に入れられる者の数は32万5618人（国民の624人に1人）だった。[1]

1971年、全米の刑事司法制度の職員数は、警察官が57万5514人、検察官ほか公職の司法・法務職員が16万6192人、矯正職員が18万4819人だった。[2] この年、刑事司法制度には、現在のドル換算で総額640億ドルが費やされた。[3]

現在の基準で考えても世界最大級の刑事司法制度を築き上げるのに2世紀近くかかったわけだが、それからわずか数十年で、そのころの刑事司法制度が比較にならないほど小さく見えるようになった。2015年には、刑務所と拘置所の人口は約600パーセント増加し、217万3800人、つまりアメリカ国民の147人に1人が収容されている（さらに、465万900人が保護観察や仮釈放を通じて矯正制度の管理下に置かれている）。1971年と比較すると、警察官の数は58万1355人、検察官ほか公職の司法・法務職員の数は33万825人、矯正職員の数は56万5216人増加した。2015年、刑事司法制度への年間支出は、インフレ率を計算に入れると361パーセント増加した。[4]

どうしてこんなことになったのか？ 〝自由の国〟は、なぜ世界でもっとも収監者数が多く、収監率も高い国になったのか？ アメリカの人口は世界の総人口のわずか5パーセントにもかかわらず、なぜ世界の全囚人の20パーセント以上を抱えるようになったのか？[5]

ダマール・ガルシアはその答えを知っている。

ダマールと出会ったのは2017年、彼女がコロラド州シェリダンに住む高校3年生だったときのことだ。彼女はそのころすでに刑事司法制度の急激な成長の影響を目の当たりにしていた。それが私たちの生活領域に広がると、どんなことが起こるかを間近で見ていた。刑事司法制度にとって、そうした数多くの〝成長産業〟のひとつがK―12だ。「私の学校には、貧困や家庭内暴力、ドラッグなどの問題を抱えた生徒がたくさんいます」とダマールは語った。「みんな、しょっちゅう感情をむき出しにしたり、問題行動を起こしたりするんです。でも、学校のスタッフは誰もそういう生徒に向き合う訓練を受けていないようでした。ただ、警察にまかせるだけです。警察は最後の手段じゃなくて、いつだって最初の選択なんです」。その結果、ダマールは数多くのクラスメートが司法制度のもとに送られる様子を目撃した。多くは、教師に口答えをするといったささいな規則違反が原因だった。「どれもこれも、警察が関わらなくても簡単に解決できたはずなんです」と彼女は言った。

またダマールは、幅広い社会問題に対処するうえで、刑事司法制度に過度に依存するとどんなことが起こるかを学んだ。たとえば、ダマールが最高学年のときのことだ。彼女の家庭は苦境に陥り、家を失ってしまった。彼女は学校の野球場にある木の下で夜を過ごすようになったが、2カ月のあいだそのことを誰にも話さなかった。そして、ようやく信頼していたスクールカウンセラーのひとりに打ち明け、その人が自分を助けてくれることを期待した。「彼女はとりたてて何もしてくれませんでした」とダマールは言う。「ただ私をクラスに送り出しただけです。次の時間、私は教室の外に呼び出されて、警官と話すことになりました。警官は私の母の過失責任を問うと言いました。私の意思なんてお構いなしでした。誰もなんのサポートもアドバイスもしてくれませんでした。それ以外の対処法を示してくれなかったんです。学校はいっさい助けてくれなかった。それどころか警察に頼って、私や家族にさまざまな法的問題を作り出したんです」。ダマールにとってとりわけショックだったのは、学校側の対応が彼女の利害に注目していなかったことだ。「あのとき私は大人たちに助けを求めましたが、結果的には、本来よりもずっと大きな問題を引き起こしてしまいました」

ダマールの司法制度との関わりはそれだけで終わらなかった。「警察との一件以来、学校に戻るのが怖くなったんです。母や自分にこれ以上の法的問題を起こしたくありませんでしたから。なので、学校にはまったく行かなくなりました。家出人扱いになってしまったので、当局から目をつけられるようになりました。よく道で呼び止められますが、彼らが助けてくれることはありません――ただ、威圧されるだけ。まるで犯罪者扱いされている気分です」。警察の干渉を避けるため、ダマールはそれまで比較的安全と感じていた野球場での寝泊まりをやめ、とうてい安全とは思えないバス停や駅で夜を過ごすようになった。

ダマールは自身の経験をふり返りながら、人生における3つのまったく異なる問題、すなわち学校での不品行、家族の苦難、ホームレスについて、警察と司法制度が適切な対応とみなされたことに戸惑いを覚えていた。彼女は3つともすべて、法執行機関に頼るのは見当違いであり、かえって事態を悪化させるだけだと考えている。「私の学校では、精神衛生なんかより、厳しい法執行に時間とエネルギーとお金が費やされているんです」と彼女は言った。「これまでの人生でも、実際に接するのは問題の解決を助けてくれる人なんかじゃなく、警官でした。助けを求めたくても、怖くて手を伸ばせないのが本当にもどかしいです。〝助け〟とは警察を意味しますから」

自分たちと反対側にいる人々

アメリカで現在、犯罪の拡大解釈と大量投獄制度による影響を受けていない人はいない。たとえそれが、財政的なものだけだとしても。おまけにその範囲は膨大で、白人が中心の一部のコミュニティはわりあい小さな非財政的影響だけで済んでいるが、有色人種のコミュニティには多くの場合、計り知れないほどの影響が及んでいる。

そうした面から見ると、私はあまり影響を受けないほうのコミュニティで育った。地元の警察はどちらかというと小規模で、日常生活における刑事司法制度の役割もごくわずかだった。数週間、あるいは数カ月にわたって、警官といえば車速測定装置（レーダーガン）を使ってスピード違反を探しているところしか見ないということもざらにあった。私と仲間たちが警官と接するとき、彼らは厳格な態度をとることもあったが、たいていは正当な理由にもとづくものだったし、ふだんは物わかりがよく協力的で、ときには紳士的ですらあった。ほとんどの場合、彼らは私たちに「奉仕と保護」[*1]をもたらすために存在しているように思えた。当時は犯罪と思えるようなこともよく起きていたが、警察や検察が権力を使って私たちを犯罪者扱いするようなことはなかった。むしろたいていの場合、きわめて寛大で、私たちを少年司法制度や刑事司法制度のもとに送るほうがずっと簡単だっただろうに、そうしないよう力を尽くしてくれた。そういうわけで、私の周りでは司法制度に対しておおむねいい見方をする者がほとんどだった。背景には、警察との個人的な交流にくわえ、テレビで延々と放送されている刑事ドラマ、ポップカルチャーを通じて得た警察、検察、裁判官のポジティブなイメージがあった。全米の白人が多くを占めるコミュニティの住民と同じように、私たちにとって〝警察〟は〝安全〟とほぼ同義語だった。警察官は検察官や裁判官と同じく、私たちみなの安全に気を配ってくれる誇り高い公務員に思えた。

私の警察や司法制度との関係が、有色人種の人たちのそれとかけ離れていることを知ったのは、ずいぶんあとになってからのことだ。そのことについて知ったのも、仕事を通じて犯罪の拡大解釈と大量投獄制度の正体を間近で見たからにほかならない。実際、有色人種のコミュニティでこうした制度が機能する様を見たことがなければ、そんなものが本当に存在するのかどうか、疑わしく思うことだろう。

黒人と褐色人種のコミュニティに入って最初に気づくのは、配備された警官の圧倒的な多さだ。私自身、警官であふれ返るような地区に行ったことがあるが、そうしたコミュニティでは、パトカーや徒歩の警官とすれ違わずに通りを1ブロック歩くのは難しい。また、通常すべてのブロックに監視カ

＊1　アメリカの警察のモットーとしてよく使われる言葉。

メラが設置されているので、[6]たえず自分が監視されているような気分になる。

コミュニティ内の学校についても同じことが言える。私は、学内に最大8人の警官が常駐し、あらゆる出入り口に金属探知機が備えられ、廊下という廊下に監視カメラが設置され、出入り口のすぐ脇にパトカーが威圧するかのごとく停められ、あげく校内に留置場が置かれたK―12の学校に行ったことがある。

この種の取り締まりを経験したことのない人が警察について持っているイメージはきっと、街なかをパトロールする親切な何でも屋集団といったものだろう。ひょっとすると『メイベリー一一〇番』のバーニー・ファイフや、『白バイ野郎　ジョン&パンチ』のパンチ、『ブルックリン・ナイン―ナイン』のジェイク・ペラルタ、『ザ・シンプソンズ』のウィガム署長のようなおまわりさんを想像するかもしれない。けれど実際には、黒人と褐色人種のコミュニティで刑事司法制度が人々に与えるイメージは、メイベリー署よりもむしろ『ロボコップ』や『コール・オブ・デューティ』が近い。警官は基本的に重武装していて、多くは機関銃やアサルトライフル、防弾ジャケット、ヘルメット、ガスマスク、閃光手榴弾、各種化学薬品を身につけ、さながら戦闘地帯にいるようないでたちをしている。また、戦場との類似性をさらに高めるためか、警察署のなかには重装甲戦車や攻撃用ヘリコプター、無人飛行機（ドローン）を所有し、定期的に街なかに展開しているところもある。[7]

しかし、有色人種のコミュニティでの刑事司法制度の運用について、白人が中心のコミュニティとの最大の違いは、住民との関わり方である。それは、たいてい警察の側からスタートする。警官が住民に対してひどく攻撃的にふるまう様は、端から見ていて気持ちのいいものではない。言葉でも攻撃的、物理的にも攻撃的、心理的にも攻撃的なのだ。私はこれまで警官が有色人種の若い男女と相対する場面を何度も見てきたが、生まれてこのかた、あれほどの軽蔑を込めて人から話しかけられたことは私にはない。また、警官の多くが有色人種に対して行っているような、人の身体にべたべた触る行為を赤の他人に許したこともない。路上でたむろしていた若者のグループに警官が近づいたかと思うと、一言も発しないまま、まるで反射運動のように即座にふり向かせて身体検査（フリスク）するところを見たことがある。印象的なのは、それを平然とやってのけていたことだ。彼らは、この手の無礼な行為をいともたやすく行えるものと信じている。こうしたことがまかりとおるのも、彼ら警官が取り調べ対象者を支配している感覚を持ち、黒人と褐色人種のコミュニティの住民に対して、通常は自分の所有物にしか許されないような扱いをする権限があると感じているからにほかならない。

そして、この攻撃性は警察だけにとどまらない。検察は有色人種のコミュニティにおいて、犯罪で起訴された本人だけでなく、その家族やコミュニティ全体に影響を及ぼす強大な権限を与えられている。そうした権限は本来手術用のメスのような精緻（せいち）さで用いられるべきだが、実際にはハンマーのごとき勢いでコミュニティに振り下ろされている。検察はむやみやたらと人々を刑務所や拘置所へ押し込めるようになった。どちらも、人間の檻（おり）の別称でしかない。そもそも法執行機関の最終目標はみずからを廃業に追い込むことだが、私の経験から言って、有色人種のコミュニティの検察官の目標はそうではないようだ。彼らは多くの場合、おびただしい数の人々を刑事司法制度のもとへ送り、いつまでも閉じ込めようとしている。ほかのコミュニティと異なり、そうすることが必要か、適切か、はたまた正当かどうかは二の次なのである。

有色人種のコミュニティにおける刑事司法当局の活動について、白人中心のコミュニティと比べてもっとも衝撃的なのは、彼らが奉仕と保護の対象であるべき人々に対して、敵対的で品位を欠いた対応をとるケースが多いことである。私は、警察官や検察官がコミュニティの住民をかけがえのない市民や安全なコミュニティづくりのパートナーとしてではなく、敵対者や下僕のように扱う様子を何度も目撃してきた。また、警察官がコミュニティの住民に権力を振りかざし、飼い主とペットの関係を連想させるような従順さを公然と要求する場面をたびたび目にしてきた。

こうした傾向がもたらす弊害は、いくら強調してもしすぎることはない。全米の有色人種のコミュニティでは、嫌がらせや暴力とまではいかなくとも、警察による屈辱的な扱いを味わってきた人が大勢いる。白人中心のコミュニティで日々行われているのとまったく同じ行動で犯罪者とされ、まるっきり異なる結末を迎えた例を、自分や家族、友人の人生から挙げられる人が大勢いる。自分たちのコミュニティを破壊している大量投獄という疫病から深刻な影響を受けている人が大勢いる。にもかかわらず、刑事司法制度はコミュニティの住民の要望や優先事項に対し、驚くほど無責任であいまいな態度をとってきた。

こうした状況を踏まえ、ときおりアメリカのことを「警察国家」と呼ぶ人がいる。無理もない話だ。なにしろ現在の収監率は、アメリカ政府関係者がつねづね圧制的だと批判しているロシアより85パーセント、イランより123パーセント、ベネズエラより268パーセント、中国より441パーセントも高いのだから。[8] けれど私としては、この国が警察国家だという主張は明らかに誤りであり、誇張されていると考えている。というのも、刑事司法制度の役割がさほど圧制的でないコミュニティなんて、いくらでも挙げられるからだ――すべてではないにせよ、大多数が白人中心のコミュニティである。一方、有色人種のコミュニティに限って言えば、私たちはたしかに警察国家を作り上げてしまった。ニューヨークやロサンゼルス、シカゴ、マイアミ、オークランド、フィラデルフィアなどの、数多くの有色人種のコミュニティでは警官がひしめいていて、過度に攻撃的な取り締まりや監視を行うとともに、犯罪化、投獄戦略を取り入れている。その様子はあたかも、ジョージ・オーウェルの『一九八四年』の世界がさまざまな形で実現したかのようだ。すべては、警察官、検察官、裁判官に対し「麻薬との戦い」だの「犯罪との戦い」だの「ギャングとの戦い」だのと、何十年にもわたってわれわれは戦争をしていると説きつづけてきたことが原因だ。また、警察に戦場の占領軍さながらの武装をさせて、「戦士の精神」を身につけるよう奨励してきた結果でもある。[9] さらには、数え切れないほどの警察官、検察官、裁判官に、彼らが本来仕えるべき人々が敵だと信じ込ませたことの副次効果でもある。

つまり、アメリカでは公務員に給料を払って自国の民と戦争をさせているのだ（このことについて少し考えてみてほしい）。この戦争は長年にわたって、何百万人もの犠牲者を出してきた。なかでもとくに重要なのは、すべての戦争と同じように、自分たちと反対側にいる人々の人間性に対する見方を低下させたことだ。まさにそれこそが、マイケル・ブラウン、フレディ・グレイ、エリック・ガーナー、サンドラ・ブランド、ルキア・ボイド、タミル・ライス、ウォルター・スコット、ラクアン・マクドナルド、フィランド・カスティル、ブレオナ・テイラー、ジョージ・フロイドほか、多くの人々の殺害が異常とみなされない理由である。彼らの死は、一連の刑事司法政策による当然の帰結だ。そうした政策は有色人種の命をいっさい顧みず、人々の命が傷つけられたり、踏みつけられたり、不必要に奪われたりするのを防いでもこなかった。

仮に白人中心のコミュニティがこうした有色人種のコミュニティと同じ法執行戦略に耐えなければならなくなったとしたら、1週間以内に全面的な政治改革が行われるだろう。ところが、有色人種の人々がブラック・ライブズ・マター運動などを通じてこの種の現実を指摘しても、真の解決策を求めて社会が団結することはなかった。彼らの提起する内容はほとんどが無視されたあげく「反警察」「反米主義者」となじられたり、「黒人の黒人に対する（ブラック・オン・ブラック）」犯罪から目を背けていると非難されたりした（ひとつ言っておくと、白人に対する犯罪の大半は「同じ白人によるもの（ホワイト・オン・ホワイト）」だ。これこそ人種によって地区が隔てられたことの現実である。暴力犯罪は、同居している者や身近な人物が関わるケースが大半を占めている）[10]。

読者のみなさんのような穏健な人でも、ここで述べた内容の多くは、適切な法執行戦略を行ううえでの不幸な副作用だと思うかもしれない。有色人種のコミュニティでの犯罪率の高さと公共の安全の必要性を考えれば、しかたのないことだと考えるかもしれない（後述するが、それは違う）。あるいは、問題があるのは認めるが、最近の刑事司法改革の必要性をめぐる超党派的な合意によって、「地域密着型警察活動（コミュニティ・ポリシング）」や警察のボディカメラ装着、さまざまな量刑改革といった取り組みが進み、こうした行き過ぎた行為に歯止めがかかると期待するかもしれない（そうはならない）。

残念なことに、犯罪の拡大解釈と大量投獄制度による破壊が何十年にもわたって続いているにもかかわらず、私たちはいまだこの問題にどう対処すべきかについて本当の意味での公的な会話を交わしていない。それどころか、刑事司法の議論においては、一部の善意ある人々でさえいくつかの前提を当然のこととして受け入れてしまっている。前提とは、おおよそ以下のようなものだ。

- 私たちの社会には法を遵守する市民と犯罪者がいる。そして、コミュニティの安全のためには、前者を後者から守らなければならない。
- 刑事司法制度の目的は公共の安全を守ることであり、それは十分な支援と資源を備えた刑事司法制度によって達成される。
- 警察の規模とコミュニティの安全には密接な関わりがある（すなわち、警察が多ければそれだけ安全で、警察が少なければ犯罪が多い）。

・法執行官の職務遂行に関する懸念は、彼らが奉仕するコミュニティとの関係を改善することで対処できる。

・犯罪者は刑事司法制度のもとで処罰されるべきだ。

・現在の収監率は高すぎるかもしれないが、適切な水準を探し出す前に、まずはこれ以上減ると犯罪率の増加につながるという分岐点を見つけなければならない。

のちほど述べるように、右に挙げたものはどれひとつとして精査に耐えるものではない。だが厄介なことに、いずれも現在の刑事司法政策をめぐる議論の指針となっており、より公正で効果的な刑事司法制度を構築するうえでの障害と化してしまっている。これらの前提の導くところにしたがった場合、最終的には現行の制度が作り出したのと同じ不公正からなる多くの行き詰まりに到達してしまうだろう。

同じ過ちはくり返してはならない。私たちは今いるところから一歩下がって、刑事司法の議論ではまず見当たらないような、ごく単純な問いを自分に投げかけなければならない。全米のコミュニティの安全と健康と平等を促進する形で犯罪や暴力を予防し、それらに対処できるような最善の戦略とは何か？　本章の最後では、それを達成するための戦略をいくつか示そう。

私たちが本来いるべき場所に到達するには、ひとつの事実を直視しなければならない。すなわち、過去数十年にわたって実施されてきた「犯罪の厳罰化（タフ・オン・クライム）」[*2]「法と秩序」「不寛容（ゼロ・トレランス）」「割れ窓」などの政策のほか、公共の安全に関する誤った思い込みは、どこからともなく表れたわけではないということだ。[11]また、それと並行して、こうした方針は実のところきわめて有害でなんの効力も持たないが、一部の人間には有害無益ではないということも知っておきたい。むしろ、現在の犯罪の拡大解釈と大量投獄制度は、超富裕層にとっては非常に有益かつ収益性の高いものである。超富裕層の多くは、そうした制度を構築・拡大するために重要な役割を果たしており、制度を修正するための取り組みを積極的に妨げている。したがって、全米のコミュニティの要望を十分に満たすような、より公平な制度を構築したいと思うなら、この種の戦略的レイシズムの背後にある動機と手法の両方を認識しておかなくてはならない。

　だがその前に、人間を激しく抑圧し、檻に閉じ込めることを富を築くチャンスとしてきた主要なメカニズムについて理解していこう。それは「犯罪化の罠」というメカニズムだ。

＊2　tough on crime。文脈に応じて、「犯罪への厳しい対応」とする場合もある。

犯罪化の罠

刑事司法制度を構築するためには、いくつか基本的な選択をしなければならない。まず、〝犯罪〟をどのように定義し、それが起きている場所をどうやって判断するのか。次に、犯罪を発見した場合、誰が対応するのか。さらに、その犯罪にどうやって対応するのか。これらの問いはそれぞれ、数多くの可能性に満ちた選択肢を私たちに提供する。さらに、そうした可能性によって社会の進む方向性を劇的に変えるような幅広い結果がもたらされる。さて、私たちアメリカ人は前述の問いにどう答えてきたのか？　それは、次のようなものである。

1. きわめて広範な刑法を積極的に施行できるような政策を作り、〝犯罪〟の特定を著しく容易にするとともに、ある基準を超えると事実上すべての人が〝犯罪者〟とみなされるようにした。

2. このような〝犯罪〟に関して、法執行機関が訓練を受けている内容と、これら〝犯罪〟行為の大部分に適切に対処するためのスキルとのあいだには大きなずれがあるにもかかわらず、ほかの実行可能な対応策よりも法執行機関の利用を優先した。

3. 犯罪行為へのひどく有害かつ懲罰的な処分を重視するばかりで、加害者に有意義な形で責任をとらせようとしなかった。たとえば、犯罪によって生じた損害を修復するとか、生存者(サバイバー)（被害者）のニーズを満たすとか、犯罪の根本原因に対処するとか、犯罪の連鎖を断ち切るといった方法をとらなかった。

こうした決定は、世界史上おそらく類を見ない規模の刑事司法制度を作り出した。さらに私たちの選択がもとで、そうした制度に巻き込まれる人々は有色人種に偏るようになった。その根拠は以下のとおりである。

1. きわめて広範な刑法が、とくに黒人と褐色人種のコミュニティに対し、積極的に施行されてきた。

2. 黒人と褐色人種のコミュニティの刑事司法制度には莫大な投資をする一方、犯罪の原因に向き合い、犯罪行為に対応できるような制度には十分な資金を投じてこなかった。

3. 白人の〝犯罪者〟を罰したいという白人の思いが、有色人種を罰したいという白人の思いと同じレベルまで達することはほとんどなかった。

私はこのような力学を「犯罪化の罠」と呼んでいる。私たちは本来こんな形で人々を犯罪者にする必要はなかった。自分たちでそう望んだのである。現在の犯罪の拡大解釈と大量投獄制度は、偶然の成り行きでもなければ不幸な副次的作用でもない。システムは、当初の設計どおりに動いている。過去数十年のあいだに制定された政策と慣行が今日のような巨大で広範で破壊的な刑事司法制度を生み出すのは、まさに必然だった。

ここからは犯罪化の罠がどうやって作られたかを説明するが、まずは私たちが犯罪をどんなふうに定義し、どこから探そうと決めたのかを見ておきたい。

犯罪は犯罪である……本当にそうか？

犯罪の普遍性

私は長年にわたって研修や講習を行っているが、その際、ひとつの「緊張を和らげる作業（アイスブレーク）」を試みるようにしている。その場にいる全員——多くの場合、白人の教師や学校管理者、警察官、裁判官、社会福祉関係者といった人々——に、若かりしころのことを思い出してもらって、次の3つのグループのどれかに自分を当てはめてもらうのだ。

・グループ１：何ひとつ悪いことはしなかった人
・グループ２：いつもトラブルばかり起こしていた人
・グループ３：基本的には「いい子」だったが、たまにトラブルを起こしていた人

今まで何千人もの大人といっしょに何十回もこの作業を行ってきたが、グループ間の分布はたいてい同じである。参加者の約10パーセントがグループ１に、もう10パーセントがグループ２に、残りの80パーセントがグループ３に向かう。そのあと、私はグループ２と３の参加者に、なぜ自分のことをそんなふうに思うのか説明してもらう。そんなふうにして、たくさんの成功した大人たちにいろいろな行為を告白してもらうことになる。自動車の盗難、麻薬取引、ギャング活動、数々の暴力行為、さまざまな財産犯、違法なアルコールと麻薬の使用に関わった長い経歴。グループ２と３は参加者の90パーセントを占めているが、唯一の違いは、そういう犯罪に手を染めた頻度だけだ。

次なるステップとして、参加者たちに、自分のしたことで逮捕されたり、停学になったり、退学になったりしたことがあるかと尋ねる。するとそのたびに、会場全体（やはり白人が中心）がとても困惑した表情でこちらを見つめ返す。まるで、そういう結果に至っていたかもしれないなんて考えたこともなかったというように。私が、それじゃどうしてそうならずに立派な大人に成長できたと思いますかと訊くと、参加者の一部は、親や教師またはコーチの存在を挙げ、自分た

ちがよりよい道を歩めるように導いてくれたからだと答える。だがもっとも多い答えは、逮捕もされず、なんの報いも受けないまま、そういうことから卒業したというものだ。

私たちの刑事司法制度とその制度のもとに置かれる人々について、知っておくべき基本的な事実がふたつある。ひとつは、アメリカの刑法で犯罪とみなされるような行為は、国内のあらゆる地域でたえず起こっているということ。もうひとつは、そのような行為は法執行官がその場を目撃したり、あるいは通報を受けたりして、犯罪として扱うと決めた場合にのみ犯罪になるということである。

人生のある時点で、ほぼすべての人が物を盗んだり、他人の財産を壊したり、違法薬物を摂取したり、暴力をふるったりと、なんらかの刑法違反をしている。[12] ほとんどの人、とりわけ男性は、このような違反を山ほど犯している（周りにいる男性に訊いてみてほしい。男はたいてい、昔やった違法行為について話すのが大好きだから）。実際、法律違反なんてちょっと見回せばどこでも、驚くほどたくさん起こっている。

たとえば、アメリカのほとんどのK―12では、日常的に児童や生徒がののしり合ったり、取っ組み合いの喧嘩をしたり、落書きをしたり、教師に反抗的な態度をとったりしている。それは、全米のバーにいる大人たちも同様である。刑法の観点から見れば、そうした行為は上から順に脅迫罪、暴行罪、器物損壊罪、治安紊乱（びんらん）罪となるだろう。ドリンクバーのあるフードコートやレストランに行けば、水を頼んだコップでサイダーをもらうという〝窃盗罪〟に手を染める人はたくさんいる。同じように、ネットフリックスのアカウントを仲間内で共有している人もごまんといる。アメリカ国内を車でドライブすれば、徘徊や不法集会の法的定義に当てはまる人がいくらでも見つかるだろう。ストレスの多い職場環境なら、ドラッグや違法アルコールのたぐいが見つかるはずだ。大学のキャンパスに行けば、ここに挙げたすべてを含む刑法違反がいつどんなときでも見つかるだろう。

これらの犯罪のなかには、取るに足らないものもあればそうでないものもある。時間をかけて念入りに観察すれば、〝犯罪〟はいたるところに存在し、ほとんどの人が犯していることがわかる。そのため、〝犯罪者〟はふつうの人とはどこか違った、人間の善と対立する悪であるという考えはまったくのでたらめに過ぎない。注意してほしいのは、犯罪とみなされる行為のうち、取り締まられるのはごく一部であるという点だ。刑法に違反する可能性のある行為が〝犯罪〟になるのは、私たちがそうすると決めたとき、つまり、政策立案者がその行為を取り締まると決めたときか、あるいは法執行機関が認識して犯罪として扱うと決めたときだけである。[13] 言い換えるなら、犯罪とは行為そのものではなく、政策の選択によって決まる。だが、法に違反した人をすべて刑事司法制度のもとに送り込むことはできないため、次のような問題が生じる。「私たちの社会はどの〝犯罪〟に資源を集中すべきか？」。この問いにどう答えるかで、自分が反対する行為がどんなもので、自分にとって〝犯罪者〟にしてしまってもかまわないと思うような人がどんな人なのかがわかる。

たとえば、他人に害を与える行為と、私たちが犯罪として扱う行為とのあいだには、おおまかな相関関係しかない。私たちは個人の薬物使用など、他人にはほとんど害を及ぼさないような行為を数多く犯罪化する一方で、有害または致死的な製品の製造や、産業廃棄物による環境汚染、世界規模の金融崩壊、侵略戦争への加担など、広範囲に死と破壊をまき散らすような行為をごくまれにしか犯罪化しない。仮にあなたや私が誰かの食べ物に毒を入れて、その人が中毒を起こして亡くなったら、きっと殺人罪で刑務所に送られるだろう。けれど、大企業の役員が何千人もの罪なき人々に死をもたらすであろう製品の製造を命じたとしても、その企業への民事訴訟を維持することは至難の業だ。まして、刑事訴訟となればなおさらである。

のちほどくわしく説明するように、犯罪をどこで探すかという判断は、健全な政策よりもむしろ恐怖心（たいていは非合理的なもの）やレイシズム、強欲さにもとづいて下されることが多い。政策立案者もメディアもこの数十年間、自分や愛する人の安全に対する国民の根源的な不安をずっと利用してきた。ニクソン大統領からトランプ大統領まで、犯罪や「犯罪の波」、あるいは広範な違法行為に対処するための「犯罪の厳罰化」政策や「法と秩序」戦略について語ることで、一貫して政界の勝者でありつづけてきた。メディアにとっても、『ダーティハリー』のような映画、『アメリカズ・モスト・ウォンテッド』や『全米警察24時　コップス』のような公開捜査番組、テレビで放送される数々の刑事ドラマ、犯罪報道が延々と続く夜のニュース番組など、犯罪と犯罪者をセンセーショナルに扱うことは主要な収益源となっている。[14]

これらの犯罪に関する説明や描写は一般的に言って、事実と緩やかに結びついているというのがせいぜいだ。たとえば、私たちはコミュニティをうろつく凶悪犯罪者への恐怖心をとかく煽られるが、現実にはほとんどの凶悪犯罪は被害者の顔見知りによって行われている。[15]「麻薬との戦い」の場合、薬物使用が重大な脅威であり、積極的な取り締まりが必要だと国民に納得させるには、政府関係者とメディアの並々ならぬ協力関係が不可欠だった。[16]また、テレビでアクション満載の刑事ドラマを観つづけたら、犯罪の波が次から次へと押し寄せてきているように思えるだろう。だが実際には、警察の仕事は退屈きわまりない座り仕事がほとんどだ（架空の警官が事務作業をしたり、車速測定装置を手に日がな一日パトカーに乗ってスピード違反者を待ちかまえたりしている番組を放送しても、たいしていい視聴率は取れないだろう）。

それでも、こうしたメディアの努力や〝大衆啓蒙〟の取り組みが人々の犯罪に対する認識を大きく変え、かつ歪めることになった。そして最終的には、私たちが犯罪化すると決めた行為や人物を形づくった。そのようなプロセスはさまざまな形をとってきたが、おそらく共通しているのは、世間の目を黒人と褐色人種のコミュニティに向ける傾向があるということだ。

たとえば、ある調査によると、メディアは犯罪の容疑者として有色人種を、被害者として白人を誇張しがちだという。とくに、加害者が有色人種で被害者が白人の事件は格好の題材となる（実際には、その数は報道が示唆するよりもはるかに少ない）。また、犯罪報道では顔写真や手錠姿を映し出すなど、有色人種を脅威の存在として描く傾向が強い。結果的に、一般市民、とくに白人の市民は犯罪と有色人種を、さらには有色人種と犯罪を結びつけるようになる。[17]こうした結びつけが犯罪の根本原因や政治的背景に関する情報の欠如と組み合わさることで、白人の市民は、有色人種は自分たちよりも

表12A

ニューヨーク州の市または町	有色人種の割合（%）	1平方マイルあたりの警官の数
ニューヨーク市	68%	119.7
ベッドフォード	23%	1.0
イーストチェスター	20%	9.5
ニューキャッスル（チャパクアを含む）	16%	1.5
スカーズデール	23%	6.6

表12B

イリノイ州の市または町	有色人種の割合（%）	1平方マイルあたりの警官の数
シカゴ	68%	52.5
ハイランドパーク	15%	4.7
セントチャールズ	15%	3.6
ウィートン	18%	5.9
ウィネトカ	10%	7.3

犯罪に走りやすいと信じはじめる。その結果、白人はいたって無害なふるまいをしている有色人種も警察に通報するようになり、有色人種のコミュニティをとりわけ高圧的な「犯罪の厳罰化」政策の対象にすべきだと信じ込んでしまう。

占領された土地

アメリカではまさに今、こうした事態が起きている。私たちは、刑事司法の取り組みを黒人と褐色人種のコミュニティに集中させ、法執行機関の目がつねに行き届くようにした。だが結果として、そうしたコミュニティでの行動は、白人中心のコミュニティよりもはるかに犯罪化されてしまっている。

考えてみてほしい。アメリカ全体では一平

表12C

フロリダ州の市または町	有色人種の割合(%)	1平方マイルあたりの警官の数
マイアミ	89%	33.5
ボカラトン	23%	6.2
ノース・パームビーチ	14%	8.4
パームビーチ	6%	14.8
パームビーチ・ガーデンズ	21%	2.0

表12D

コロラド州の市または町	有色人種の割合(%)	1平方マイルあたりの警官の数
デンバー	47%	9.7
キャッスルロック	16%	2.0
チェリーヒルズ・ビレッジ	11%	3.7
リトルトン	18%	5.4
パーカー	17%	3.5

表12E

カリフォルニア州の市または町	有色人種の割合(%)	1平方マイルあたりの警官の数
ロサンゼルス	72%	21.0
ラグナ・ビーチ	16%	5.5
ニューポート・ビーチ	20%	5.9
レドンド・ビーチ	38%	14.8
サンタ・バーバラ	46%	7.2

方マイル[*3]あたりの警官の数は0・18人だ。[18]かたや、有色人種のコミュニティではその数百倍を超えることもざらにある。たとえば、ニューヨーク市には一平方マイルあたり119・7人の警官がいるが、これは全米平均のおよそ650倍の数字だ。[19]

さらに、有色人種のコミュニティ

での法執行機関の存在が、白人の多いコミュニティと比べていかに大きいかを理解してもらうため、表12Aから12Eにニューヨーク市、シカゴ、マイアミ、デンバー、ロサンゼルスの五大都市と、白人が多くを占める近隣の4つの市または町、および警察の密度を示そう。[20]

なお、一平方マイルあたりの警官の数は、ロサンゼルスがラグナ・ビーチのほぼ4倍、デンバーがキャッスルロックのほぼ5倍、シカゴがセントチャールズの14倍以上、マイアミがパームビーチ・ガーデンズの16倍以上、ニューヨーク市がベッドフォードのほぼ120倍である。

この表はいくつかの点で実際の差をかなり控えめに表している。たとえば、シカゴには市全体で一平方マイルあたり52・5人の警官がいるが、市内の黒人が中心の地区には、たいていもっとたくさんの警官がいる。ウエストサイドの黒人が多く住む地区オースティンでは、一平方マイルあたりの警官の数は91・7人だが、黒人が少ないほかの地区では、一平方マイルあたりの警官の数は10人にも満たない。[21]

警官の多さと安全性をイコールとみなす一部の読者にとっては、にわかには信じがたいことかもしれない。だが仮にそのふたつが結びついているとすれば、白人中心のコミュニティ（たいていはかなり裕福）には、有色人種中心のコミュニティ（たいていは低所得層）よりも警官が集中していないとおかしい。警察の過密状態がそんなにも有益なら、裕福なコミュニティはその豊かな資源を警官の増員に充ててしかるべきだ。しかし、実際には〝警察＝安全〟という発想はそれほど浸透せず、裕福なコミュニティは有色人種のコミュニティがとかく強いられがちな取り締まりのレベルを望んでいない。

これは学校でも同様だ。私たちは過去20年のあいだ、K—12の学校、とくに有色人種のコミュニティの学校に常駐する警官の数を大幅に増やしてきた[22]（コロンバイン高校の悲劇など白人中心のコミュニティで起きた銃乱射事件が、黒人と褐色人種のコミュニティでの学校警察部隊を増強するきっかけとなったのは、痛ましいとしか言いようがない）。このような変革の口実としてよく用いられるのは〝外部の脅威から生徒を守るため〟というものだ。実際、学校常駐警官（SRO）が配備された白人中心の学校では、警官は主に生徒を守るという名目で勤務にあたっている。ところがほかの学校、とくに有色人種のコミュニティでは、学校警察の役割は大きく異なる。SROの主な役割は、学校の外からやって来る脅威から生徒を守ることではない。学校のなかの生徒を積極的に取り締まることだ。[23]

もちろん、有色人種に取り締まりが集中するのは警官の多さだけが要因ではない。警官は犯罪行為を先入観なく識別できるロボットではない。彼らもまた、ほかの人と同じように、それぞれの複雑な事情や偏見を抱えて仕事に臨んでいる。そうした偏見にはあからさまなものもあるが、ほとんどは潜在的だ。しかし、いずれにしてもある人の行為を犯罪とみなし、別の人の同じ行為を不問にするという結果を招きかねない。同じふるまいをしても、ある人には刑事司法上の対応が当然とみなされる一方、別の人の場合はさまざまな理由——たとえば悪意のない過ちや判断ミス、単に〝飲みすぎた〟せ

＊3　およそ2・59平方キロメートル。

い、精神疾患の影響、「男なんてそんなものだ」の典型として見逃されることもある。当然ながら、このような偏見は通常有色人種にとって圧倒的に不利なので（警察だけでなく、世間一般においても）、白人と有色人種が同じ警察の監視下に置かれ、まったく同じ行動をとったとしても、刑事司法制度のもとに送られる人の数は依然として有色人種に偏るだろう。[24]

個人的な偏見の影響を最小限に抑える方法はいくつかある。しかし、警察に関して言えば、私たちはこれまで偏見の影響が最大化するような環境を作り上げてきた。そうなったのも元はと言えば、私たちがどの法律をどんな人に適用するかについて、警察にとてつもない裁量権を与えてしまったからである。交通法規を例にとってみよう。ドライバーの大半は日常的に制限速度を超過している。警察はすべての車を停止させることはないが、事実上どんな車でも停めることのできるれっきとした法的根拠を持っている。それはつまり、人種的選別（レイシャル・プロファイリング）が驚くほど容易に行えるということだ。同様に、治安妨害や徘徊、不法集会、治安紊乱行為などの幅広い解釈が可能な犯罪カテゴリーを定めることで、警官はいつでも好きなときに国民の大部分を標的にすることができる。また、違法ドラッグの使用など、ありふれた行為に広範かつ重点的な取り締まりを認めることで、警察は好きな場所に労力を集中できる。さらに、警官を学校に配備することで、生徒どうしの喧嘩や、トイレの落書き、教師への口答えといった思春期特有のふるまいが犯罪行為に該当するのか、それともただの校則違反に過ぎないのかという判断を警察が下せるようになる。こうした判断のすべてが、誰に刑法を適用すべきかという警官の意見に大きく左右される。このように、裁量権はいともたやすく差別へと溶け込んでしまうのだ。[25]

アメリカ国内での戦い

もちろん、警察はただ犯罪行為を眺めたり、犯罪の報告を受け取ったりするだけの組織ではない。私たちは警察に対し、攻撃的でときに暴力的な取り締まりを行うための幅広い手段を与えてきた。警察は犯罪が起きた、あるいは起きようとしている状況で、ある人物が〝武器を所持し危険である〟との〝合理的な疑い〟がある場合、「停止命令と身体検査（ストップ・アンド・フリスク）」を行うことが許可されている（実際には、もっと広い裁量権が与えられているケースも多い）。また、「割れ窓」理論を採用し、どんなに軽微な犯罪でも徹底的に取り締まれるようにしている。もちろん、警察が攻撃的になればなるほど、その戦術が暴力に発展する可能性も高くなる。[26]そして、日々のニュースに多少なりとも関心のある人ならわかるとおり、私たちは一般市民への殺傷力を含む武力行使について、警察にかなりの裁量権を与えている。なかには、そうした武力の行使に至る状況を生み出したり、衝突をエスカレートさせたりした原因が警察の攻撃的なやり方だったという例もある。

ここに挙げるような手法を用いれば、アメリカ国内のどんな犯罪でも標的にすることができるだろう。しかし、（少なくとも、今のところは）そうなっていない。[27]このようなひどく攻撃的で暴力的な手法は現在、ほぼ有色人種のコミュニティに限られていて、そこでは驚くほどの頻度でそれが用いられている。いくつか例を挙げてみよう。

・ニューヨーク市：2002年以降、ニューヨーク市民は犯罪の証拠が見つからなかったストップ・アンド・フリスクを500万回以上受けている。これは圧倒的に有色人種のコミュニティに集中しており、停止を命じられた人の90パーセント近くが有色人種だ。2012年を例にとると、報告された53万2911件の停止命令のうち、銃が発見された割合はわずか0・14パーセントだった（714件に1件）。また、逮捕に至ったのは6パーセントに過ぎず、17パーセントでは暴力が行使されている。つまり、逮捕の必要すら認められないような状況で、地面や壁に押さえつけられたり、武器を突きつけられたり、素手や警棒、手錠、催涙スプレーで拘束されたりしたニューヨーク市民が何万人もいるのだ。このようなストップ・アンド・フリスクの最中に暴力にさらされた人の内訳は、やはり圧倒的に有色人種が多かった。[28]

・シカゴ：2014年から2015年にかけて、シカゴ市民への停止命令（ストップ）にとどまる措置が130万件報告されたが、うち90パーセント以上が有色人種に向けられたものだった（参考までに、同市の人口の32パーセントは白人である）。また、停止後に身体検査（フリスク）を受けた割合は黒人のほうが白人よりもずっと高かったが、武器を持っている割合は白人のほうが高かった。さらに、米司法省は、シカゴの警官が「殺傷力を含む不合理な暴力を用いる習慣に染まって」おり、その結果「不必要かつ回避可能な発砲およびその他の武力行使」に及んでいると指摘した。[29] くわえて、「不合理な暴力の習慣や制度上の欠陥は、シカゴのサウスサイドやウエストサイドなど、黒人やラテン系住民が中心の地区にもっとも重くのしかかっている」とも指摘。そのうえで、警察が黒人住民に対して暴力を用いる頻度は白人住民に対してよりも10倍近く多いとの統計を示した。

・フロリダ州マイアミガーデンズ：マイアミとフォート・ローダーデールのあいだに位置するこの町に住んでいる人の数は約11万人、うち97パーセントが有色人種である。2008年から2013年にかけて、250人がそれぞれ20回以上ストップ・アンド・フリスクを受けた。ある男性が受けた回数は勤務先のコンビニエンスストアでの62回を含め、計258回に及んだ。年齢で言えば、下は5歳から上は99歳までの人が不審人物と判断され呼び止められている。[30]

・ニュージャージー州ニューアーク：2013年のわずか半年のあいだに、ニューアーク住民のおよそ10人に1人が警察から呼び止められた。2014年の司法省の調査によれば、警官による停止命令の報告のうち約75パーセントが十分な法的根拠を明示していなかったという。また、警官が犯罪を疑うに足りる相当な理由を示すことなく、ただ「ぶらついている」「徘徊している」「うろつき回っている」と表現された人々を何千回にもわたって呼び止めていたことが判明した。ニューアークに住む黒人は、白人と比べて歩行中に呼び止められたり拘束されたりする割合が

2・5倍以上高かった。[31]

・ボルチモア：2010年1月から2015年5月にかけて、警官が歩行者への停止命令を30万件以上報告しているが、司法省によるとそれらは「アフリカ系アメリカ人が多く住む地域に集中し、しばしば疑うに足りる相当な理由がなかった」という。この間、数百人（ほぼすべて黒人）が少なくとも10回にわたって呼び止められた。7人の黒人男性は、それぞれ30回以上呼び止められている。また司法省は、「警官は歩道で立っているか歩いている人物に近づくと、相当な理由なく拘束・尋問し、過去に逮捕令状が発行されていないかを確かめている」と指摘。さらには「その人物が武器を携帯し危険だと信じるに足りる根拠を挙げることなく、当然のように衣服の上から身体検査（フリスク）している」という。これらの停止命令のうち、警官が召喚状を発行したり、逮捕に踏み切ったりしたのは、わずか3・7パーセントだった。2012年を例にとると、その年は12万3000回以上の停止命令が報告されているが、結果的には合計10個の武器と10の違法薬物が見つかっただけだった。[32]

残念なことに、ここに挙げたのは実際に行われている手法のほんの一例に過ぎない。報告によれば、ボストン、ミルウォーキー、ニューオーリンズ、クリーブランド、フィラデルフィア、シアトル、ポートランド、マイアミ、ミズーリ州ファーガソンなど、全米の有色人種のコミュニティで、同じように攻撃的で暴力的な手法が用いられているという。[33]

このデータは衝撃的かもしれないが、肝心なのは、私たちが数字に気を取られて個々の事例が引き起こす重大な害を見失わないようにすることである。たとえ逮捕や武力行使に至らないものでも、すべてが犠牲をともなっている。いずれもプライバシーの侵害であり、屈辱的な手法だ。政府の権力と個人への支配を声高に主張している。呼び止めた人物に対して、敵対的な危険人物と見ていること、犯罪者あるいは犯罪者予備軍とみなしていることを伝えているのだ。呼び止められた人は、自分はコミュニティのほかのメンバーほど信頼も評価もされていないことをはっきりと思い知らされる。このような害が、実際に及んでいるのである。そして、特定のコミュニティにもたらされる影響が数万、数十万、あるいは数百万と積み重なるとき、公共の安全の名のもとに引き起こされる害とトラウマは計り知れないほど大きく破壊的になる。一方、それに見合った利益はごくわずかしか得られない。

アメリカの刑事司法制度：誰もが歓迎される場所

他人の領域に土足で踏み込むような戦略に、法執行の大幅な裁量権や過度に攻撃的な取り締まり手法が組み合わさることで、毎年膨大な数の人々が刑事司法制度のもとに送り込まれている。たとえば、アメリカでは2016年、1070万件の検挙があった。そう聞くと、大部分は凶悪犯罪が占めていると思われるかもしれない。なにしろ、政策立案者は警察の大量配備と積極的な取り締まりを正当化するため、つねづね凶悪犯罪を摘発する必要性を訴えているのだから。ところが、そうした検挙のうち、米連邦捜査局（ＦＢＩ）の分類する凶悪犯罪に該当するものは全体のわずか5パーセントに満たなかった[34]。大多数はドラッグやアルコール関連の違反、財産犯、ささいな脅迫、治安紊乱行為など、比較的軽微な犯罪ばかりだった。また、有色人種のコミュニティに取り締まりが集中しているので当然と言えば当然だが、黒人の検挙率の高さは白人の2倍以上だった[35]。

同じような事態がＫ―12、とりわけ黒人と褐色人種のコミュニティの学校で起きている。長いあいだ学校での規律の問題とされ、現在でも白人中心のコミュニティではそうみなされている行動によって、今や5、6歳の子どもまでもが犯罪者扱いされている[36]。その結果、２０１５年から２０１６年にかけて、アメリカのＫ―12の報告によると、23万５２６６人の生徒が法執行機関に送致され、6万２０２０人が学校内で逮捕されたという[37]（非常に印象的な数字だが、実際はこれよりもずっと多いかもしれない。なにしろ、この手のデータを調査・報告していない学区と学校がたくさんあるのだ）。

それから、これもまた驚くには当たらないが、こうした逮捕のほとんどは警官が常駐している学校で起きている。２０１５年から１６年にかけて、正規の警察官が常駐していると報告した学校はアメリカの生徒の32パーセントを受け持っていたが、逮捕された生徒の62パーセントを担当していた。（ＳＲＯや逮捕が少ない）小学校を除いても、警察が常駐している中学・高校の生徒は、警察のいない学校に通う生徒よりも逮捕される率が１２２パーセント高かった[38]。

大人に対する「犯罪の厳罰化」戦略を子どもにも適用した結果、今や全米の学区では毎年十数万人もの生徒が法執行機関に送致されたり、逮捕されたりしている。たとえば、表13は２０１５年から１６年の学年度に法執行機関に送致された生徒がもっとも多かった25の学区と学校を示したものだが、そのうちのふたつ（オーバーンとゴールデン）を除いたすべてで、全生徒のうち有色人種の生徒が48パーセント以上を占めていた。

厳罰化＝犯罪減少という嘘

今こそ私たちは、黒人と褐色人種のコミュニティに嘘をついてきたことを認めなくてはならない。数十年のあいだ、アメリカの政策立案者が有色人種のコミュニティへ送ってきたメッセージは、次のようなものだった。われわれは「犯罪の厳罰化」によって、あなた方の安全を守ります。コミュニティに法執行官を大量に配備することで。ストップ・アンド・フリスクを用いることで。「割れ窓」理論を取り入れ、軽微な犯罪にも毅然と対処することで。K—12の生徒たちを学校内で積極的に取り締まることで。彼らのコミュニティに一貫して伝えられたのは、それこそが治安を改善するためにもっとも効果的な戦略ということだった。

だが、もしそれが本当なら、白人中心のコミュニティも同じことを望んでいたはずではないか？白人たちが選挙で選ばれた議員の事務所前で、強硬な法執行戦略の有益さを訴えてこなかったのはな

表13　法執行機関に送致された生徒が多い学区と学校(2015-16年)

学区・学校名	市名(州名)	有色人種の生徒の割合(%)	全法執行機関に送致された生徒の数
ロサンゼルス統一学区	ロサンゼルス(カリフォルニア州)	90%	8,416
フィラデルフィア・シティ学区	フィラデルフィア(ペンシルベニア州)	86%	6,834
ニューヨーク・シティ公立学校	ニューヨーク(ニューヨーク州)	84%	4,414
シカゴ公立学校	シカゴ(イリノイ州)	90%	3,041
オースティン独立学区	オースティン(テキサス州)	73%	2,697
ポーク郡公立学校	バートウ(フロリダ州)	58%	2,481
ブロワード郡公立学校	フォート・ローダーデール(フロリダ州)	78%	2,407
パームビーチ郡公立学校	ウエスト・パームビーチ(フロリダ州)	67%	2,032
ウェイク郡公立学校	ケーリー(ノースカロライナ州)	53%	1,955
ヒルズボロ郡公立学校	タンパ(フロリダ州)	65%	1,527
エティワンダ学区	エティワンダ(カリフォルニア州)	76%	1,431
プリンスジョージズ郡公立学校	アッパー・マルボロ(メリーランド州)	96%	1,379
ピッツバーグ学区	ピッツバーグ(ペンシルベニア州)	67%	1,299
ワショー郡学区	リノ(ネバダ州)	55%	1,235
オーバーン・シティ学区	オーバーン(ニューヨーク州)	19%	1,201
イーストサイドユニオン高等学区	サンノゼ(カリフォルニア州)	94%	1,164
プリンスウィリアム郡公立学校	マナッサス(バージニア州)	68%	1,129
チェスターフィールド郡公立学校	チェスターフィールド(バージニア州)	48%	1,120
クラーク郡学区	ラスベガス(ネバダ州)	74%	1,070
ジェファーソン郡教育学区　R-1	ゴールデン(コロラド州)	33%	1,068
リッチモンド・シティ公立学区	リッチモンド(バージニア州)	91%	1,026
レイタウン　C-2学区	レイタウン(ミズーリ州)	68%	987
グイネット郡公共教育学区	スワニー(ジョージア州)	74%	946
サン・アントニオ独立学区	サン・アントニオ(テキサス州)	98%	939
オレンジ郡公立学校	オーランド(フロリダ州)	72%	901

出典: US Department of Education, *Civil Rights Data Collection*.

ぜか？

白人中心のコミュニティには、ここで説明したような取り締まり形態に相当するものはない。アメリカの白人コミュニティでは、すべてのブロックに警官が配備されたり、日常的にストップ・アンド・フリスクを受けたり、警官が日々住民と暴力的な衝突をしたり、学校内で生徒の発達上正常な行動が犯罪扱いされたりすることはない。もっとも、今後そうなる可能性がないとは言い切れない。私たちは白人中心のK—12、大学、職場、地域に対して、今よりもっと積極的に法を執行することが可能だ。白人のティーンエージャーやフラタニティの男子学生、ウォール街の株式仲買人、公害企業、弁護士、シリコンバレーのコンピューター・プログラマーなど、今までなんのおとがめもなく〝犯罪〟をくり返してきた人たちから犯罪行為を暴き出し、この国の刑務所や拘置所を埋め尽くすことが可能だ。[39] もし私たちが白人の犯罪を本気で摘発しようと思ったら、全米の白人中心のコミュニティにあるセルフサービスの飲料機のそばに覆面警官を配置すれば、何万人ものサイダー泥棒をあっという間にしょっぴくことができるだろう。ばかげていると思われるかもしれないが、毎年ニューヨークやロサンゼルスで、何万人もの有色人種の低所得者が交通機関の料金未払いで刑事司法制度のもとに送り込まれていることを考えれば、さほどおかしな考えとも言えないのではないだろうか[40]？

白人中心のコミュニティでこうした戦術をすべて採用せずとも、白人が今後刑務所の人口の大半を占めるようになることはおおいに考えられる。現に、２０１６年に逮捕された白人の数は４００万人を優に超える。私たちは有色人種の犯罪ばかりに気を取られ、白人の犯罪に「厳しく対処する」取り組みをいっさいしてこなかった。[41] あるいは単純に視点をずらして、現在有色人種のコミュニティに割り当てられている法執行の資源を部分的にでも配分すれば、刑務所人口の全体的な顔色は急激にピンク色を帯びはじめるだろう。

人によっては、このような考えは理解しがたい、あるいは噴飯ものだと思うかもしれない。だが、それは違う。非常に理にかなった見方と結果を表しているのである。話は至極単純だ。私たちが刑事司法制度に関して信じているとみずから語るものにもとづいて行動し、その方程式から人種的偏見をマイナスすればいい。私たちがすべきことは、刑務所や拘置所では有色人種が大きな比率を占めているという思い込みを捨てることである。そうすればきっと、白人の受刑者が圧倒的多数派になる可能性が現実味を帯びてくるはずである。

もちろん、実際には、有色人種のコミュニティでの過度に攻撃的な法執行について、私たちの本音と建前はまったく別である。後述するように、この種の警察国家を作ったとしても、治安を改善する最良の選択肢にはとうていなりえない。むしろ最悪の選択肢、きわめて有害な選択肢となるだろう。にもかかわらず、私たちは「厳罰化＝犯罪減少という嘘」を永久につきつづけようとしている。

仮に厳罰化がすぐれた戦略だったとしても、有色人種のコミュニティで用いられている法執行戦術と白人が中心のコミュニティで用いられている法執行戦術との違いを正当化するだけの根拠とはなりえない。コミュニティ間の犯罪率の純粋な差だけで正当性が認められるような微細な違いではないのだ。有色人種のコミュニティでの取り締まり方法と、白人が中心のコミュニティでの取り締まり方法の違いは、米軍がイラクの民間人と関わるときと、地元の高校の就職説明会で10代の若者と関わるときの違いに匹敵する。

とはいえ、一部の有色人種のコミュニティでは、犯罪や暴力がきわめて深刻な状態にあるということも認めなくてはならない。さらに、被害を受けているすべての人を支援するために効果的な対応をとることも必要だ。しかし、まずは問題の根本原因を理解する必要があるだろう。一部の有色人種のコミュニティが、ほかのコミュニティよりも犯罪、とりわけ凶悪犯罪に苦しんでいるのは事実である。有色人種は犯罪を起こしやすいという偏見が生まれる理由はここにある。私たちは、そうしたコミュニティの住民が生まれながらに劣っていると考えるようなレイシストでないかぎり、犯罪率の違いを説明できるものが彼らの生活環境にあると認めなければならない。

最悪の状況を生み出す

アメリカでは、犯した罪によるレッテルを人に貼る傾向が強い。押し込み強盗をした者は〝強盗犯〟、ドラッグを売った者は〝麻薬の売人（ドラッグ・ディーラー）〟、そして、殺人を犯した者は〝殺人犯〟だ。私たちは一般に個人の責任というレンズを通して犯罪をとらえるため、道徳的な過ちを犯した〝犯罪者〟をただちに悪魔化してしまう。けれど実際には、犯罪はミクロな問題であると同時にマクロな問題でもある。〝犯罪者〟であろうとなかろうと、人は孤立した状態では生きられない。私たちはみな、自分の選択とその選択がほかの人に与える影響を通じて相互につながり合っている。そして、この国の公共政策は私たちみながそういった選択をする文脈に深い影響を与えている。したがって、実際に個々の犯罪を分析し、その原因を理解しようとするとき、そうした犯罪の責任は一般的な認識よりもはるかに広範なものだと気づく。事実、私たちが犯罪者と呼ぶ人々のほとんどは、彼らが私たちを失望させたのと同じくらい、あるいはそれ以上に〝私たち〟の集団に失望してきたのである。

だからといって、もちろん、個々の加害者に責任がないというわけではない。私が言いたいのは、そのような行為が起こりやすくなるか否か決まる条件を設定しているのは、私たちの社会全体ということだ。悲しいことに、私たちが多くの有色人種のコミュニティで作り出した条件は、犯罪や暴力の起こる可能性を非常に高め、強く繁栄したコミュニティを作る可能性をきわめて低くしてしまっている。

若者が平等で質の高い教育機会と総合的な支援を得られないとき、犯罪は起こりやすくなる。コミュニティで十分な生活賃金の仕事と充実した社会的セーフティ・ネットを確保できないとき、犯罪は起こりやすくなる。身体的、精神的、行動的に不可欠な健康上のニーズが満たされないまま放置されるとき、犯罪は起こりやすくなる。人々が高品質で手頃な価格の住宅を購入できないとき、犯罪は起こりやすくなる。数十年にわたる強硬な取り締まりと投獄制度によってコミュニティが破壊されるとき、犯罪は起こりやすくなる。こうした傾向の多く、あるいはすべてが特定のコミュニティで何十年も放置されると、トラウマや毒性(キラー)ストレス、家庭内の不和、コミュニティの衰退といった負のスパイラルが生まれ、暴力と犯罪の深刻な連鎖が避けられなくなる。[42]

別の言い方をすれば、私たちが犯罪と呼ぶもののほとんどは、満たされないニーズの産物とみなすことができる。健康上のニーズ、安全上のニーズ、帰属意識のニーズ、経済的安定のニーズ……。そしてアメリカにおいて、有色人種の低所得者コミュニティほど満たされないニーズを抱えた場所はない。こうしたコミュニティでは、機会と幸福を拡大するための公共投資は限られている一方、反対の効果を及ぼすものはあまりにも多い。[43] それなのに、そのようなコミュニティで犯罪や暴力が報告されると、私たちはさもショックを受け、愕然(がくぜん)としたようにふるまうのだ。いったいどうなると思っていたのか？　何世代にもわたって放置され、傷つけられ、弱体化されたコミュニティが、同じような展開をたどらない世界がどこかにあるとでも言うつもりだろうか？

実際、誰にでも我慢の限界はある。人が耐えられるトラウマやストレス、痛みの量は限られているので、ちょっとした恐怖や怒りが引き金となって、自分や他人にとって有害な行動に出てしまうことはある。私たちがしてきたのは、公共政策を通じて、こうした影響を人々のコミュニティ全体で徐々に高めることだった。つまり、人間の基本的欲求を無視し、彼らを傷つけてきたのだ。そして、よく言われるように「傷つけられた人は人を傷つける」。とくに、これほど多くの傷が特定のコミュニティに集中している場合はなおさらである。

もちろん、ある地区に住む人すべて、あるいは多くが必ずしも犯罪や暴力に走りやすくなるという意味ではない。ただ、もっとも脆弱(ぜいじゃく)な少数の人々が影響を受けると、それだけでコミュニティ全体がネガティブな方向へシフトしてしまう。ラスベガスの賭け率設定人（オッズメイカー）になったつもりで考えてほしい。安全で健康的なコミュニティが形成される条件が整えば、そのなかの誰かが深刻な犯罪や暴力に走る見込み（オッズ）は低くなる。一方、そうした条件が悪化すると、犯罪や暴力が起こる見込みは高くなる。そして、悪化の期間が長ければ長いほど、そうした見込みも輪をかけて高くなる。

くり返しになるが、だからといって個々の人々の選択が許されるわけではない。ただ、マクロなレベルでは、有色人種のコミュニティで私たちが作った根本的な条件を考えると、こうした事態が起こるのは統計的にほぼ確実と言える。誤解のないように言えば、前述した内容について、有色人種のコミュニティの住民が病的だとみなしているわけではない。彼らは与えられた条件のもと、同じ状況でほかの人がするのと同じ反応を示しているに過ぎない。むしろ、病的とみなすべきなのは、そうしたコミュニティの住民が耐え忍ばなければならない構造的不平等を作り出した者たちだろう。

さて、犯罪や暴力の影響に苦しむコミュニティがある場合、どう対応するのがベストかという疑問が浮かび上がる。よくある回答は、公共の安全に関する戦略を立てることで、そうした犯罪や暴力の根本原因に対処するというものだろう。しかし、「犯罪化の罠」の設計者たちは明らかに別の考えを持っていた。

アメリカは法執行を愛してやまない

重要なのは、ここまでに述べた法執行の力学は、どれも必要ではなかったと認めることだ。有色人種のコミュニティに警察があふれ、その警察が（しばしば暴力的に）法を執行する幅広い裁量権を持つことは、必然ではなかった。私たちはしばしば、犯罪や暴力への不安に対し、警察主導の抑制戦略で対応するのが唯一の選択肢であるような態度を装うが、それは事実とは異なる。にもかかわらず、「犯罪への厳しい対応」の必要性を世間に納得させるための取り組みと並行して、積極的な法執行が公共の福祉と安全に関する最大にして唯一の解決策だと信じ込ませる取り組みがなされてきた。私たちは生まれたときから、政策立案者や大衆メディアによって、法執行を擁護するメッセージを嫌というほど浴びせられる。たとえば、次に述べるようなものだ。

・小さな子どものいる人なら誰でも、子ども向けの本やテレビ番組、映画などで、法執行機関がいかに好意的に描かれているかを知っていると思う。

・地方のニュース番組はえてして刑事司法の話題が中心で、そうした話題はほとんどの場合、取り締まりや起訴、投獄をされる側ではなく、法執行機関の視点から語られる。

・ニュースのプロデューサーや政治家にとって、警察との記念撮影ほど価値のあるものはない（どこかで、ルディ・ジュリアーニ元ニューヨーク市長がくしゃみをしていることだろう）。

・警察や検察を賛美し、英雄のように描くドラマや映画を一日じゅう放送しているテレビ局は多い（驚かれるかもしれないが、映画『ダイ・ハード』のジョン・マクレーンのように、単身で国際テロ組織をたびたび壊滅させるような警官はまずいない。さらに、あなたがどこに住んでいようと、今いる場所の時刻が何時であろうと、ケーブルテレビの番組表を見てみれば、きっと『ロー＆オーダー』が放送されているだろう）。こうした刑事番組の多くは、見え透いたプロパガンダに過ぎない（ほら、『ブルーブラッド』*4のエピソードだって、そんなのばかりでしょう？）。[44]

これらのフィクション作品やニュース報道は、必ずと言っていいほど強硬な法執行戦略を支持している。また、そうしたアプローチの反動で起こる犯罪の横行を当然のように受け入れ、たとえ警察や検察が職権を乱用したり無茶な行動をとったりしても、法執行を賛美する姿勢を崩さない。[45]

念のために言うと、法執行機関の優れた仕事ぶりを評価したり、そうした仕事の現実に光を当てたりする政治的発言やメディアの報道が悪いというわけではない。問題は、そのメッセージが非常に偏っていて、意図的に疑問を差しはさまないつくりになっていることだ。そのため、目的はどうあれ人々に誤った教育をしてしまっているのである。くわえて、あるひとつの専門分野が公的な言説や大衆文化でこれほど大々的に取り上げられているのには驚かされる。しかし、冷静に考えてみると、こうした取り組みには大衆に情報を提供したり、大衆向けの娯楽を生み出したりするよりも大きな目的があることがわかる。つまり、これは社会における法執行とその役割について、一般の意見を形づくることを目的とした大規模な広報活動である。法執行制度は、詰まるところ公共の福祉と安全の総合販売店だと私たちを説き伏せてきたのである。

たくさんの四角い栓とひとつの丸い穴[*5]

突然だが、ここでクイズをひとつ。薬物やアルコールの使用、路上の暴力、学級崩壊、精神疾患、ホームレス、ストリート・ギャング、家庭内暴力、不登校、組織犯罪、麻薬取引、セックス・ワーク、財産犯、移民問題、金融犯罪、交通違反に共通するものはなんでしょう？　正解は、たくさんの（とくに有色人種の）コミュニティで、ほかの多くの社会的病弊と並んで、ここで挙げたすべてに警察と刑事司法制度が主として対応してきたということだ。[46] 長年にわたって、私たちは法執行機関に次から次へと権限を与えてきた。多くの場合、後先を考えずに。どんな社会問題であれ、私たちの答えは決まって法執行機関を関わらせるというものだった。そのため今では、犯罪の拡大解釈に当たるような行為にすら、唯一の適切な対応とみなされるようになった。したがって、アメリカの地方、州、連邦

＊4　一家代々がニューヨーク市警に勤める人々を描いたドラマ。
＊5　「不適任なもの」を意味する、「四角い栓は丸い穴に入らない」という決まり文句を踏まえた表現。

図1　アメリカの警察への支出額、1971～2016年、単位:10億ドル(2017年)

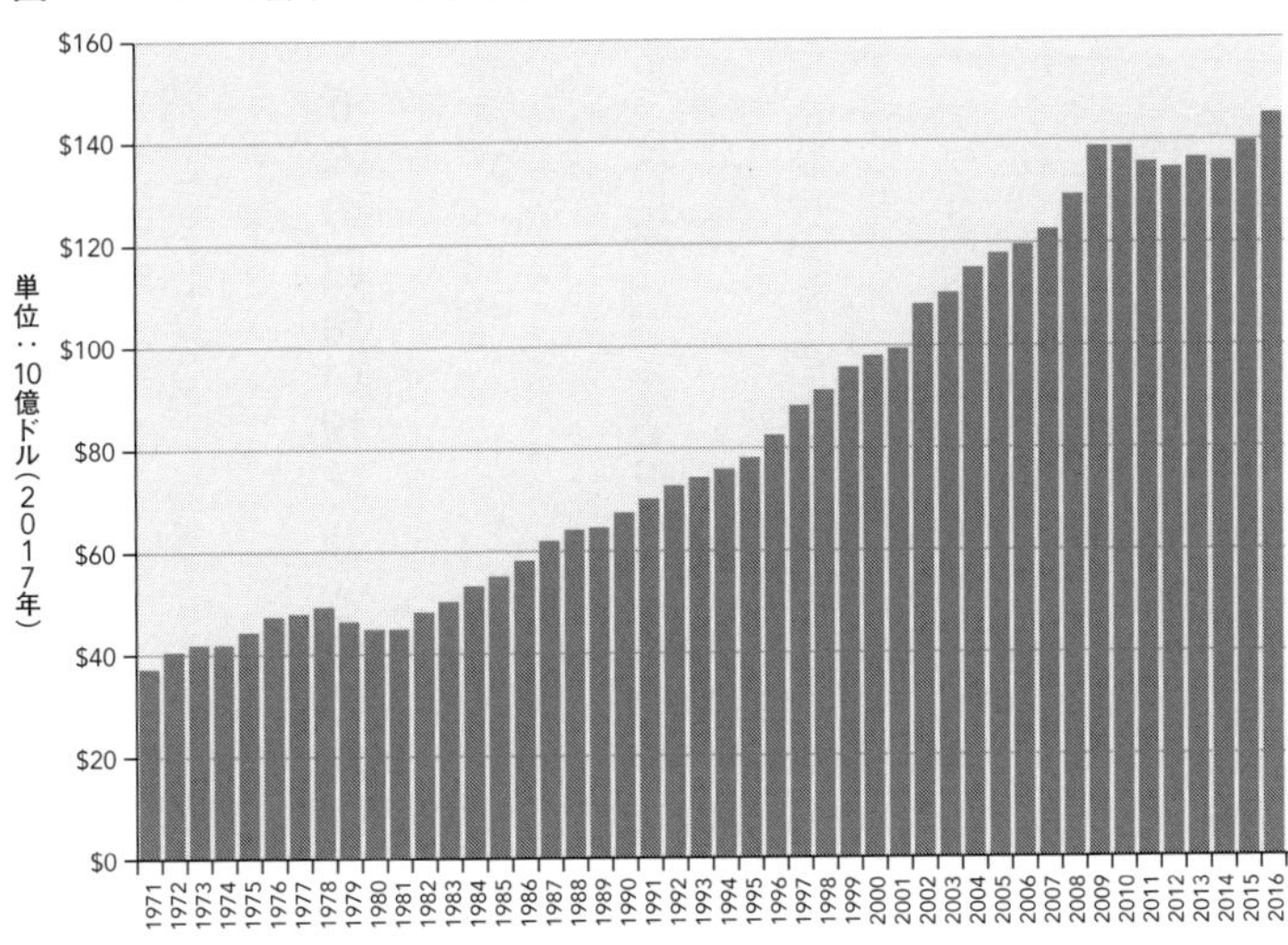

出典:Bureau of Justice Statistics, Prisoners Series

レベルの警察活動に対する年間支出が、インフレ率を計算に入れて1971年の370億ドルから2016年の1460億ドルへ289パーセント増加したことも驚くには当たらない(図1を参照)[47]。

ためしに、個人の医療へのアプローチをこうした公共の安全と衛生へのアプローチと同様に組み立ててみよう。それはさながら、胸の痛みや糖尿病、がん、前十字靭帯(ACL)の断裂、足の巻き爪など、あらゆる種類の健康問題を整形外科医に相談するようなものである。あるいは、住宅のメンテナンスで言えば、電気工事やタイル張り、屋根の修理、冷暖房工事、石工、塗装仕事をすべて配管工に依頼するようなものだ。むろん、そんなことはばかげているとしか思えない。だが、こと公共の安全や衛生に関しては、私たちはありとあらゆる問題を法執行機関に一任してもかまわないと思っているらしい。法執行官が問題の対処にふさわしいかどうかは多くの場合、二の次である。そのため、私たちは刑事司法制度について、社会の安定を脅かす重大犯罪に対処するという従来の法執行機能にくわえ、次のような役割を持たせている。（1）主要な貧困管理システム。（2）薬物使用者や精神衛生に問題がある人向けの最大の収容所。（3）教育制度などの青少年育成機関で不適格とされた人々を収容するための主な施設。[48]

ここで、あなたが社会を一から設計していると想像してほしい。合理的な人であれば、まずはその社会の要望を特定し、そうした要望を満たすのに適切なスキルを持った人材を選び出そうとするだろう。あなたは今後発生する、あるいは発生しうる問題をすべて検討し、それぞれの解決策を講じるはずだ。公共の安全について言えば、犯罪に対処する最善の方法は、犯罪が決して起こらないようにすることだ。そのため、あなたは犯罪の根本原因に対処するために人的資本を最大限に活用したいと考える。また、仮に犯罪が発生した場合は、犯罪が引き起こす被害と再発の可能性を最小限に抑えたい。そこで、発生の状況に合わせて対応を調整し、第一応答者が目の前のタスクに応じたスキルを備えていることを確認する。

おそらくしないであろうことは、ある特定の限られたスキルを持つ人々を頼みの綱として、彼らに犯罪を防いでもらうとともに、起こりうるさまざまな犯罪への第一応答者になってくれるよう一任することだ。とりわけ絶対にしないのは、そうした職務を、武力行使が中心の特殊で限られたスキルを持つ集団にまかせることである。

警官の持つ主なツールのなかで、ほかの専門家と異なるのは（a）逮捕・拘留によって人を無力化する能力、それに（b）致死的および非致死的な暴力を行使する能力だ。もちろん、有能な警官は対人スキル、調査スキル、分析スキルなどを日常的に駆使している。だが、彼らの中核的能力（コア・コンピタンス）、すなわちほかの人々よりも優れた能力は、ずばり武力の行使である。したがって、犯罪を予防するための最良の戦略は、間違ってもコミュニティに警官を増やすことではない。そもそも、まともな戦略ですらないのだ。特定の犯罪を一時的に減少させたり、ある場所から別の場所へ動かしたりはできるかもしれないが、長期的に意義のある改善をもたらす効果はない。警察の主なスキルでは犯罪の根本原因に対処できないのだから、そもそも無理な話である（この戦略の不合理さは、法執行機関が非常に長いあいだ大きな存在感を示しているコミュニティを見れば一目瞭然だ。そうしたコミュニティは法執行機関の存在感が薄いほかのコミュニティよりも、はるかに高い犯罪発生率を有している）。

　さらに、法執行機関に頼ることが、実際に生じる公共の衛生と安全に関する問題に立ち向かうための効果的なアプローチだという考えに惑わされてはならない。武力行使や威嚇が必要な状況はたしかに存在するが、そうした状況は法執行機関が対処を任されている状況のごく一部でしかない。私たちがそのような機関を第一応答者としているケースの大部分において、彼らの中核的能力はまったく必要とされない。彼らは、問題をしばらくのあいだ覆い隠したり、ほかの誰かに対処してもらえるようたらい回しにしたりはできるかもしれないが、目の前の問題への真の解決策を提示することはできない。なぜなら犯罪に対する法執行機関の標準的な対応は、とりあえず逮捕して、あとから解決するというものだからだ。しかし、あるコミュニティで罪を犯して逮捕された者は、ほぼすべてが遅かれ早かれそのコミュニティへ戻ってくる。そして、ほとんどは戻ってから同じ罪をくり返すか、別の罪を犯す。戦略的な介入がなければ、その可能性が高くなるか、あるいは少なくとも同じレベルでとどまるだろう。[49]

たとえば、私がヘロインの常用者で、薬を買うために盗みを働いているとしよう。捕まったらしばらくは刑務所に入れられるだろうが、出所してもおそらく根本的な問題は変わらず、経済状態がさらに悪化するだけだろう。もし、経済的な選択肢としてやむを得ず麻薬を売っていた場合、刑務所に入ったとしても正式な経済の枠組みでの仕事が得られるわけではなく、今後の仕事の見通しがさらに減少するだけだ。また、私が暴力的な罪を犯し、逮捕・拘留されて、檻のなかで同じような罪を犯した人々に囲まれて過ごしても、私の暴力的な傾向が収まるとは考えにくい。あるいは、私が学校で破壊的な行為に及んで捕まっても、学校に戻ればさらなる問題行動を引き起こすだろう。なぜなら、私の行動の原因に何ら対処がなされず、私の教育を担当する大人から、私や私の教育機会を尊重していないという明確なメッセージを受け取ることでさらなる疎外感を抱くからだ。

私たちはまず、法執行機関のスキルと警官が対処を迫られる問題とのあいだに根本的なミスマッチがあることを認めなくてはならない。警官は貧困の世代間連鎖、根深いトラウマ、国内外の社会不平等など、数え切れないほどの問題に有効な対処を求められているが、それは現実的とは言えない。これらの問題に最善を尽くして取り組む警官は多いが、彼らはたいていの場合、与えられた仕事に適した人材ではないのだ。そして、そのことを恥じる必要もない。どんな警官でもそうなのだから。警察が対処をまかされている状況のうち、ごく一部であれ効果的な問題解決に必要なスキルを備えている人はいないし、そんな職種もない。それなのに、私たちは警察にすべての混乱を一掃するよう要求している。私たちは警察にスーパーマンのような働きを期待するが、現実にできる役割は多くの場合、清掃員程度である。このように、警察に何でも屋を要求するのは信じられないほどひどい社会政策であり、警察にとってもきわめて不公平だ。与えられた仕事で成功しようがないなら、それは失敗するよう仕組まれているのも同じだ。

とくに有色人種のコミュニティに関して、犯罪を予防し、それに対処するための数々の戦略（本章で後述する）を忘れてしまったかのような事例があまりにも多い。私たちは、そのほとんどを軽視、あるいは無視してきた。実際にやったのは、非常に厳格で、有害な可能性を秘めた選択肢を優先すること、つまり、警察に問題を丸投げして対処してもらうことだった。しかし、そのような戦略を長年にわたって採用した結果、コミュニティはどんな成果を得ただろうか？　厳しい取り締まりを受けたコミュニティのなかで、経済的、政治的、社会的、文化的に繁栄した場所はあったのか？　どこにもない。ゼロである。強硬な法執行戦略に、成功への道は開かれていない。有効であると証明されているのは、次の2点のみだ。すなわち、（1）有色人種全体を犯罪化すること（2）大量投獄制度を煽ることである。

犬までが犯罪とみなされる

デイヴィッド・ブラウンはダラス警察署の署長だったとき、こんなふうに語った。「この国では警官に多くを求めすぎている。誰もがそうだ。社会のあらゆる問題について、警察に対応を押しつけているのだ。精神保健の予算が足りない。警察にまかせよう……ここダラスでは野犬の問題がある。警察に捕まえさせよう。失敗しつつある学校が増えている。警察になんとかしてもらおう……あまりにも要求が多すぎる。警察の本分はそうした問題を解決することではない」

出典：Brady Dennis, Mark Berman, and Elahe Izadi, "Dallas Police Chief Says 'We're Asking Cops to Do Too Much in This Country,'" *Washington Post*, July 11, 2016.

檻の使用を標準化する

アメリカでは、人々は刑罰への並々ならぬ欲求を抱えており、それはときとして欲望へと変わる。私たちは〝犯罪者〟に彼らの行為を認めていないことを示すため、情け容赦のない要求を押しつける。そして、「罪を犯した以上、きちんと刑期をまっとうしろ」と言い放つ。だが、興味深いことに、私たちの刑罰への欲求は通常誰にでも及ぶわけではない。それが適用されるのはたいていの場合、私たちが知りもせず、気にもかけない人たちにだけである。

たとえば、子どもが何か悪さをした場合、私たち親は結果責任について教え、自分の行動への責任をとらせようとする。私たちは子どもが共感力を養い、自分の行動の影響を理解できるように支援する。また、自分の起こした損害を償い、修復することの大切さを教えようとする。さらに、長期的な視野に立ち、子どもが犯した若さゆえの過ちを帳消しにすることはできないが、彼らが反省し、同じ過ちをくり返さないよう手助けすることはできると信じる。私たちがまずやらないであろうことは、子どものふるまいに対して、家から追い出したり、学校を退学させたり、身体的、心理的、感情的に激しい苦痛を与える方法を模索したりすることだ。こうした罰を与えないのは子どもたちを愛しているからであり、とくに長期にわたってマイナスの影響を与えるような形で彼らを傷つけたくないからだ。

同様に、自分にとって大切な大人たちが違法な行為や有害なふるまいに及んだとき、私たちはしばしば思いやりと赦しという驚くべき力を発揮する。一般に、彼らが過ちを犯すに至った状況を一から十まで理解することもいとわない。また、〝過ちは人の常〟であること、誰もが長いあいだ間違いを犯してきたこと、私たちにできることはそこから学び、その過程で生じた損害をできるかぎり修復することだと、容易に理解できるのである。このようにして、私たちはお互いに対し、胸を打つほどの慈悲を示そうとする。数え切れないほどの〝セカンド・チャンス〟を提供し合っているのである。おそらく誰もが頭では理解しているとおり、正しい対応とはほぼすべての状況において、大切な人をただ追い出したり、その過ちを厳しく罰したりすることではない。むしろ、できるかぎり健康で安全に過ごせるような方法を見つけることである。

しかし、大切な人（と自分）以外のこととなると、私たちはその悪事に対してまったく異なるアプローチを取ってしまう。悪いことをした人たちに対して、私たちが受けさせたがる懲罰の程度は、際限がないように思えるほどだ。したがって、アメリカでは最低量刑の強制やスリーストライク（三振）法[*6]、真の量刑[*7]など、さまざまな厳しい刑事司法の慣行が導入され、その結果、比較可能な国よりもはるかに長くたくさんの投獄が行われている。[50]

おそらくもっとも厄介なのは、投獄という極端な手段がアメリカ社会ですっかり定着してしまっていることだ。誰かが刑務所や拘置所に送られたというニュースを聞いても、きっとなんとも思わない人が大半だろう。たとえ印象に残ったとしても、ほとんどの人は自業自得と思って終わりのはずだ。では、大切な人には理解と思いやりを持てるのに、それ以外の人にはどうして冷淡で懲罰的な態度をとってしまうのか？　この種の断絶をどうして解消できないのか？

理由は、私たちがそうなるように条件づけられているからだ。このような態度は生まれつき備わったものではない。学習したうえでの行動だ。過去数十年間、アメリカ人は犯罪や暴力への対処方法を変えるため、一丸となってキャンペーンを展開してきた。発信されたメッセージのうち圧倒的に多

＊6　重罪を3回犯すと自動的に終身刑となる法律。
＊7　仮釈放を廃止または抑制し、受刑者が刑期をまっとうすることを目指す政策や法律。

かったのは、私たちが「犯罪を厳しく」取り締まり、公共の安全を守る姿勢を示すためには、犯罪者に厳罰を下さなければならないというものだった。共和党はこの手のメッセージを駆使して、地方、州、連邦レベルの選挙で次々と勝利を収め、民主党もすぐにその姿勢に追随した。同様に、ニュース報道と大衆メディアは、罪を犯したら厳しい罰が待っているという考えを一般に強く印象づけた。その結果、こうした考えはアメリカの主流文化に深く定着し、人々は懲罰的なアプローチの有効性を疑ったり、ほかの方法を模索したりすることにあまり関心を払わなくなった。ほとんどの場合、私たちはこうするものだと単純に思い込んでいる。結果として、アメリカ国民は世界中の誰よりも、かつてないほど懲罰を追求するようになってしまった。[51]

一方、そうした感情は誰にでも等しく適用されるわけではない。人は、刑罰というものはほかの人だけが該当すると考えている。そのため、社会から〝他人〟とみなされる人間であればあるほど、罰せられるべきだと思われてしまう。とくに、私たちの罰に対する欲求は、私たち自身の人種と加害者の人種によって大きく左右される。自分が〝犯罪者〟の側のひとりであることがわかると、犯罪の根底にある事情を考慮し、共感と思いやりをもって対処することが多くなる。しかし、自分と犯罪者とのあいだに人種の隔たりがあると、慈悲深さがなくなり、怒りの反応を示すことが多くなる。そのため、悪事を働いたのが白人であれば、白人の政策立案者も一般市民もとても理解があり、寛容な人々に見えることだろう。罰を与えたいという強い願望は、（必ずではないが）一般に有色人種に向けられる。有色人種は白人よりも罪深く、危険だとみなされているからだ。[52]

たとえば、有色人種のコミュニティでは通常、薬物の使用や依存は犯罪として扱われるが、白人のコミュニティでは公衆衛生の問題として扱われることをご存じだろうか？　有色人種のコミュニティにおけるコカイン、クラック、ヘロイン、マリファナの使用は麻薬撲滅キャンペーンを招き、何百万人もの薬物使用者が投獄されることになった。他方、オピオイド（医療用鎮痛剤）の蔓延は白人が中心のコミュニティに集中しているが、その対応は予防や治療、被害の低減（ハーム・リダクション）にスポットを当てた、はるかに思いやりのあるものである。[53] 有色人種のコミュニティで薬物使用者に対応するために集められた人的資源は警察官や検察官、刑務官が大半を占めていたが、白人が中心のコミュニティでは、医師や看護師のほか、行動保健学や公衆衛生の専門家といった人々が集められていた。

このような状況のもと、同じような罪を犯したとしても、白人よりも有色人種のほうがはるかに頻繁に、かつ厳しく罰せられるようになった。[54] 米国量刑委員会によると、２００７年から２０１１年にかけて、黒人男性の刑期は同様の罪を犯した白人男性より20パーセント長かった。さらに、黒人男性は、有罪となった罪に関する量刑ガイドラインを下回る判決を受ける可能性が白人男性より25パーセント低かった。[55]

刑罰はほかの人のためにあるという考えがどれほど受け入れられてきたかを理解するため、ある事実に注目してほしい。アメリカでは人種や民族、社会経済的レベルを問わず、毎年何百万人もの人々が逮捕されているが、投獄される人の圧倒的多数は低所得者、とくに有色人種の低所得者で構成されているのだ。[56] 裕福な白人が不正行為によって逮捕されても投獄を免れる仕組みやカラクリは数多く存在するが、それらはすべて、投獄は決して彼らのためのものではないという広く行き渡った想定にもとづいている。

アメリカの大量破壊兵器

個人の自由を奪い、檻に閉じ込めるのは決してささいなことではない。合衆国憲法は、これを奴隷制の一形態とさえみなしている。[57] それればかりか、誰かを投獄することで、その人の自由を奪うよりもはるかに重大な結果が生じる。投獄は本人だけでなく、家族やコミュニティ全体にとってもきわめて有害である。以下に、人を刑務所や拘置所に入れることで生じる害のほんの一例を示す。[58]

個人に及ぶ害

・日常的な侮辱。

・意図的に劣悪で更生を目的としない生活環境。

・重度のトラウマや毒性(キラー)ストレスによるうつ病、不安神経症、自殺の発生率の増加。

- 心理的虐待、セクシャル・ハラスメント、身体的虐待、性的暴行のリスクの増加。
- 極端な攻撃性や暴力につながる深刻な社会的・情動的引きこもりの発生。
- 薬物およびアルコール依存に対する効果的な治療法の欠如。
- 刑務所の文化的規範に適応（「刑務所ボケ」）することで、コミュニティへの復帰が困難になる。
- 感染症や慢性疾患にかかる可能性が高まる。
- 寿命の低下。
- 出産、死亡、記念日、誕生日など、家族の人生の節目やイベント時の不在。
- 家族や友人との関係の悪化または断絶。

・親権喪失の可能性。
・雇用や教育の機会の喪失。
・財産の喪失。
・移民の強制送還の可能性。
・法的手続きにともなう罰金や手数料、収入減による金銭的負担。
・就職、住居探し、公的給付の受給、教育機会の確保、兵役、投票における障害など、コミュニティへの復帰にともなう広範な副次的影響。
・元受刑者というレッテルから生じる、生活面での困難や数かぎりない差別。
・人生を立て直すことを困難にしかねないほど煩雑な保護観察の要件。

・将来犯罪に関与する可能性が高まる（すなわち、投獄そのものが犯罪を引き起こす）。

家族に及ぶ害

・家族の心理的・精神的負担。

・家族の絆の希薄化または家庭崩壊。

・親と子どもの分離による子どもの幸福度の低下、学業不振、情動的・精神的な健康問題の発生、素行の悪化や非行の増加（犯罪のサイクルが深刻化する可能性）、寿命の低下。

・受刑者の収入が途絶えることによる、家族の経済的困窮と不安の増大。

・子育ての責任など、家族の負担増。

・公的給付金や家族のための公営住宅の喪失。

・受刑者との連絡や支援にかかる金銭的負担。交通費（受刑者の多くは自宅から遠く離れた場所に収監されている）のほか、電話やビデオ面会など刑務所内のサービスにはしばしば法外な料金がかかる。

コミュニティ全体に及ぶ害

・コミュニティを安定させる社会的ネットワークと支援システムの弱体化。
・コミュニティを衰退させ、高いレベルのトラウマや毒性（キラー）ストレスを生み出す犯罪サイクルの深刻化。
・精神的、身体的、行動的な健康問題を抱え、出所時よりも罪を犯す可能性が高いと考えられる元受刑者の社会復帰。
・コミュニティの資源への負担。
・貧困の世代間連鎖の深刻化。

・多数の元受刑者を抱えるコミュニティの政治力が大幅に低下する。

・元受刑者が刑務所内で罹患した感染症への暴露。

・コミュニティの健康と安全を改善するため、ほかの取り組みから資源を転用しなくてはならない。

・投獄に関わる多大な経済的損失、投獄後の公的支援の必要性、および受刑者や元受刑者の税金を納める能力の低下。

このように、私たちが人を投獄するとき、それは単に一定期間彼らの自由を奪うことだけを意味するのではない。投獄の決定は、その人や家族、社会集団、コミュニティのすべてのメンバーに深刻でしばしば修復不能な害を及ぼすという公の姿勢を表している（しばしば見られるように、投獄の影響が地理的に集中している場合はなおさらだ）[59]。実際、その影響はかなり深刻なことが多く、受刑者本人が投獄される原因となった犯罪よりもはるかに有害なケースもある。

にもかかわらず、政策立案者や検察官は数知れぬ投獄を正当化するうえで、投獄は貴重な「道具箱のなかの道具」だと言ってはばからない。この擁護にはいろいろな問題があるが、何よりもまず、ありとあらゆる道具への侮辱である。道具は物を直したり、作ったりするために使われる。一方、投獄によって何かが直ることはまずないし、むしろ事態を悪化させることのほうが多い。また、ポジティブなものを作り出すために役立つこともない。そのため、投獄は道具というよりも、大量破壊兵器と考えてしかるべきだ。この兵器はあまりにも頻繁に、かつ無責任に用いられてきた。

もちろん、場合によっては、投獄が個人や家族、コミュニティになんらかの利益をもたらすことも事実である。だが、利益をもたらすからといって、それがもっとも有益な戦略ということにはならない。投獄がある種のポジティブな役割を果たしたケースでも、すぐには明らかにならないが、たいていは利益を損害が上回っている。さらに、ほとんどの場合、投獄よりもましな解決策は存在する。そう言えるのも、私たちの投獄戦略がきわめて有害なだけでなく、驚くほど効果のないものだからだ。

短気は損気

刑事司法戦略の目標は、投獄のような厳しい処分が必要とされない、安全で健全で公正なコミュニティを作ることだ。ところが、大量投獄の影響をもっとも強く受けているコミュニティの住民に話を聞くと、〝安全〟も〝健全〟も〝公正〟も、自分の住む地区について説明するときにはまず出てきそうにない言葉だという。実際、図2のグラフは、高機能な司法制度とはほぼ正反対に位置するものを表している。

図2　アメリカの州および連邦刑務所の総人口（1925〜2017年）

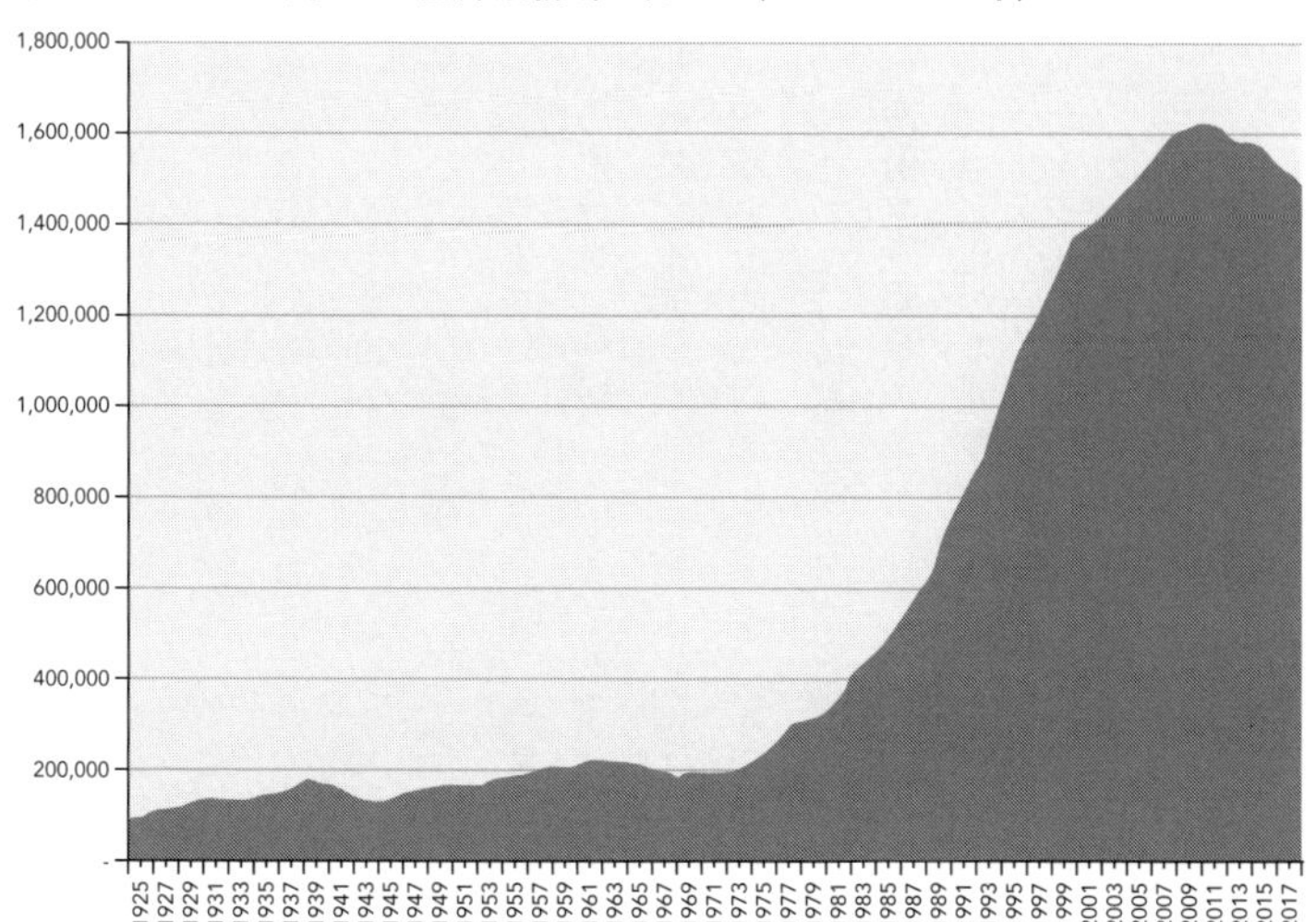

出典:Bureau of Justice Statistics, Prisoners Series

さらに、全米研究評議会はこのテーマに関する非常に幅広い研究のなかで、私たちの量刑政策の無効性を示す広範な証拠についてくわしく述べている。研究では、投獄戦略と犯罪率にはほとんど関連性のないことがわかっており、「長期の実刑判決は犯罪抑止策としては効果がない」と結論づけられている。[60]

刑事司法政策の問題を注視してきた者にとって、大量投獄制度の無効性も、それがもたらす広範な被害もとりたてて驚くようなことではない。これは予見不可能なエラーではないのだ。実際、大量投獄が起こる少し前、1970年代初頭の比較的収監率が低かった時代には、犯罪学者のあいだではこの手の刑罰制度はじきに廃れるだろうとの見方が大勢を占めていた。[61] 1973年には、刑事司法の基準と目標に関する全米諮問委員会も、新しい刑務所を建設せず、すべての少年鑑別所を閉鎖するよう勧告した。また同委員会は、投獄の「衝撃的な失敗の記録」と「これらの施設が犯罪を防ぐよりも、むしろ生み出しているという有力な証拠」をもとに、「広範な拘留偏重姿勢」からの転換を促した[62]（当時、アメリカの刑務所には20万4211人が収監されていたが、現在は150万人近くまで膨れ上がっていることに留意してほしい）[63]。

だが、こうした動かしがたい事実と長い経験に裏打ちされた意見は、いつしか「応報的正義」や「抑止論」といった崇高な響きを持つ理論に敗北を喫するようになった。応報的正義とは、犯罪は道義的な誤りである以上、その犯罪に対する罰は道義的な善であるとする考え方だ。一方の抑止論は、犯罪への処分をより厳しくすることで、犯罪行為が少なくなるとの考え方にもとづく。どちらの理論も基本的に、犯罪に対しては犯人を罰することができればできるほどいいとしており[64]、現在では、刑事司法政策と公的な討論にとことんまで組み込まれている。いずれも、「トリクルダウン（おこぼれ経済政策）」や「予防戦争」などと並んで、現代のアメリカ史におけるきわめて破壊的な思想だ。いくつか理由を説明しよう。

第一に、どちらの理論も、投獄は刑務所や拘置所に入る者にしか影響しないとしている。しかし、投獄は外科手術のような精密なミサイル攻撃というよりも、無差別な核攻撃を彷彿とさせる。したがって、応報的正義と抑止論は双方が助けると称する人々を傷つけることとなる。

第二に、どちらも犯罪と人間行動の実態を根本的に履き違えている。〝犯罪者〟とは道義的な善と悪のいずれかを選択する合理的な行為者であるという前提にもとづいているのだ。おそらく、人間の基本的欲求が今よりもはるかに満たされているような、私たちの世界よりもずっと公平な世界であれば、この仮定は理にかなっていると言えるだろう。だが実際には、私たちが犯罪として罰しているものの大半は、まったくと言っていいほど合理性をともなっていない。投獄される者のほとんどは、罪を犯したとき、合理的にではなく衝動的に行動していた。薬物やアルコール、精神衛生上の問題、身体的、心理的、感情的な痛みによって、判断力が低下していた者が多かった。〝犯罪〟が熟慮の末の選択によって生じたものだとしても、現実には、加害者たちの選択肢はきわめて限られていた。彼らはある行為が違法で、それによって罰せられる可能性があることをわかっている場合でも、別の欲求を満たすことはそのリスクに値すると判断する。つまり、きわめて厳しい刑事罰でさえ、人々の選択にはほとんど影響を与えないのだ。だからこそ、応報と抑止の理論が長年にわたり受け継がれているにもかかわらず、年間一千万人以上の人々が依然として刑事司法制度のもとに送り込まれている。

第三の問題は、適切な制約がいっさい設けられてないため、きわめて乱用されやすいということである。事実、これまでにもどの程度の罰則が適切かを判断する際は、〝厳しければ厳しいほどいい〟という結論が下されるばかりだった。そうすると、たいてい次のような流れになる。ある行為に対する刑事罰をたとえば懲役1年に設定したとする。その行為が道義的に間違っているとのメッセージが伝わるうえ、1年という期間も効果的な抑止力になるはずだ。だが、犯罪の発生は止まらない。そこで、今度は刑事罰を5年に設定する。これならさらに強力なメッセージとなって、抑止力として効果を発揮してくれるだろう。ところが、それでも止まらない。そこで今度は10年、さらに15年……と刑期を延長するうち、最終的には、ほかの犯罪をめぐる際限のない決定と同様に、刑罰を裏づけるための適切な根拠がない状態へと行き着いてしまう。

第四の問題は、私たちが罰と結果責任を混同してしまうことだ。その結果、犯罪への対応の効果は薄れ、ますます有害となり、犯罪の被害者やサバイバーの要望を満たせないばかりか、彼らをたたび傷つけることになる。

もちろん、他人を傷つけたら、報いを受けてしかるべきだ。しかし、その報いが罰を中心としたものの場合、被害と苦しみの果てしない連鎖が生じることになりかねない。だが、もしそれが〝真の結果責任〟に集約されたら、はるかに有意義な形の正義となる。

真の結果責任とは、犯罪者が自分のしたことに責任を持ち、不正行為による被害を修復し、回復を促し、犯罪や暴力の根本原因に取り組むことによって、より健全で安全なコミュニティの構築を優先するプロセスを指す。こうしたプロセスは、人間と人間関係をあらゆる角度からとらえ、構造的な要因が個人の行動とどう交わるのかに注目する。犯罪者がふたたび罪を犯さないようにするため、また、犯罪に巻き込まれた人や犯罪の影響を受けた人の要望にできる限り対応するために全力を尽くす。さらに、加害者自身も多くの場合、別の犯罪のサバイバーであるため、自分たちの要望が適切に満たされないとき、将来の加害者となりかねないこともそのプロセスは認識している。真の結果責任を果たすことは、犯罪者にとって非常に困難な道のりとなることが少なくないが（単に刑罰を受け入れるよりもはるかに困難なことが多い）、ポジティブな価値観にもとづいており、共感や思いやりの能力、問題解決能力など、人間として最良の部分から生まれるものである（真の結果責任の実際の例としては、全米で進められている数多くの質の高い修復的司法や変革的司法の取り組みがある）。

一方で、罰は通常、人間として最悪の、もっとも卑しい本能に根ざしている。それは怒りや復讐心、残酷さ、短絡的な人間観、さらに犯罪者を理解したり気づかったりすることができない状態、あるいはしたくないという気持ちから生まれる。また、たいていは結果責任の対極に位置している。加害者がみずからの行動に責任を持つことを求めず、自分のしたことによる周囲への影響に真摯に向き合うことを要求しない。[65]またほとんどの場合、彼らが起こした被害を修復させたり、同じ行動をくり返さないために必要な能力を身につけさせたりしない。かわりに、サバイバー（被害者）や遺族にさしたる救済を与えず、加害者が再犯する可能性を高めることで、人々を社会から追放してしまう。こうして見てみると、罰によって問題が解決することがいかに少ないかがわかるだろう。罰は往々にして問題を覆い隠すだけで、むしろさらなる問題を生み出してしまう。罰への衝動は誰の要望にも十分に応えることはない。サバイバー（被害者）の要望にも、コミュニティ全体の要望にも、さらには加害者やその家族の要望にも。

応報的正義と抑止論がアメリカ社会を損なった第五のやり方は、とりわけ悪辣なものだ。どちらも「政府はどうしても必要な場合をのぞき、本来つかえるべき私たち国民に危害を加えてはならない」という当たり前の事実を見失わせてしまった。私たちは、司法制度が人々の生活をむやみやたらと破壊することを許してきた。それもこれも、〝犯罪者〟に相応の報いを与え、将来の犯罪を抑止するために投獄が必要だと信じ込まされてきたからだ。さらにその過程で、私たちを保護し、私たちに奉仕する責任のある人々が逆に私たちを虐げられるようにしてしまった。

もちろん、このように述べたからといって、何もすべての刑務所や拘置所をただちに廃止せよと言いたいわけではない。とはいえ、さまざまな構造的不公正がたくさんの人やコミュニティに与えた壊滅的な影響と、それによって生み出された人々、つまり他人に深刻な害を及ぼし、いっさいの介入がないまま出所した場合さらなる害を与えかねない人々に目を向けないのは、思慮に欠けると言わざるを得ない。そうした人々は受刑者全体のごく一部に過ぎないが、それでも私たちは、彼ら独自の要望や彼らの影響を受けるコミュニティ全体の要望に応えるための、刑務所や拘置所といった制度に代わる効果的な手段が現時点で少ないということを認めなければならない。しかし、私たちがそのような選択肢を持つことは可能であり、実際に持つべきなのである。

刑務所や拘置所をなくすのが私たちの共通目標であることには、誰もが賛同できると思う。私たちはみな、お互いを檻に閉じ込めなくてもいいような社会に住みたいと願っているはずだ。だが残念なことに、過去40年あまりものあいだ、私たちの決定の圧倒的多数はみずからを誤った方向へ動かし、目標から遠ざけてきた。投獄を段階的に縮小するどころか、むしろ激増させてきた。檻の使用に代わるものを作るどころか、そんな選択肢など存在すらしないかのようにふるまってきた。矯正制度の協力をいっさい必要としない安全で健全で平等なコミュニティを築くどころか、そうしたコミュニティの構築とは相容れない大量投獄制度を作り上げてしまった。

とはいうものの、近年、アメリカでは過剰投獄への対策を進める州が増えている。[66] この問題の流れを変えるうえで重要な役割を果たすような量刑改革が、数多く可決されている。それによって、受刑者数の果てしない増加傾向にストップがかかり、近年は若干の減少さえ見られるようになった。こうした変化自体は喜ばしいことだが、状況はそれほど明るいとは言えない。これらの改革はほとんどの場合、とりわけ悪質な量刑の慣行や軽微で暴力をともなわない犯罪など、容易に解決できそうな問題にしか対処していないのだ。[67] もちろん、千里の道も一歩からであり、最初のステップは必要かつ称賛に値するものだ。けれど忘れてはならないのは、そうしたステップは物事を正すために進まなければならない総距離のほんの一部であるということだ。実際、現在のペースでは、受刑者数を半減させるだけでもあと75年はかかるだろう。[68]

私たちはそれよりもはるかに目覚ましいことができるし、そうしなければならない。投獄はあまりにも効果が低く、むしろきわめて有害なので、大半の人はほかに選択肢がいっさいない場合をのぞいて、愛する人や大切な人を檻のなかに入れたいとは思わないだろう。つまるところ、私たちの社会は、刑務所や拘置所に入れられた人のことをまったく気にかけていないということになる。私たちは、彼らの犯罪に対処する別の方法を探すほど彼らのことを尊重していない。檻に入ることにともなう責め苦を取りのぞいてあげるほど愛してもいない。そして、私たちが気にかけることも、尊重することも、愛そうともしない人々は、大半が有色人種だ。

犯罪化の罠というレイシズム

私たちは公共政策の決定を通じ、刑事司法制度の輪郭を形作っている。自分たちが〝犯罪〟と呼ぶ行為が増加または減少する条件を作り出しているのだ。また、そのあとで〝犯罪者〟とみなされる人や、さらには最終的に投獄される〝犯罪者〟の数が増加または減少する条件も作っている。「犯罪化の罠」は、過去数十年の無数の政策決定が〝より多く〟を求めてきた結果である。より多くの〝犯罪〟。より多くの〝犯罪者〟。そして、より多くの投獄。

もちろん、その罠にかかる人を決めるのも私たちだ。どこでも仕掛けられたが、選択は無作為ではなかった。あらゆる場所に仕掛けられたが、すべての場所を対象としてはいなかった。そう、私たちのアプローチは具体的かつピンポイントなものだった。「犯罪化の罠」を仕掛けたのは、ほかの誰でもない有色人種を確実に一網打尽にできるような場所だった。

このような結果を生んだ無数の政策決定には、人種差別的な意図が明らかなものもあれば、そうでないものもあった。しかし、そんな歴史的分析よりも重要なことがある。それは、犯罪の拡大解釈と大量投獄制度は概して、黒人と褐色人種のコミュニティに住む人々の生命と自由をほかのアメリカ国民よりも軽んじてきたという点で、きわめて人種差別的なものだったという認識だ。さらに問題なのは、そうしたレイシズムの証拠は何十年も前から挙がっているにもかかわらず、それを指摘したり、解決を試みたりしてきた人々への公的支援がほとんどないことである。言い換えれば、私たちは全米で現在も実施されている政策がとりわけ有色人種のコミュニティを衰退させていると知りながら、それを止めるために必要なことをしようとしていない。それどころか、ほとんどの場合、こうした著しい不公平から目を背け、単純にそれを受け入れるか、ありとあらゆる方法で正当化してきた。有色人種のコミュニティにとって明らかに、そして過度に破壊的な状況に対して、十分な対応をしないその姿勢こそ、制度全体のもっとも人種差別的な側面と言えるかもしれない。

金食い虫の刑事司法制度

私たちがこの人種差別的な制度を築くために行ってきた投資は、過去数十年にわたって膨れ上がる一方だ。たとえば、図3は1971年以降のアメリカの刑事司法制度に対する年間支出額（地方、州、連邦）を、インフレ率を計算に入れて示したものである。[69]

1971年の年間支出は640億ドルだったが、2016年には3020億ドルにまで増加した。この変化がどれほど大きいものか大半の人はおそらくピンと来ないと思うので、ためしにアメリカの司法制度が同じ規模を維持していた場合、これまでどれくらいの金額を超過したのか計算してみよう。1972年から2016年にかけて、毎年640億ドルを投じていたとしたら、その期間の刑事司法制度への総支出額ははたしていくらになっていたのか。答えは2兆9000億ドルだ。だが、実際に

図3　アメリカの刑事司法支出

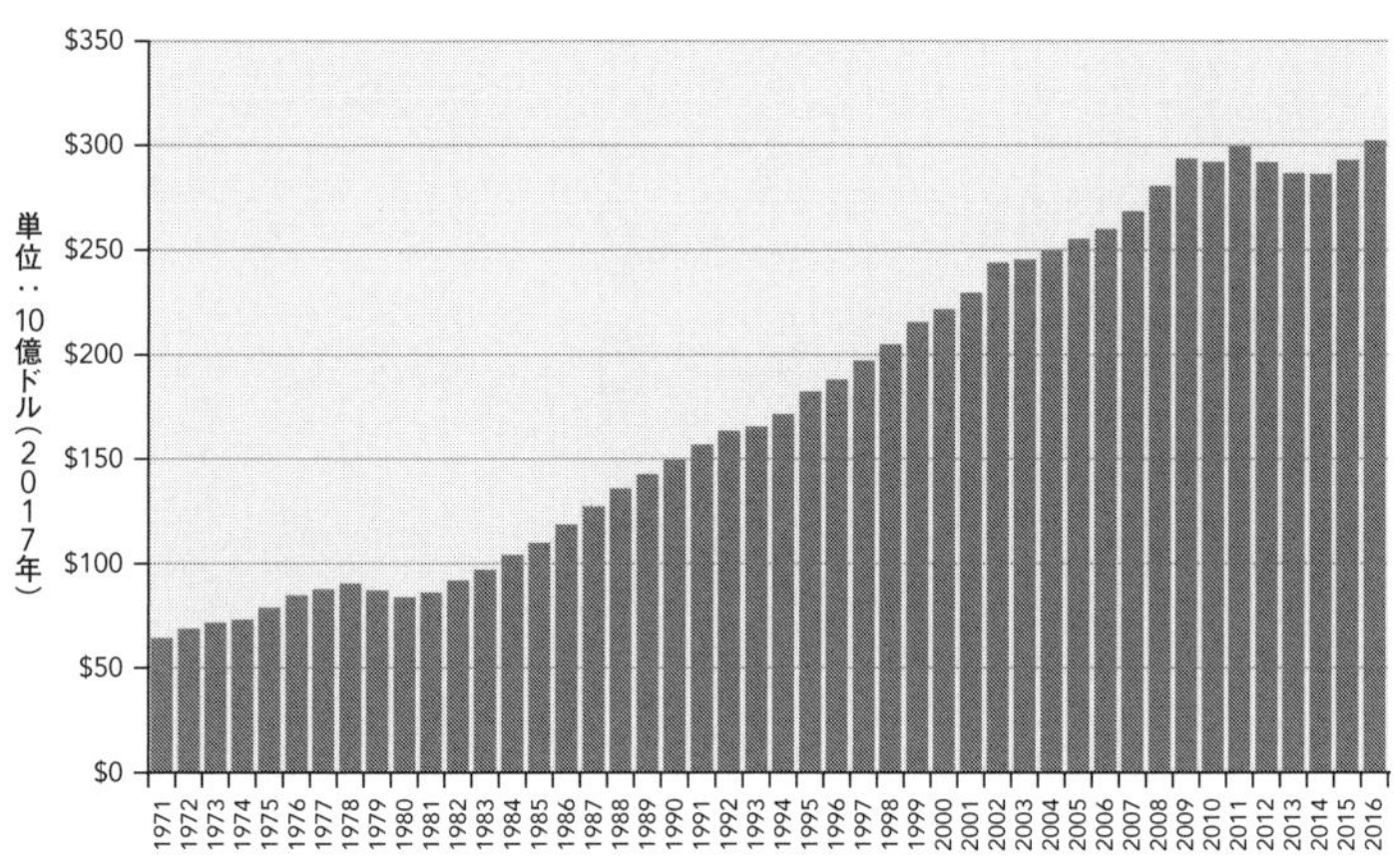

出典:Bureau of Justice Statistics

その期間に支出された額は8兆2000億ドルだった。つまり、刑事司法制度を劇的に拡大させるためにアメリカの納税者が負担した費用は、5兆3000億ドルとなる（図4参照）。

この影響は、地方レベルでは一目瞭然だ。図5は、先述した五つの都市（ニューヨーク、シカゴ、マイアミ、デンバー、ロサンゼルス）で刑事司法制度が急拡大した様子を示したものである。[70]

刑事司法制度への投資は非常に有害なだけではなく、莫大な機会費用も生じさせている。5兆3000億ドルがあればほかに何ができたか考えてみてほしい。今日私たちが直面している主な社会問題の多くは、資源を別の形で割り当てていればとっくの昔に対処できていたものばかりだ。[71] アメリカ国民一人ひとりの生活を大幅に向上させ、はるかに公平な社会を作り、もっと賢明なやり方で治安を改善することができていたはずだ。ところが、私たちが実際にしてき

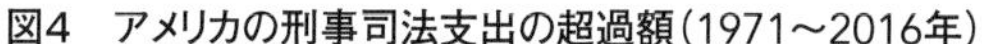
図4　アメリカの刑事司法支出の超過額（1971～2016年）

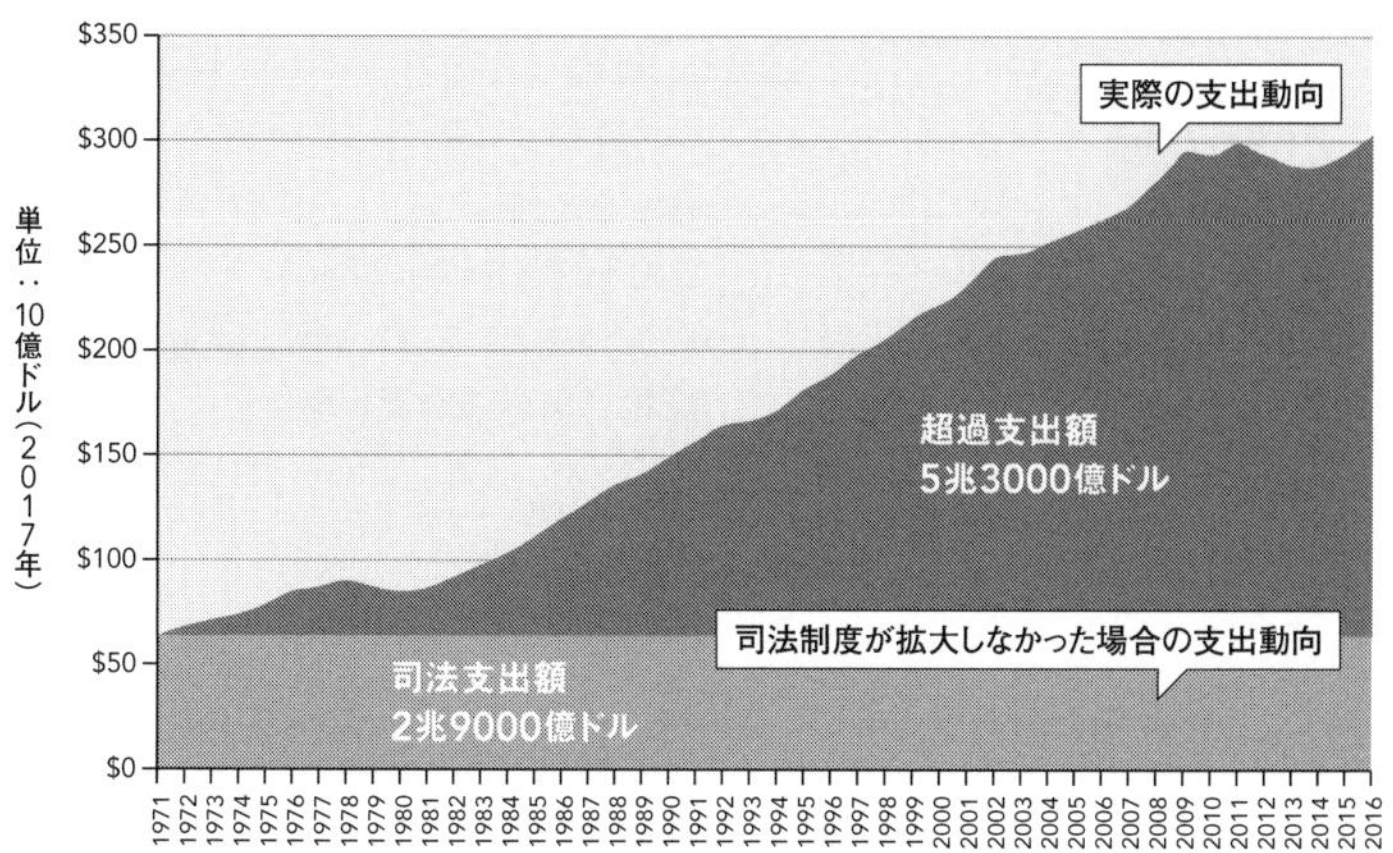

出典:Bureau of Justice Statistics

たのは、本来ならコミュニティの重大な要望への対応に使えたはずの資金を刑事司法の拡大に注ぎ込むことだった。とくに刑事司法制度が爆発的に拡大しているコミュニティでは、犯罪や暴力の根本原因に対処するために不可欠な方策（教育機会、若者への全面的な支援、十分な生活賃金の仕事、保健医療、手の届く価格の住宅）が、しばしば深刻な資金難に陥っている。[72] このように、私たちは犯罪や暴力を防ぐための方策に前もって適切な資金を投じるのではなく、その結果として起こるであろう行動を犯罪化するために後手後手で膨大な投資を行ってきた。

つまり、犯罪化の罠はほぼすべての人にとって国の資産のとんでもない無駄づかいだった。しかし、超富裕層は違う。彼らにとって、犯罪化の罠は個人の資産をさらに増やすチャンスである。

図5　刑事司法制度の地方レベルでの増加

（ドル価格はすべて2017年のインフレ率に調整）

ニューヨーク市

- 刑事司法支出

32億ドル → 82億ドル
（1980年）　（2016年）

- ニューヨーク市警の職員数

2万8549人 → 5万3943人
（1980年）　（2016年）

- 矯正職員数

6505人増（1980年〜2016年）

シカゴ（クック郡）

- 郡の矯正支出

200%増（1980年〜2016年）

- シカゴ市警の支出（年金・福利厚生基金を含む）

12億ドル → 20億ドル
（1982年）　（2017年）

- 矯正職員数

205%増（1980年〜2016年）

マイアミ（デイド郡）

- 郡の矯正支出

666%増（1980年〜2016年）

- マイアミ市警の支出

7,000万ドル → 2億400万ドル
（1980年）　（2016年）

- 矯正職員数

334%増（1980年〜2016年）

デンバー

- 刑事司法支出

1億7700万ドル → 4億1000万ドル
（1980年）　（2016年）

- 地方検察の年間支出

670万ドル増（2004年〜2017年）

- 警察・矯正職員数

889人増（1980年〜2016年）

ロサンゼルス

- 郡の刑事司法支出

203%増
（1980年〜2016年）

- ロサンゼルス市警の支出

7億6600万ドル → 23億ドル
（1980年）　（2016年）

- 郡警察・矯正職員数

6000人増
（1980年〜2016年）

カーテンの裏に潜む魔法使いたち

犯罪の拡大解釈と大量投獄制度の害について、見る人が見れば明らかになったとき、なぜすぐにストップがかからなかったのか？　むしろ、こうしたやり方が全米に拡散し、時とともにその有害性を増していったのはなぜか？

端的に言えば、有色人種のコミュニティに警察国家を作り、人々を大量に投獄することで恩恵を得る人がたくさんいたからだ。その大半は、いわば短期的な受益者である。たとえば、大量の警官が特定のコミュニティでパトロールしていると知って安心したり、一部の個人や集団が拘束されることで落ち着きを感じたり、法執行機関から占領地扱いされるコミュニティの住民に競争上の優位性を得たりするような人々だ。実際には、犯罪化の罠がこの手の受益者たち（もちろん、大半が白人である）に与える生活の質の向上は微々たるものだ。それに、彼らのような人々がたいてい見落としているのは、こうした政策は長期的に見ると自分たちにとってもきわめて有害になるということだ。事実、公共の安全や衛生、政府支出、公民権、市民的自由などの優先事項に関する長期的な利益から損われる額は、通常、私たちが得る短期的な利益をはるかに上回る。にもかかわらず、私たちは犯罪の拡大解釈と大量投獄制度を生み出し、永続化させることに加担するばかりか、その過程で知らず知らずのうちに長期的な受益者を支援しているのだ。

犯罪化の罠によって真の勝利を収めたのは、超富裕層だ。彼らは現在の刑事司法制度から途方もない利益を得ている。実際、アメリカ実業界とウォール街の経営者らは、抑圧的な刑事司法制度こそが富と権力を築くカギであることを発見した。

これは、大量投獄の起源について私たちが一般に聞かされてきた物語ではない。そうした物語は実際には、政治家、とくに共和党、のちに民主党の政治家にスポットを当て、彼らがいかにして過去数十年にわたって「犯罪の厳罰化」というスローガンと政策をもとにこうした変化を促したのかを取り上げている。さらにほとんどの場合、これらの政策決定は犯罪への正当な懸念から行われたものであるとか、深刻な問題に対処するための合理的な試みだと主張する。だが、そのような政策がそもそもどうやって政治家の注意を引き、投票にかけられることになったのか、また、なぜそれが実施されるようになったのかについては、ほとんどの場合触れられていない。

低所得層、労働者階級、中流階級の家庭にとってとりわけ有害な政策と同じように、この基本的な物語に不可欠な要素がアメリカ立法交流評議会（ＡＬＥＣ）だ。ＡＬＥＣとその何百もの企業会員は、これまで犯罪の拡大解釈と大量投獄計画の最前線に立ってきた。もしあなたが、ほぼすべての州で同じような厳しい量刑改革が取り入れられているのを不思議に思ったことがあるなら、ＡＬＥＣがその黒幕である。ＡＬＥＣは私たちの刑事司法制度を推進させた多くの法律に共通する要素だ。最低量刑の強制、スリーストライク法、真の量刑などのモデル法案を作成し、全米に野火のごとく燃え広がらせた。[73] ＡＬＥＣがその政策目標をどれほど効果的に実施したかというと、たとえば真の量刑法の場合、わずか1年（1995年）のあいだに25州で法制化することに成功している。[74]

ALECはまた、さまざまな法律を制定するうえで多大な貢献をしてきた。〝少年犯罪者〟を成人と同じように扱い、小売店での窃盗に対する刑事罰を強化し、投獄に代わる手段を排除し、営利目的の保釈金立替会社の利用を促すなど、刑事司法制度を拡大するような取り組みを数多く推進してきた。[75] ALECの企業会員にとって、犯罪の拡大解釈と大量投獄を可能にするような法的基盤の構築はお手のものだった。

ALECの方針はいわゆる〝自由市場〟や企業寄りのシンクタンクから厚い支持を受け、政策立案者と一般市民に積極的に売り込まれてきた。そのなかでもとくに献身の姿勢が目立つのが、マンハッタン政策研究所だ。同研究所は先に述べた過度に攻撃的な「割れ窓」式取り締まりの提唱者を自称している。また、全米の警察が使用するデータ収集・業績管理ツールで、有色人種コミュニティの過剰な取り締まりを正当化する「コンプスタット」というシステムを考案したのも自分たちだと主張している。[76] さらに、こうした取り組みや犯罪化の罠の原因となるほかの政策（最低量刑の強制など）も精力的に擁護しつづけている。[77] マンハッタン研究所は、ニューヨーク市警との緊密な連携をもとにこれらの政策を市内で実施し、全米、さらには世界中に広めることに貢献した。[78] 同様の問題に対する彼らの取り組みは時とともに進化したが、多くは現実社会の状況と驚くほどかけ離れたままである。たとえば、同研究所の上級研究員（シニア・フェロー）のヘザー・マクドナルドは、犯罪化の拡大解釈と大量投獄政策の急進的な擁護者のひとりだ。彼女は自著『警察との戦い（*The War on Cops*）』のなかで、ストップ・アンド・フリスクなどのならわしを熱心に支持するとともに、さらなる攻撃的な刑事司法慣行を提唱し、ブラック・ライブズ・マター運動を「欺瞞」と断じ、世間には人種差別にもとづく取り締まりという「誤った物語」が蔓延していると主張する。

また、これらのテーマに大きな影響力を持つ右派系シンクタンクとして、ヘリテージ財団やリーズン財団の名が挙げられる。レーガン政権時代に始まった営利目的の民間刑務所を支持するヘリテージ財団の政策提言は、刑務所制度の拡大や受刑者の生活環境の著しい悪化を招く厳しいコスト削減への道を開いた。[79] リーズン財団もそうした計画の一翼を担い、今なお刑務所民営化を積極的に擁護している。[80]

さらに、ヘリテージ財団は過度に攻撃的な取り締まりを声高に称賛する有数の団体である。[81] 同財団は2017年にストップ・アンド・フリスクを賛美する報告書を発表し、「〝制度的レイシズム〟なる訴えは誤りであり、有害である」と主張。警察への「政治的支援」の不足を嘆いている。だが、世間の耳目を集める警官による射殺事件の数々や、明らかな構造的失敗に対処するための実質的な改革案はいっさい提示していない。そのかわりに、警察が軍隊に倣(なら)って「マーケティング、ブランディング、メディア関係」に投資し、世間の物語を掌握して「大衆のあいだでの評判を高める」ことを提案している。[82]

こうした〝自由市場〟系シンクタンクはＡＬＥＣのような組織が支持する有害な刑事司法政策の理論的根拠を示しているが、そのような政策を成立させるには、ほかの誰かが土台作りをしなければならない。その役割を主導しているのが、民間刑務所会社の二大巨頭とされるコアシビック（旧・コレクションズ・コーポレーション・オブ・アメリカ）とGEOグループだ。連邦レベルでは、両社は1998年以来、収益を増やすためのロビー活動に3100万ドル以上を費やしている。主な目的はもちろん、刑務所を満杯にして囚人用のベッド数をさらに増やすことだ。[83] 州レベルでは、2003年から2012年にかけて、コアシビックは37州で272人のロビイストを、GEOグループは25州で142人のロビイストを雇っている。[84] 連邦および州での政治キャンペーンへの献金額は、両社合わせて1600万ドル以上にのぼる。[85] また、どちらの会社もALECの特別委員会のメンバーとして、最低量刑の強制、スリーストライク法、真の量刑法を推進する役割を果たし、両社の〝商品〟へのさらなる需要を生み出したうえ、それぞれの会社の急拡大へとつなげた。[86]

犯罪の拡大解釈と大量投獄制度を広めようとする企業主導の〝地上戦〟は、全米ライフル協会（NRA）からも手厚い援助を受けている。NRAは有料個人会員のリストを嬉々としてひけらかしているが、主な運営資金は大企業や超富裕層からの長年にわたる多額の献金によってまかなわれている。これら外部の支援者は、NRAが自分たちにないもの、すなわち有権者を動員する力を持っていることを知っていた。[87] NRAは1990年代初頭から現在に至るまで、最低量刑の強制、スリーストライク法、仮釈放基準の厳格化、警察による攻撃的な取り締まり、〝少年〟を成人として扱うこと、刑務所の拡張などの「犯罪の厳罰化」政策を熱烈に支持してきた団体の筆頭だ。[88] また、NRAはALECの長年の会員であると同時に、資金提供者でもある。[89]

ALEC、マンハッタン政策研究所、ヘリテージ財団、リーズン財団、コアシビック、GEOグループ、NRAはいずれも犯罪の拡大解釈と大量投獄制度を構築・維持するうえで重要な役割を担ってきたが、現在の刑事司法制度の起源を正しく理解するには、これらの組織に誰が資金提供しているのかを検証しなければならない。だが、それ自体はさほど難しくはない。少し掘り下げてみれば、現在の刑事司法制度の真の推進力は、すべてアメリカ実業界とウォール街から来ていることに気づくだろう。

金の流れを追いかける

ALECの主な資金源は以下の4つだ。(1)議員の会費(2016年には収入の1パーセント未満だった)、(2)企業の会費と寄付金、(3)企業の業界団体の寄付金、(4)慈善財団の寄付金である。[90] そのうち(2)企業の会費と寄付金は、消費財メーカー、ハイテク企業、大手銀行、メディア企業、石油・ガス会社、製薬会社、保険会社、防衛請負会社、医療機関など、幅広い分野の企業が納めている。[91] たとえば、エクソンモービルは会費や寄付金などでこれまで140万ドル以上をALECに提供している。[92]

また、(3)ALECに非公表の寄付金を納める企業の業界団体も多岐にわたり、米国石油協会、米国商工会議所、米国銀行協会、米国研究製薬工業協会、および営利目的の保釈金代行会社を代表する米国保釈連合会など、その数は100を優に超える。[93]

さらに、（4）ALECに寄付をする慈善財団には、アメリカでもとりわけ著名な右派や企業寄りの団体が名を連ねている。マンハッタン政策研究所、ヘリテージ財団、リーズン財団に多額の寄付金を納めているところも多い。ここでは、そのうち少なくとも2つの団体に寄付をしたことのある財団の一部を示す（財団の資金源の情報もカッコ内に記載する）。[94]

・アドルフ・クアーズ財団／キャッスル・ロック財団（クアーズ・ビール醸造会社の資金をもとに設立）
・ビル&メリンダ・ゲイツ財団（マイクロソフト）
・ウォルトン・ファミリー財団（ウォルマート）
・リンド&ハリー・ブラッドレー財団（工場自動化装置メーカーのアレン・ブラッドレー）
・スケイフ財団（メロン財閥の石油、アルミニウム、銀行業の資産）
・ロー財団（建材供給会社のビルダー・マーツ・オブ・アメリカ）
・ロドニー財団（プラスチック会社のデトロイト・フォーミング）
・JM財団（ボーデン・デイリー・カンパニー）[*8]
・ラベット&ルース・ピータース財団（石油・ガス業界）
・ウィリアム・H・ドナー財団（不動産投資、ナショナル・ティン・プレート・カンパニー、ユニ

オン・スチール）
・ジョン・テンプルトン財団（銀行業、投資信託の運用）
・ジャクリン・ヒューム財団（乾燥食品メーカーのベーシック・アメリカン・フーズ）
・ウィリアム・E・サイモン財団（銀行業）
・ジョン・M・オリン財団（化学品・軍需品の開発・製造業）

一方、公開企業のコアシビックとGEOグループの株主も多種多様だが、株式のうちかなりの割合をごく少数の事業者が保有している。そこで、2017年末時点で両社の株式を保有する主な投資会社と大手銀行、およびその株式価格を以下に示す。[95]

・バンガード・グループ：8億8500万ドル
・ブラックロック：5億3300万ドル
・コーヘン&スティアーズ：2億7400万ドル
・ステート・ストリート：1億5400万ドル
・バロー・ハンリー・ミューヒニー&ストラウス：1億5300万ドル
・フィデリティ・インベストメンツ：1億3200万ドル
・プルデンシャル・ファイナンシャル：1億2700万ドル

・バンク・オブ・ニューヨーク・メロン：1億100万ドル

・ノーザン・トラスト：1億ドル

NRAについては、長年にわたり銃器メーカーや非公開の「ダーク・マネー」政治資金提供者から数千万ドルを調達している。[96]

このドナー集団は、アメリカのすべての主要産業と富の中心に位置している。ただ、先に挙げた極端な刑事司法政策の推進団体を支援している黒幕がいる。本章ではまだ言及していなかった、コーク一族とそのネットワークだ。ここでは、チャールズ・コークと彼の束ねるビリオネアや億万長者が各種の取り組みを支援した手法の一部を紹介しよう。[97]

・ALEC：コーク・ネットワークは少なくとも440万ドルを寄付、コーク・インダストリーズも非公開の寄付をしている。コーク・インダストリーズはかつてALECの議長を務めたこともあり、長年にわたり理事会のメンバーだった。現在は多くの組織的な特別委員会で主要な役割を

＊8　2020年に破産申請。

果たしている。コーク一族はＡＬＥＣの研修会員（インターン）や上級会員（フェロー）にも資金を提供し、１９９０年代には50万ドル近い融資で組織を救済したこともある。[98]

・マンハッタン政策研究所：コーク・ネットワークは少なくとも５００万ドルを直接寄付しており、同研究所が準会員を務めるステート・ポリシー・ネットワークにも３０００万ドル以上を納めている。[99] くわえて、コーク・ネットワークのメンバーのポール・シンガーは、マンハッタン政策研究所の理事長を務めている。[100]

・ヘリテージ財団：コーク・ネットワークは少なくとも８１０万ドルを直接寄付している。ヘリテージ財団はステート・ポリシー・ネットワークの準会員である。[101]

・リーズン財団：コーク・ネットワークは少なくとも６００万ドルを直接寄付している。リーズン財団もまたステート・ポリシー・ネットワークの準会員である。[102] さらに、デイヴィッド・コークは以前リーズン財団の理事を務めていた。[103]

・ＮＲＡ：コーク・ネットワークは２０１２年と２０１４年に少なくとも８４０万ドルを直接寄付していた。

そのほかにも、コーク一族は全米各地の刑事司法政策の立案者らに多額の政治献金を納めている。連邦レベルだけでも、コーク・インダストリーズは1998年から2020年にかけて、主に共和党への政治献金におよそ6200万ドル、ロビー活動におよそ1億4600万ドルを費やした。[104] それがどれほどの影響をもたらしたのか正確にはわからないが、さまざまな「犯罪に厳しい」法律の可決に貢献した政治家たちがコークのお金で私腹を肥やしたことは間違いない。

実際、コーク一族と超富裕層の同盟者たちは、犯罪の拡大解釈と大量投獄制度の設立に金を出す取り組みの最前線にいた。彼らの取り組みは、アメリカの大企業、大手銀行、ウォール街の企業、投資会社、そして多くの業界から多額の資金を集めて作られた財団という、巨大で多様な集団によって支えられてきた。ここに挙げた個人や組織はみな、犯罪の拡大解釈と大量投獄を構築・促進した多くの組織に資金を提供し、道筋を示してきた。私たちのひどく人種差別的な刑事司法制度は、彼らの影響によるところが大きい。この構造のもっともいびつな側面はおそらく、こうした組織の役員や株主がアメリカ国民の消費と労働から巨万の富を築いたうえで、そのお返しとばかりに自分たちの富を利用して、みずからに恩恵をもたらしてくれた当の本人たちを抑圧していることだ。

超富裕層が犯罪の拡大解釈と大量投獄から利益を得る方法

なぜ犯罪の拡大解釈と大量投獄が超富裕層の関心の的となっているのか、疑問に思う人もいるだろう。アメリカ実業界とウォール街がそこからどうやって利益を得ているのか、また、なぜそうした政策を支持する組織に多くの資源を割いているのか、すぐに理解するのは難しい。だが実際のところ、アメリカでもっとも裕福で影響力のある人々は、過度に攻撃的な取り締まりと大規模な刑務所制度によって、自分たちがさらなる富と影響力を持つことができると学んだのである。

ここでは、彼らが犯罪の拡大解釈と大量投獄制度から得られる利益をいくつか紹介しよう。

1．優遇措置と保護が与えられる

すでに述べたように、犯罪とみなされる行動が必ずしも他人に害を及ぼすわけではないし、甚大な害をもたらす行動が犯罪として扱われないこともめずらしくはない。その分岐点は通常、特定の行動に携わる人々の富と政治力に関連している。私たちの立法プロセスも、それによって作られる刑事司法制度も、超富裕層の不正が犯罪とみなされないように、また彼らの加担した犯罪行為への法執行機関の監視が緩やかになるように構成されている。

これは主に、警察または検察の選挙活動への寄付の対価として与えられる特権だ。たとえば、ニューヨークでは投資銀行のＪＰモルガン・チェースが２０１１年から１２年にかけてニューヨーク市警に１２００万ドルを寄付し、ニューヨークの大手法律事務所（クライアントは一般的にかなり裕福である）はマンハッタンの地方検事サイラス・ヴァンス・ジュニアの選挙活動に数百万ドルを寄付している。[105] このような慣行は全米で当たり前のように行われている。したがって、警察や検察が数ある刑法のうちどれを誰に適用すべきかという政策決定を行うとき、裕福なドナーから何百万ドルもの寄付があった場合、法執行機関の視線が彼らから外れやすくなることは火を見るよりも明らかだ。

超富裕層が受ける優遇措置はそれだけにとどまらない。法執行機関には、企業や富裕層の財産権の保護をほかの何よりも優先してきた長い歴史がある。とりわけ顕著な例として、多くの都市には「有償警備隊（ペイド・ディテール・ユニット）」なるものがあり、企業は警察にお金を払って、制服を着て武装した常勤の警官を雇い、自身の利益を守っている。こうしたサービスの大口顧客は、ウォール街の銀行である。[106]

２．刑事司法制度の民営化と拡大から収益を得る

第２章で述べたように、アメリカ実業界とウォール街はつねに新しい市場や拡大可能な市場を探し、そこから利益を得ようとしている。刑事司法制度の劇的な成長は、彼らにとってまさしく経済的機会の金脈だった。

ごく単純に言うと、たくさんの人が投獄されれば、それだけ新しい刑務所や拘置所が必要になる。すなわち、不動産投資家や建設会社などに数多くの経済的機会がもたらされる。そうして、今日の刑務所建設は33億ドルの産業となった。だが、その規模は現在の刑務所や拘置所の多くが建設された1990年代と比べたら小さいほうだ。たとえば、1991年の刑務所の建設、改築、大規模修繕の総費用は46億ドルだった。1996年までに、全米で122の連邦刑務所と州刑務所が建設された。ウォール街の大手銀行の多くはこの成長を好機ととらえ、債券発行を通じて刑務所建設に資金を提供し、1990年代には年間20億ドルから30億ドルをこの取り組みに充てた。[107]

新しい刑務所の建設は氷山の一角に過ぎない。膨れ上がった受刑者人口によって生じた機会はほかにも数限りなくあった。とくに1980年代から90年代にかけて、刑事司法機能の民営化から利益を得る機会が数多く生まれた（近年、学校の民営化が教育分野で同様の機会を生んでいる状況とよく似ている）。これを〝産業〟ととらえると、刑務所と拘置所の人口220万人はアメリカの15州それぞれの総人口よりも多い。[108] アメリカ実業界は、これほど多くの人を投獄するには膨大な量の商品とサービスが必要であり、その一つひとつが民間企業に利益を生み出してくれることを悟ったのだ。

事実、刑務所の産業複合体が実際に機能している例は数え上げればきりがない。

・民間刑務所：今日では一度に12万人以上を収容できるまでに成長した。[109] 現在、アメリカの納税者は民間刑務所に年間39億ドルを納めており、2016年にはコアシビックとGEOグループが合わせて3億6100万ドルの収益を上げている。[110] バンク・オブ・アメリカ、JPモルガン・チェース、ウェルズ・ファーゴ、BNPパリバ、サン・トラスト、USバンコープ、バークレイズなどの大手銀行は、債券の公社債引き受けや融資、数億ドルのリボルビング・クレジット[*9]を通じて、この産業を拡大するため長年にわたって多額の資金を投じている。[111]

・刑務所の電気通信サービス：企業は15分の電話や30分のビデオ面会を最大30ドルにするなど受刑者に法外な料金を課すことで、16億ドルの産業を生み出している。[112]

・刑務所の医療：220万人への医療サービスの提供は、123億ドルの産業に相当する。たとえば、コリゾン・ヘルス社は現在110以上の矯正施設で活動しており、年間16億ドルの収益を上げている。[113]

・刑務所の食事：受刑者への食事の提供で、年間21億ドルの収益が発生している。[114]

＊9　限度額内であればくり返し融資が受けられるクレジット契約。

・刑務所の売店：刑務所内で物品を販売する業者は、たいてい受刑者やその家族に代金を大幅に上乗せしており（そのため、受刑者以外が支払う価格の5倍に達することもある）、年間16億ドルを稼いでいる。[115]

・営利目的の保釈金立替会社：被告人とその家族から払い戻し不可の手数料として年間14億ドルを受領している。[116]

・監視と管理：3Mやヒューレット・パッカードなど多数のハイテク企業は、生体認証（バイオメトリックス）や非接触識別（RFID）技術を利用した監視・追跡装置の開発によって、刑務所相手のビジネスで数百万ドルの売り上げを計上している。[117]

・受刑者の輸送：施設間の送迎、裁判所への出頭、医療機関への訪問をバスで行う仕事は、数百万ドル規模の輸送ビジネスを生み出している。[118]

民間企業が大量投獄から金儲けをしている例はほかにも枚挙にいとまがない。刑務所や拘置所に収監されている、あるいはそこで働いている300万近くの人々に囚人服や制服を提供するだけでも一大産業となる。また、刑務所内でも使える安全な筆記用具、食器、電子タブレット、飲料品にくわえ、

「法執行機関が考案した」電子タバコを製造する企業まで現れている。さらにはジェイル・ベッドスペース・ドットコムのように、「矯正施設コンシェルジュ」として刑務所や拘置所の管理者に協力し、施設が定員オーバーになったとき空いている収容先を探してくれる会社さえ存在する。[119]

ここでは、単純に刑務所や拘置所内で利益を上げる機会を示している。しかし、このような経済的機会はほかにもたくさんあり、企業はそうした機会を刑事司法制度全体で嬉々として利用している。なかでもとくに急成長している市場は「コミュニティ・コレクション（矯正）」だ。保護観察や仮釈放で500万近くの人々が司法制度の管理下に置かれていることから、多くの企業、とくにコアシビックやGEOグループなどの民間刑務所会社が、この利ざやの大きな分野で自社商品を急激に拡大している。この新しい「治療産業複合体」には、薬物・アルコール治療施設、電子監視サービス、精神疾患治療施設、デイ・リポーティング・センター[*10]、職業訓練プログラム、社会復帰支援プログラム、自宅収監サービス、民間保護観察サービスなど数多くのものが含まれる。[120]

さらに、警察はこれまで以上にたくさんの商品を民間企業から購入している。たとえば、IBMなど多くの企業が開発した「予防的取り締まり」技術は、全米の警察署が導入した。[121] また、防衛産業を含む民間企業から生体認証製品などの高額な「犯罪撲滅」技術を買い入れ、利用するケースもますま

＊10　仮釈放者が定期的に出頭・報告する施設。

す増えている。[122]

くわえて、路上にいる警察官が多ければ多いほど、たくさんの装備を売ることができる。現在、全米の警察や保安官事務所には100万人以上が勤めており、銃器などの武器を大量に供給する必要が生じるため、銃器メーカーにとっては巨大な市場となっている。

このように、犯罪の拡大解釈と大量投獄は一大ビジネスであって、そこから利益を得ようと目論む民間企業もあとを絶たないのである。

3．安価な労働力を大量に確保できる

アメリカ実業界とウォール街の経営者らにとって、(a) 賃金の水準を引き下げる能力と (b) 低賃金の仕事に必要な労働者を大量に確保する以上に価値のあることはほとんどない。超富裕層はこれまで圧倒的な資源を使って、たくさんの労働者の賃金を貧困レベルにまで叩き落とし、(第2章で述べたように) 教育の不平等を維持しようと努めてきた。その結果、生きていくために低賃金を受け入れざるを得ない低学歴・低スキルの人々が何百万人と生まれてしまった。労働市場の下層にごくわずかな賃金を支払うことで得られたお金と、残りの階層の賃金を引き下げる圧力によって、こうした状況はアメリカ実業界とウォール街にとって富を蓄積するための重要な戦略となった。[123]

大量投獄はそうした戦略のカギを握る要素だ。それは労働市場に参入あるいは再参入する何千万も

の人々を生み出した。前科や空白期間のある職歴を持ち、さまざまな種類の法的課題や付随する結果と向き合い、投獄によって生じたり悪化したりした社会的、感情的、健康的問題を抱え、投獄の汚名を首からぶら下げている。すなわち、すこぶる脆弱で、つけ込まれやすい状況にある人々だ。彼らはほとんどの場合、もっとも低賃金で劣悪な仕事すら断れる立場にない。多くの人はそもそも仕事を見つけることさえできない。[124]アメリカ実業界のほぼすべての企業が、元受刑者に課せられたとてつもない負担の恩恵に浴している。なかでもとりわけ利益を得ているのは、非常に低い賃金で多数の労働者を雇っているウォルマートやホーム・デポといったＡＬＥＣ加盟企業や、そうした企業に多額の投資をしている（ウォール街などの）企業だ。

　にもかかわらず、近年コーク・インダストリーズやウォルマート、ホーム・デポなどの企業は、元受刑者を雇用する取り組みでメディアから熱い注目を浴びている。[125]表面的にはすばらしく、心温まる話にもとれるが、少しうがった見方をさせてもらうと、これは極端な富と権力がいかなる状況も親（ディーラー）の総取りへと変えてしまう典型例だ。企業は元受刑者をひとり雇うたびに連邦税控除を受け、さらにはその人が犯した罪による損失から免責される。[126]このように、これらの企業は犯罪歴のある人々がひどい条件で働かざるを得なくなるような数々の法律を生み出しただけでなく、労働力への支払いをさらに少なくすることで、よりいっそう利益を拡大しているのである。

4. 超低賃金の受刑者労働から利益を得る

アメリカ実業界とウォール街は犯罪者とみなされた人々の安価な労働力から利益を得ているが、その対象は刑務所を出た人々だけではない。企業は長いあいだ、刑務所のなかにいる人々の極端な低賃金労働から利益を得てきた。初期の例としては、南北戦争後の「囚人貸出制度」という慣行が挙げられる。プランテーションの所有者はそれによって、黒人奴隷の労働を黒人受刑者の労働に置き換えた。当時の刑事施設は〝囚人〟とされた黒人をプランテーションやそのほかのビジネスに貸し出していた。この手の慣行は広く普及し、労働力を提供する州にとっても、その恩恵を受ける企業にとっても、非常に収益性の高いビジネスとなった。南部経済の大半は黒人による強制労働をもとに再建されたのである。

こうした慣行は20億ドルを超える規模の産業である現代の受刑者労働とさして変わらない。今日、受刑者たちは養鶏場で働き、衣服を縫い、誘導ミサイルの部品やソーラーパネルを組み立て、鉱山で汗を流し、山火事に立ち向かう。複数の産業をまたいで何十もの仕事をこなしているのだ。2019年の大統領選挙期間中、マイケル・ブルームバーグは受刑者に選挙活動の電話をかけさせていた。南部では、あろうことか綿を摘まされる受刑者もいた[127]（その象徴的な意味合いがわからない人は、段落をひとつ戻ってほしい）。アメリカ国旗が主に受刑者たちによって作られるのと同じように、受刑者労働の請負業者もまた、皮肉のセンスと無縁ではないようだ。[128]

これは自発的に仕事のスキルを身につけ、少しでも収入を得たいという受刑者にとっては有益な慣行ではないかと考える人もいるだろう。しかし多くの施設では、受刑者は自発的に働くのではなく、強制的に働かされている。労働を拒否すると面会や電話の権利を失うか、あるいは独房に入れられることもある。おまけに、彼らに支払われる金額は、貧困にあえぐ国で搾取される児童労働者もかくやという水準にとどまることが多い。州によっては、時給がわずか12セントというところもある。また、受刑者労働にまったく賃金が支払われないところもある。[129]

民間企業が刑務所の労働力を利用する慣行は、実は長いあいだ禁止されていた。ところが1990年代、ALECが受刑者労働の機会の拡大を優先したことで状況は一変した。その結果、スターバックスやホールフーズ・マーケット、マイクロソフト、ウォルマート、ヴィクトリアズ・シークレット、ボーイング、ナイキ、ベライゾンなど、多数の企業がそうした慣行から恩恵を受けるようになった。[130]

5．人間の基本的欲求を満たす安価な代替手段を提供できる

最近、ひとりの人間を1年間投獄するのにかかる費用と、一流大学の1年間の授業料を比べたグラフをよく目にするようになった。そのような比較をもとにくり広げられるのは、投獄は費用対効果が低く、不合理な政策判断であるため、矯正よりも教育に費用をかけるべきという主張だ。もちろん、

投獄よりも質の高い平等な教育を重視すべきという主張には賛成だが、だからといって刑事司法支出が不合理ということにはならない。犯罪の拡大解釈と大量投獄制度にはたしかに費用がかかるが、ある種の道義的にゆがんだ観点から、経済的に健全でないと考えるのは間違いだ。

あなたが公共政策に絶大な影響力を持ったすこぶる裕福な人物だとしよう。その影響力をどう行使するかについて、ふたつの選択肢があると想像してほしい。選択肢Aは、平等な社会を作るためのものだ。すべての子どもに世界水準の教育を受けさせ、すべての大人に十分な生活賃金の仕事を保証し、すべての人に質の高い医療や住宅、公園、コミュニティセンターを用意する。一方、選択肢Bで作られるのは不平等な社会だ。大勢の人の教育への資源が減らされ、生活費をまかなうための仕事もほとんど見つからず、コミュニティのほかの恩恵へのアクセスも限られてしまう。選択肢Bではこれらの分野に資源を配分しない一方、一部の人々への投資不足の影響を調整するため、はるかに大きな刑事司法制度が必要となる。警察や検察、裁判所、刑務所、拘置所を増やすための追加負担はかかるが、それでも教育や雇用、そのほかのコミュニティへの投資を減らすことで節約できる費用に比べれば、ずっと安く済む。[※] つまり、もしあなたが自己の決定によって影響を受ける人々の生活の質にさほど関心がなく、自分の税金や人件費を減らすことのほうが大事なら、選択肢Bがよりよい選択となる。

※誰かを1年間投獄することは私立大学の授業料より安いかもしれないが、同時に、豊富な資源を持ったコミュニティが十分な生活賃金の仕事を提供するよりもずっと安くつく。たとえば、選択肢Aのも

とで、若者が22歳になるまで、年間平均1万ドルの追加の公的資金を養育費と教育費として得られるとしよう。さらに、毎年6万ドルの給与と手当が50年間支給される仕事に就くことができるとする。くわえて、ほかのコミュニティ向け投資（質の高い医療、住宅、公園、コミュニティセンターなど）も毎年5000ドル分、80年にわたって受け取ることができる。一方、選択肢Bではまともな教育機会や賃金、そのほかの投資は受けられず、かわりに年間3万ドルの費用をかけて50年間投獄される。

選択肢Aにかかる総費用は362万ドル、選択肢Bは150万ドルだ。

この種の論理は、受刑者の利用できるサービスが大幅に減らされる理由や、彼らが出所後に受けられる公的支援を制限するような法律がたくさんある理由を教えてくれる。つまるところ、人々を更生させ、豊かな人生を歩ませることは、そうしないよりもお金がかかるのだ。

超富裕層は、人間の基本的欲求を満たす代わりとして犯罪の拡大解釈と大量投獄を機能させることで、自分たちのお金を節約できると学んだのである。

6．社会統制を通じて民主的行動を制限する

犬の訓練をしたことがある人なら、その方法は人によって千差万別であることをご存じだろう。一部の〝昔ながらの〟やり方は、犬への優位性をアピールすることにもとづいている。目的は威嚇や物理的な強制、あるいは犬を〝所定の位置〟にとどめることによって、服従を学ばせることだ。あなた

の犬は飼い主の権威にしたがうことを求められ、もししたがわなかった場合は、躾や罰を受けなければならない。それはときに厳しく、苦痛をともなうものだ。

私たちの刑事司法制度はアメリカの住民、とくに有色人種のコミュニティの住民をたびたび同じように扱っている。まるで、服従を仕込むべき犬のように。そのことはいくつかの点で明らかである。

そもそも、民主的な取り組みが超富裕層の権力を脅かすたび、〝暴徒をおとなしくさせる〟ためと称して刑事司法制度が展開されてきた。それはすなわち、バーミンガムのマーティン・ルーサー・キング・ジュニアやモンゴメリーのローザ・パークス、グリーンズボロの白人用ランチカウンターで座り込みをする黒人学生たち、そして社会変化を推し進める無数の人々（最近ではブラック・ライブズ・マター運動のデモ参加者たち）を逮捕するために送り込まれる人々だった。警察は長きにわたって、抗議活動が支配的な社会秩序に脅威を与えないよう気を配ってきた。[131] 人々は平和的に集まり、多少ストレスを発散することくらいは許されるが、抗議活動が激しくなると、とたんに逮捕されはじめる。鎮圧のための機動隊が出動し、暴力が生じる可能性は劇的に高まる。これでは、一致団結したデモ集団の効力が制限されるばかりか、将来的な活動まで抑制されてしまう。努力がさして実を結ばないと学んだデモ参加者たちが、政治活動に失望してしまうからだ。このように、刑事司法制度は既存の権力構造の執行部隊としての役割を果たし、その構造の頂点にいる人々、すなわち超富裕層に明らかな恩恵をもたらしている。

広い見方をすれば、警察が強硬かつ攻撃的な法執行戦術をこれ見よがしに用いると、国民に深い心理的な影響がもたらされる。それは一種の低強度紛争[*11]と同じように、従順で怯えた国民を生み出す。私たちは犯罪が手に負えないと言われると、自分たちを守ってくれる刑事司法制度に進んでしたがうようになる。刑事司法制度の力があまりにも強大に感じられると、権威に疑問を持つことが少なくなる。法執行機関から彼らの要求にしたがわなければ死ぬかもしれないと告げられると、抑圧に抵抗する傾向が弱くなる。刑事司法制度が大規模で強硬になるほど、私たちはみな従順でおとなしくなる。結果として、裕福なアメリカ実業界とウォール街の経営者らの支配に挑戦状をたたきつけるような社会変化の追求は、おのずと制限されてしまう。

7．人種や階級間の連帯を妨げる

世論を二分するような話題は強力な政治戦略なので、超富裕層は今までそれを巧みに利用してきた。国民のあいだに分断をもたらすとともに、私たちが直面している構造的問題のいくつかに対処できるような広範な団結を妨げてきたのである。なかでもとくに利用価値の高いものは、人種と階級のあいだに緊張を生み出すような話題だ。なぜなら、人種と階級を超えた幅広い結束は、超富裕層の権力に

＊11　戦争状態と平和状態の中間にあたる武力紛争。一般に、テロ、ゲリラ戦、民族・宗教紛争などを指す。

対するもっとも重大な脅威となるからだ。[132] そのため、犯罪と刑罰をめぐる問題は、彼らのような連中にとってまさに天の恵みだった。

刑事司法制度の運用は人種と階級どちらにも大きく左右されるうえ、私たち自身が「犯罪に厳しい」アプローチのせいで犯罪者とみなされる人々を忌避しているため、コミュニティどうしがいとも簡単に対立するようになってしまった。私たちが恐れ、見下し、恨み、憎んでいるのは、ほとんどの場合、犯罪率が自分たちよりも高い、あるいはおそらく高いであろうほかのコミュニティだ。そうした対立は、白人中心のコミュニティが有色人種のコミュニティから距離をとったり、ラテン系のコミュニティが黒人のコミュニティから遠ざかったりなど、人種の違いで生じることもある。あるいは、中流階級や富裕層のコミュニティが低所得層や労働者階級のコミュニティを敬遠するといったように、社会経済的な違いから生じることもある。いずれにせよ、犯罪の拡大解釈と大量投獄によって勢いづいた傾向は、私たち全員が直面する構造的不公正の根本原因に対処するうえで、本来なら同盟者であるべきコミュニティを引き離してしまっているのだ。

8．人種的階層の仕組みを維持する

私たちは、刑事司法制度が全米の有色人種のコミュニティを追い詰めていることを認めなければならない。現在の刑事司法政策のおかげで日々積み重なる深刻な被害に対処しなければならないというときに、有色人種のコミュニティが社会的、経済的、政治的状況を大幅に改善することはとうてい不可能だ。刑事司法政策は、コミュニティ内のごくありきたりな日常も複雑化し、蓄積できる富を著しく制限し、コミュニティが対等の立場で民主的プロセスに関わることを妨げている。というのも、投獄後に選挙権を剝奪されたり、政治的に疎外されたりしている人が多いからだ。[133] おまけに、刑事司法制度からたびたび屈辱的な扱いを受けることで、住民の心には深い影響がもたらされる。人はいつしか虐げられるのが普通で、そういう扱いを受けるのが当然だとさえ思うようになる。

もちろん、黒人と褐色人種のコミュニティは、犯罪の拡大解釈と大量投獄が始まる前からすでに深刻な弾圧を受けていた。この制度はだめ押しとばかりに、彼らの従順さを強化し、社会的上昇の可能性を制限することで、彼らが変わらないようにしたのである。このような刑事司法戦略の転換が起こったのが、20世紀に有色人種が社会的・政治的にもっとも前進した時期である1960年代の直後であったことは偶然ではない。犯罪の拡大解釈と大量投獄制度はさまざまな意味で、公民権運動を始めとする当時の民主化運動への直接的な反応だ（また、2012年にスタートしたブラック・ライブズ・マター運動の高まりを受けて、2016年の大統領選でトランプ陣営が極端な法執行機関寄りの立場をとり、トランプ大統領候補（当時）がデモ参加者への暴力をたびたび擁護していたことも偶然ではない）。

有色人種の前進を阻むために刑事司法制度がとった対策は、ときとしてさらに直接的なものだった。法執行機関が人種正義のために闘う組織に潜入し、内部から弱体化させたのである。そのことに関しては長く詳細な記録が残されているが、とりわけ著名な例としては、ＦＢＩが長年にわたって膨大な資源を投じ、マーティン・ルーサー・キング・ジュニアと南部キリスト教指導者会議、マルコムＸとネーション・オブ・イスラム、ブラックパンサー党などの信用を傷つけ、不安定化させてきたことが挙げられる。[134] さらに、アメリカ史上もっとも恥ずべき出来事として、法執行官が運動の指導者を殺害、または殺害を幇助(ほうじょ)した例もある。[135]

アメリカ史を通じて、有色人種によって組織されたグループが自分たちには平等に生きる権利があると訴えるたび、つねに極端な抵抗が起こってきた。あるときは圧倒的な暴力という形ですぐさまもたらされた。また、長期的な抑圧という形でやって来ることもあった。ほとんどの場合、刑事司法制度は人種的ヒエラルキーを維持し、超富裕層の特権的地位を守る取り組みの中心的役割をまかされてきた。

麻薬や社会運動との戦い

ニクソン大統領の補佐官だったジョン・アーリックマンは、麻薬との戦いに着手したときのことをこう述べている。「あれが本当はどんなものだったか教えてあげよう。１９６８年の大統領選でのニクソン陣営とその後のニクソン政権にはふたつの敵が存在していた。反戦左派と黒人だ。まあ、驚くには当たるまい。反戦も黒人も、違法にはできないとわかっていた。だが、ヒッピーをマリファナに、黒人をヘロインに結びつけ、その両方を徹底的に犯罪とみなすことで、連中のコミュニティを混乱させることができた。指導者を逮捕し、家宅捜索を行い、集会をやめさせ、毎晩のようにニュースで非難することができた。麻薬についてわれわれに嘘をついている自覚はあったかって？　もちろん、あったさ」
出典：Tom LoBianco, "Aide Says Nixon's War on Drugs Targeted Blacks, Hippies," CNN, March 24, 2016.

9．自分たちにとって望ましい候補者の当選を支援する

1970年代初頭、共和党が政策や演説において犯罪や「法と秩序」に焦点を当てはじめたのと同時に、アメリカ実業界とウォール街の優先事項との調和をよりいっそう重んじるようになったことは偶然ではない。[136]「犯罪の厳罰化」政策は超富裕層の利益に直結するものであり、国民の犯罪や治安問題に対する恐怖や不安を利用することで、ほかの経済的優先事項を支持する政治家を選挙で勝たせるものであった。これらの政策によって、共和党は企業の利益や富の蓄積にさほど関心のない有権者層を企業の後援者らと同じくらい取り込むことに成功した。[137]こうした傾向は長く続くことになった。リチャード・ニクソンに始まり、レーガン政権、ジョージ・H・W・ブッシュによる悪名高いウィリー・ホートンのテレビCM[*12]、ニュート・ギングリッチと「アメリカとの契約」[*13]、2016年の大統

領選でニクソンの「法と秩序」理論[*14]を使いまわしたドナルド・トランプ。民主党は当初この戦術を採用するのをためらっていたが、結局は同じように取り入れた。それがもっともよく表れているのは、ビル・クリントンが1994年に暴力犯罪抑制および法執行法を支持したときのことだろう。

超富裕層と彼らが支持する政治家にとって、「国民を恐がらせて当選し、アメリカ実業界とウォール街が喜ぶ政策を実行に移す」ことは、今までも、そしてこれからも勝利の方程式だ。彼らは同じことを延々とくり返しているのである。

見かけにだまされるな

結局のところ、アメリカの刑事司法制度の大規模な拡大が推進されたのは、アメリカ国民の要求を満たす安定した政策を作るためではなかった。アメリカ実業界とウォール街の経営者らにさらなる富と権力をもたらすためだったのだ。彼らが「犯罪化の罠」から利益を得る方法には、直接的なものだけでなく、間接的なものもあった。すなわち、超富裕層は大量投獄に直接寄付を納めず、実際に寄付している企業に投資することで多大な収益を上げたのである。

しかし、だからといって、先述した個人や企業、団体がみなこのような目的で、悪意を持って計画を練り上げたわけではない。こうした問題について、当事者がその時々に何を考えていたか知ることは不可能だ。ただ、彼らが既存の刑事司法制度のもとになった政策をみずから作り上げることで、あるいは制度の立役者である組織を支援することで、結果的に多大な恩恵にあずかってきたことはたしかである。

近年、チャールズ・コークなどの著名な超富裕層のうち、右翼の政治家とともにみずからを刑事司法の改革者として「リブランディング（再ブランド化）」している者は多い。これまでにも、アメリカ自由人権協会のような進歩的な組織とのパートナーシップについて、数え切れないほどの輝かしい報道がなされてきた。[138] とはいえ、それが彼らなりの利他的な取り組みなのだと勘違いしてはならない。彼らの目的は、あくまでも自分たちの経済的・政治的利益を追求することであり、犯罪の拡大解釈や大量投獄によって被害を受けた人々やコミュニティを救済することではない。ちょっと注意してみればわかるとおり、彼らは犯罪や暴力の根本原因への対処、発生した被害の修復、刑事司法制度の規模や範囲の縮小といった問題に対して、優先的に取り組んではいない。その活動は主に、収監にかかる費用を削減したり、刑事司法制度のもとに放り込まれる人々を管理するため安価でしばしば民営化された手法を用いたりするなど、自分たちが利益を得られるような計画に向けられている。[139] さらに、犯

＊12　米大統領選でブッシュ陣営が行ったネガティブキャンペーンのひとつ。強盗殺人を犯したウィリー・ホートンをCMで扱うことで、対立候補の政策が犯罪者に甘いかのような印象を視聴者に与えた。

＊13　元共和党の政治家ニュート・ギングリッチは1994年の中間選挙で、減税・福祉の削減・犯罪対策などの政策を盛り込んだ公約集「アメリカとの契約」を掲げ、共和党を大勝に導いた。

＊14　黒人による抗議活動の過激化に対し、警察力を積極的に行使することで社会の安定を図ろうとする理論。

罪の拡大解釈と大量投獄制度を支援しつづける組織にも今なお積極的に投資している。したがって、超富裕層と協力すれば、根本的な問題に対処できるかもしれないという考えはまったくの的外れだと言わざるを得ない。

にもかかわらず、近年、この手の取り組みは刑事司法改革の話題を独占してきた。この国は、犯罪の拡大解釈と大量投獄の真の解決策についてまったく話し合ってこなかった。超富裕層は自分たちの企みを深く浸透させることに成功し、おかげで共和党員のほぼ全員が、民主党員の大多数が、そして国民の多くが「犯罪化の罠」の主要な推進者を一も二もなく支持するようになった。アメリカ実業界とウォール街はもはやこうした政策を推進するために積極的な役割を果たす必要すらない。事実上、自動運転の状態になっているのだ。したがって、超富裕層は過去数十年間の自分たちの行動について知らぬ存ぜぬを決め込むか、あるいは緊急の治安問題に対処するための誠実な取り組みだったと主張することができる。[140]

企業の経営者やウォール街の銀行家たちが犯罪の拡大解釈と大量投獄制度の構築に実際に貢献したのか、あるいはそこから利益を上げただけなのかはともかく、彼らがいまだに人々を、とりわけ有色人種の人々を不必要かつ有害なやり方で抑圧・拘禁し、その恩恵に浴しているのはたしかだ。何百万人もの人々が日常的に人間性を奪われ、檻のなかで生きることを強いられているなか、超富裕層はこの「人種差別産業複合体」によって私腹を肥やしている。こうした戦略的レイシズムの非人道性は、奴隷制度と道義上イコールではないかもしれないが、不気味なほどそれに近いものだ。実際、

220万人の受刑者が犯したどんな犯罪行為よりもおぞましさを覚えるものである。
そして、こんな状況は変えなければならない。

司法制度に正義を取り込む

刑事司法制度の乱用と過剰さに対処するために大胆な行動が必要だという明白なシグナルが今までにあったとすれば、それはきっと2013年6月12日のことだろう。その日放送された『セサミストリート』では、父親が服役しているアレックスというキャラクターが紹介された。投獄された親を持つ子どもが幼児向けテレビ番組に登場するほど多くなったのである。私たちにも集団で鏡を見つめるべきときが来たということだ（実際、子どもの28人に1人というのは相当な割合である）[141]。

それだけではなんとも言えないという人にはこんな話もある。全米の多くの女性刑務所には服役中の母親が獄中で赤ん坊を育てられるように保育所が併設されているという[142]。

このような状況にうんざりしている人は多いだろうし、「犯罪化の罠」に腹を立てている人はもっと多いだろうが、人はみな、何かほかの解決策を考え出さなくてはならない。私たちは現行の政策や慣行にあまりに慣れっこになっているため、犯罪の拡大解釈と大量投獄制度よりもまともなものを想像することができない。

しかし、そうすることはさほど難しくない。有色人種のコミュニティで刑事司法制度がどのように機能しているかを考えれば、よりよいものをイメージするのに苦労はいらない。事実上どこを見回しても、優れた選択肢があるのだから。

たとえば、ここアメリカでは、刑事司法制度が現在の形と大きく違っていたのはそれほど昔のことではない。本章の冒頭で述べたように、1970年代初頭の受刑者数は現在の数分の1に過ぎず、警察官、検察官、矯正官など司法制度の職員数は現在の40パーセントに満たなかった。

また、タイムマシンで過去を見なくても、学ぶべき事例は見つかる。アメリカにはすでに、警察国家を作らずとも治安を改善することができた場所が数多く存在する——つまり、国内にあるほぼすべての白人中心のコミュニティだ。もし刑事司法制度が、私や私がこれまで出会った白人と同じように有色人種の人々を扱ったなら、私たちが生み出した混乱を収めるための大きな一歩となるだろう（たとえば、白人が多い大学の学生に接するように有色人種のコミュニティの住民を取り締まったら、どんな違いが表れるか考えてみてほしい。さながら、巨大な泡にすっぽりと守られた人に接しているように見えることだろう）。

実際、アメリカほど投獄に頼らない場所を見つけたければ、世界地図を広げてダーツを投げてみるといい。どこに命中しようと、この国ほど投獄率が高いところはないはずだ。世界のどこであれ、歴史の大半を通じて、アメリカ合衆国の有色人種のコミュニティほど犯罪化や投獄がさかんに行われた場所はない。そのため、くり返しになるが、よりよいものを思い描くのはさほど難しくないのである。

もちろん、そうした変革を実際になしとげるのは一筋縄ではいかない。まず変えなくてはならない政策や慣行が山ほどあるからだ。だが、それらはすべて実質的に4つの解決策にまとめることができる。いずれも、犯罪の拡大解釈と大量投獄によって深刻な影響を受けている黒人と褐色人種のコミュニティが率いる活動から生まれたものである。[143]

解決策その1：誰にも害を及ぼさない

私たちは、公共の安全を実現するための誤ったアプローチにとかく固執するあまり、安全は必要だがそれだけでは十分ではないという事実を見失ってしまっている。たとえ〝安全な〟コミュニティでも、生活するのにまったくふさわしくないということはありうるのだ。とりわけ、その安全が抑圧的な法執行機関の存在を前提とする場合はなおさらだ。私たち全員が、安全という狭い概念だけでなく、ほかの価値観が存在することを認識しなければならない。私たちはコミュニティが安全で、かつ健康であることを願っている。コミュニティの基本的な健康が保証されてはじめて、真の安全も得られるのである。また、私たちはみな、すべての人が大切にされていると感じ、幸せをつかめるようなコミュニティを望んでいる。すべての人が成長できるような、公正で公平なコミュニティを望んでいる。でなければ、本当の意味で安全な空間は存在しない。それらの価値観すべてに共通するのは、犯罪の拡大解釈と大量投獄制度とは相容れないということだ。警察国家では、真の健康、幸福、正義は見出せないのである。

当然ながら、アメリカの刑事司法制度はこうした成果につながるとされることが多い。たしかに一部のコミュニティ、とくに白人中心の地域ではそういうこともあるかもしれない。だが、有色人種のコミュニティに通常もたらされるのは、健康でも幸福でも正義でもなく、損害である。刑事司法の専門家が必要とされ、役に立つこともあるだろうが、彼らがたまに与える利益は犯罪の拡大解釈と大量投獄によって日々もたらされる損害と比べればごくわずかだ。これは、個々の警察官や検察官に責任を帰すべき問題ではない。システム全体の問題だ。求められる業務にふさわしいスキルを持たない人々が、日々お粗末な対応をくり返しているのである。警察や検察、裁判所、刑務所、拘置所がいい結果をひとつ出すごとに、彼らの関わりによってたくさんの損害が発生する。

ある程度の害は状況によっては避けられないかもしれないが、そのようなケースはごくまれである。それどころか、刑事司法制度が与えなくて済んだはずの害を及ぼしてしまうことのほうがはるかに多い。刑事司法制度の機能は実際、当初掲げられた目的から著しくずれてしまっているので、同種の類似した機関を思い浮かべるのは難しい。

仮に、医療の世界が同じように機能していたらどうなるか想像してみよう。その場合、医師は私たち患者に有毒な薬を過剰投与し、身体の各部位を手当たり次第に切断し、癌の定期検診は開腹して腫瘍を探しながら行い、病人を過度に、あるいは無期限に隔離するだろう。医師が通常このようなことをしないのは、彼らが一連の倫理規範を守っているからだ。なかでもよく知られ、尊重されているのは「患者に害を及ぼさない」という規範である。それは、患者のために何を行うにせよ、相手を傷つけるような行為をしてはならないという考え方だ。聴診器と体温計を身につけた専門家にそうした誓いを立てさせるなら、銃で武装し、私たちを檻のなかに入れる力を持った専門家にも同じことを求めるべきではないか？　言い換えれば、私たちの税金で養われている公務員や機関は、私たちを傷つける前に、まずほかの選択肢をすべて検討してしかるべきではないか？　私たちに害を及ぼすのは、最終手段であるべきではないだろうか？

刑事司法制度からこれ以上不必要な害を受けないようにするには、刑事司法制度とそのもとで雇われているすべての人に対し「誰にも害を及ぼさない」という前述した原則を守らせることが必要とされる。そうした倫理的な刑事司法制度とはどのようなものになるのか、いくつか例を示してみよう。

・警察官の役割は、ほかのコミュニティ・ベースの資源（解決策3でくわしく述べる）では対応できないような機能に限ることとする。そのため、人々を危害から守るうえでほかの手段では不十分な、真に危険な状況への対応に限定される。いかなるコミュニティも、重武装した警察が大きな存在感を持つ駐屯地として扱われることはない。また、ストップ・アンド・フリスクのような見境なしの過度に攻撃的な戦術は廃止とする。逮捕やそのほかの武力行使を行えるのは、個人がほかの誰かに重大な危害を加える差し迫った脅威が存在し、その脅威に対処するためにほかに利用可能な代替手段がないときのみとする。どんな場合でも、警察官は危険な状況を解決するために必要な最小限の力しか行使してはならない。[144]

・生徒は学校内で取り締まりを受けない。[145]また、現在学校に常駐する警官が日々果たしている業務は、管理者、教師、ソーシャルワーカー、心理学者、修復的司法の専門家、非武装の警備員、そのほか支援スタッフが担うこととする。

・すべての少年刑務所は閉鎖し、かわりにコミュニティ・ベースの代替案を導入するものとする。[146]

・検察や裁判所は、成人を刑務所や拘置所に送致・収容するためには、重大な危害を及ぼす差し迫った脅威から人々を守るために受け入れ可能な代替手段がないことを証明しなければならない。投獄の目的は、期間の長さを問わず、その脅威をできるだけ早く解決するために必要な治療、更生の機会、技能訓練を本人に提供することである。刑務所や拘置所での収容期間は、その手続きを行うのに必要な長さに制限され、出所後コミュニティに戻る人には広範な社会復帰支援が提供される。矯正機能の民営化や刑務所労働の外部委託(アウトソーシング)を廃止することで、すべての利潤動機を取り除く。死刑は廃止とし、投獄に付随する懲罰効果もすべて排除する。

・犯罪者は、彼らの不正行為や特定のニーズに司法制度以外の手段で適切に対処できる場合、保護観察や仮釈放といった司法制度の管理下に置かれることはない。

・貧困はもはや重い罰金や手数料、保釈金の要件などを通じて犯罪扱いされることはない。

・刑事司法制度における制度的レイシズムの歴史を踏まえ、すべての政策決定は包括的な人種平等の分析をもとに立案、実施、管理されるものとする。これにより人種不平等を生み出す仕組みを一掃し、かわりに真の公正な制度を構築する。[147]

地域密着型警察活動（コミュニティ・ポリシング）は解決策ではない

有色人種のコミュニティでの攻撃的かつ暴力的な取り締まりへの回答として、数十年にわたって「コミュニティ・ポリシング」を推進してきた人々がいる。つまり、多くの有色人種コミュニティに存在する警察国家を排除するかわりに、警官がもっと〝ソフトスキル〟を利用することで、いくぶん寛容で穏やかな警察国家を作ろうと提案しているのだ。しかし警官は依然として武装しており、その中核的能力も武力の行使を中心としているため、彼らと出会う人々は通常、脅威を感じざるを得ない。また、警察は与えられたさまざまな任務をより効果的にこなすために訓練することはできるだろうが、だからといって、本来そうした任務が与えられるべきだったということにはならない。

そもそも、有色人種のコミュニティの取り締まりについて、抑圧を重視した法執行機関とコミュニティ・ポリシングを重視した法執行機関というふたつの選択肢しかないのはなぜか？　白人中心のコミュニティにはあるような第三の選択肢がなぜありえないのか？

「害を及ぼさない」ことを刑事司法制度が約束すれば、現在矯正制度が管理している約700万人のうち、ほとんどすべての人にまるで違った現実がもたらされるだろう。また、法執行機関との接触によって日常的に貶められ、トラウマを植えつけられ、犯罪者扱いされている何百万という人々の日常も大きく変わるだろう。さらに言えば、このアプローチをほんの数年前に採用していたら、マイケル・ブラウン、フレディ・グレイ、エリック・ガーナー、サンドラ・ブランド、ルキア・ボイド、タミル・ライス、ウォルター・スコット、ラクアン・マクドナルド、フィランド・カスティル、ブリオナ・テイラー、ジョージ・フロイドといった人々も命を落とさなかっただろう。そのこと自体、変革をいち早く実行に移すうえでの十分すぎる理由になるはずだ。

解決策その2：刑事司法制度のあらゆる部門の予算を削減する

「誰にも害を及ぼさない」という原則を採用すれば、刑事司法制度の役割はきっと今よりもはるかに限定されるはずだ。そして、その役割は中核的能力、すなわちほかよりも適切に処理できる分野に集中することになる。だが、それはともかく、私たちは現在抱えている問題の解決策を別に探さなくてはならない。また、できる限り絞り込んだ刑事司法制度であれば今の予算のほんの一部で職務を果たせるだろうから、現行の制度のあらゆる部門が適宜縮小し、予算も削減されるだろう。少なくとも1970年代初頭の、犯罪の拡大解釈と大量投獄が発生する以前のレベルまで支出を戻すことができる。ひょっとするとさらに減らせるかもしれない。そうすれば、コミュニティが主導する「正義の再投資」(「ダイベスト〔投資撤退〕・インベスト」)運動を追求するための資金を年間2380億ドル以上確保できる。つまり、警察、検察、裁判所、刑務所、拘置所の資金を再配分することで、犯罪の拡大解釈と大量投獄によって発生した損害を修復し、より効果的な予防・介入戦略を実施できるのだ。[148]

解決策その3：複数の分野にまたがる予防、介入、健康管理に再投資する

犯罪や暴力の被害を受けたことのある人ならわかるとおり、その体験は長期にわたって深刻な影響を及ぼしうるものであり、深いトラウマにもなりかねない。さながら抵抗力を備え、感染力もきわめて強いウイルスに感染するようなものだ。あなたひとりが害を被るだけでなく、ほかの人へも簡単に広まってしまう。あなたの周囲が感染すれば、その人からほかの人が感染し、そしてさらにほかの人が……ということも十分に考えられる。そして、最初の被害がめぐりめぐって、ふたたびあなたに悪影響を及ぼすこともありうる。このように、犯罪と暴力の悪循環がひとたび発生してしまうと、断ち切るのは困難である。

もちろん、阻止することはできる。だが、そのためには正しい問いを立てなくてはならない。現在、犯罪が起きたときに私たちが取るであろう姿勢は「その罪に対する処罰をどうすべきか」である。しかし、私たちが本当に問うべきなのは「どうすればその罪を未然に防げたのか」、そして「すべての当事者の要望を満たし、再発の可能性を低くするにはどうすべきか」である。

つまり、疫学者が病気を診る(み)のと同じように犯罪を調べるのである。疫学者の関心は、病気の原因や感染経路を特定し、予防や抑制のしかたを調査することにある。彼らは全体像に注目し、不合理な恐怖や不安、偏見から判断を下さないよう心がける。疫学者にとって次々と現れる病気は追求すべき手がかりだ。彼らはそうした突発的発生(アウトブレイク)が実際にはもっと大きな根深い問題の徴候であることを認識している。また、健康的な社会を作るカギは、もっとも効果的な治療法で症状を抑えながら、根本的な原因を取り除くことだと理解している。

同じように、発生した犯罪の種類は私たちの社会でもっとも差し迫った要望がどこにあるのか、多くのことを教えてくれる。私たちはそうした手がかりを追いかけるとともに、それによって浮き彫りとなる問題への対処に注意を向けるべきだ。自分たちが犯してしまった過ちをゼロにすることはできないが、その頻度や損害をはるかに低く抑えることはできる。それは私たちが資源をどう配分するか、そして犯罪が起きたときにどう対応するかを選択することから始まる。すなわち、本当に安全なコミュニティを作るには、公共の安全のアプローチについて、事後対応型のやり方から予防的で死角のないやり方へ移行する必要があるのだ。

そのためにはまず、コミュニティの要望を正しく把握することから始めなければならない。何が犯罪や暴力を誘発しているのかを分析し、そこから議論を進めていこう。とくに有色人種のコミュニティでは、司法制度には過剰に投資する一方、以下のような犯罪を未然に防ぐために欠かせない戦略への投資が不足しているか、打ち切られている状況が目につく。

- 教育機会の向上。
- 十分な生活賃金の仕事の創出と低所得世帯への経済的支援。
- 質の高い、トラウマに配慮した身体的、精神的、行動学的な保健医療の提供。
- 幼児教育、アフタースクール・プログラム、若者の就業機会、そのほか若者向けの総合サポートの拡大。
- 手頃な価格の住宅オプションの拡大。
- 犯罪サバイバー（被害者）への総合的なサポート。

こうした投資は、犯罪の根本的な原因に対処するために必要というだけではない。犯罪を防止するうえで、警察や刑務所よりもはるかに効果が高いことが研究によってわかっている[149]（ちなみに、多くの法執行機関の指導者たちもそのことに同意している。たとえば、警察署長や保安官、検察官からなる全米規模の児童犯罪監視団体「ファイト・クライム：インベスト・イン・キッズ」は、公共の安全との関連性が明らかなことから、未就園児や保育児童、K—12教育への投資拡大を提言している。同様に、「法執行活動パートナーシップ」は犯罪を減らすため、住宅、薬物治療、教育への投資を推奨している）。

またこれらの投資と並行して、犯罪への対応方法も考え直さなくてはならない。公共の安全や公衆衛生といったあらゆる問題について、警察を第一応答者にするのをやめ、道具箱にあるありとあらゆる道具を利用するのがベストである。犯罪への対応は発生した問題に合わせて調整すべきであり、いかなる場合でも、その目的は被害を最小限に抑え、修復を促し、真の結果責任を果たし、事件の再発を防止することに限るものとする。薬物を使用する人々を犯罪者にするのをやめ、治療や支援に結びつけるべきだ。精神疾患に苦しむ人々を犯罪者にするのをやめ、精神医療の専門家と引き合わせ、根本的な疾患を治療できるよう協力してもらうべきだ。帰る家を失った人々を犯罪者にするのをやめ、ソーシャルワーカーや看護師を交えて、生活の質を向上する機会を与えるべきだ。暴力行為を犯罪とするのをやめ、修復的・変革的司法の実践者など暴力調停の専門家に頼ることで、暴力の連鎖を断ち切り、加害者とサバイバー（被害者）の双方が必要なサポートを受けられるようにすべきだ。K―12の生徒を犯罪者にするのをやめ、彼らが必要とする発達上の支援を提供すべきだ。そして、武力行使の訓練を受けた者が必要とされ、状況を適切に処理する選択肢がほかにない場合に限り、警察を介入させることとする。ただし、あくまでも細心の注意を払ったうえで、ごく狭い範囲に行動を限定すべきである。

つねにこう問いかけるのを忘れてはならない。「目の前の問題を解決するのにもっとも適切なのは誰か？」。たいていの場合、それは警察や検察ではないはずだ。今後しばらくのあいだ、警察や検察が適任とされる状況は続くかもしれない。だがそれでも、私たちは人々の無力化や暴力の脅威に頼ることなく、公共の安全の問題に対処できるコミュニティを作るため、社会全体として積極的に活動していくべきだろう。

社会問題に対処するために刑事司法制度に代わる手段を用いるべきだという考えは、決して突飛なものではない。世論調査によれば、アメリカ国民の大多数がそうした考えに同意している。犯罪サバイバー（被害者）でさえ同意しているのだ。意外に思えるかもしれないが、彼らはこうした決定に関してもっとも大きな利害関係を持っているので、個人的な思いよりも自分にとっての利益に重きを置く傾向が強い。むしろ、ほかの誰よりも効果のあることを望んでいると言えるだろう。[150]

公共の安全にはさらに細やかで全方位的な問題解決のアプローチが必要だが、政策立案者たちはそのことをなかなか理解できないでいる。彼らは、ほかの分野では学際的なアプローチの必要性を感じているようだが、この分野に関してはそうではない。たとえば、学校にはいろいろな専門家が必要だということは誰しも理解できるはずだ。さまざまな科目を専門とする教師、ソーシャルワーカー、心理学者、看護師など学業以外の要望に対応する支援スタッフ、障害のある生徒を支援する特別教員、英語学習者の言語ニーズに対応するための特別な訓練を受けた教師。また、先述したように、住宅メンテナンスや医療サービスについても同様で、人々のさまざまな要望に対応するために何十種類もの特殊な専門分野がある。ところが、こと公共の安全の問題に関しては、この国の政策立案者は今も昔も一本調子だ。警察組織に頼りすぎているだけでなく、公共の安全や福祉について警察というフィルターを通さなければならないという考え方が、時代遅れで、不必要で、効果がないことに気づいていないのだ。

それぞれのコミュニティに警察署ではなく、公共の安全・衛生部門を置くべきではないだろうか。そのような部門を率いるのは警察ではない。警察の果たす役割はせいぜい、コミュニティの問題を総合的に解決し、住民のために支援システムを構築する車輪のスポークといったところだ。この部門に所属するのは、ソーシャルワーカーや心理学者、薬物使用カウンセラー、紛争調停者、精神・行動衛生の専門家、看護師、修復的・変革的司法の実践者、暴力調停の専門家、公衆衛生の専門家、ハーム・リダクションの実践者、ギャング調停者、トラウマ理解にもとづく治療の実践者など、コミュニティの要望にもっとも適した専門家たちだ。それにより、コミュニティ内をパトロールする警察だけでなく、犯罪や暴力に対処し、さらにはそれを防止するための多彩なスキルを備えた、さまざまな訓練を受けた専門家が利用可能となる。９１１番に電話すれば、オペレーターが状況に応じて適切な対応ができるよう複数の選択肢を提供してくれる。[151] 犯罪のサバイバー（被害者）は今よりもはるかに充実した資源を利用し、自分たちの要望を満たすことができる。犯罪に対して脊髄反射的に罰を与えるのではなく、犯罪者にもっと有意義な形で自分の行為の責任を取らせるため、コミュニティ内でそのような脅威を扱い解決するための能力を開発できるようになる。学校では、教育者は校外停学処分や退学、逮捕、少年司法制度への送致に頼るのをやめ、同じような支援サービスを利用し、生徒のあらゆる要望に応えられるようになる。最終的には、犯罪化という行為を大幅に減らせるうえ、コミュニティの問題を万事解決し、その安全と福祉を向上させることができるだろう。したがって、現在私たちが刑事司法制度と考えているものは、過去数十年間の着実な成長とは対照的に、時間の経過とともに次第に縮小していくものと予想される。

　ここに挙げたアイデアのうち、すでに実現しているものは多い。全米では今、非常に効果の高い修復的・変革的司法のプログラムが取り入れられている。[152] 長年にわたり法執行機関が扱ってきたものをコミュニティ・ベースのサービスに委ねる取り組みが、数多くの管轄区で始まっている。[153] 公共の安全と衛生の問題について、第一応答者となる人物の枠組みを拡大している都市もある。[154] また、根深い路上の暴力の問題に対処するため、暴力やギャングの調停者を効果的に配置している都市もある。[155] さらには、犯罪や暴力、トラウマなどの問題に関して、全方位的で予防に焦点を当てたアプローチをとっている都市も多い。[156] そして、多くの市や州では、司法の再投資やダイベスト・インベスト運動への取り組みを進めている。[157] とりわけ、2020年に起きたジョージ・フロイドの殺害とその後の抗議デモを受けて、数多くの管轄区域で公共の安全について大きな進展が見られた。[158]

しかし、まだ問題は残っている。いずれの市も郡も州も、これらすべてを堅実かつ包括的な枠組みで行えていないのだ。犯罪の拡大解釈と大量投獄に使われている資源があまりにも多いため、犯罪や暴力へのコミュニティ・ベースの対応に適切な投資がなされていない。刑事司法制度に代わる効果的な手段を開発したところでも、警察官や検察官をそうしたサービスの門番として意味なく位置づけていることが多い。さらに、司法の再投資に取り組んでいる管轄区ではたいてい、もっとも被害を受けているコミュニティではなく、犯罪の拡大解釈と大量投獄になんら対抗する気のない（あるいはできない）政策立案者たちが先導役を務めている。そのため、この取り組みに再投資されている実際の金額はあきれるほど低く、しかもその多くは刑事司法制度のほかの分野に振り分けられている。[159]

とはいえ、アメリカのあらゆる地方や州で刑事司法制度からの再投資を有意義な犯罪予防や学際的な公共の安全・衛生部門に充てることができるのはたしかである。ここで、刑事司法制度の規模の見直しによって年間2380億ドルが節約された場合、どんなことができるのかを見ていきたい。たとえば、以下に挙げることはすべて行える。

・無料または割引価格のランチを利用する資格のあるアメリカの生徒2500万人の教育支援金を25パーセント増額する。

・すべての3、4歳児を対象とした全米共通のプレK制度を構築する。

・1500万人以上の子どもたちに質の高いアフタースクール・プログラムを提供する。

・300万人の無保険者に医療保険の範囲を拡大する。

・50万人の新たな雇用を生み出し、公共の安全・衛生部門に必要な各種の専門家を配置する。[160]

犯罪の拡大解釈と大量投獄の影響は特定のコミュニティ、とりわけ有色人種のコミュニティに集中しているので、どんな再投資が決定されたとしても、そうしたコミュニティに重点を置くのが理にかなっている。そうすれば、私たちは有害な刑事司法政策が何十年にもわたってもたらしてきた被害を修復し、これまで存在を許してきたあからさまな人種不平等に対処することができるだろう。

さらに、第5章で述べるように、これまで説明した再投資は、よりスマートな資源配分によって達成できることのほんの一部に過ぎない。肝心なのは、私たちがひとたびコミュニティの福祉と公平性に資源を合わせようと決めることができれば、すべてのアメリカ国民の健康、安全、生活の質を劇的に向上するような真の変革の可能性が数限りなく生まれるということだ。

そのようなアプローチが自分の人生をどう改善するのか自問してみてほしい。それこそが、真の判断基準となる。あなた自身の犯罪や暴力の経験を、どんなふうに変えてくれるだろうか？

公共の安全や衛生、人種平等、公民権、市民的自由、財政上の影響について考えたとき、戦略的で予防に焦点を当てた問題解決型のアプローチと、犯罪の拡大解釈と大量投獄というアプローチとでは、どちらがあなたやあなたの家族、コミュニティに利益をもたらしてくれるだろうか？　答えはきっとはっきりしているはずだ。

解決策その4：刑事司法制度に対する真の民主的統制を確立する

全米の多くのコミュニティ、とくに有色人種のコミュニティでは、刑事司法政策の決め方について、たいてい主客が転倒している。コミュニティの要望を満たし、その優先事項を追求するため、警察や検察がいかにして法を執行すべきか決めるのは本来市民の役割だ。ところが、実際には市民に対して法を執行する方法を決めているのは多くの場合、法執行官たちである。しかも警察と検察には、法律を制定するためのとてつもない権限が与えられている。

読者のみなさんにとっては、奇妙に思えるかもしれない。法執行機関の役割は、ほかの人々が作った法律を執行することだけではなかったのかと。また、刑事司法政策の問題について、立法府が法執行機関にある程度の助言を求めるのは理解できるが、警察や検察がそうした問題に関する政策提言活動を行うことなんてありえないはずだと。だが、実際にどちらも行われているのだ。現実には、法執行機関のグループは主要な政治勢力となっており、政策立案にきわめて積極的であるばかりか、犯罪化の罠とそれにともなう巨大な権力や予算を何がなんでも手放すまいとしている。実際、刑事司法政策の問題に関して、法執行グループはとてつもない発言力を持っている。そうした政策のターゲットであり、警察や検察の給料を支払っている一般市民よりも圧倒的に大きな影響力を有しているのだ。[161] 現実問題として、法執行官の権力はあまりに強大なため、彼らを敵に回すような法案を支持しないようにしている議員は多い。そのため、私個人の豊富な経験からも言えることだが、刑事司法制度での過度な取り締まりの防止や人種不平等への対処といったわりあい控えめな改革さえも、警察や検察が立法プロセスに介入することで粛々と封じ込められているのである。

このひどく歪んだ政治プロセスは止めなければならない。第一に、刑法をめぐる政策決定やその執行方法に影響するような権限を法執行機関に与えることはただちに取りやめるべきだ。彼らの視点は助言者として役に立つこともあるだろうし、ほかの人と同じように立法の提言に関与する権利を持った問題（たとえば、労働者の権利に関する問題）もあるだろう。しかし、法の執行に携わる者がその立案プロセスにも大きな影響力を持つべきだという考えは明らかにおかしい。むしろ、すべての州や地方において、刑法が超富裕層の利益ではなくコミュニティの利益にかなうよう改正するための、強固で包摂的なコミュニティ主導のプロセスを導入すべきである。

第二に、歴史を通じて法執行機関から冷遇されてきたコミュニティは、そのような機関への直接的な管理を認められてしかるべきである。[162]すべてのコミュニティは、刑事司法の問題について自己決定権を持つべきだ。白人中心のコミュニティでは、ふつうそんなことは当たり前で、わざわざ言及するまでもないだろう。だが、黒人と褐色人種のコミュニティでは、この種の法執行は管轄内の白人中心のコミュニティに取り入る政策立案者によって決定されることが多く、有色人種の懸念には実質的になんの対応もされていない。黒人と褐色人種のコミュニティは、自分たちの生活を大きく左右するような刑事司法政策に影響を与えるチャンスが与えられていない。さらに、法執行機関がこれらのコミュニティに説明責任を負うべきだという認識もまったくといっていいほど見受けられない。

したがって、有色人種のコミュニティには市民が管理する代表機関がなくてはならない。資金の調達方法や法執行の方針を決め、機関の優先順位を設定し、雇用と解雇の判断を下し、内部調査を実施し、不正があった場合の懲戒処分を決める権限を持った機関がなくてはならない。場合によっては、法執行機関の管轄範囲を見直したり、機関を細分化したりして、彼らが奉仕する有色人種のコミュニティに対して真の結果責任を負わせるようにしなければならない。いずれにせよ、犯罪化の罠によって何十年も荒廃にさらされてきたこれらのコミュニティが、本来自分たちに奉仕すべき機関に対し、民主的な統制を持つのは至極当然のことである。

実際、安全は警察や検察、刑務所や拘置所から与えられるものではない。真の安全は健全で十分な資源を持った平等なコミュニティが、犯罪や暴力を予防し、それに対処するための有効な解決策を備えることから生まれる。本章で提示した4つの解決策、（1）「誰にも害を及ぼさない」（2）「刑事司法制度のあらゆる部門の予算を削減する」（3）「複数の分野にまたがる予防、介入、健康管理に再投資する」（4）「刑事司法制度に対する真の民主統制を確立する」は、そのような安全性をもたらしてくれるだろう。また、アメリカに住むすべての人の生活の質を劇的に向上させてくれるはずだ。さらに、「犯罪の厳罰化」アプローチを、黒人と褐色人種のコミュニティに奉仕と保護を与えてくれるようなアプローチに置き換えてくれるだろう。そして、公共の安全戦略がアメリカ実業界とウォール街に収益をもたらすのではなく、コミュニティの要望に応える形で実行されるようになる。そうなれば、アメリカはようやく、不必要に多くの人々を傷つけ、その命を奪ってきた刑事司法制度にはびこる破壊的な制度的レイシズムを排除することができる。そのとき私たちは「自由の国」という称号について、胸を張って主張できるようになるだろう。

第4章

ジム・クロウからファン・クロウへ

アメリカでは、何世代にもかけて独自の価値観が形成されてきた。いずれも、私たちの文化を支配し、一人ひとりの物の見方を幼いころから形作っている価値観だ。そのなかには、世代や地域を超えて保たれているものもたくさん見受けられる。しかし、アメリカ人のアイデンティティの中心には、つねに3つの価値観、すなわち「自由」「平等」「家族」が存在していると言えるだろう。この3つは、私たちがアメリカ人を標榜するうえで中核をなす概念だ。私たちにとって非常に身近で大切なものであり、仮に侵害されるかもしれないと感じたら、怒りや不公平感といった気持ちがすぐに湧き上がるだろう。

プロの映像作家はそのことを十分に心得ている。この3つの価値観をほんの少し利用するだけで、あっという間に私たちの思いを揺さぶり、感情を操作できると知っているのだ。映画『スター・ウォーズ』では帝国の独裁的な体制が短く描写されただけで、観客は彼らが悪者で、反乱軍が自由の戦士だとただちに判断できる。『ブレイブハート』ではスコットランド人が大英帝国の2級市民として描かれた場面がほんの少しあっただけで、観客はスコットランド独立の熱烈な支持者へと変わった。家族から無理やり引き離される恐怖は、リーアム・ニーソン主演の『96時間』3部作を世に送り出し、

『ハンガー・ゲーム』4部作では30億ドル近くの興行収入を上げるほどの強烈な効果をもたらした。[1]

このような価値観は、当然ながら現実世界にも当てはまる。たとえば、私たちの国は、世界中で抑圧的な状況に苦しむ人々に対し、長きにわたって博愛の心を抱いてきた。そのため、この国には「人種、宗教、国籍、政治的見解、または特定の社会集団の一員であること」を理由に迫害された、または迫害されるおそれがある人のための亡命手続きがある。[2]私たちは、自由の欠如や不平等な扱いが世界の人々の幸福を脅かすとき、彼らに安全な避難場所を提供することをいとわなかった。さらに、アメリカの移民政策は50年以上にわたって「家族の統合」を優先してきたため、アメリカ在住者の家族を優先的に受け入れてきた。このように、私たちはさまざまなやり方を通じて基本的な価値観（コア・バリュー）を実践し、その過程で数え切れないほどの人々が質の高い生活を享受してきた。

これこそ、私の育った文化の伝統である。私たちの国が移民問題について、個人の自由や万人の平等、家族の大切な絆のために進んで立ち上がる様はまさに誇りの源泉だった。もちろん、この問題に関する私たちの実績が完璧とはほど遠いことは、私も教育を通して知っていた。しかし、それでも私は、アメリカの移民政策が自由の女神に刻まれた「疲れ果て、貧しさにあえぎ、自由の息吹を求める群衆を我に与えたまえ」という有名な一節に導かれていると信じていた。いろいろ欠点はあったとしても、アメリカはほかの国よりも移民の扱いが寛容だと思っていたし、「アメリカ例外主義」[*1]という考え方にも何かしらの意義があると思っていた。

その後、私はアメリカ各地の移民コミュニティで日々を過ごすようになった。とりわけ、ニューヨーク州やカリフォルニア州、コロラド州、バージニア州、イリノイ州、フロリダ州など数々の地域で、ラテン系をはじめカリブ周辺や南アジアにもルーツを持つ移民コミュニティと親しく働くようになった。その一方、この国は、ジョージ・W・ブッシュ、オバマ、トランプの各政権を通じて、数百万人に極度の恐怖のなか暮らすことを強いるような公共政策を実施していた。移民たちは、自分や自分の大切な人が拘束されたり、強制送還されたりするのではないかとたえず怯えていた。また、私たちは第3章で述べた犯罪化の罠を拡大することで、刑事司法だけでなく移民法の行く末をも危険にさらし、移民コミュニティを恐怖に陥れた。さらに、合法的な在留資格を持たない褐色人種を捕まえることを任務とする法執行官の一団を作り上げた。私たちの国家は、政策の一環として、世界でもとりわけ寄る辺ない人々に対し、意図的に残酷な態度をとってきたのである。

ここで述べたことは、みなさんには大げさに思えるかもしれない。私自身、数年前に読んでいたら同じように思ったことだろう。実際の状況を目にするまで、私はこの国の移民が受けている扱いについて、本当のことを知ろうとしなかった。自分の見たものがこの国の現状を表しているとは思いたくなかったのだ。そのため、私は移民のコミュニティで働きはじめても、自分が目の当たりにしている不公正を一部の悪しき公務員の暴走と決めつけていた。しかし、書類なき移民[*2]が日々執拗に虐げられている状況を知るにつれ、自分が見ているものが異常でもなんでもなく、日常であることに気づかされた。自由、平等、家族というアメリカ人の基本的価値観は決して絶対的なものではないと知った。たとえ自分のなかに深く根づいていたとしても、私たちアメリカ人は誤った影響を受けることでそうした価値観をあっさりと捨ててしまいかねない。人々の自由を厳しく制限し、特定の集団を徹底的に虐げ、家族を容赦なく引き裂くやり方を受け入れたり、あるいは支持したりすることさえあるかもしれない。私たちは、世界中からアメリカに移住する何百万人もの有色人種を意図的に貶めるような公共政策をたやすく受け入れられると表明したのである。

現実には、本書で論じているような政策や力学について何も知らないというアメリカ人がほとんどだろう。そういう人々は、移民政策が日々もたらす惨状を目にしたこともなければ、この種の耐えがたい恐怖や不安が人間に及ぼす影響を実際に味わったこともない。私たちは、現在広く容認されているであろう差別の矢面に立たされてはこなかった。それもこれも、単純に私たちの生まれた場所が違うからだ。移民コミュニティで暮らしたり、長い時間を過ごしたりしたことがない人にとって、政策立案者が実際に行っていることを知らないまま生きていくのはとても簡単だ。主流メディアではさまざまな移民問題が日々大々的に報じられているが、そうした報道において、もっとも重要なことはほとんど強調されていない。アメリカは長年にわたって、私たちの社会で暮らす書類なき移民を対象に

＊1　アメリカがその独特の起源や歴史的進化、政治的・宗教的制度から、ほかの先進諸国とは異なっているとする信条。

＊2　undocumented immigrants。アメリカ国内での滞在を合法とする書類がない（在留資格のない）移民という意味で、本書では「不法移民（illegal immigrants）」と区別して用いられる。

一連の公共政策を実施し、彼らの暮らしが恐怖とトラウマと苦痛に満ちたものになるよう徹底的に不公平で不当な扱いをしてきた。私たちは海外で虐げられている人々を助けると公言しながら、実際には人種や民族、出身国、在留資格を口実に、自国で暮らす何百万人もの人々をたえず迫害しているのである。

もちろん、移民政策の細かな点については論争の余地がある。誰がこの地に来て留まるべきかという決定は通常、一筋縄ではいかないものだ。しかし、この厄介な問題の核心には、実のところ非常にシンプルな問いがあって、私たちの答えを待っている。つまり「すでにこの地にいる在留資格を持たない人々をどう扱うか」という問いである。アメリカにはおよそ1100万人の書類なき移民がいる(国民の約30人に1人)[3]。彼らは過去数十年にわたって、さまざまな理由でこの地に移住してきた。母国で悲惨な状況――いくつかはアメリカの政策によって生じたり、悪化したりしたものである――に直面し、実質的に〝追われる〟形で移住してきた人も多い。一方で、仕事の機会や豊かな暮らしの可能性に〝ひきつけられて〟やって来た人も大勢いる。いずれにせよ、彼ら全員に共通しているのは、合法的に入国して〝書類に記載される〟のを望んだということである。選択の余地があるなら、誰も好き好んで書類のない移住を選んだりはしない。それがどれほどの危険をともなうか、十分すぎるほどわかっているのだから(実際、大勢の人が世界でも一、二を争うほど過酷な砂漠を横断し、これまで数千人が命を落としてきた)[4]。だが書類なき移民の大半にとって、本当の意味での選択肢はなかった。彼ら1100万人のうち、合法的に入国する道を選ぶことのできた人はほとんどいない。アメリカの法律は、そのような機会を彼らについぞ与えはしなかった。[5]

今、私たちは選択を迫られている。私たちの基本的な価値観に恥じないようにするなら、この地に移住し、すでに住居を構えた人々に対する人道的な扱いが求められるだろう。実際、「幼少期に米国に到着した移民への延期措置（DACA）」プログラムのように、まれにそのような選択をすることもあった。ところが、たいていの場合、私たちは移民に冷酷無比な態度をとってきた。私たちの国は、アメリカ市民権を持たない移民に対し、みずからの利益のためなら虐待してもいいかのごとくふるまっている。自分たちの基本的な価値観を実践するどころか、アメリカの伝統のなかでもっともおぞましい部分を詳らかにしてきたのだ。それは〝私たち〟とは異なると定義したものの上にみずからを位置づけるということだった。現在の書類なき移民の扱いはいわば、第二次世界大戦中の日系アメリカ人の抑留、ネイティブ・アメリカンの強制移住、ジム・クロウ法における分離政策など、アメリカ史におけるもっとも不名誉な数々の出来事と同じ道をたどっているのである。

なぜ移民を〝他者〟とみなし、彼らの生活をほかの人よりも軽んじる人がこれほど増えたのか？　また、誰がそこから利益を得ているのか？　本書をここまで読んだ人ならおわかりのとおり、私たちがこぞって無知であることと、長年にわたる制度的レイシズムへの対処の遅れは決して偶然ではない。私たちの移民への扱いはアメリカの基本的価値観に対する明らかな裏切りと言えるが、同時にそれは超富裕層が用いる戦略的レイシズムの典型でもある。本章で後述するように、ごく少数のアメリカ実業界とウォール街の経営者らは、移民政策の立案と維持に力を注ぎ、何百万人もの人々に社会の平等な構成員とはほど遠い〝日陰の存在〟として生きるよう強制してきた。数多くの厳しい反移民政策の根拠として述べられたのが、そのような政策は公共の安全を守り、法の支配を維持し、限られた公的資源の浪費を防ぐために必要である、というものだ。だがほとんどの場合、それは単なるまやかしに過ぎない。移民に対する残酷な仕打ちの裏にある最大の目的は、ビリオネアや億万長者の富を築くことである。

人種不公正の一因である移民問題には数多くの種類があるが、本章では焦点をごく狭い範囲に絞りたいと思う。すなわち、アメリカに住む書類なき移民がこのまま無慈悲に搾取され、半永久的に下層階級として扱われるのを私たちの国が容認していくのかどうかを中心に論じていきたい。別の言い方をすれば、私たちが彼らの立場であったなら（つまり、生き残る手段として国境を越えた移住を検討するほど追い詰められていたなら）おそらく同じ決断を下したであろう何百万人もの人々をどのように扱うか決めなければならないのである。

この問題に対処し、超富裕層がいかにして移民の苦しみから利益を得ているかを知るため、まずは移民政策がどんなふうに機能しているかを理解するのが先決だ。そうした政策が移民に敵対的な状況を示す例として、おそらくアリゾナほどふさわしい場所はない。

反移民政策の核心

アリゾナ州の人口は過去数十年で2度の劇的な変化に見舞われた。まず、高齢化の進むベビーブーマー[*3]の数がフロリダ州に次いで全米でもっとも多くなった。[6] 温暖な気候やカラッとした空気、比較的安い生活費、そして〝高齢者にやさしい〟コミュニティを有するアリゾナは、退職者や「スノーバード」[*4]たちにとって格好の移住先だった。

次に、メキシコから国境を越える書類なき移民の通行量がきわめて多くなったことで、アリゾナの在留資格を持たない居住者の人口が急増した。こうした変化は、連邦政府の移民政策に起因するところが大きい。1990年代以降、カリフォルニア州、ニューメキシコ州、テキサス州で国境付近の取り締まりが強化されたことで、移民の越境がアリゾナ州に集中するようになった。[7] 当初は、アリゾナとメキシコの国境沿いにある過酷な砂漠が越境に対する天然の要害になると考えられていた。だが実際には、決死の覚悟で挑んだ移民が大勢いたため、アメリカへの旅はそれまでよりもはるかに危険なものとなり、同時に、移民によるさまざまな影響が特定の地域に集中するようになった。[8] むろん、ア

＊3　ベビーブームの時期（アメリカでは1946年～64年）に生まれた人々。
＊4　冬のあいだ暖かい南部地方で過ごす北部住民。

リゾナ州からアメリカに入国した移民はほかの州へ移動することが多かったが、そこに留まることを選択する者も少なくなかった。その結果、同州の書類なき移民の数は１９９０年には９万人だったが、２００７年には50万人に増加したと推定されている。[9]

こうして、アリゾナ州には高齢で主に白人のアメリカ人と、若者を中心とするメキシコ人や中米人が同時に押し寄せることになった。[10]ある意味で、このふたつのグループが衝突するのはごく自然な成り行きだった。高齢者たちがアリゾナに移住してきたのは、年じゅう日焼けした肌や手入れの行き届いたゴルフコース、少ない税金、シンプルな暮らしという面にひかれたからだった。きらびやかなパンフレットには、豊かな生活の足がかりを得るのに必死な移民や家族が大勢いるなんて話は載っていなかった。そのため、アリゾナの明るい肌をした移住者のなかには、浅黒い肌の移住者を、引退後の楽園への侵入者とみなす者も多かった。

こうした衝突が起きたのも当然と言えば当然だったが、一方でこのふたつの集団には一種の共依存関係も生まれた。拡大する退職者コミュニティのニーズに応えるには、新しい高齢者居住施設を建て、在宅医療サービスを提供してくれる人々のほか、芝刈りやハウスクリーニングなど高齢者がもはや独りではできなくなった家事全般をこなせる労働者が必要だった。これらの仕事は、主に移民たちが担うことになった。かくして、アリゾナの高齢者コミュニティは自分たちのニーズを満たしてくれる労働者に依存するようになった。それは書類なき移民労働者が仕事のために高齢者に頼るのと同じ構図だった。

こうした状況にもかかわらず、1990年代以降、アリゾナ州（およびそのほかの地域）に流れ込む書類なき移民に対して、「移民への厳しい対応（タフ・オン・イミグランツ）」とでも言うべき戦略が導入されるようになった。刑事司法制度においていわゆる「犯罪への厳しい対応（タフ・オン・クライム）」という方針が過度に攻撃的な法執行戦術と犯罪者に対する厳しい処分を用いたように、私たちの移民政策も書類なき移民を虐げるようになり、同時に無許可の越境に対する罰則を強化しはじめた。こうした「移民への厳しい」政策は連邦政府の発案によるものが多く、たとえばアメリカ＝メキシコ間の国境の軍備強化や、すでに国内にいる在留資格のない居住者を狙った大規模な「強制送還システム」の構築などがそれに該当する。[11] これらの連邦政府の取り組みは数え切れないほどの移民家族に壊滅的な打撃を与えたが、州や地方自治体のなかにはそれだけでは飽き足らないとばかりに、さらなる反移民政策を掲げるところが多かった。とくに、アリゾナ州は熱心にこの強硬姿勢を推し進めた。以下に挙げるのは、アリゾナの書類なき移民に対する取り締まりのほんの一例である。

・1996年：1990年代まで、書類なき移民はアメリカのどこでも運転免許を取得することができた。ところが、1993年にカリフォルニア州が許可を打ち切ったのを皮切りに、アリゾナ州も1996年、それに追随した（その後も45州が同じ流れに加わっている）。[12]

・2000年：アリゾナ州の公立学校でのバイリンガル（二言語併用）教育を禁止し、いわゆるイマージョン（没入）教育[*5]を推進する議案二〇三が63パーセントの得票率で可決された。[13]

・2004年：書類なき移民はいっさいの公的給付金を受け取れないとする議案二〇〇が56パーセントの得票率で可決された。[14]

・2006年：州公用語を英語とし、ほとんどの政務を他言語で行ってはならないとする議案一〇三が74パーセントの得票率で可決された。また、書類なき移民を育児支援や成人教育、州内の大学の学資援助、そのほかの財政援助の対象外とする議案三〇〇が72パーセントの得票率で可決された。さらに、書類なき移民を特定の刑事犯罪の保釈対象から外す議案一〇〇が78パーセントの得票率で可決され、くわえて、書類なき移民が民事訴訟で勝利しても、懲罰的賠償金を受け取れないとする議案一〇二が74パーセントの得票率で可決された。[15]

・2010年：州議会は上院法案一〇七〇、通称「SB一〇七〇法」を可決した。SB一〇七〇法はそれまでアメリカで成立したなかでもっとも厳格な反移民法と言われている。掲げられた目的は「強制執行による排除」を追求すること、すなわち書類なき移民の生活環境を悪化させ、彼らが自発的に州を離れるよう仕向けることを意味していた。[16] この法案にはそうした効果を実現するための条項が数多く盛り込まれている。たとえば、法的な許可なくアメリカに居住・就労することを犯罪としたり、逮捕・拘束した者の在留資格の確認を法執行官に義務づけたり、書類なき移民の移送や〝蔵匿〟を犯罪にしたりといった具合だ（したがって、祖母を車で医者に連れて行くことや同居させることも、その人が書類なき移民であれば犯罪となる）。またSB一〇七〇法は法執行官に対し、停止命令や拘束、逮捕を行う際、相手が書類なき移民という「合理的な疑い」がある場合、在留資格の確認を求めている（これによって、あからさまなレイシャル・プロファイリングが事実上合法化された）。[17] さらに、アリゾナ州はSB一〇七〇法が成立してから6週間も経たないうちに、民族学の授業を行うことを禁止した。[18]

こうした州レベルの反移民政策にくわえて、書類なき移民を対象とした追加政策を定める自治体も多かった。たとえば、フェニックス市を擁し、州の総人口の60パーセント以上を占めるマリコパ郡では、ジョー・アルパイオ保安官が24年間の在任期間中に設けた極端な反移民政策で全米にその名を轟かせた。[19] この自称「アメリカ一タフな保安官」は、日中の気温が摂氏60度以上にも達するテント・シティという屋外刑務所村に、移民法違反で起訴された人々を収容した。アルパイオはこの刑務所をみずからの「強制収容所」と呼んだ。男性にはピンクの下着をはかせ、女性には生理用品を与えず血の

＊5　各教科を目標言語で学ぶことで、その言葉の習得を目指すというもの。

ついたシーツで寝かせるなど、収容した人々を辱めることに喜びを感じている節があった。また、チェーン・ギャング[*6]を復活させ、刑務所内から24時間、人々が逮捕され、裸で身体検査を受け、独房に収容される様子をウェブ放送で公開した。あげくバスルームにウェブカメラを設置し、女性がトイレを利用するところをライブ映像でストリーミング配信した。[20]

アルパイオによるラテン系住民を標的とした移民取り締まりは、2007年に彼の保安官事務所が全米で初めて移民関税執行局（ICE）と提携し、二八七（g）協定というプログラムを大々的に実施したことでエスカレートした。同協定によって、州および地方の法執行官は連邦移民局の代理として職務を遂行できるようになった。アルパイオはこの新たな権限を利用して、アメリカ近代史上もっとも横暴な一斉捜査を行った。何年にもわたり、事務所総出でラテン系のコミュニティを対象に境界線を設置し、100人以上の警官を送り込み、在留資格のない滞在の疑いがある人すべて（実際には、褐色の肌の人を意味することが多かった）を数日間拘束したのである。また、アルパイオはこうした移民の一斉検挙を支援する武装した〝民警団〟のメンバーとして、民間人を1000人近く採用した。[21]

これらの州および地方レベルの政策の一つひとつが、州内の人々にひどく有害な影響を与えた。英語オンリー法の実施と民族学の授業の禁止は、人々の言語と文化的アイデンティティに対する誇りを傷つけた。公的給付の禁止によって専門的な医療サービスを利用できない人が増え、緊急の医療処置を受けながらも費用を捻出できず、病院からそのまま本国に強制送還される患者が続出した。教育サービスの禁止は、コミュニティ全体での社会経済的地位の向上を許さないという明白なシグナルを発した。保釈の禁止によって、ある種の人々は無実が立証されるまで事実上有罪とみなされることになった。懲罰的損害賠償の請求と運転免許の取得が禁じられたことで、書類なき移民にはアメリカ人と同じ保護と特権を与えるべきではないとの考えが強化された。家宅捜索や一斉検挙に人々は恐れおののき、3、4日間自宅に閉じこもり、子どもを学校へ送るために外出することさえできなくなった。SB一〇七〇法によって1日24時間が地雷原と化し、仮に警察に遭遇した場合、家族と永久に引き離されることにもなりかねなかった。

これらの政策はそれぞれ、個別に見てもかなり悪質である。また全体として見ると、アリゾナの書類なき移民にとって生活のあらゆる側面に対する一斉攻撃だ。その一つひとつが、〝彼ら〟と〝私たち〟のあいだに隔たりを生み出しては広げている。その一つひとつが、書類なき滞在者としてアリゾナで生活することの難しさを増幅させている。その一つひとつが、書類なき移民や彼らをひとりでも抱えた家族を、貧困の世代間連鎖と犯罪化という悪循環に陥れてしまう。これらの政策の対象となる人々は最終的に悲惨な生活を強いられたあげく自発的にアリゾナを去るか、アリゾナにとどまり、主に単純労働を続けるも、いずれはほかの人から顧みられなくなるほど社会の隅に追いやられるかとい

＊6　囚人を鎖でつなぎ強制労働をさせること。

うパターンをたどることになる。

つまり、アリゾナは事実上、住民を執拗に虐げると決めたのである。住民は限界まで我慢するか、あるいは辱められ、搾取されつづけることを受け入れるしかなくなった。そうしたやり方とあなたの認識するアメリカの価値観を調和させられるなら、どうぞやってみてほしい。他者を決して寄せつけない環境を意図的に作ることは、家のなかにネズミやゴキブリが侵入しないよう対策するのと同じであり、反抗期の若者が新しい義理の親を迎えることに反発するのと同じである。いやしくも世界中で道徳的なリーダーシップを発揮していると標榜する国にできることではないはずだ。

ここで挙げた法律がアリゾナの在留資格を持たない住民からどれだけ人間性を奪ってきたかを理解するためには、その影響を受けた人に直接話を聞くのが一番だろう。そこで私は2018年2月にアリゾナを訪れ、そうした住民たちから、本書で述べた政策が彼らの生活とどのように関わってきたのかを尋ねてきた。まず出会ったのは、ジョセフィーナという4人の子どもを抱える女性だ。にこにこと笑みを浮かべる彼女は、初対面であっても生涯の友と感じさせるような、人を寄せつける温かみにあふれていた。[22] ジョセフィーナと家族は、当時フェニックスに16年住んでいた。彼女や彼女と同じような境遇の家族にとって、アリゾナの反移民政策の標的にされているという現実は、毎日片時も頭から離れないという。

「みんな、外出はなるべく控えるようにしています」と彼女は言った。「何が起こるかわかりませんから、外へ出るのは家から職場、職場から家のあいだだけです。食料品店へ行くときもひとりでは出かけません。家族揃って出かけます。みんな、そこまでするようになったんです。ひとりでは呼び止められるかもしれないので、買い物にも行けません。全員でいっしょに行きます。家を出るタイミングもいっしょです。誰かが出かけたまま、戻らないかもしれませんから」

ジョセフィーナの夫は2017年に本国に送還されたが、強制送還のご多分に漏れず、その影響は実際に送還された人物にとどまらなかった。長女のエレナはDACAプログラムのもとで在留資格を得ていたが、父親の強制送還にともない、家族を支えるために大学を辞めて就職しなければならなくなった。ジョセフィーナはそのことがエレナに与えた影響に心を痛めていた。彼女はこう語る。「娘から言われたんです。〝ママ、パパのことがなかったら、今年卒業できたのに。私の夢が壊れちゃった〟って。子どもにそんな思いをさせるのはとても悲しいことです」。ジョセフィーナによると、この出来事のせいでエレナはひどく打ちのめされてしまったという。つねに恐怖心を抱くようになり、知らない人とは口をきかなくなった。

ジョセフィーナの10歳の息子、マヌエルが受けた衝撃はおそらくもっと深刻だ。彼女は息子のことが心配でたまらないと語る。父親を失ったことで、心が壊れてしまったというのだ。「あの子はしょっちゅう怯えています」とジョセフィーナ。「〝ママ、仕事に行かないで〟って言うんです。姉にも同じことを言います。何が起こるかわかりませんから学校にも行きたがりません」。夫が強制送還されたあと、ジョセフィーナはマヌエルからこうせがまれた。「どこにも行かないでね、ママ。ぼくたちみんな家のなかにいなきゃ。もう誰とも離れたくないよ」

幼い子どもを育てたことがあり、公共の場所でほんの数秒でも子どもの姿が見えなくなった経験のある人なら、それがどれほど恐ろしいことかわかると思う。買い物をしているときや、公園で子どもが遊んでいるとき、ほんの一瞬、よそ見をしただけかもしれない。ふり返るともうわが子の姿はなくなっていて、あなたはたちまちパニックに陥る。心臓がどきどきして、アドレナリンが身体中の血管を駆けめぐり、ふだん持っている理性的な思考力は吹き飛んでしまう。それは、ひょっとすると人生でもっとも恐ろしい瞬間かもしれない。だが、ジョセフィーナのような人は、毎日同じような恐怖と向き合うことを余儀なくされている。彼女はこう話す。「いつか仕事に行ったとたん拘束され、子どもたちに会えなくなるかもしれないという不安を抱えたまま生きていかなければなりません。誰かに連れ去られて、子どもたちとふたたび会えなくなると考えただけで、身体が震えるほど恐ろしいです。それは私の身に起こりうる最悪の事態です。子どもたちがいないなんて、とうてい耐えられない。だから毎日、家を出るときにこう祈るんです。〝神様、どうか私たちをお守りください。仕事場で何も起きませんように。無事に家に帰れますように。そして、誰にも何も起こりませんように〟って。何かあったらと考えるだけでぞっとします。頭のなかがいろんなことでごちゃごちゃになるんです」

とくにアリゾナのような場所では、移民の取り締まりや拘束、強制送還が積極的に行われているので、ジョセフィーナの最大の悪夢が現実になる可能性は決して低くない。そのため、彼女はつねに細心の注意を払って生活しているという。「車に乗っていて警官を見かけるたび、〝どうか呼び止められませんように〟と神様に祈ります。相手がどんな対応をするかわかりませんから。切符を切られるだけで済むかもしれませんが、ひょっとしたら……」。彼女は最後まで言えなかった。何が起こるかを想像し、涙を流したのだ。

アリゾナ中の家族が同じような目に遭っている。私は、14年前に妻とふたりの子どもを連れてアメリカにやって来たミゲルという男性に出会った。ミゲルはたくましく堂々としたタイプの人物で、話しているあいだずっと、こちらの目をまっすぐ見つめていた。彼と握手をすると、自分が長いあいだデスクワークばかりしてきたせいで、握力がすっかり落ちていることに気づかされる。3年前のある晩、彼が仕事から帰宅すると数台のパトカーが現れ、家族が不安げに見守るなか、芝生に立つ彼の周りに警官が群がった。彼は移民法違反の容疑で拘束され、夜のうちにメキシコに連行された。裁判所が在留資格の申し立てを認め、ミゲルが家族と再会できるまで、およそ2年がかかった。

別れは家族全員に深刻なダメージを与えた。「おれたちの家庭生活はめちゃくちゃに壊されてしまった」とミゲルは言う。「恐怖に不安、慣れ親しんだ生活とは違う道を見つけなきゃならないつらさ。どれも取り去ることはできない。ずっとずっと残りつづけるんだ。これからも、人生の一部でありつづけるだろうな。悲しい話になるだろうけど、それが真実なんだ。自分の一部を失うんだよ。おれは家族と2年間離ればなれになった。それはもう取り戻せない。子どもたちの人生の大切な瞬間をいくつも見逃してしまった。子どもたちの成長も、教育も、あれやこれやの計画も、すべて水の泡だ。わかるか？　だから今、一からやり直してる。けれど、見逃した〝昨日〟はいつでも心にとどまっているんだ」

それだけの期間、家族と離れるのはどんな気持ちかと尋ねると、ミゲルはこう答えた。「人生が終わるような感覚だよ。身体はまだ生きていて、通りを歩くこともできる。でも、それは歩く必要があるから歩いているに過ぎない。呼吸をしているのは、身体が勝手にやってくれてるからだ。自分はどこにも存在しない。もう身体のなかにはいないんだ。いつだって気もそぞろで、家族のことばかり考えてる。なんとも悲しい日常だよ。一分一秒、家族のことを考えているんだから。もちろん、妻のことも。どうやって家族を養っていくんだろう？　妻が拘束されたら、子どもたちはどうなるんだろう？　夫婦揃って強制送還されたら、いったいどうすればいいんだろう？」

ミゲルにとっても大変な出来事だったが、彼がとりわけ心配していたのは子どもたちへの影響である。「今回起きたことについて、おれ自身も被害者と言えるかもしれないが、本当の被害者は子どもたちだ。あの子たちはおれ以上に苦しい思いをした。それが何よりつらいんだ」。彼は、家族全員がうつ病に苦しんでいると打ち明けてくれた。息子のジョエルは長いあいだ自分の部屋から出てこなかったという。「息子が顔を出すのはキッチンだけだ」とミゲル。「たくさん食べすぎたせいですごく体重が増えた。娘も同じだ。部屋に閉じこもって出てこない。昔は学校にもちゃんと通ってたんだ。生徒会長で、チアガールだった。でも、みんなやめてしまった。そのことが、おれの心の傷になってる」

アメリカから離れたことで子どもたちに及んだ影響について語るとき、ミゲルの頬に涙が伝った。彼は、自分の不在によって子どもたちが大きな危険にさらされたのを心から懸念していた。「おれはメキシコに行って、それから拘置所に入った。そのあいだ子どもたちは父親から引き離されてここに置き去りにされた。もしかしたら、刑務所や拘置所に入るような過ちを犯していたかもしれない」。彼は、こうした移民政策がコミュニティのほかの子どもや若者に与える影響にも心を痛めていた。「家族から引き離されてる子どもがたくさんいるんだ」と彼は言った。「誰もがひとりぼっちで、仕事を得るために学校を辞めなきゃならない。今、子どもたちは拘留されたり、傷つけられたり、あるいは命を落としたりする道を歩んでいるんだ」

ミゲルの家族は私と会ったとき、元の暮らしに戻っていた。だが、移民制度がふたたび自分たちの生活を狂わせるのではないかという不安をつねに抱えながら暮らしていた。息子のジョエルによると、彼らは「(iPhoneを)探す」アプリを使ってお互いの居場所を一日中チェックし、ICEに捕まっていないかどうか確認しているという。また、電話でもお互いの様子を定期的に確かめ合っている。どのくらいの頻度か尋ねると、彼は「何度も」と答えた。だが、21歳の若者が両親に自分の行き先を逐一報告しなければならないにもかかわらず、彼はそれを受け入れているようだった。

ジョエルにとってもっともつらかったのは、アリゾナの反移民の風潮が両親に与える影響を目にすることだった。「父も母も、家から出ることをいつも恐れています」と彼は言った。「見覚えのない車を見るとパニックになるんです。電気を消して、窓から覗きます。外出先から帰宅したときも、しばらく立ち止まって周囲を見回すんです。父は在留資格を持っていますが、ふたりともすごく神経質になっています。警官を見ると、いまだにパニックを起こすんです」

アリゾナの在留資格を持たない住民と話をすると、ジョセフィーナやミゲルと同じ、アメリカ人なら誰もがぞっとするような話が次々と語られる。私が出会った人々は、どうしても必要なとき以外は家から出たがらず、複数でしか外出しないといった用心をしている人がほとんどだった。子どもを学校に送る途中でＩＣＥに拘束された人を知っているので、もはや送り迎えさえためらっている親も多い。[23] フェニックス市議会議員で、草の根の移民公正団体「プエンテ人権運動」の元事務局長カルロス・ガルシアはこう語った。「ほとんどの家庭では〝家に帰る前に連絡する〟というルールと〝帰ったら連絡する〟というルールが存在します。つねに確認する必要があるのです。その晩帰宅したら、誰かが食卓にいないかもしれないという不安がいつもつきまとっているわけですから。それが、大多数の移民にとっての日常なんです」

この国の移民政策のせいで、子どもたちの人生の重要な節目に立ち会えなかったり、母国で暮らす大切な人の死に目に会えなかったりして、後悔の念に駆られている人々に出会った。また、本来なら簡単に治せるような病気にかかった人の家族にも出会ったが、その一家は健康保険に加入できず、自宅療養に頼らざるを得なかったため、愛する人が重い後遺症を患ったり、亡くなったりしてしまったという。移民局職員や法執行官による想像を絶するほど残酷な話もあとを絶たなかった。たとえば、移民法違反でアルパイオ保安官の代理人に拘束された女性は陣痛を起こした際、手錠をかけられたまま出産を強いられたという。私の出会った家族は、非常に不安定な状態で暮らしている人がほとんどだったので、親の一方または両方がＩＣＥに拘束された場合、誰が子どもを学校に迎えに行き面倒を見るかという計画書を作成していた。

アリゾナの移民政策のおそらくもっとも有害な側面は、人々や子どもたちの人生への夢や希望を粉々に打ち砕いてしまったことだろう。私が話を聞いた多くの親たちによれば、子どもたちは成長するにしたがって、教育や雇用の機会がたくさん奪われていることや、それらが最初から得られないことに気づき、ひどく落胆してしまうという。いずれ豊かな生活が送れるという希望を子どもたちが失っていく様を見るのは本当につらいと親たちは語った。ガルシアいわく、「この地に来たのは子どもたちのすばらしい未来のためという人がほとんどでしょう。しかし、移民のために作られた条件によって、すべての道は封鎖されてしまっています。私たちが目にしているのは、いわば精神の喪失です。彼らは仲間といられないため、幸せを感じられません。やむなくこの地に移住したがために、伝統に触れられず、文化が奪われています。子どもたちが将来立派な人間になるとか、ある種の幸せを取り戻し、よりよい生き方を見つけられるという夢や希望も、今となってはかないません。なぜなら、若者はバリオ[*7]に住み、刑事司法制度に放り込まれているからです。今では保護観察を受けたり、刑務所に入ったり、命を落としたりしている子どもがたくさんいます。在留資格を持った黒人と褐色人種が経験しているのと同じことです。言うなれば、彼らは二重の損害を被っているわけです。命からが

＊7　スペイン語を話す人々の暮らす貧しい居住区。

ら砂漠を通り抜け、数々の不当な扱いに耐えてきたにもかかわらず、意図したとおりの結果が得られていないのです。彼らはみずからこの恐ろしい軌道に乗ったわけですが、今や事態は彼らが母国を去らなかったときよりもひどいものになっています」。

このような事例を経験したことがない人にとっては、アリゾナの移民法がもたらした累積的な影響を理解するのは難しいかもしれない。ひとつの集団が一度にこれほど多くの破壊的な政策の標的にされることはめったにない。この手の反移民法は、慢性的な痛みの影響に例えることができる。そうした痛みに苦しんだことのある人なら、それがどれほどの負担になるかご存じだろう。来る日も来る日も、昼夜を問わず思考を支配し、食事や睡眠、全般的な気分、ストレス、エネルギーレベルに至るまで、生活のあらゆる面に支障をきたすのだ。ほかの身体的、精神的、行動的な健康問題を引き起こすこともたびたびで、断ち切るのが非常に難しい負のスパイラルを生み出してしまう。それが互いに近い距離で暮らす何十万人もの人々に影響していると想像すれば、アリゾナの反移民政策の影響についておおよその見当がつくはずだ。反移民法の数々は深刻なトラウマを抱えた人々のコミュニティ全体を作り出していて、そのなかには耐えがたいほどの毒性（キラー）ストレスやうつ病、不安によって人々を衰弱させ、苦しめるものも多い。[24]

アリゾナの反移民政策からもうひとつ思い浮かぶものとして、飛行禁止空域の設定が挙げられる。世界史のなかでも、議論自体を控えるべきとされている歴史的事柄だ。というのも、それに言及するだけで扇動的かつ不穏当とみなされてしまうからである。しかし、書類なき移民たちがＩＣＥに見つかって家族から引き離されないよう家のなかに隠れなければならなかったという話を聞くたび、『アンネの日記』を思い出さずにいられない。実際、政府が住民に与えうる仕打ちのうち、外出するのが怖くなるほどの恐怖に陥れること以上にひどいものはないだろう。古今を通じて、そうした卑しき集団の構成員はどちらかといえば少数だった。第三帝国もそうだし、現代のアリゾナもまたそうである。それが仮に市民的な議論の枠組みから外れたとしても、私たちが国として立ち向かわなければならない事実の表れであることに変わりはない。

アメリカの秘密警察(ゲシュタポ)

私が反移民政策の攻撃性と目論みを誇張しているのではないかと思われるのなら、2017年にICEの局長代行だったトーマス・ホーマンが発した身も凍るような警告について考えてほしい。「もしあなたがこの国に不法滞在していて、入国のときに罪を犯したなら、心することだ。背後に注意したまえ。そして不安に慄(おのの)くがいい」

出典：Maria Sacchetti and Nick Miroff, "How Trump Is Building a Border Wall That No One Can See," Washington Post, November 21, 2017.

千にも及ぶ暗闇の点[*8]

アリゾナ州はアメリカ人の外国人恐怖症（ゼノフォビア）の象徴のようなものかもしれないが、決して特異な例ではない。全米各地で、移民家族は長年にわたり、州、地方、連邦政府の役人から同じような、あるいはもっとひどい扱いを受けてきた。[25] たとえば、２０１０年にアリゾナでＳＢ一〇七〇法が可決されたあと、全米の州議会で二十数件の模倣法案が提出され、そのうちアラバマ、ジョージア、インディアナ、サウスカロライナ、ユタの5州で可決された。[26] 全般的には、２０１０年と２０１１年だけで合計１６４件の反移民法が州議会で可決された。また、２０１６年にトランプが大統領に当選すると、州移民法の設置にさらなる拍車がかかった。[27]

地方レベルでは、ペンシルベニア州ヘイズルトンが２００６年、ＳＢ一〇七〇法と同様の条例を制定し、書類なき移民の市内での就労や住居の確保を制限した。その後、全米の１００を超える自治体でＳＢ一〇七〇法の焼き直し法案が可決された[28]（近年、これらの法律の多くは全面的または部分的に、ＳＢ一〇七〇法の一部の条項と同じく、連邦裁判所によって無効とされている。とはいえ、無効化される前の影響はいまだ甚大であり、さまざまなコミュニティに残存している）。

連邦レベルでは、全米規模の強制送還部隊ＩＣＥが国中で定期的に家宅捜索を行い、ときには数百人単位で人々を拘束している。[29] また、自宅や職場にいる書類なき移民を追跡するなど、個人を対象とした強制執行を進めている。さらに2017年、ICEは対象地域を学校、病院、教会、裁判所にまで拡大し、もはや人々が安心していられる場所はなくなった。[30] アメリカ全土では、ジョージ・W・ブッシュ政権の発足以来、年間16万5000人から43万5000人が本国に強制送還されている。[31]

さらにICEは現在、アルパイオ保安官がマリコパ郡のラテン系コミュニティを恐怖に陥れた二八七(g)協定と同種の協定を通じて、24州133の法執行機関と提携している。[32] くわえて、「セキュア・コミュニティ」と呼ばれるプログラムをもとに、アメリカ国内で誰かが身柄を拘束されるたび、FBIが指紋を移民データベースと照合し、ICEへの引き渡し対象かどうかを確認する。[33] いわば、全米中の法執行官が、ICEの計画を推進するための補佐役として任命されたのである。

かくして、アリゾナ州の書類なき移民滞在者が感じているのと同じタイプの恐怖と不安が、全米のあらゆる地域に輸出されることとなった。一般的な理解とは裏腹に、こうした影響は褐色の肌をしたメキシコや中米からの移民に限らない。アフリカやカリブ海諸国、ラテンアメリカ出身の黒人移民は、過度にICEの取り締まり対象とされており、そのほかの有色人種、たとえばアジア人や、あらゆる人種・民族のイスラム教徒といった人々もまた、移民に対する厳しい政策の影響を強く受けてきた。[34]

＊8　1988年のアメリカ大統領選でジョージ・H・W・ブッシュが掲げた慈善活動を促す標語「千にも及ぶ光の点」を踏まえた表現。

犯罪化の罠・移民版

第3章で述べたように、アメリカは近年、犯罪の拡大解釈を過度に攻撃的なやり方で執行し、〝犯罪〟の認定を著しく容易にしただけでなく、ほぼすべての人をある基準から犯罪者とみなせるようにしてきた。さらに、そうした〝犯罪〟への法執行機関の対応をほかよりもはるかに優先し、そのような対応にひどく有害な懲罰的処分を付与してきた。前章では、この「犯罪化の罠」がアメリカ国民に与えた影響を中心に論じた。だが、こうした力学が作用するのはアメリカ国内で生まれた者に限らないし、下される処分もアメリカの矯正制度が管理する者に限定されるわけではない。

犯罪化への国家的な依存は、移民制度や移民コミュニティの扱いにも及んでいる。近年では、刑事司法制度と移民制度は密接に絡み合い、どこからどこまでが一方の制度かわからないほどだ。とはいえ、今までつねにそうだったわけではない。移民問題は実際のところ、アメリカ史のほとんどを通じて、経済政策や労働政策、あるいは人道上の問題として扱われてきた。移民問題が私たちの刑事司法制度の特徴である破壊的で効果の薄い「法と秩序」路線で処理されるようになったのは、過去数十年、とりわけこの15年のことである。その結果、私たちは書類なき移民をありのままに見ることも扱うこともしなくなった。ひどい手札(カード)を配られながらも、精一杯闘おうと努力する仲間たちとはみなさなくなった。かわりに、〝犯罪者〟と記された膨張をつづける箱のなかへと放り込んでしまった。そのなかには、私たちがすぐに切り捨ててしまうようになった社会のメンバーが押し込められている。

参考までに、1994年、移民収容センターの収容者数は1日平均でおよそ5000人だった。だが、2019年にはその数は急増しており、1日平均5万1165人が移民問題で収容されている。全体的に見れば、ICEは同年、51万人の移民を収容センターに送り込んでいる。[35] つまり、私たちは世界最大の受刑者人口を抱える国として、刑務所や拘置所に収監する人々にくわえ、毎年50万人以上の移民を投獄しているのだ。

この傾向は移民取り締まりへの大規模な投資によって勢いづいており、まさしく、膨れ上がる刑事司法制度への支出を反映している。たとえば、2021年の連邦移民法執行における支出は286億ドルだった。[36] これはインフレ率を計算に入れると、1994年の10倍、1975年の32倍となる（図6参照）。[37]

移民の取り締まりに割り当てられたこの膨大な資源は、移民を犯罪者扱いするために用いられた。ちょうど、アメリカ国民、とりわけ有色人種を犯罪者扱いしたのと同じように。こうした犯罪化はさまざまなメカニズムをもとに実施されているが、具体的には以下のような手法を用いることが増えている。（1）書類を持たずに国境を越える行為を犯罪とみなす。（2）移民法違反の罰として投獄する。（3）移民のコミュニティを対象に警察の存在感を強化し、過度に攻撃的な法執行戦術をとる。（4）犯罪に関与した疑いがどれほど薄くとも、移民法にもとづき厳正な処分を下す。[38]

さらに、アメリカ国民を犯罪者にする役目を担う法執行官は、二八七（g）協定や「セキュア・コ

図6　アメリカ移民法の執行における支出

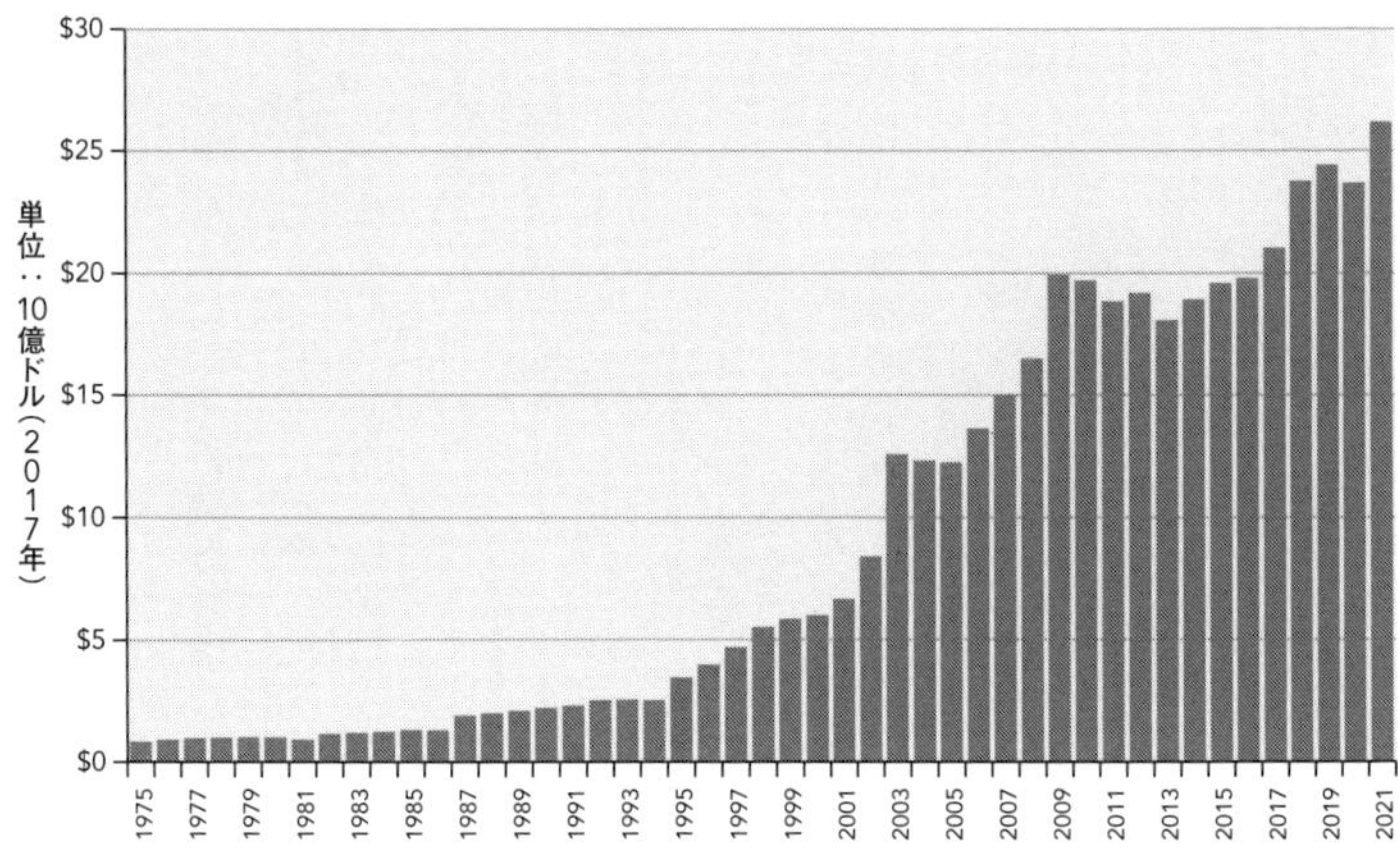

出典：米国土安全保障省、司法省

ミュニティ」といった連邦政府プログラムを後ろ盾に、移民犯罪化計画の最前線にも立っている。[39] そのようにして、刑事司法制度と移民制度はシームレスに統合され、すべての非正規市民を投獄や強制送還などの破滅的な結末に追いやっているのである。

　犯罪の拡大解釈と大量投獄制度が無数の個人や家族、コミュニティの生活に深刻かつ不必要な害を及ぼすように、移民法の執行に関するこうしたやり方もまた同様の害を及ぼす。たとえば、移民の取り締まりをめぐる公的な言説は〝暴力的〟あるいは〝危険〟な移民に言及することが多いが、実際に強制送還される人のほとんどは刑事上の有罪判決を下されたことがない。[40] たとえ根底に犯罪行為がある場合でも、それはアメリカ国民を苦しめているのと同じ、過度に懲罰的な法執行戦術の結果であることが多い。つまり、〝犯罪〟行為とは、必ずしもその人が公共の安全にとって真の脅威であることを示すものではないのだ。

「麻薬との戦い」が移民の家族に与えた影響について考えてみよう。書類なき移民に限らず合法的な在留資格保持者であっても、薬物法[*9]違反があればただちに拘留・強制送還され、帰国の可能性もほぼなくなるような政策が作られた。そして2007年以降、毎年25万人以上が薬物法違反でアメリカから本国に強制送還されている。多くは、ごく軽微な薬物犯罪によるものだった。たとえば2013年、強制送還の原因となったあらゆる犯罪のなかで4番目に多かったのは、マリファナの所持だった。この違反によって、2012年と2013年には1万3000人以上が強制送還処分を受けている。[41]

移民の犯罪化もまた、成人に限らない。先の2章では、「学校から刑務所への直通パイプライン」について取り上げた。これは若者を学校から少年・刑事司法制度のもとに追いやる教育や法執行政策が広く用いられている状況を指す。そして、移民の扱いを刑事司法に結びつける試みはこの危機的状況をさらにエスカレートさせ、「学校から強制送還への直通パイプライン」を作り出し、全米の書類なき移民の若者や混合地位家族[*10]を脅かしている。現在、生徒によっては、ありふれた規則違反が校外停学や退学、逮捕につながるばかりか、拘留や強制送還によって家族やコミュニティから引き離されることになりかねない。すなわち、学校から強制送還への直通パイプラインは、これまで本書で論じ

＊9　正式には、「規制物質法」（1970年策定）。
＊10　書類なき移民（親）、DACA（長子）、アメリカ国民（末子）と3つの地位が混じった家族。

た根深い構造的不公正の悪しき集大成と言える。教育、刑事司法、移民制度の最悪の要素を組み合わせ、有色人種の子どもや若者に狙いを定めて有害きわまりない影響を及ぼしているのだ。

移民問題の真実に迫る

書類なき移民の苦境には同情するが、彼らを犯罪者扱いすることにはとくに反対しないという人は多い。そういう人はたいていこんなふうに言う。「彼らはアメリカに不法入国し、法律を破った。誰がなんと言おうと、法律は法律だ！」。あなたがこの主張にどれほど説得力を感じていようとも――また、あることが違法だからといって、その違法性にともなう一連の処分が必ずしも正しいわけではないということはいったん置いておくとしても――、そうした特定の法律がなぜ頻繁に破られているのか、考えてみる価値はある。

歴史を見ればわかるとおり、相対的に低い生活水準や危険な状況に苦しんでいる人々が、ほかの場所でなら大幅な改善が見込めるという認識を抱いた場合、そうした人々の移住は避けられない。実際、アメリカ国民の祖先たちはほとんどがそのような理由でほかの国からこの地へ移り住んだ。祖先たちの多くが同様の理由で１８００年代にアメリカ西部へ移動した。また、郊外や農村部で育った子どもたちが教育期間が終わるなり依然として大都市に集まる傾向があるのもそのためである。こうした移住を左右する要因には、私たちの手に負えないものもある。しかし、アメリカは自国への移住を促す要因の多くにかなりの影響を及ぼしており、そのひとつとしてラテンアメリカを長いあいだ経済的・政治的に弱体化させてきたという歴史が存在する。

そうした歴史の重要な構成要素には、海外に拠点を置くアメリカ企業に利益をもたらす経済政策の積極的な追求がある。それは往々にして他国の低所得層や労働者階級の家庭を（アメリカ国内の家庭と同じく）犠牲にするものだった。[42]たとえば、1994年に北米自由貿易協定（NAFTA）が発効すると、アメリカのメキシコ向けトウモロコシの輸出は400パーセント以上増加して市場にあふれ、メキシコの200万のトウモロコシ農家に深刻な打撃を与えた。メキシコ全体では150万人の農業従事者の雇用が失われた。さらに、アメリカのメキシコ向け豚肉輸出は25倍に増加し、12万人のメキシコ人の雇用が失われた。この間、極度の貧困にあえぐメキシコ人の数は1400万人以上増加した。そして当然のことながら、アメリカに密入国するメキシコ人の数は1992年から2011年のあいだに185パーセント増加した。[43]

また、アメリカは長きにわたって、巨大な多国籍企業の利益に寄り添うラテンアメリカの右派の政治指導者を支援する一方、社会的・経済的格差に対処することを優先する左派の政治家に真っ向から反対してきた。[44]さらに、アメリカがこれまでグアテマラやニカラグア、ホンジュラス、エルサルバドルといった国々の残忍な政権を支援してきたことは記録上明らかであり、なかにはこれらの政府が自国民に対して行った残虐行為を支援していたケースもある。[45]現在、国境を越えた、あるいは越えようとしている移民の大部分がこうした国々から来ていることは、決して偶然ではない。[46]

すなわち、アメリカは国際関係や移民問題に関して、しばしば美味しいとこ取りを目論んでいるのだ。みずからの影響力を駆使して自国に都合よく事を進め、近隣諸国のきわめて脆弱なコミュニティに数々の損害を与えたうえで、いざその国の住民たちが玄関口に現れると、さも驚いたようにふるまうのである。

また、アメリカの政策立案者はごく最近まで、自国への書類なき移住を阻止することにさほど関心を示さなかった。本章でくわしく述べるように、その理由は巨大かつ容易に搾取できる労働市場から喜んで恩恵を得るアメリカ企業が多いことと関係が深い。そうした企業は書類なき移民労働者を歓迎し、雇用している。アメリカの企業はメキシコでたびたび労働者募集の広告を出し、彼らをアメリカに移送するためのバス路線まで開設している。[47] 書類なき移民労働者をアメリカへ積極的に呼び寄せた取り組みの例としては、1996年のアトランタ夏季五輪の会場準備や、ハリケーン・カトリーナに破壊されたニューオーリンズの復興支援などがある。いずれの場合も、彼らのような労働者はアメリカの利益を促進するうえで欠かせない役割を果たしたが、仕事が終わったとたん、新しい居住国からの敵意に満ちた扱いに直面することになった。[48]

自分の国の政策が誘い水となったことも知らずに、国境を越えようとする書類なき移民の〝奔流〟なるものを嘆いてはならない。実際、アメリカ＝メキシコ間の国境を越える大量の移民は、至極当然の結果と言えるだろう。私たちは近隣諸国を弱体化させ、利用するばかりで、地域の活気ある民主主義や社会正義の促進にはいっさい取り組まなかった。もちろん、アメリカに入りたいと望む抑圧されたすべての人に入国を許可すべきだということではないが、そのような人々を犯罪者扱いしたり、そうでなくとも貶めたりするような行為がきわめて冷酷であるのはたしかだ。

人はいかにして〝不法入国者〟になるか

トランプ政権下のアメリカでは、国内に広がる反移民感情の責任を大統領に求めることが流行したが、そうした見方は問題の根深さを軽視している。反移民政策は長らく党派を超えた支持を得ており、過去25年間にわたり、民主党（クリントン大統領やオバマ大統領も含む）と共和党（ジョージ・W・ブッシュ大統領やトランプ大統領も含む）の双方によって積極的に推進されてきた。また、反移民運動も国民の大きな支持を集めている。ではなぜ、こんなにも多くの人が〝アメリカ人〟と〝不法入国者〟を区別するようになってしまったのだろうか？

答えの大半は、政策立案者がこうした問題を議論する方法や、メディアの取り上げ方に起因する。実際、これまで実にさまざまな戦術が用いられてきた。

・事実によって裏づけられているかどうかにかかわらず、移民、とくに書類なき移民を幅広い社会問題の元凶とみなす。[49]

・人種中立的な用語をあえて織り込むことで、移民に対する人種差別的な見方を呼び起こす「犬笛戦術」を用いる。[50]

・書類なき移民の個々の不法行為を強調し、彼らがそうした移民全体を代表しているかのような印象を与える。[51]

・ある特定の法律違反によって、人々の集団全体を定義する（たとえば〝不法入国者〟や〝不法移民〟など）。

・生まれた国を人々のあいだに横たわる決定的な差へと変える（誰がどこで生まれたかということについて、アメリカほど気にする国もないように思える）。

・反移民政策を立案または支持する人々に大規模なメディア・プラットフォームを提供する。一方で、そうした政策の影響をもっとも強く受ける人々の視点を無視する。[52]

・反移民の政策や立場に対する批判的な分析を提示しない。[53]

結果的に、書類なき移民への不合理な恐怖や憎悪に駆られる人々が現れ、多くの人の移民問題に対する見方が混乱、あるいは極端に狭まり、悪しき倫理観に多少なりとも染まることとなる。本来は思いやりがあって思慮深いニュース視聴者でさえも、信頼している公人やニュース番組が移民がもたらしたとされる害について論じる映像や音をたっぷり吸収すると、非常に有害な反移民政策の支持へと傾くようになる。実際、何百万人もの書類なき移民が私たちに及ぼす影響よりも、私たちの政策が彼らに与える影響のほうがずっと有害だが、政策立案者のなかにはそうした事実を無視し、国民の関心を〝不法移民〟という災いらしきものへ向けることに習熟した者が多い。その結果、私たちの政策が不当または不公正なものか否かについて確信が持てなくなり、こうした反移民政策に断固として反対するアメリカ国民は相対的に少なくなってしまう。

ここで、法曹関係者と広報関係者がひた隠す知られざる手口について紹介しよう。すなわち、どんなに卑劣な政策でも、そのテーマについて議論の余地があるように見せかけることで、巧妙に世間に売り込めるのだ。それだけでなく、熟練した実務家はそうした不確実性を生み出すため、つねに複数の戦略を用意している。どれほどおぞましい人種差別的な政策にも、聞こえのいい大義名分はいくらでもこしらえられる。[54]そのような戦略は、代替案に対する批判が大衆の恐怖心をうまくかき立てることができれば、とりわけ強力なものとなる。数多くの証拠が示すとおり、彼らの主張を受け入れる聴衆には事欠かない。実際、人間性を容赦なく奪われている人が大勢いるといったきわめて重要な問題から、はるかに重要性の低い問題、あるいはまるで無関係な問題へと注意を逸らすことは至極簡単だ。

物語に少なくともふたつの側面があるように見せかけるだけでいい。

しかし、どこからどう見ても間違っていて、道義的に非難すべき、大義名分どころではない問題も存在する。アルパイオ元保安官の行為について考えてみよう。マリコパ郡のラテン系住民に対する彼の十字軍まがいの蛮行は非常に恐ろしく、なかには国内テロの法的定義を満たすものさえあった。[55]我々の社会は、このような唾棄すべき権力の乱用を非難し、すみやかに終わらせることもできたはずだ。何十万人もの人々を日常的に貶めることを正当化するような〝もう一方の言い分〟は決して存在しない。にもかかわらず、アルパイオは全米規模のほぼ無批判なプラットフォームをくり返し与えられ、みずからの政策を擁護し、誤った情報を広めつづけた。[56]一例を挙げると、20世紀のもっとも悪名高いファシスト政権内でならふさわしいとされたであろう移民掃討計画に着手してから1年のあいだ、彼は17回もCNNに出演し、持論をくり広げた。[57]これまで、彼はFOXニュースとFOXビジネスに少なくとも65回出演している。[58]アメリカでアルパイオよりも数多くの人に被害を及ぼした人物を探すのは難しいが、それでも彼は6期連続で当選し、一部の国民から大きな支持を集めた。2017年にはレイシャル・プロファイリングにもとづく交通規制をやめるよう求める裁判所の命令にしたがわなかったことで有罪判決を下されたが、その後トランプ大統領から恩赦を受けた。そして2018年にはアリゾナ州の上院議員選挙に出馬し、2020年には古巣であるマリコパ郡の保安官に立候補するなど、今なお相当な数の支持者がいる。

移民問題について、大衆の目はどれほど巧妙にごまかされてきたのだろうか？　書類なき移民が

「アメリカ人の仕事を奪った」「アメリカ人のための資源を使っている」と執拗に非難するアメリカ国民は大勢いる。しかし、本当に非難されるべきは誰なのか。非常に危険で過酷な仕事をこなしながらも、ごくわずかな賃金しか得られない書類なき移民の男女たちか。あるいは、そうした仕事に切羽詰まった弱い立場の移民を使うことで収益を増やし、高笑いをしている経営者たちか。低所得層、労働者階級、中流階級の家庭が受けられる教育や医療の機会が一段と減りつづけていることについて、責任が大きいのは誰だろうか。アメリカで疎外された人々と同じように、わずかなパンのために働くことを強いられている書類なき移民たちか。はたまた、そうした人々への支援をできるかぎり抑え、その過程でみずからの税金を減らそうとしている人々か。

それについて、ここでひとつ質問をしたい。こうした現実への怒りを移民に向ける人がたくさんいることで、もっとも恩恵を得ているのは誰だと思われるだろうか？

外国人嫌悪の見返り

2009年、アリゾナ州の共和党上院議員ラッセル・ピアースは問題を抱えていた。書類なき移民をさらに犯罪者扱いするような法案を5年連続で通そうとしていたが、毎回十分な票を集められなかったのだ。法案を通すには何かしらの秘策が必要だと考えた彼は、それをALECに持ち込んだ。結果としてピアースは、「犯罪に対する厳しい」刑事司法政策や学校民営化の台頭に大きな影響を及ぼした巨大企業から、必要な支持を取りつけることができた。実際、ピアースが得たのは支持だけではなかった。ALECは2009年12月、彼の「不法移民に聖域都市を認めない法」をモデル法案として取り入れた。[*11] ALEC内でのピアースの支持者の筆頭は、前章でも取り上げた営利目的の刑務所会社コレクションズ・コーポレーション・オブ・アメリカ（CCA、現・コアシビック）だ。CCAは移民収容が自社の発展にとって重要な〝利益を生み出す部門〟（プロフィット・センター）になると確信しており、将来の収益の「かなりの部分」がそこから生まれると踏んでいた。この新たなモデル法案は、CCAや同業他社にかなりの経済的恩恵をもたらしてくれる可能性が高かった。そのため、ピアースがアリゾナに戻って新しい名称でアリゾナ州議会に法案を提出すると、法案の共同提案者として集めた36人の議員のうち30人に対し、営利目的の刑務所会社からすぐさま選挙資金が提供された。[59]

その直後の2010年4月、ピアースはついに勝利を手にした。ALECの承認と、そのメンバーが陰に陽に支援したことで、アリゾナ州は現代アメリカ史上一、二を争う攻撃的な人種差別法案、SB一〇七〇法（すでに述べたとおり）を可決したのである。

こうした取り組みの原動力を理解するには、ALECのような組織を影であやつる人物の立場で考えてみるのがいいだろう。たとえば、あなたがとてつもなく裕福な企業役員や投資家だったとしよう。みずからの富を可能なかぎり増やしたい場合、あなたの利益にとって最適な移民政策はなんだろうか。まずは社会にとって必要なあらゆる単純労働をこなしてくれる低賃金労働者が必要だ。だが、公的資金でまかなうような福祉サービスを必要とする者が増えすぎるのは好ましくない。また、そういう労働者たちの生活は必死で働かなければと思うくらい不安定なものにしたいが、その一方で不当な扱いを受けた際に反発したり、なんらかの活動に参加したり、事を荒立てたりすることがないようにしたい。つまり、移民から搾取するためになるべく有利な条件を作りたいのだ。したがって、SB一〇七〇法のように移民を犯罪者扱いし、不当な扱いの標的とするたぐいの連邦、州、地方の政策は願ったりである。そうした政策が自分の求める低賃金労働者を過度に追い出さないかぎり、支持することもいとわない。同時に、移民制度の全体的な構造を作ることを役目とする連邦政府には、書類なき移民の家族を不安定な状態に置いてほしい。まかり間違っても、市民権取得への道が開かれるようなことなどあってはならない。そんなことになれば、書類なき移民労働者へのあなたの影響力が大幅に失われてしまうからだ。とはいえ、筋金入りの移民排斥論者が望むような大規模な強制送還も望ましくない。結局、あなたが望むのは、今後も続くであろう移民の抑圧と犯罪者扱いによって、できるかぎり多くのビジネスチャンスを得ることである。

これこそまさに、過去四半世紀のあいだに生まれたシステムである。その間、移民制度は超富裕層の利害と驚くほど一致するようになった。書類なき移民の市民権獲得が急務であることは長らく意見の一致を見ていたにもかかわらず、議会がついぞそれを実現することができなかったのは、そうした

＊11　「聖域都市」とは、書類なき移民に対して寛容な政策をとる自治体の総称。

失敗の表面にアメリカ実業界とウォール街の人々の指紋があちこちに残されていることと関係がある。ちなみに、ＳＢ一〇七〇法や全米で導入された（ＡＬＥＣのモデル法案にもとづく）数十の類似法以外にも、ＡＬＥＣは移民関連のモデル法案を数多く採択しており、この問題をめぐる公共政策と公開討論の両方を形成することを目論んでいる。ふたつの例を挙げてみよう。

・「恩赦反対決議」：この法案は「アメリカに不法に入国・滞在した者に対する恩赦または合法的地位の付与を支持するいかなる法律にも強く反対する」ことを議会に積極的に呼びかけるものである。

・「移民法を施行し、国境を守るための決議」：この法案は「暴力犯罪、ギャング、公衆衛生への脅威、納税者への数十億ドルのコスト、アメリカ人からの雇用収奪」を増加させる（と法案は主張している）「不法外国人の侵略」に対抗するために、「聖域政策」を排除するよう各州に要請するものである。[60]

さらに、移民法改革にもっとも熱心で影響力のある反対派のなかには、アメリカ実業界とウォール街のドナーから多額の資金提供を受けている者もいる。なかでもヘリテージ財団は、以前の章でも紹介したように、コーク・ネットワークやブラッドレー財団など超富裕層のドナーから何百万ドルもの資金を受けている。また、ヘリテージ財団は数多くの反移民団体の主要な資金源であるスケイフ家（第3章でも述べたように、主にメロン財閥の石油、アルミニウム、銀行資産に由来する富を利用している）からも数千万ドルを受け取っている。[61] ヘリテージ財団は、書類なき移民に市民権を与える立法措置に強硬に反対しており、同じ考えを持つ一般市民を支援するためのツールキットまで発表している。[62] くわえて2013年、議会が市民権獲得への道を含む包括的な移民改革案を検討するなか、ヘリテージ財団は（かつて博士論文でラテン系移民のIQ（知能指数）が「白人の先住民」よりも低いと主張した人物が書いた）報告書を大々的に発表し、そのような立法措置は財政的に無責任な取り組みだと強く非難した。[63]

もちろん、ALECやヘリテージ財団のような組織のあからさまな影響を除けば、超富裕層と、これまで制定されたきわめて有害で人種差別的な移民政策とが、必ずしも直線で結ばれるわけではない。政治的な因果関係がそこまで明白になることはめったにない。とはいえ、政治的なプロセスのなかで明らかになった傾向のうち、いくつかのものは説明が可能である。

たとえば1970年代初頭、アメリカ実業界とウォール街の経営者らが、主に莫大な政治献金を通じて政治プロセスにおける自己の利益を全力で追求しはじめてからというもの、彼らのプライオリティは政策綱領、とくに共和党の綱領にますます反映されるようになった。[64] 当初、共和党の大統領選の綱領は概してリベラルな移民政策を支持し、書類なき移民の扱いについては沈黙するのが常だった。ドワイト・アイゼンハワーが1956年に発表した大統領選の綱領を見てみよう。「共和党は、抑圧された人々に安住の地を与えるというアメリカの伝統にのっとって、待遇の平等や、人種・国籍・宗教間における差別的な影響からの解放を目指し、変化するニーズや状況に対応できる柔軟な移民政策を支持する」[65]。現代の共和党の移民に関する論調を踏まえてこれを読むと、啞然とするほかない。

だが1972年、共和党は方針を転換する。それは、リチャード・ニクソンが大統領選の綱領で「外国人のアメリカへの不法入国を食い止める取り組みを強化する」と誓ったことからも見て取れる。とはいえ、アメリカ実業界の利益に配慮してか、その綱領は依然として「特別な才能を持つ者を選別し入国させる」ことを謳っていた[66]。以来、共和党では、厳格な法執行を追求する立場とビジネスに有利な例外を組み合わせた立場が一貫して採られるようになった（ただし、これまでに〝不法入国〟が根絶されていないことは一考に値する）。

また、書類なき移民に市民権取得の道を与える近年の取り組みのような、現状を混乱させかねない連邦政府の立法措置が進展するたび、アメリカ実業界とウォール街の経営者らから多額の献金を受けている議員たちによって阻止されてきた。これらの議員は、超富裕層の利益を脅かすであろう取り組みに対する防波堤の役割を担っている。たとえば、近年、在留資格を持たない住民へのいわゆる〝恩赦〟を声高に批判しているのがテッド・クルーズ上院議員（共和党・テキサス州）だ。このような立場をとる理由は実際のところ定かではないが、クルーズ議員の移民問題に関する見解がビリオネアのドナーから寄せられた数千万ドルの献金と直接関連し、発展してきたであろうことは明々白々である。[67]

だが超富裕層の関与を示す証拠のうち、もっとも重要なものは、彼らが移民問題への取り組みに対し、揃いも揃って沈黙を貫いている点だろう。ほかの何十という問題に関してもそうであるように、超富裕層の集団は書類なき移民の合法化プロセスにこれまで賛同したことはない。その結果、移民問題は複数の大統領、大勢の議員、そして一般市民によって、立法上の最優先事項としてことあるごとに注目されているにもかかわらず、それに関連する重要な立法措置は何十年も棚上げにされてきた。

考えてみてほしい。超富裕層の集団は、膨大な範囲の政策決定に影響を及ぼすため、政治プロセスに計り知れないほどの資源を投入しては、目覚ましい成功を収めてきた。自分たちの経済的利益に直接影響を与える公共政策すべてに対して、巨大で、ときに圧倒的な影響力を行使してきた[68]。裏を返せば、もし彼らが移民制度の是正を望んでいたら、それはきっと達成されていただろう（そんなとき、誰が彼らの邪魔をできただろうか？　どんな有権者の組織が、アメリカ実業界を始め、市民権取得を支持するすべての人に立ち向かうだけの影響力を持てただろうか？　怒れるゼノフォビアの小集団か？　ありえない）。

移民政策はアメリカ実業界とウォール街の経営者らが思いどおりにできない分野のひとつだと考える理由はどこにもない。むしろ彼らはその強大な政治力を利用して、人道的な移民政策を作るかわりに、人種差別的な移民制度が長年もたらしてくれる莫大な利益をひたすら受け入れることを選んだ。

では、この種の戦略的レイシズムにははたしてどのようなメリットがあるのか。それは、第3章で述べた刑事司法政策の結果として超富裕層が享受しているものとほとんど同じである。そこで言及した内容（犯罪の拡大解釈が民営化の機会を拡大し、社会統制を促進することで民主的行動を制限し、人種的階層の仕組みを強化したこと）のほぼすべてが、私たちの反移民政策にも当てはまる。実際、刑事司法制度の富を生み出す効果は、書類なき移民の扱いによって大幅に拡大されている。犯罪化の対象を移民にまで広げることで、超富裕層がその制度から得られる利益も拡大したのである。つまり、犯罪化や抑圧に苦しむ人が増えれば増えるほど、アメリカ実業界とウォール街の経営者らは利益を得られるというわけだ。

このような政策が超富裕層にどれほどの利益をもたらすかについて、ここではくり返さないが、移民という文脈には、理解すべき追加の要素や微妙な違いがいくつか存在する。そこで、超富裕層が移民の迫害から利益を得る方法をいくつか新たにご紹介しよう。

1．移民取り締まりの民営化と拡大から収益を得る

刑事司法制度と同じように、移民の犯罪者扱いの拡大と大量投獄は収益性がとても高い人種差別的な産業複合体を作り出している。コアシビックやGEOグループのような営利目的の刑務所会社は、まさにそれを体現する存在だ。この2社は移民収容施設全体の60パーセント以上を運営しており、刑事司法部門よりもむしろ移民部門ではるかに重要な存在となった。[69] コアシビックがSB一〇七〇法に絡めて予測したように、近年、移民収容の拡大は民間刑務所会社に多大な収益をもたらし、とりわけ

トランプ政権下での極端な反移民政策はビジネスにとって大きな意味を持つものとなった。[70]
また、民間刑務所会社は電子足首ブレスレットを使ったGPS監視や「集中監視プログラム」など、移民の拘留に代わる手段にも多額の資金を投じている。これらのプログラムはビヘイビアラル・インターベンションズほか、GEOグループの子会社によって運用されることが多い。[71]
ウォール街が営利目的の刑務所を利用し、刑事司法制度内の「コミュニティ・コレクション（矯正）」を民営化して大きな利益を得たように、ウェルズ・ファーゴ、JPモルガン・チェース、バンク・オブ・アメリカ、ブラック・ロックといった企業も、移民の取り締まりという名目で多額の収益を得ている。[72] またこうした企業のなかには、トランプ前大統領がアメリカ＝メキシコ間の国境に壁を建設すると発表したとき、建設にともなう余録にあずかれるよう手筈を整えたところも多い。[73]
シリコンバレーのIT企業も、移民の収容について連邦政府と熱いタッグを組んだ。たとえば、マイクロソフト、パランティア、ヒューレット・パッカード・エンタープライズ、トムソン・ロイター、モトローラは、いずれも2018年の時点でICEと積極的に契約を結んでいる。マイクロソフトは1940万ドルの契約を結び、ICEがデータ処理と人工知能技術を使った監視業務を行えるよう支援している。ビリオネアのピーター・ティール（ペイパルの共同創業者で、フェイスブック初の外部投資家）が会長を務めるパランティアは3900万ドルの契約を結び、独自の情報データベースを用いて移民記録や人間関係を追跡している。ヒューレット・パッカード・エンタープライズは税関国境警備局と7500万ドルの契約を結び、同局のネットワーク運用センターを管理している。[74]

このように、反移民政策はアメリカ実業界とウォール街にとって潤沢な資金源なのである。

2．安価な労働力を大量に確保する

すでに述べたとおり、アメリカ実業界はコスト削減の方法をたえず模索している。たいていの企業にとって、総支出で圧倒的に大きな比率を占めるのは人件費だ。したがって、大企業は従業員に少ない報酬で必要な仕事をさせる方法をつねに探し求めている。国内のほかの地域や世界各地に業務を移転・外注して安い賃金で済ませることもあれば、テクノロジーに頼って雇用を削減したり、従業員にこれまでよりも仕事を大量にこなすよう求めたりすることもある。そういうわけで、企業は往々にして「労働権法」[*12]なるものを支持し、労働組合と対立する。そして、それは100年以上にわたり、アメリカ＝メキシコ間の国境を越えて移住する労働者たちに依存することを意味してきた。[75]

アメリカの企業はいつ何時も、人がやりたがらないような仕事の穴を埋め、収益を増やしてくれる安価な人材を求めてきた。したがって、企業の立場からすれば、書類なき移民の安定した供給はとても重要である。実際アメリカ史において、移民が少なすぎて目的が果たせなかったという場面は数多い。そこでブラセロ・プログラムのような大規模な「ゲストワーカー」政策によって非正規の労働力が補われ、200万人ものメキシコ人がアメリカで働くため採用されることになった。[76]アメリカが何十年にもわたって強硬な反メキシコの主張をくり広げながらメキシコとの国境を封鎖しない理由は、アメリカ企業が容易に搾取できる外国人労働者の安定供給によって莫大な利益を享受しているからにほかならない。

3．移民収容センターでの超低賃金労働から利益を得る

民営の移民収容センターの支持者がよく掲げる主張のひとつに、民営収容所は公営に比べて運営費が安いというものがある。あまり語られないことだが、民営収容所の運営費が安く、利益率が非常に高いのは（国内の刑務所がそうであるように）収容された移民に対して施設の運営に欠かせない労働を強制しているからである。移民収容センターでは従業員に給料を支払って食事の準備や施設の清掃、洗濯などをさせるかわりに、被収容者自身にそれらの仕事を課し、多くの場合1日わずか1ドル程度、ときには無給で働かせている。[77] 施設によっては、労働を拒否する被収容者は独房に入れられるか、食料や石けんといった生活必需品の供給を差し止められることもある。[78]

言ってみれば、年間数十万もの人々が、豊かな生活を送りたいと願った〝罪〟によって投獄されているのだ。そして、アメリカ企業はたびたびその罪を幇助（ほうじょ）している。移民たちは拘禁されているあい

＊12　従業員に対し、労働組合に加入するかしないかの選択権を認める法律。労働組合の財政基盤を揺るがすだけでなく、労働者の組合離れを助長する可能性が高い。

だ、営利目的の収容所と投資家の利ざやを稼ぐため、ただ同然の賃金で働かされる。犯罪の拡大解釈と大量投獄制度が現代版の奴隷農園に例えられることは多いが、ここまでグロテスクな一致を見る点もないだろう。

4・人間の基本的欲求を満たす安価な代替手段を提供する

自分になじみのない人を同じ人間とみなすこと、すなわちその人の人間性を認め、自分やほかの人間と根本的にいっしょだと考えるのは容易なことではない。そのためには、相手の命を大切に思うだけでなく、その人が充実した人生を送るために必要なものを認識しなければならない。つまり、鏡に映った自分の姿を見なければならないのだ。私たちが質の高い教育や医療、住宅など、健康で幸福な生活の基本となる要素を必要としているのと同様に、ほかの人もそれを必要としていると認めなければならない。すべての人が基本的欲求を満たせないのは不当であると思わなければならない。そして、他人の人間性を尊重していると示すためには、自分に行われた不正に対して誰かが異を唱えてくれることを期待するように、他人に行われた不正に対して立ち向かう意志を持たなければならない。したがって、真の人間性とは、お互いの幸福になんらかの責任を負うことを意味する。

その一方、誰かの人間性を奪うことはずっと簡単だ。ある人物やグループが、ほかの人と同じような繁栄の機会を得るに値しないと世間を説得できれば、その人物やグループの幸福に対する責任から逃れることはたやすくなる。だからこそ、コーク・ネットワークなどの超富裕層が投資するヘリテージ財団やケイトー研究所といった右派系シンクタンクや擁護団体の多くは、多大な時間と労力を費やし、低所得層や労働者階級の人々を貶め、〝個人の責任〟を強調しているのだ。私たちが他人の苦境を因果応報とみなすとき、不正の根源を認識し、それに対処するための集団的な能力は著しく低下する。そのような考え方は、制度的レイシズムの知的基盤を確立するうえで不可欠な要素であり、すでに述べた黒人と褐色人種のコミュニティにおける長年の教育不足と過剰な犯罪化の一因でもある。

また、書類なき移民の扱いについても同様だ。多くの人々にとって彼らは徹底的に非人間的な存在として映っているため、今や私たちが彼らに与えることもいとわない不当な仕打ちに限りがあるのかさえわからなくなっている。さらに、アリゾナを始めとする全米各地で多数の反移民法が可決されたことにより、書類なき移民の幸福に対する責任の意識が世間に行き渡っていないことが明らかとなった。それどころか、これらの法律は「〝私たち〟は〝彼ら〟に投資したくないし、責任も負いたくない」という明確なメッセージを発している。〝私たち〟の資源はあくまでも〝私たち〟のものであり、この法律によって苦しむであろう何百万人もの書類なき移民のものではないという、譲れない一線を示しているのだ。

数百万人の人間性を奪うことは、気味が悪いほど簡単なだけでなく、公共政策の有力な立案者という立場から見ると、代替案よりも安上がりだ。書類なき移民が質の低い教育を受け、ごくわずかな賃金しか支払われなくても気にしないなら、そうした不平等を押しつけることは、ある種の（道義心を欠いた）観点からすると有益なコスト削減の手法となる（これにより、移民収容センターの環境がおそらく刑務所や拘置所よりずっと劣悪な理由も説明がつく）[79]。

そして、こうした手法の主な受益者は例によって超富裕層である。彼らは公共支出が減ることによってもっとも得をする。だが、私たちが書類なき移民に共通の人間性を認め、人間としての基本的欲求が満たされるよう責任を負った場合、彼らはもっとも損をする。

5. 社会統制を通じて民主的行動を制限する

アメリカの刑事司法制度は、ポジティブな社会変革の取り組みの数々を実質的に封じ込め、従順でおとなしい国民を作り出してきた。だがそうしたやり方も、連邦、州、地方において一連の移民政策が移民たちに与えた影響に比べれば霞んで見える。アメリカでは長いあいだ、書類なき移民は与えられた仕事をこなすことだけを求められ、それ以外の面はいっさい顧みられなかった。ＩＣＥの過度に攻撃的な取り締まりやＳＢ一〇七〇法のような法律は、さほど従順でない移民にもたらす脅威を劇的に増大させるものだった。最終的に、私たちの移民政策によって何百万人もの人々が恐怖とトラウマに怯え、既存の権力構造に立ち向かうような正義を求められなくなってしまった。

6．人種や階級間の連帯を妨げる

犯罪問題がコミュニティどうしを実質的に対立させてきたのと同様に、移民問題は、とくにアメリカ生まれの低所得層や労働者階級のあいだで書類なき移民への恨みを醸成させるために利用されてきた。これは低所得層への投資不足が深刻なときや、すべての人の要望を満たす取り組みがなされていないとき、えてして起こることである。同じ状況は全米各地で見られるが、このような制度的怠慢の決定的な要因は、雇用機会や公共サービスがしばしばゼロサム・ゲームとして扱われることにある。つまり、移民問題がなんらかの進展を遂げた場合、ほかの住民に損失を及ぼしているように見えるばかりか、実際にそうであるケースが多いのだ。また、直接的な因果関係がない場合でも、生活に苦労している人は「彼らの利益は私たちの損失」という思考に陥りやすい。このような環境では、人々は生きるための直接的な競争にさらされているため、反移民の論調や行動は聴衆から諸手を挙げて歓迎される。

新参者と〝先住民〟を対立させるこうした策略は、おそらく植民地時代の初期に生まれたもので、アメリカの世論を二分するような問題のなかでも非常に長い歴史を持っている。[80] 景気低迷期にとりわけ人気の高い手法であり、発想は単純そのものだ。低所得層、労働者階級、中流階級の人々が相争うとき、彼らが一致団結する可能性も、自分たちに共通する苦境を生み出した張本人らに怒りを向ける可能性も低くなる。

7．人種的階層の仕組みを維持する

アメリカの刑事司法制度がアフリカ系アメリカ人やアメリカ生まれの有色人種の従順さを著しく強めたように、私たちのさまざまな反移民政策は実質的に、移民コミュニティが社会的、経済的、政治的に前進することができないよう縛りつけてきた。自分の直面している抑圧があまりにも強く、家から出ることさえ恐ろしいという状況では、コミュニティの住民が下層階級に陥ることはどうしても避けられない。さらに、人種的階層の下位を占める人々の上昇が困難であれば、それだけ上位を占める人々は恩恵に浴することができる。

8．自分たちにとって望ましい候補者の当選を支援する

超富裕層にとって、〝移民に厳しい〟対応は犯罪に厳しい刑事司法政策よりも価値あるものかもしれない。選挙において有権者を引きつけ、企業にとって都合のいい候補者を勝たせることができるからだ。もっとも顕著な例は、ドナルド・トランプの大統領選である。選挙戦での主要な柱のひとつが、反移民感情をあおり、アメリカ＝メキシコ間の国境に壁を築くと約束することだった。しかし、彼の

就任1年目のもっとも目立った立法措置は、移民とはいっさい関係がなく、超富裕層に圧倒的な利益をもたらす大幅減税を可決したことだった。[81]

今や、移民をめぐる政治観はすっかり先鋭化してしまった。共和党では政策立案者どうし、誰がもっとも強硬な反移民姿勢をアピールできるか争っているかのような様相を見せ、人道的な移民政策への支持はこれっぽっちも見られない。[82] かたや民主党の動きは、刑事司法政策のときに起こったものと驚くほどよく似ている。民主党はクリントン政権からオバマ政権に至るまで、ライバル政党の反移民政策をおおむね踏襲してきた。[83]「移民に甘い」というレッテルがそのまま「犯罪に甘い」というレッテルと同じ効果を持つのを恐れてのことである。かくして、二大政党は過去25年のあいだ事実上協調し、書類なき移民が今日直面している劣悪きわまりない環境を作り上げてきたのである。

すべてのクロウ法にさよならを

アメリカで、人種によって人々を区別することが合法だったのはそれほど昔のことではない。かつてジム・クロウ法による人種隔離は、アフリカ系アメリカ人と白人のアメリカ人は根本的に違うから許されるのだと言われていた。幸いにして、私たちはもうそのようなこととは決別している。私たちは、ある人の人種だけにもとづいて法的な区別をすることは野蛮であり、自分たちにはふさわしくないと判断した。私たちの社会は、こうしたあからさまな偏見を乗り越えて進化してきたと思われがちだ。しかし、現実には、差別は人種や民族によるものから、人種や民族と組み合わせた出身国や在留資格によるものへと移行しただけだった。さらに、白人と黒人はそもそも異なると主張してジム・クロウ法を正当化するような風潮こそなくなったものの、〝不法入国者〟はアメリカ人と根本的に異なると訴える「ファン・クロウ」にもとづく差別を擁護する人は引きも切らない。[*13] そのひとりは、あろうことかアメリカの第45代大統領だった。[84]

実際のところ、現在の連邦、州、地方でのファン・クロウ政策と20世紀初頭のジム・クロウ制度とのあいだにさしたる違いは存在しない。合法化されたのが本人が生まれた場所による差別なのか、先祖の生まれた場所による差別なのかだけだ。さらに言えば、ジム・クロウ法が一般にアメリカ史における恥ずべき一章とされているのに対し、ファン・クロウの物語はまだ書かれている途中であり、その内容について恥の意識といったものはほとんど見られない。それどころか、ドナルド・トランプは、みずからペンを取って一章を記すという公約によって当選した部分が大きい。

要するに、私たちはもっと善良にならなければならない。誰もがそうであるように、人は自分が偉大な国に住んでいると思いたがる。だが、このような不名誉と並び立つ偉大さなどありえない。お互いに相容れないのだ。他国の人を自分たちより劣っているかのように扱っていては、どんな国よりも優れていると主張することはできない。

幸いなことに、この過ちは簡単に正すことができる。私たちはみずからが支持する価値観にふさわしい、自由、平等、家族という別の道を歩むことができるのだ。これらはいずれも、政治家の美辞麗句やハリウッド映画のテーマとしてのみ存在するわけではない。私たちはこれらの価値観を真の意味で再発見し、すべての人々をより高い次元に引き上げることができる。だが、そのためにはまず、私たちの反移民政策によってもっとも強い影響を受けているコミュニティの声に耳を傾けなければならない。彼らは私たちがいかにして基本的な価値観から逸脱したのか、そしてどうすればふたたびその価値観に戻れるのかを教えてくれる立場にあるからだ。[85] そうしたコミュニティから生まれた4つの提案を以下に示そうと思う。

解決策その1：フアン・クロウ差別を撤廃する

これはいたって簡単なはずだ。そもそも、書類なき移民への制度的差別の是非について議論があること自体、私たちの政治観がいかに道義的に堕落したかを物語っている。アメリカを第二の故郷と決めた何百万人という書類なき移民をどのように扱うかについて、選択肢は非常に限られている。(a) 現状を維持し、社会の下層民として日陰で生きることを強要しつづける。(b) 強制送還し、人として想像を絶するような苦しみを与える。(c) 在留資格を与え、アメリカ社会の正式な一員と認める

*13　フアン（Juan）は英語のジョン（John）にあたる、メキシコなどのスペイン語圏では一般的な名前。

ことで、移民たちが堂々とコミュニティに貢献し、国が提供するすべてのものを受け取り、平和に暮らせるようにする。これは今まで誰もが答えなければならなかったごく簡単な選択問題だが、政策立案者にとっては難問中の難問だったようだ。共和党であれ民主党であれ、書類なき移民滞在者の生活を政治的な交渉材料としか見ていない政治家が多すぎる。彼らにとっては政敵から譲歩を引き出したり、ちょっとした政治的得点を稼いだりするための手段でしかないのである。

第一に、人々の基本的な人間性を無視したこのようなふるまいは止めなければならない。ファン・クロウ制度と、それを支持し、書類なき移民滞在者への差別を許している連邦、州、地方のさまざまな法律は金輪際なくす必要がある。第二に、アメリカの移民政策は合法化への道をもっと開かなくてはならない。世界中の有色人種、とりわけ愛する人といっしょにいるだけで不当な壁に直面しているアメリカ在住の家族のために。[86] 第三に、近年、不必要な強制送還によって家族と引き離された人々がアメリカへ帰国できるようにすべきである。第四に、書類なき移民滞在者の合法化への道を作るにあたって、犯罪化の罠にいたずらに巻き込まれた人々を排除してはならない。議会で長年議論されながらも可決されなかった包括的な移民改革案とは違うところを見せるべきだ。第五に、合法化への道はこれまでの取り組みとは異なるものにしよう。国境警備を強化したり、現在のアメリカ居住者の緊急の要望よりもささいな問題を処理したりすることを条件とすべきではない。

最後に、これまでの改革案とは異なり、合法化のプロセスに厄介な罰金や手数料、行政手続きがあってはならない。そうしたものは在留資格へのアクセスを制限し、問題を長引かせるだけだからだ。

書類なき移民滞在者が犯した〝過ち〟を償わせるため、この種の罰則を科すべきだと主張する者もいる。だが、こと移民問題に関しては、自分たちの地位を合法化しようとする人々よりも、アメリカ政府の犯した過ちのほうがはるかに大きい。したがって、今は悪いとされることの償いに目を向けるのではなく、単純に正しいことをすべきである。

解決策その2：誰にも害を及ぼさない

アメリカの刑事司法制度が（第3章で議論したように）「誰にも害を及ぼさない」方針を採用すべきなのと同様、移民の取り締まり制度もまたそうすべきだ。出身国にかかわらず、誰もが同じ原則を適用されなければならない。つまり、アメリカ政府は本来及ぼさずともよい害を人々に及ぼしたり、残酷な政策によって数百万人を不安に陥れたりするようなことをしてはならない。もっとも、私たちはつねづね、個人や家族、コミュニティ全体に対し壊滅的な打撃を与えるような行動をこれといった正当性もなく行ってきた。

移民を取り締まるうえでの「害を及ぼさない」方針には次のようなものがある。[87]

・ＩＣＥは解体とする。アメリカの税金は人々を投獄し、追放することを主な目的とする対移民急襲部隊のために使ってはならない。

・移民は犯罪行為として扱われない。国境を越えたからといって移民を犯罪化することはなく、したがって刑事司法制度に課せられた不適切な任務の膨大なリストに移民の取り締まりが追加されることもない。そんなことをしなくても、移民問題に対処する方法はいくらでもあるのだ。

・アメリカに居住する者の強制送還の根拠として、刑事司法制度を用いない。前章で法執行機関の役割を狭めることについておおまかに述べたが、それと関連して、刑事司法制度の機能を移民制度と混同すべきではない。たとえ書類なき移民滞在者による重大な犯罪行為があったとしても、アメリカ市民が犯した同様の不法行為と同じように扱うものとする。また、強制送還のような処罰を移民に科すことで、家庭崩壊など、はるかに大きな被害が生じないようにする。

・移民収容センターはすべて廃止とする。アメリカ市民が、深刻な危害の差し迫った脅威から人々を守るため、ほかに許容できる代替手段がないときに限り収監されるように、移民についてもまたそうすべきである。万が一その条件が満たされたとしても、刑事司法制度における刑務所や拘置所とは別の収容施設が必要とされる理由はどこにもない。

・いかなる状況においても、この地に移住してきた子どもや若者を投獄しない。

・アメリカ＝メキシコ間の国境における武装を解除する。アメリカに渡ろうとする人の大半は母国で苦しい生活を送り、豊かな暮らしを切望している。また、砂漠を横断したことによって、深刻な障害を身体に抱えていることが多い。そのような人々を、厳重に防備を固めた国境にくわえ、一帯を戦場とみなすよう訓練された、ひどく攻撃的な武装警官の大隊が出迎えるのは私たちの国にふさわしくない。フェンスや銃、監視カメラで迎えるのではなく、移民たちが安心して暮らすために必要な人道的支援を提供し、その後居住地や在留資格などさまざまな問題を掘り下げていくのがしかるべき対応である。

・アメリカの雇用主が書類なき移民労働者やそのほかの移民を搾取することを許さない。私たちはこれまで、移民の違法行為の疑いには過度に警戒し、懲罰的な態度をとってきた。その一方で、書類なき移民労働者やゲストワーカーの弱い立場を利用し、わずかな給与しか支払わず、嘆かわしいほど不適切な労働条件を課し、本来支払うべきものさえ支払わないような雇用主を放置してきた。

誰にも害を及ぼさないことを約束する移民取り締まり制度のもとでは、犯罪化や投獄は大幅に縮小し、暴力や死者も著しく数を減らし、社会から徹底的に疎外されてきた何百万人もの書類なき移民もはるかに人道的な扱いを受けるようになるだろう。また現在、移民への厳しい政策を実施するために用いられている資源を大きく解放し、より効果的で称賛に値する取り組みに利用することができる。

解決策その3：再投資する

移民の犯罪化や強制送還に税金を投入するかわりに、教育、経済、健康、住宅といったもっとも差し迫った要望に対処するために資金を割り当てられる。たとえば、移民取り締まりの支出を1970年代なかばの水準に戻せば、年間280億ドル近くを節約でき、はるかに緊急性の高い優先事項の対処に使うことができる。現在、数々の痛みや苦しみを引き起こしているこれらの資源を使って、どんなにすばらしいことができるか想像してみてほしい。可能性のひとつとして、これまで反移民政策によって甚大な被害を受けてきた全米28の移民コミュニティにおいて、包括的な地域開発戦略のため、年間10億ドルを使うことができるようになるだろう。このような計画による直接的な効果は事態を一変させるだろうが、ポジティブな波及効果もまた驚異的であり、アメリカで暮らす人すべてに恩恵をもたらすはずだ。また、資源の一部は移り住んだ人々の要望だけでなく、そもそもの移住の原因に対処するために活用できるだろう。

解決策その4：責任ある世界市民として行動する

国境を封鎖することに賛成するアメリカ人は多い。彼らは、アメリカを難攻不落の要塞にしたいと考えている。だが、多くの経済学者がそうであるように、比較的オープンな国境を支持する人々もいる。資本の移動が許されているように、人々の国家間の自由な移動もまた許されるべきなのである。経済学者たちは、世界ではたくさんの国々がすでにこうした流れに乗っていることを指摘している。[88]どちらの意見に共感するとしても、次のふたつはできればみなさんに賛同してもらいたい。（1）健康や安全、あるいは生存そのものがかかっているときには、人はいつでも移動を認められるべきである。（2）世界規模の深刻な不平等を許し、まして悪化させておきながら、移民が国境に現れたときに驚くような真似はもうやめよう。

私たちはいつでも、学校のいじめっ子のようにふるまっている。周囲の人の不幸にはお構いなしで、自分の利益を増やそうと躍起になっている。しかし、私たちの外交政策がこのままラテンアメリカやカリブ海諸国の抑圧的な政府を支援し、長きにわたる社会的、経済的、政治的格差への取り組みを訴えている政府を弱体化させるなら、これからも移民の流入は続くだろう。アメリカが貿易協定やそのほかの経済政策によって、アメリカ企業に世界中の人々を搾取しつづけることを許すなら、移民の流入は続くだろう。アメリカが近隣諸国の生活水準を高める取り組みにおいて、今よりずっと協調的な姿勢をとらなければ、移民の流入は続くだろう。

アメリカは、世界の経済的、政治的、軍事的支配を達成するために長い闘いを続けてきた。そうした方針についてどう感じようと、国境の移民の長い列は、さまざまな点でその成果であることは認めなくてはならない。

実際、私たちはもっと折り目正しくふるまうべきなのである。私たちだけで世界の不平等をなくすことはできないが、ラテンアメリカやカリブ海諸国の福利に投資することで、そうした不平等を減らすための大きな一歩を踏み出せる。[89] 私たちがこれらの国々の繁栄を支援すれば、住民たちはそれまでの生活を捨て、不確実でしばしば危険な旅をしてまでアメリカに渡らなくても済むようになる。そのため、仮に今後、世界中の人々にアメリカへの入国を許可したとしても、移民はこの地に来たいから来るのであって、やむにやまれず来るわけではない、ということになる可能性が高まるだろう。

政府が行った大規模な人権侵害のさなかに生きていた人はいろいろなことを訊かれるが、そのうちもっともよくある問いが「どうしてそんなことを許してしまったんだ?」というものである。1940年代に生きていたドイツ人や、奴隷制度が合法の時代に生きていた白人のアメリカ人に向けられてきたこの問いは、いつか、書類なき移民の扱いがもとで私たちにも尋ねられるだろう。現時点では、それを避けることはできない。私たちにできるのは、これからどうするか決めることだ。すでにおなじみとなった残酷な差別を許しつづけるのか? それとも、奴隷制度の後釜にジム・クロウ法を据えたように、ある抑圧を別の形に置き換えるのだろうか? あるいは、歴史書にはこんなふうに書かれるかもしれない。私たちは在留資格などの特徴にもとづいた有害きわまりない区別をやめ、すべての人の命が等しい価値を持つと認識することで、数多くの繁栄をともに達成できることに気づきはじめた、と。

第5章 巨人(ゴリアテ)を倒すために

直近の3章で見てきたように、超富裕層は、有色人種の大規模な抑圧を続ける教育、刑事司法、移民政策の発展に貢献してきた。しかし、彼らの戦略的レイシズムは決してこれら3つの制度に収まるものではない。低賃金労働、環境破壊、医療格差、有権者の抑圧など数々の問題についても、同様の分析結果が得られるだろう。そしていずれの場合も、同じような話が語られるはずだ。すなわち、レイシズムの恩恵に浴する少数のグループが、自分たちにはとてつもない利益をもたらす一方、有色人種のコミュニティには壊滅的な打撃を与える計画を積極的に実施しているのである。[1]

超富裕層の横暴は国内の問題にとどまらない。これまで私たちがいかに軍事・国家安全保障機構を利用し、それを劇的に拡大することを選んできたか考えてみてほしい。あなたが今いくつであれ、アメリカ合衆国はあなたの人生のかなりの期間、ひょっとすると半分を超える期間、戦争をしてきた。[2]事実、今の大学生のなかには、アメリカが戦争をしていない世界を体験したことがない人もいる。アメリカは現在、世界中に約800の軍事基地を持ち、世界のどの国よりも軍事費に予算を割いている。実際、アメリカの軍事予算の規模は、2位以下の7カ国の予算額の合計とほぼ同じである。[3]私たちはみずからが世界の平和と民主主義を守るための抑止力だと考えているが、永続的な戦争と積極的な軍事介入を好む傾向のせいで、世界のほかの国々からはそうは思われていない。むしろ、長年にわたって世界中の人々を対象に行われた複数のアンケート調査によると、アメリカという国が世界平和にとって最大の脅威とみなされていることが判明している[4]（これは『スター・ウォーズ』を観ながら、邪悪で専制的な帝国に立ち向かう反乱同盟軍を応援したことのある人にとっては一考に値する結果だろう。世界の人々から見たら、私たちは帝国軍なのだ）。

もちろん、ここで述べた内容はいずれも目新しいことではない。マーティン・ルーサー・キング・ジュニアは、1967年の有名な演説「ベトナムを越えて」のなかで、公民権運動を反戦運動と結びつけてこう語った。「私は今日の世界における最大の暴力の行使者であるわれわれ自身の政府に対し、最初にはっきりと物を申さないかぎり、ゲットーで虐げられる人々の暴力に対して、ふたたび声を上げることはできないとわかっていました」。キング牧師は、海外での軍国主義が国内の制度的レイシズムと密接に絡み合っていることを認識していた。そして、さらに悪いことに、私たちは後者への対処よりも前者への投資を明らかに優先してきた（「ベトナム戦争のような無謀な試みが、悪魔の用いる破壊的な吸引管のように人間や技術や金を吸い寄せるかぎり、アメリカが貧しい人々の救済に必要な資金やエネルギーを費やすことはないとわかっていました」）[5]。こうした傾向は時代とともに強まるばかりだ。現在の年間防衛費は、1970年代半ばに比べて3160億ドル以上増加している（インフレ率で調整）[6]。2016年には、連邦政府の裁量支出のうち6300億ドルが軍事費に割り当てられたが、一方で、教育、住宅、雇用、医療、そのほか貧困防止プログラムに充てられたのは1830億ドルに過ぎなかった。[7]

さらに、注目すべきなのは、犯罪の拡大解釈によってアメリカ国民に危害を加えることを擁護するような理論は、私たちの軍国主義や海外の人々に加える危害を擁護するために使われるものと同じであるということだ。私たちが20年以上にわたって続けてきたいわゆる「テロとの戦い」は、いわば私たちの「犯罪に対する厳しい」刑事司法戦略を他国の人々に転用したものである。これは多くの点で「犯罪化の罠・国際版」だ。また「国内版」と同じように、私たちの軍事政策によって被害を受ける人のほとんどが（兵士も、世界中の国の人々も含めて）有色人種である点にも注意しなければならない。

くわえて、これまでの章で議論した問題と同様に、アメリカの力を海外に拡大するための軍事侵攻における最大の勝者は、おそらく超富裕層である。[8] 彼らは、私たちの軍事介入がもたらすすべての新しい市場、拡大した市場、国際面でのアクセスや影響力などの主たる受益者である。また、超富裕層は教育の民営化、刑事司法、移民の取り締まりといった力学を利用して、国家安全保障機能の民営化からも暴利をむさぼっている。[9] つまり、私たちの過度に攻撃的な軍事利用は先に取り上げた問題と同様に、アメリカ実業界とウォール街にとって重要な富の蓄積戦略だったのである[10]（ノースロップ・グラマンやボーイングのような大手防衛関連企業がＡＬＥＣの初期メンバーだったことは、さして驚くには当たらない）[11]。

このことは、超富裕層の掲げる不当な政策の主な標的が有色人種であることをあらためて示しているが、ターゲットとなるのは彼らだけではない。超富裕層が極端な反労働者、反環境、反医療改革、反民主主義、親軍事の政策を実行できるようになると、白人のアメリカ人もまた、教育への過少投資や犯罪化への過剰投資を超えた影響に苦しむことになる。ここで挙げたのはすべて人種正義の問題だが、白人のアメリカ人が直面するもっとも重要な課題もこうした問題に起因するものが多い。つまり、人種正義の問題は〝白人の問題〟でもあるのだ。白人への全体的な影響は有色人種の受ける影響とイコールではないし、深刻さも異なるが、それは現に存在しており、かつ重大なものである。そして、私たちが認めようと認めまいと、はっきりしていることがある。すなわち、低所得層、労働者階級、中流階級の白人と有色人種の利害は一致しており、超富裕層の政策目標を打ち破るべく団結することで、私たち全員が数多くのものを得られるのだ。

悪夢のシナリオ

アメリカ国民が直面する課題のなかで、これまでに述べたものよりも深刻な脅威を思い浮かべるのは難しい。本当に恐ろしい時代である。だが何よりも恐ろしいのは、超富裕層が自分たちの利益を増やすにあたって、議会やホワイトハウス、州や地方レベルでアメリカの政策決定を支配するだけでは飽き足らないように見えることだ。彼らは自分たちの政策目標が国家の価値観や優先事項として未来永劫追求されるように、「国の最高法規」を作り変えようとしている。

現在、ALECやコーク・ネットワーク、そのほかのビリオネアや億万長者が主導し、資金提供しているふたつの取り組みがある。どちらもアメリカ合衆国憲法の大幅な修正を提案するものだが、本当の目的はおそらく完全に書き換えることにある。彼らは憲法第五条の規定に則した憲法会議を招集しようとしている。これは憲法で定められたふたつの修正方法のうちのひとつで、これまで一度も行われたことがない（一方、ふたつめの方法――憲法修正過程――は27回成功している）。憲法会議を招集するには、34の州が州議会を通じて招集決議をしなければならない。こうした決議の目的がなんであろうと、またどれだけ狭い範囲に限られようと、会議が招集された場合、「会議の暴走」、すなわち会議の範囲を拡大し、憲法を全面的に書き換えることを防ぐものは事実上存在しない――憲法学者たちは長年にわたりそう警告してきた。[12] 要するに、一度蓋が開いたら、あとはやりたい放題になってしまう可能性が存在するのだ。

右派のあいだではこうした憲法会議の招集を求める声は何十年も前からあったが、近年では超富裕層からの投資と支援を受け、その取り組みは劇的にエスカレートしている。事実、近い将来、彼らの取り組みのいずれかが招集に成功する可能性はとても高い。

もっとも進行しているのは「財政均衡憲法修正案（BBA）」を中心に憲法会議を招集しようとする動きだ。2020年4月の時点で、支持者らはすでに28州の賛同を得ており、必要な34州まで残りあと6州、さらに少なくとも8州が参加提案を前向きに検討している。[13] ALECはこうした取り組みの重要な推進力を務め、各州が通すべき3つのモデル決議を作成し、それらを可決するよう秘密裏に、かつ広範に働きかけている。また、州議会議員を積極的に勧誘してこの取り組みに賛同させ、憲法会議が実現した場合の規則案の起草さえ開始している。[14] また、近年急速に拡大しているのが「州における憲法会議（ＣＯＳ）」という組織による取り組みだ。２０１４年以降、15州がＣＯＳの決議案を可決し、７州がひとつの立法府で可決、２０２０年には14の州議会が前向きに検討している。[15] ＣＯＳは非常に潤沢な資金を有しており、近年ではコーク・ネットワークやその関連団体、さらにはマーサー一族といった共和党の著名なドナーから数百万ドルの献金を受け取っている。また、ヘリテージ財団の元理事長で上院議員のジム・デミントを含むＣＯＳの指導部は、コーク・ネットワークやＡＬＥＣとの幅広いつながりを持っている。ＣＯＳの取り組みは一部でかなりの熱狂を引き起こし、支持者らは２０１６年、憲法修正案を作成するシミュレーション会議を開催したほどである。[16]

これらふたつの取り組みの根拠として掲げられるのが、連邦政府の支出と権限を抑えるということである。これは大勢の人々にとって魅力的な提案だ。誰もが（当然のことながら）議会やホワイトハウスがこれまで自分たちの要望を十分に満たしてこなかったと感じているのだから。しかし間違えないでほしいのは、憲法第五条に則した憲法会議を招集する主な目的は、圧倒的多数のアメリカ国民を踏み台にして、超富裕層にとって有益な合衆国憲法を作ることである。理由としてそう考えなければ、こうした取り組みの主要な支持者と主催者の輝かしい実績を無視することになる。[17] また、これら憲法第五条に則した決議に含まれる連邦政府の支出と権限が抑制された場合、アメリカ実業界とウォール街がさらに多くの計画（先述した「企業の私欲のドクトリン」を含む）を実行に移せるようになり、低所得層、労働者階級、中流階級に惨憺たる結果をもたらすだろう。さらに、もし憲法が全面的に書き換えられた場合、起こりうる可能性はなおさら恐ろしいものだ。超富裕層によって支持され、州議会や連邦議会で可決された政策すべてが、合衆国憲法で成文化され、保護されることになるかもしれない。それはほとんどのアメリカ国民にとって、壊滅的な事態だ。そしてくり返しになるが、これはいつ起きてもおかしくないのである。

今こそ、防御を固めよう

私たちは超富裕層がもたらす脅威の重大さをしっかりと認識しなければならない。憲法修正の会議を招集しようとする試みは、先述したほかの政策改革と並び、彼らが政治的な弱みにつけ込もうとしていることの表れだ。それはすなわち、この国の法律と政策を彼らの政治目標に一致するよう抜本的に作り変えることにほかならない。こうしたビジョンの支持者は数としては少ないかもしれないが、いずれも戦略的で用意周到であり、もちろん資金も潤沢だ。2016年には、コーク・ネットワークだけで1600人の有給スタッフを35州で雇い、全員が一丸となって計画を推進した。[18]

とはいえ、彼らの勝利が必然というわけではない。超富裕層を止めることはできる。彼らの計画がこれまでもたらした被害を修復し、すべての国民の要望に応えるような政策に着手することは可能だ。だが問題は、ダビデがゴリアテに打ち勝つにはどうすればいいか[*1]ということである。

この混乱から抜け出すために欠かせないものはいくつもあるが、もっとも必要なものを述べるとすれば、それは〝民主主義〟である。

残念ながら、アメリカ実業界とウォール街の経営者らの圧倒的な支配下にある政府を立て直すための単純な解決策は存在しない。私たちが生み出した金権政治に対抗できる特効薬はないのだ。彼らがみずから権力を手放すことはないだろう。政策立案者も有権者が要求しないかぎりこの問題を解決しようとはしないだろうし、実際にそうできるはずもない。唯一の解決策は、より多くの人が政治に参加し、これまでとは違うものを求めることだ。つまり、民主主義である。それも、強大な。これは、投票所には顔を出すものの、次の選挙までいっさい関心を持たず、選ばれた議員がいい仕事をしてくれるのを期待するというような民主主義ではない。低所得層、労働者階級、中流階級の要望を満たすうえで、超富裕層や彼らから多額の資金を受け取っている政治家の温情に頼れないことは、もはや火を見るより明らかだろう。必要とされるのは、これまでよりもずっと多くの人がさまざまな形で、継続的かつ積極的に参加できるような民主主義である。そうした民主主義のもと、ありとあらゆる社会的背景を背負った多様なグループが協力し、コミュニティを強固にしていかなければならない。また、コミュニティの抱える問題を効果的に解決し、公的資源をコミュニティの要望や優先事項に沿ったものにするため、現在よりも多くの声を届ける必要があると認識しなければならない。そしてコミュニティが政策立案者に対し、彼らがしてきたこと（およびしなかったこと）について、責任を問いただすことが必要である。

超富裕層にとって、このような参加型民主主義ほど自分の身を脅かすものはない。アメリカ史の最初期から、支配階級は民主主義を制限し、その拡大を阻んできた。社会の富裕層や政治的有力者たちは、民衆が共通の利益のために膨大な――それでいて潜在的な――政治権力を活用したら何が起こるかをつねに恐れていた。たとえば、「憲法の父」ことジェームズ・マディソンは合衆国憲法を制定する議論において、「富裕な少数者を大多数の民衆から守る」ことが社会にとって最大の関心事でなくてはならないと主張した。そのため、合衆国憲法は制定された当初、上院議員に多くの権限を委ねていた。上院議員は当時、各州の有権者によって選ばれるのではなく、州議会から任命されていた（そして、彼らの多くは裕福な白人だった）[19]。また、一般得票数で負けても大統領に選ばれることのある選挙人団という制度があるのもそのせいだ。このような反民主的な傾向は今日まで続いており、超富裕層が政治献金を独占できる選挙資金規則、投票に関する数多くの制限、一般の人々が関与できない政治プロセスなど、低所得層、労働者階級、中流階級の人々の政治参加を制限するための戦略が数え切れないほど採られている。

これまで実施されてきたさまざまな反民主的措置の主な根拠として掲げられたのが、一般市民が国益にとって最善の行動をとるとは思えないので、富裕層が国益の保護者として責任を負うべきだとい

＊1　旧約聖書『サムエル記』で少年ダビデが巨人戦士ゴリアテを倒した逸話から、小さな者が大きな者を倒すことのたとえ。

う考えである。しかし、こうした言い分は読者のみなさんの経験と相反するのではないだろうか。もちろん、私自身の経験とも合わない。私はこれまでキャリアの大半を通して、さまざまな人種、民族、社会経済的な背景を持った人々が手を携え、コミュニティの問題に取り組めるよう支援を行ってきた。事実にもとづいた必要な情報や、協力して働く機会を与えられれば、コミュニティはどんなに困難な問題も解決できる驚くべき力を秘めていることがわかった。また、低所得層、労働者階級、中流階級の人々の知恵を結集することで、超富裕層が支持する政策よりもはるかに人道的な結果を生み出すことができる。実際、私がいっしょに働いたコミュニティ・ベースのグループは、超富裕層と彼らの政策によって生じた荒廃に対処するために結成されたものばかりである。

　では、どうすれば「民衆の、民衆による、民衆のための」統治を実践する政府を作れるのだろうか？　まず必要なのは〝集団（アーミー）〟だ。暴力的な、軍隊の形をとった軍団（アーミー）ではない。参加型民主主義、正義、平等に取り組む人々の集団である。団結した行動の途轍もない威力を認識した人々の集団である。人種、民族、出身国、そのほかの人口統計学的特徴にもとづいて相争うことを拒んだ人々の集団である。

　そう語るのも、私たちは否応なしに、闘いのさなかにあるからだ。超富裕層は、何十年にもわたって私たちに攻撃を仕掛けてきた。問題は、私たちが反撃に転じ、全体の利益のために相手に攻撃をやめるよう要求し、それによってみながよりよい道をともに見つけられるかどうかである。

　誤解しないでほしいのだが、私の言う集団とは、特定の政党を中心としたものではない。民主党を支持することが、前進への道だと言う人もいるかもしれない。だが、直近の章で取り上げた3つの制度的レイシズム（教育制度、刑事司法、移民政策）がそうだったように、最初は極右や共和党の優先事項として始まったものが、その後民主党にも採用されたことを忘れてはならない。したがって、人種正義を推進するために民主党やそのほかの政党に頼ることは、間違っていると言うほかない。

同じように、超富裕層と私たちが対立しているという発想自体に抵抗を感じる人も多い。彼らいわく、今後私たちが採るべき道は、アメリカ実業界とウォール街の経営者らとの落としどころを見つけることだという。こうしたグループのなかには、その時々の風向きによって自分の立場を決める政治家も見受けられる。彼らは指を空中に突き立て、風が吹いていると感じた方向へ進む。だがほとんどの場合、超富裕層が見えない場所で巨大な扇風機を回していることに気づいていない。

わかってほしいのは、他人の破滅を促したり、それに無関心であったりする人々と手を取り合っても、なんの救いも得られないということである。マルコムXの言葉を借りれば、「私の背中にナイフを9インチ突き刺して、6インチ引き抜いたとしても、それは進展ではない。最後まで引き抜いたとしても、進展ではない。進展とは、刺されて出来た傷を癒やすことだ。だが、連中は傷を癒やすどころか、ナイフを引き抜いてさえいないのだ」[20]。したがって、超富裕層によって生み出された風向きにしたがうだけでは、必要とされる結果は得られない。吹いている風を追いかけるのではなく、みずから風を起こし、風向きを変えていく必要があるのだ。あらゆる人種や民族の低所得層、労働者階級、中流階級の人々が、真の変革に向けて力を合わせなくてはならない。かといって、誰もが突然政治活動に身を捧げるべきということではないが、今後、政策立案者が指を突き立てて風向きをチェックするたび、それがはるかに公正なほうへ吹いていることに気づくくらい、変革の担い手がいなければならない。

つまり、より強固で多民族的な大衆運動を興す必要があるのだ。

運動（ムーブメント）が起こるとき

社会変化が実際どんなふうに起こるかについては、数多くの誤解がある。とくに一般的なのが、変化はカリスマ性のある指導者や個人の勇気ある行動によって生じるというものだ。したがって、歴史が断片的に語られるときはたいてい、マーティン・ルーサー・キング・ジュニアやセザール・チャベス、ローザ・パークスといった人々が英雄視されたり、神格化されたりする。もちろん、彼らが偉大な社会正義の指導者として崇められることに異論はない。だが、彼ら個人にあまりにも多くの注目を寄せると、彼らの周りに築かれた大規模な社会運動に大きな損害をもたらすことになってしまう。数万人、数十万人、あるいは数百万人がこぞってこれらの取り組みに身を捧げたからこそ、集団として成功を収めることができ、そうした取り組みの指導者も広くその名を知られるようになったのである。

社会変化を生み出す方法は数多くあるが、革新的かつ持続的な変化を起こすには、草の根主導の社会運動がもっとも効果的である。これは今も昔も変わらない。くわしく理解するため、長いあいだ革新的な社会変化が顕著に見られた分野について考えてみよう。そのような分野に共通しているのは、政策立案者が行動を起こす前に、一人ひとりが長年にわたって草の根レベルでの組織化、活動、コミュニケーションを国全体で行ってきたということである。有意義な変化は、どこからともなくやって来るものではない。政治指導者たちが、ある日突然寛大になって、大胆な政策変更に着手してくれるわけではない。いずれの場合も、人々が必要な政治的圧力をかけ、世論を十分に変えるための長期的かつ集団的な取り組みを続けたからこそ、最終的に政府が対応しなければならない事態へと至ったのだ。

したがって、超富裕層が進めている政策目標の流れをどうやって変えたらよいか考えるとき、私たちの戦略はその歴史を反映したものでなければならない。そうした「変化の理論（セオリー・オブ・チェンジ）」を定式化した例を示すなら、次のようになる。「斬新で持続的な社会変化は、抑圧の影響をもっとも直接的に受けている人々が集団で行動を起こし、みずからの社会運動を主導し、そのほかの影響を受けている人々とともに力を築いて、抑圧を生み出している状況を変えることによって生じる」[21]。

〝力を築く〟の〝力〟とは何かと言うと、ここでは自分の優先事項に合わせて世界を形づくる能力のことを指す。現在、超富裕層は数こそ少ないものの、教育、刑事司法、移民問題など本書で述べたすべての問題について、政治目標を決めるだけの強大な能力を持っている。これは大変残念なことであり、不当なことでもあるが、かといってがっかりする必要はない。旧約聖書でダビデがゴリアテを倒したように、私たちも戦略的かつ意識的に互いの連帯を築くことで、強大な敵に打ち勝てるのだ。たとえば、現在政治活動に身を投じているあらゆる人種の低所得層、労働者階級、中流階級の人々が、みな同じ方向に向かって力を結集したなら、アメリカの公共政策は今とはまったく異なった、はるかに公正なものになるだろう。くわえて全米各地には今、ほぼ未開発の巨大な草の根パワーの源泉が存在する。とりわけ、現在政治的に疎外されているコミュニティや、これまで人種正義の問題にあまり積極的ではなかったコミュニティにそうした源泉がたくさんある。これらのコミュニティを効果的に巻き込むことで、私たちは集団の力を飛躍的に増加させ、資源と意思決定力が国民全体に公平に行き渡るようなシステムを築くことができる[22]（結局のところ、目的は立場を逆転させることではないし、虐げられていた側が突如として虐げる側に回ることでもない。目指すものは正義であって、不正をひっくり返すことではないのだ）。

裏を返せば、これは超富裕層にとって〝分割統治〟戦略が魅力的な理由でもある。超富裕層の目論みによって白人と有色人種が、中流階級と低所得層・労働者階級が、アフリカ系アメリカ人とラテン系アメリカ人が対立したら、私たちの集団的な力は消えてなくなるだろう。人種や階級間の対立に消耗するあまり、既存の力を育むことも、新たな力を築くこともできなくなる。最終的には、単なる寄せ集め集団よりもはるかに卑小な存在になってしまう。超富裕層に効果的に対抗する力を浪費するばかりで、団結した集団としての可能性を最大限に発揮することはできなくなる。

さらに、このような大規模で構造的な問題について、権力がどこに位置するかを分析してみると、どう計算したところで、人種や階級によって徹底的に分断されたアメリカ国民が、こうした闘いに勝つための力を築くシナリオは得られない。私たちがそこに到達することはできないのだ。権力の不均衡はあまりにも大きく、超富裕層は自分たちにとって非常に有益なこのシステムを維持するために、並外れた資源を投入できると何度も証明してきた。したがって、多人種の団結した勢力を作り出す目的は、私たちみなが手を携えて集団としての〝意識の高さ(ウォークネス)〟に浸ることではない。必要とされているのは、私たちみなに影響を及ぼすような、とことん不公正なシステムを維持するための莫大な資金を備えた企てに打ち勝つことである。これこそ、私たちが勝利するための方策だ。

このような運動を構築するなんて不可能だとか、やっても時間の無駄だという声はたえず寄せられる。だが、実際には、この種の団結した草の根の取り組みは、超富裕層の暴挙を防ぐとともに、この国を前進させる形でつねに形成されている。たとえば、社会保障制度やメディケアを始めとする社会セーフティ・ネットの創設、週40時間労働制といった労働者の保護、ジム・クロウ法による人種分離の廃止といった人種正義の勝利、憲法修正第一九条[*2]の可決を始めとする女性の権利に関する数多くの進歩など、同様の例は歴史上数え切れないほど存在する。ここで挙げたような力学が作用している例を、遠い過去に求める必要はない。過去10年のあいだ、生活賃金条例の可決や、書類なき移民である

＊2　1920年に成立した、女性の選挙権を保護する条項。

若者の権利拡大、同性婚の平等の促進、職場でのセクハラや女性への性暴力に対する認識の向上、学校から刑務所への直通パイプラインの解体の開始など、数々の戦略的な大衆運動が重要な勝利を収めてきた。くわえて全米のコミュニティでは、パワフルで民主的な方法にもとづき、さまざまな問題を解決するために日々力を合わせている人々がいる。このような物語はそうそう語られるものではなく、たとえ注目を浴びたとしても、そうした変化がどのように生じたかについて、本当のことが述べられることは少ない。しかし、物語は現に存在していて、私たちに進むべき道を示してくれる。

そして興味深いことに、超富裕層の計画を阻止するうえで私たちが直面する課題はたしかに大きいものの、多人種による草の根運動構築の戦略を取り入れれば、私たちが達成できることに限界はない。チェス盤の駒をすべて使ってプレイすれば、大きすぎるとか手に負えないといった問題もなくなる。勝ち目のない政策提言キャンペーンも存在しない。そこにあるのは現存する抑圧のシステムに対して、それを解体するのに十分なほどの潜在的な草の根の力だ。肝心なことは、私たちが手を取り合い必要な力を戦略的に築くことである。そうすれば、より公正で公平な社会を構築する可能性は限りなく広がるだろう。

すべての白人に告げる

幸いなことに、そのような運動を構築するための土台となるような基盤は存在する。全米各地で、組織化、行動主義、連合構築がここ数十年感じたこともないほどの盛り上がりを見せているのだ。とはいえ、不安定な要素がないわけではない。その最たるものが、白人の役割である。この闘いに勝つためには、私たち白人の多くが、現代の制度的レイシズムはかなりの部分、私たちに責任があるという現実を受け入れなければならないだろう。

超富裕層が本書で述べた人種不公正に対し重大な責任があることは明らかだ。しかし、白人を中心とする配下の集団がいなければ、彼らの取り組みも成功しなかった。白人のアメリカ人は、認めようと認めまいと、何百万人もの有色人種が教育格差、犯罪の拡大解釈と大量投獄、非人道的な移民政策など、数多くの不公正に苦しんでいることに対してかなりの責任を負っている。超富裕層の優先事項を、とくに有色人種のコミュニティを抑圧する政策に転換させたのは、主として私たちの投票が原因である。人種不公正を支持する公の対話を形成しているのは、ほとんどが私たちの意見だ。そして、これらの問題を解決するための最大の障壁となっているのは、私たちの政策提言と行動である。

私たちは知らず知らずのうちに、制度的レイシズムの永続化に加担している。かといって、それは何も〝白人としての罪の意識〟に苛まれながら、心疚しさに顔を伏せて生きていけという意味ではない。私たちにはみずからの罪を認める責任と、それを修正していく義務がある。白人のアメリカ人は、自分たちが行ったり行わなかったりしたことが制度的レイシズムにどんな形で影響を与えてきたのか、厳密なセルフチェックを行わなくてはならない。そして、投票行動や慈善活動、キャリアの選択、政治活動といった全般的な行動を、それに応じて修正すべきである。

そのうえで、もし白人が人種正義の闘いをこのまま傍観しつづけたなら、超富裕層の広範な計画を打ち破るための道がなくなってしまうことを認識しなければならない。それは存在すらしなくなる。すべては水の泡となるだろう。だから、私たちは自分の役割を果たさなければならないのだ。

同性婚の平等や #MeToo などのキャンペーンは、白人が力を発揮することで大きな社会変化の取り組みを推進できることを示したが、私たちは長きにわたり、しばしばよかれと思って社会運動や潜在的な社会運動を弱体化させてきたことを認めなければならない。キング牧師は1963年、『バーミングハムの獄中から答える』[*3]のなかで、善意のリベラルな白人が数多くの破壊的な傾向を備えていると警鐘を鳴らしたが、その後50年余りのあいだに、彼の主張を裏づける証拠が次々と発見された。そのため、前述した変化の理論をここでもくり返すことにしたい。「斬新で持続的な社会変化は、抑圧の影響をもっとも直接的に受けている人々が集団で行動を起こし、みずからの社会運動を主導し、そのほかの影響を受けている人々とともに力を築いて、抑圧を生み出している状況を変えることによって生じる」

つまり、白人は（よくあることだが）自分たちの政策提言の取り組みが〝草の根〟の社会運動から切り離された場合、重要な社会変革を達成できると思ってはいけない。また（これもよくあることだが）有色人種が自分たちの社会変化という目標を支持する歩兵部隊になると期待すべきではない。そして（さらによくあることだが）自分たちの政策提言が有色人種のコミュニティにとってもっとも重要な問題に言及するものでない場合、それが成功することを期待してはならない。

教育の不平等、大量投獄、移民の犯罪化など、抑圧のシステムに対するダイナミックで力強い政策提言キャンペーンを行うことは可能だが、そのような不公正の矢面に立っている個人やコミュニティがそれに対処する取り組みの先頭に立たなければ、そうしたキャンペーンはおそらく表層的、象徴的、一時的な勝利しか得られないだろう。不公正の影響をじかに受ける人々の統率力（リーダーシップ）と真剣な関与は、抑圧的な構造を打ち崩すのに必要な大衆の支持、ひいては確固たる力を築くために、絶対に欠かせないものである。

さらに、これらの問題を根本的に解決するには、もっとも強い影響を受けているコミュニティの草の根のリーダーシップを中心に据えることが欠かせない。有色人種のコミュニティはいわば、不公正な政策を探知する〝炭鉱のカナリア〟だ。彼らは真っ先に、そしてもっとも深刻な影響を受ける人々であるため、私たちみなが直面する危険を警告してくれる。[23] これらの問題を解決すれば、誰もが利益を得られるだろう。だが、逆は必ずしも真ならずだ。人種正義の分析を取り入れず、白人のコミュニティにとってもっとも重要な問題に取り組むだけでは、有色人種のコミュニティが直面する課題は通常解決されない。どんなに善意に満ちた進歩的な改革の取り組みでも、実際には人種不平等を拡大させてしまう理由はこの点にある。[24]

＊3　『黒人はなぜ待てないか』（中島和子・古川博巳訳、みすず書房、２０００年）に所収。

ここで述べたことについて、白人中心のコミュニティには抑圧的な構造を打ち崩すメリットがないと言いたいわけではない。また、このような闘いにおいて、白人のリーダーシップはお呼びでないと言っているわけでもない。むしろ私たちに必要なのは、有色人種と白人の双方がこうした不公正に対処するためにさまざまな形でリーダーシップを発揮する「リーダーフル」な運動である。また、白人中心のコミュニティと有色人種のコミュニティが、自分たちの直面している不当な現状を調べ、それらが交差する場所にある根本原因に共同で対処するプロセスも求められる。しかし、必要かつ可能な変化を生み出すには、白人が人種正義のための闘いを引き継ぐのではなく、その闘いに参加しなければならない。私たちはなんとしてもより多くの白人に制度的レイシズムの撤廃を優先してもらう必要があるのだ。ただ、同時に彼らが人種正義運動を高級化してしまわないよう気をつけなければいけない。

〝超富裕層のパワー〟への対抗策を構築する

公共政策を動かすには主にふたつの方法がある。お金を使う方法と人を使う方法だ。超富裕層は前者に関してケタ違いの優位性を持っているが、私たちは後者に関して彼らを圧倒している。では、なぜ超富裕層の戦略的優位性は私たちよりもはるかに効果的なのだろうか？

アメリカ実業界とウォール街の経営者らについて何を思うかはさておき、彼らの組織力が傑出していることは認めざるを得ない。彼らは自身の富を戦略的に活用することでみずからの優先事項を追求している。とりわけ、自分たちの政治目標を推進するカギは組織としての力を高めることだとわかっている。彼らは地方、州、連邦政府の政策決定において、自分たちの利益を実現する団体の創設と発展に多額の資金を提供してきた。そうした団体にはたとえば、ＡＬＥＣ、繁栄のためのアメリカ人、クラブ・フォー・グロース、税制改革のためのアメリカ人、ＬＩＢＲＥイニシアティブ、全米ライフル協会、フリーダム・ワークスなどがある。

また超富裕層は、これらの組織には支援インフラが必要なことも認識している。そのため彼らは、政策の形成と公的な対話の転換を効果的に行うために必要な研究、政策、コミュニケーション、法的支援を擁護団体に提供できる組織に多大な投資を行ってきた。そのようなインフラを持つ団体には、ケイトー研究所、ヘリテージ財団、アメリカン・エンタープライズ研究所、ステート・ポリシー・ネットワークとその関連団体、フェデラリスト協会などがある。全般的にアメリカ実業界とウォール街の経営者からなるこの集団は、その富を効果的に活用し、ほぼ同じ筋書きにもとづいて運営される組織の巨大なネットワークを構築している。[25]

このような組織化された財力に対抗するための唯一の手段が、組織化された人々の力である。アメリカ実業界とウォール街の計画に抵抗し、最終的に低所得層、労働者階級、中流階級の家庭にとって望ましい計画を進めるためには、相手のやり方に倣って、組織に多大な投資を行わなければならない。だが、主にお金によって支えられている彼らの組織とは異なり、私たちは人を原動力とする組織を構築する必要がある。

民衆による強力な組織を構築できるかどうかが、勝敗の分かれ目となる。変化を推し進める強力で組織的な力を持つのと、荒野で孤立した多数の声を聞くのとでは、まったく異なる結果が生じるだろう。たとえ街頭でさまざまな不公正について訴えるデモ参加者が100万人集まったとしても、それぞれがまとまりのない個人だったら、彼らの行動がもたらすインパクトはすぐに消え去ってしまう。だが、もし100万人の参加者たちが組織のメンバーとして、デモによって生まれた勢いをポジティブな社会変化へ導けるなら、集団として目立った変化をもたらすことができる。

社会運動の成功を支える組織化や政策立案、コミュニケーション形成、法的インフラの構築ができるような組織を作るのは、複雑で長期にわたる仕事である。しかし、一般の人がやるべきことはふたつで、内容もいたってシンプルだ。

やるべきことその1：人種正義の基盤を構築する団体に顔を出す

計画を推進するためには、人種正義を支持する低所得層、労働者階級、中流階級の人々が一貫して組織化されていることが絶対条件である。幸いにして、草の根の人種正義団体はすでにアメリカ全土、すべての州に数多く存在している。惜しむらくは、これらの組織では通常、反対派に比べて著しく資源が不足していることだ。したがって、私たちは超富裕層の計画を打ち破れるような、統一された草の根勢力を作り出すため、こうした組織にふるって投資をしなければならない。もちろん、金銭的な投資も大歓迎だ。たとえ少額の寄付であっても、あらゆる団体に大きな利益がもたらされるだろう。

さらに、これらの団体では人種正義の取り組みを進めるため、みずからの時間や技術、視点を投資してくれる人を必要としている。各種調査やデータ分析、広報活動、政策や法律関連のサポートができる人材が必要である。視覚アーティストやミュージシャン、ダンサーも必要である。料理人や資金調達担当者、物事を成し遂げることが得意な人も必要である。そして、彼らが日々対峙している抑圧の構造について、生きた経験を共有できる人も必要である。あなたがこれまでの人生で築き上げてきた技術や知識がどんなものであれ、少なくともその一部は既存の、あるいは潜在的な大衆運動にとって大きな価値を持つことは間違いない。また、たとえあなたが自分には貢献できることなんて何もないと思っていたとしても、草の根団体は公共のイベントにちょくちょく顔を出してくれる人を心から必要としている。

したがって、人種正義を追求することに興味があるなら、まずは身近な団体を見つけ、その政治目標を推進するため自分に何ができるのかを考えてみるのがいいだろう。出発点としては、表14をご参照いただきたい。アメリカでもっとも優れていて戦略的な人種正義団体のリストである。人種正義を追求するために個人ができることとして、これらの団体や志を同じくする団体の活動を支えるため、自身の時間やエネルギー、資金を提供する以上に価値のあることはないだろう。

つまり必要なのは、もっと多くの人が顔を出すこと、そして、それを続けることだ。たとえ、活動

表14　人種正義の基盤を構築する代表的な団体

・プエンテ人権運動(アリゾナ州)
・労働／コミュニティ戦略センター(カリフォルニア州)
・ブラック・オーガナイジング・プロジェクト(同上)
・今こそ尊厳と権力を(同上)
・ジャスティス・チームズ・ネットワーク(同上)
・コールマン青少年支援団体(同上)
・エラ・ベイカー人権センター(同上)
・コミュニティ・コーリション(同上)
・若者の正義のための連合(同上)
・正義を求めるカリフォルニア住民(同上)
・カウサ・フスタ:ジャスト・コーズ(同上)
・パドレス&ホベネス・ウニドス(コロラド州)
・夢を守る者たち(フロリダ州)
・〝変革のためのパワーをあなたに〟センター(同上)
・新しいフロリダの多数派(同上)
・コミュニティズ・ユナイテッド(イリノイ州)
・シカゴ教育における若者の声(VOYCE)(同上)
・サザン・エコー(ミシシッピ州)
・ボルチモア・アルジェブラ計画(メリーランド州)
・CASA(同上)
・ビラブド・コミュニティ・センター(ノースカロライナ州)
・スピリットハウス(同上)
・都市の若者の協調(ニューヨーク州)
・デシス・ライジング・アップ&ムービング(同上)
・変革を求める青少年連合(ペンシルベニア州)
・フィラデルフィア学生連合(同上)
・賃借人と労働者の連合(バージニア州)
・メイク・ザ・ロード(ニューヨーク州、ニュージャージー州、コネチカット州、ペンシルベニア州、ネバダ州)
・新しいバージニアの多数派(バージニア州)
・新しい地に立つ南部人(SONG)(アメリカ南部の州)
・ブラック・ライブズ・マター(全米)
・ムーブメント・フォー・ブラック・ライブズ(同上)
・正義の同盟のための旅(同上)
・貧者の行進(同上)
・ミヘンテ(同上)
・都市への権利(同上)
・全米黒人地位向上協会(同上)
・ユナイテッド・ウィ・ドリーム(同上)
・黒人の若者プロジェクト100(同上)
・カラー・オブ・チェンジ(同上)
・正当な移民のための黒人連帯(同上)
・正義のための100万人のパーカー運動(同上)
・サンライズ運動(同上)
・元受刑者と家族の会運動(同上)

が大変になっても。不快になったり、いら立ったり、怒りを感じたりしたとしても。全米各地でこれまで何百ものコミュニティ集会、決起集会、デモ活動、戦略会議に参加してきた人間の言うことを、どうか信じてほしい。そうした集まりの大半で、私は家族の一員のように迎えられた気がした。その一方、疎外感を抱いたこともあった。集会は刺激的で活気に満ち、ためになるものが多かった。しかし、そうでないものもあった。ときには気分を害することもあった。あるいは逆に、私の無知がほかの人を怒らせてしまうこともあった。それでも私は何度も戻ってきて、人間関係を築き、学習し、もっと役に立とうと努めた。そして結局のところ、単に顔を出すという行為によって得られる見返りは、運動を構築するレベルでも個人的なレベルでも、並外れたものであることがわかった。

やるべきことその2：コミュニティ公平集会の創設

すでに構築された人種正義のインフラに参加するだけでなく、より多くの人が、とくに何世代にもわたって政治プロセスから意図的に締め出されてきたコミュニティのメンバーが参加できるような、新しい構造を作り出す必要がある。公平性の問題に取り組むアメリカのコミュニティ（つまり、アメリカのすべてのコミュニティ）で、一般の人が集まって制度的レイシズムを始めとする抑圧の形態について学び、そうしたものを打ち破るために活動できるような「コミュニティ公平集会」の創設が求められている。これは、とくに最初のうちは、正式な団体でなくてもよい。単にコミュニティのメンバーが集まり、協力する方法を見つけられる場所であれば十分だ。また、大規模でなくてもよい。全米で日々実証されているように、献身的な支持者たちの小集団であっても、コミュニティ内で著しい影響を及ぼすことができる。さらに、地域や職場、コミュニティ・グループ、教会、モスク、シナゴーグ、学生団体、労働組合、ボランティア団体などの組織から、時間をかけて同じ志を持った人々を集め、発展させることができれば、ともに達成できることの可能性は飛躍的に高くなる。これらの問題に関心を持ったあらゆる人種や民族の人々が、個々の集まりから強力な政治勢力へと急激な変貌を遂げられる。そこから政策決定に影響を及ぼし、予算決定のテーブルに着くことを求め、政策立案者に対してははるかに有意義な形で責任を問いただし、比較的短期間でコミュニティに真の変革をもたらすことができる。

こうした〝人の力〟で動くタイプの団体（既存の基盤構築団体やコミュニティ公平集会のようなもの）を作り、拡大していくことには数え切れないほどのメリットがある。強固で緊密なコミュニティを作り、人々に強い目的意識を与えられるばかりか、参加するのが一段と楽しくなるだろう。ほとんどの人は、自分の時間と労力を費やすうえで、これだけでも十分な理由と考えられるはずだ。しかしそれ以上に、この種の団体は超富裕層を打ち倒し、人種正義を実現するために必要なパワーを生み出す唯一の手段である。これらの闘いにもっと多くの人々が参加し、さまざまな問題をめぐる公的な言説を変え、より平等な公共政策を推進し、参加型の民主主義を構築し、あらゆる人々の要望に応えられるような公共機関を創設するうえで、こうした団体はまさに欠かせない存在である。

このようなコミュニティの組織化（オーガナイジング）がはたして本当に効果的で必要なものなのか、少しでも疑問に思うなら次のことを考えてみてほしい。コーク一族とそのネットワークは、近年、みずからの草の根組織運動に多額の投資を始めており、進歩的なコミュニティ組織運動を手本にした「草の根リーダーシップ・アカデミー」を創設している。[26] さらに、超富裕層の企業幹部らは、「人工芝」組織の大規模なネットワークを構築し、これこそ真の草の根活動だと一般市民や政策立案者に信じ込ませようとしている。[27] すなわち超富裕層は、私たち一般人が利用する戦略には非常に大きな力があることを認識しており、それを積極的に取り入れているのである。

自分なりの答えを探す

人種正義を推進する組織のネットワークを強化していると、次のような疑問が湧いてくる。公正で公平なコミュニティを作るため、私たちはどのような政策を進めるべきなのか？　もちろん、これまでの章で挙げたような解決策から始めてもらってかまわない。ただ、そうしたアイデアはすべて、全米の有色人種のコミュニティによる長年の協働作業の結晶であることを忘れないでほしい。ここでは議論を進めるための手段として提供したが、それは〝私の〟アイデアではなく、私が幸運にもいっしょに働くことのできた、多くの黒人と褐色人種のコミュニティで生まれたものだ。彼らはこれまで、私たちの教育、刑事司法、移民制度がもたらす最悪の状況によって深刻な影響を受けてきた。立ちはだかる問題の解決策を見つけたのは、コミュニティの指導者たちによる大規模なグループだ。私がしたのは、ただそれを伝えたことだけである。

つまり、政策に焦点を当てた本の最後によくあるような、具体的な政策提案の長いリストは存在しない。本書の目的は、さまざまな社会問題の対処法について、私の考えを聞いてもらうことではない。多くの人に、制度的レイシズムの影響をもっとも強く受けている人々の声を聞いてもらい、そうした不公正への対処を支援するための方法を見つけてもらうことである。したがって、本書が意図しているのは、人種正義の問題に対するすべての答えを提供することではなく、人々がみずから答えを見つけられるように、多人種コミュニティの協調を促進することである。私の望みは、コミュニティのメンバーによるグループが真の参加型プロセスを通じて、私が提示した解決策を改善・拡大し、ここではくわしく取り上げられなかった人種正義の問題に対処することだ。

私からの提案として、今後の協働作業の焦点は、最終的にどんな政策提言がなされるかにかかわらず、私たち全員が真の自由を見出すとはどういうことなのかを再定義することに焦点を当てるのはどうだろうか。

解放されたコミュニティ

近年、英語で〝自由（フリーダム）〟ほど意味がとことん歪められた言葉はないかもしれない。超富裕層に支えられた極右組織のネットワークは、長きにわたって〝自由〟を政府の規制と個人との関係に再定義しようと試みてきた。そのため、人々が生活するのに困らないだけの最低賃金を設けることは〝アメリカの自由〟に対する攻撃とみなされる。医療保護を拡大することは自由への侵害だ。社会のセーフティ・ネットを維持・拡大することは、私たち全員から自由を奪う反米的な社会主義である。すでにおわかりのとおり、数百万人からもっとも基本的な自由を実質的に奪っている犯罪の拡大解釈を許す政策の数々は、こうした組織が反自由とみなす政策の長いリストには通常含まれない。また、教育、医療、雇用、投票、リプロダクティブ・ライツ（性と生殖に関する権利）、LGBTQIA+をめぐるすこぶる抑圧的な政策もそうしたリストに載ることはない。リストに入る政策とそうでない政策を分ける基準は、一般に（a）低所得層、労働者階級、中流階級の家庭に利益をもたらすか、（b）アメリカ実業界とウォール街の経営者らの利益と権力を減少させるかというものである。要するに〝自由〟という概念は、超富裕層がほかの人々を踏み台にして巨万の富を築くことへと縮小されてしまったのだ。そして自由についてもっとも雄弁に語る者は、たいていの場合、低所得層、労働者階級、中流階級の人々を抑圧するような政策の立役者たちである。

私たちは、本当の自由という概念を再発見しなくてはならない。それは、すべての人が満ち足りた人生を送る力を得ることだ。ＡＬＥＣやコーク・ネットワークが私たちに信じ込ませようとしていることとは裏腹に、政府の規制は必ずしも本当の自由の敵ではない。[28] 政策のなかには、そのような自由を促進するものもあれば、抑えつけるものもある。ただ、後者は極右主義者の考えるような反自由政策とはまったく異なる。仮に、この政策が若者の健全な教育や育成を制限したり、家族の健康や経済的安定を妨げたり、犯罪化を促進したり、不公正や差別を放置したり、民主主義を脅かしたり、環境を悪化させたりするとき、国民が充実した暮らしを送る力は衰え、みなの自由は奪われるだろう。私たちの使命はこのような政策を一掃し、すべての人が「解放されたコミュニティ」で暮らせる政策に置き換えることだ。

「解放されたコミュニティ」とは、すべての人が健康、安全、幸福を享受し、繁栄するために必要なことを中心として、あらゆる公共政策が決められるコミュニティである。そのようなコミュニティは参加型民主主義を受け入れるとともに、誰に対しても、みずからの暮らしに影響を与える公共政策を決めるための有意義で公平な機会を提供してくれる。また、人の命ほど価値あるものはないこと、すべての人の命が等しい価値を持っていることを認識している。[29] さらには、コミュニティの福利を最大化し、コミュニティの被害を最小化するように努める。つまり、そこに住む人々が自分たちのニーズを中心に設計するコミュニティである。

すべての人が「解放されたコミュニティ」で暮らせるようにするため、私たちは公的資源の配分方法を見直さなければならない。あらゆるコミュニティがかなりの部分、そこに投じられた資源の産物であると認識する必要がある。なかでもプラスの投資と言えるのは、教育、医療、生活賃金の高い仕事、青少年への支援といった、個人や家族、コミュニティの本質的なニーズに応え、人々の解放を促すものだ。一方マイナスの投資は、犯罪の拡大解釈につながるような、コミュニティの解放を妨げるものである。多くのコミュニティでは、住民へのプラスの投資は大量に行われ、マイナスの投資は比較的少量に抑えられてきた。[30] ところが、一部のコミュニティではこの関係が逆転している。プラスの投資は住民のニーズを満たすにはあまりにも少なく、資源の配分はマイナスの投資に偏っている。このような矛盾を解消し、現在のようにコミュニティのニーズを悪化させるのではなく、それに応える形で公的資金を割り当てることが不可欠だ。

人によっては、机上の空論と思えるかもしれない。公的資源をこのような目標と整合させることができるのか、そもそも、先述したような政策に資金を投じる余裕があるのか、疑問に思うのも無理はない。だが、政府の支出は限られた資源から捻出しなければならないといういかにも眉唾な考えを受け入れた人であっても、全米に「解放されたコミュニティ」を作るのを支援するような政策構想を想像することは、さほど難しくはない。[31]

一例として、第2〜4章でそれぞれ述べたような、学校民営化、刑事司法制度、移民取り締まり制度に行ってきたマイナスの投資は、すべて削減することができる。そして軍事費をベトナム戦争後の時代の水準に戻し、エリザベス・ウォーレン上院議員の提案する「富裕税」[*4] を取り入れ、バーニー・

表15　有害な政策からの投資撤退（ダイベストメント）と適切な税制改革によって可能な年間の節約額

刑事司法支出を削減	2380億ドル
移民取り締まりの支出を削減	280億ドル
国防費を削減	3160億ドル
学校民営化への公費投入の打ち切り	500億ドル
アメリカ実業界、ウォール街、そのほか超富裕層に 富裕税と適度な税制改革を実施	7040億ドル
年間総節約額および追加収入	1兆360億ドル

表16　〝解放されたコミュニティ〟への潜在的な年間投資

公立学校への支出を50パーセント増やし、生徒の権利章典を実行に移し、 有色人種のコミュニティが負った教育負債に対処する	3270億ドル
クリーンで再生可能なエネルギー源への投資を行い、 長きにわたって継続することで、化石燃料への依存を完全になくす	3910億ドル
すべての公立大学の授業料を無償化する	820億ドル
ソーシャルワーカー、心理学者、薬物使用カウンセラー、紛争調停者、 精神・行動衛生の専門家、看護師、修復的・変革的司法の実践者、 暴力調停の専門家、公衆衛生の専門家、ハーム・リダクションの実践者、 ギャング調停者、トラウマ理解にもとづく治療の実践者などを 100万人新規雇用することで、犯罪の拡大解釈と大量投獄制度を、 学際的な公衆衛生と公共の安全部門に置き換える	680億ドル
すべての3、4歳児を対象とした、低所得家庭は無償となる 全米共通のプレK制度を構築する	200億ドル
貧困に苦しむ1500万人以上の子どもたちに 質の高いアフタースクール・プログラムを提供する	690億ドル
全米の歴史的に疎外された200のコミュニティに対し、 包括的なコミュニティ開発戦略として10億ドルを投じる	2000億ドル
世界的な不平等と大量移住の原因に対処するため、 世界中の包括的な貧困削減戦略に投資する	1500億ドル
年間総支出	1兆3070億ドル

サンダース上院議員の提案するアメリカ実業界とウォール街のきわめて裕福な人々への適度な税改革を実施することで、年間1兆3000億ドルの追加歳入を生み出し、ほかの優先事項に再投資することができる（表15を参照）[32]。

これらの資源があれば、全米の家庭やコミュニティへのプラスの投資を劇的に拡大することができる。一例として、表16に再投資の可能性を挙げるので、この投資をもとに1年間で何ができるかを参照してほしい[33]。

このシナリオでは、何百万もの生活賃金をまかなう仕事が追加で生まれ、何千万もの家庭の緊急を要するニーズに対応することができる[34]。数え切れないほどの子どもや家族、コミュニティの生活の質が劇的に向上するだろう。何百もの苦難にあえぐコミュニティが改善されるだろう。犯罪、暴力、貧困、戦争の根本原因の多くに対処できるだろう。地球の健康について、しかるべき注意がようやく払われるようになるだろう。マイナスの投資による財務上の典型的な負のスパイラルを妨げ、納税者の貯蓄を生み出すような投資を行えるようになるだろう[35]。さらに、このような投資を長期間継続すれば（今ではアメリカ社会の永続的な特徴として一般に受け入れられている）貧困の世代間連鎖を解消できるだろう。また〝普遍的な〟改革がすべての人に恩恵をもたらすことをただ期待するのではなく、

＊4　不動産や金融資産など、経済的な価値を持つすべての資産が課税対象となる税。

人種不平等に意識的に対処することで、有色人種のコミュニティへの構造的な過小投資が遅まきながら是正されるだろう。

ちょっと考えてみてほしい。ここに挙げたような代替の投資によって、あなたやあなたの家族、さらにはあなたのコミュニティがどのような利益を得られるだろうか? 自分自身に問いかけてみよう。現在の政府支出制度とこの制度では、どちらが豊かな暮らしを送れるだろうか? どちらがあなたやあなたの家族、あなたのコミュニティの全般的な健康と福利を支えてくれるだろうか? どちらが日々の生活をより安全にしてくれるだろうか? どちらがより幸福で充実した人生を約束してくれるだろうか?

つまるところ、アメリカは質の高い教育や十分な生活賃金の仕事、適切な社会的セーフティ・ネット、犯罪化を引き起こさない公共の安全制度、清潔で健康的な環境をすべての人に保証できる。だが、ほとんどの人は長いあいだ、そんなことは実現不可能だと信じてきた。私たちは、こうした資源は全員には行き渡らず、一部の人間だけが享受できるという〝希少性の原理〟をもとに行動してきた。ところが実際には、すべてのアメリカ国民が成長し、現在直面している数多くの不必要な課題や苦難や不正から抜け出せるだけの資源は存在している。ただひとつの問題は、そうした資源をこれまで長きにわたって私たちを搾取してきた人々のためでなく、みなのために役立てるよう要求できる人が私たちのなかに多数いるかどうかということだ。

「国の最高法規」が人々の要望に応えられないとき

私たちがすべての人々を解放できるかどうかは、最終的には、抑圧から利益を得ている人々に打ち勝つのに必要な力を構築できるかにかかっている。これは十分に実現可能だが、超富裕層が低所得層、労働者階級、中流階級の人々と比べてたくさんのアドバンテージを備えていることも忘れてはならない。そのなかにはたとえば、富裕層に圧倒的に有利な選挙資金法、ひどく恣意的に区割りされた立法区、極右の裁判官で固められた裁判制度、社会正義の擁護と組織化を制限するために導入された法的ハードル、私たちが日常的に消費しているメディアの多くを超富裕層が所有しているといったものがある。これらの要素はほかと同じように、たとえ民衆の抵抗が起きたとしても、裕福なアメリカ実業界とウォール街の経営者らの圧倒的な権力を守る役割を果たしている。もちろん、どれも決して乗り越えられない壁ではないが、超富裕層が何十年にもわたって自分たちに有利な状況を積み重ねてきたという事実は、民主主義においてすべての人が平等な発言権を得ることを本来よりもずっと難しくしている（それはまた、純粋な選挙戦略――すなわち、よりよい人物を当選させることに集中すること――だけでは私たちが直面している課題には対処しきれないことを表している）。

ここで、合衆国憲法と、先に取り上げた第五条の憲法会議を招集する取り組みをもう一度見てみよう。現在、超富裕層が享受している膨大な構造的優位性を考えると、もし近い将来、第五条による招集があった場合、その結果は低所得層、労働者階級、中流階級の人々にとってきわめて有害で、おそらくは破滅的なものになるだろう。したがって、社会正義を重視する団体の多くは、当然のことながら、憲法会議の招集はなんとしても食い止めるべきだという立場をとっている。[36] これは、中短期的には賢明な戦略だ。だが私たちは、財政均衡憲法修正案（BBA）あるいは「州における憲法会議（COS）」の計画のいずれかが成功した場合、合衆国憲法の一部または全面的な修正に参加する準備をしなければならない。もしそうなったら、現在の法制度から圧倒的な利益を得ている人々がこれ以上権益を拡大しないよう防ぐのと同時に、私たち自身も権益に関する積極的な戦略を立てなければならなくなる。つまり、防御だけでなく攻撃の準備もしておくべきということだ。

くわえて、注意すべきポイントがある。超富裕層が合衆国憲法を不磨の大典とはみなしていないのは明らかだが、一方で私たち自身もそう見るべきではないということだ。BBAとCOSの計画は、この国が何に苦しめられ、どうやって解決すべきかという分析においてことごとく間違っているが、こうした計画の主催者や資金提供者の指摘が的を射ている部分もなくはない。すなわち、合衆国憲法がアメリカ国民のために正しく機能していないという主張だ。実際、第五条憲法会議の招集が非常に恐ろしい理由、すなわち、政治制度、法制度、マスメディアへの超富裕層の影響力がきわめて偏っているということこそ、私たちの統治文書を作り変えるうえでもっともふさわしい理由かもしれない。したがって、BBAとCOSの計画が必要な票を集めるのを座して待つのではなく、こうした不平等に対処し、低所得層、労働者階級、中流階級の人々の利益を促進するため、草の根主導で憲法会議を招集する可能性を考えることが望ましい。ほぼ間違いなく長期的な戦略になるだろうが、長きにわたる根深い制度的不公正に対処するうえで、これほど効果的なアプローチもない。実際、憲法にかかわりなく得られる実質的な利益はもちろんあるのだが、「国の最高法規」を修正することなく、これらの問題に全面的に対処することは難しいかもしれない。

これは決して軽々しい気持ちで言っているわけではない。私自身、少し前だったら、憲法を修正するなんて考えは一笑に付していただろう。私はほとんどのアメリカ人と同じように、憲法という文書を尊重するよう教わって育った。ロースクールに通ったのも憲法と憲法学について徹底的に学びたいと考えたからだ。何年ものあいだ、憲法のコピーをブリーフケースに入れて持ち歩いていたこともある。また、どんな欠陥があったとしても、起草された当時としては画期的な内容だったという意見を変えるつもりはない。実際、合衆国憲法は世界中の数限りない憲法や法律文書のモデルとなってきた。世界のほぼすべての国が統治文書を改定したにもかかわらず、これほど長く持ちこたえているという事実だけでも驚嘆に値するだろう。とはいえ、今この文書を新鮮な視点で読んだとき、とくに世界のほかの国々の憲法と比べたとき、その輝きの一部が失われてしまったことは認めざるを得ない。私は今、合衆国憲法はおそらくそれほど神聖なものではないと考えるべきだと気づいている。

考えてみてほしい。何百万もの人々が、何世代にもわたって、不十分な教育や犯罪の拡大解釈といった非人道的な政策の影響に苦しんできたなか、合衆国憲法は個人の権利を保護し、正義を促進するうえでどれほど役に立ったのか。書かれてから2世紀以上経った今も根深い人種不平等が国中に残るなかで、憲法は基本的な人間の平等を促進するのにどれだけ貢献してきたのか。正直に言って、教育制度、刑事司法、市民権、環境保護、女性の権利、労働者の権利といった幅広い問題で必要とされる変化に対し、障害となってきた点は否定できない。原因は文書に書かれていることよりも、書かれていないことにある場合が圧倒的に多い。憲法には、低所得層、労働者階級、中流階級の人々にとって、もっとも重要な問題について語る言葉が少ないのだ。そのため、憲法は多くの場合、正義を実現するための道具としてではなく、障害として機能しているのである。

このような欠陥のために、現代の憲法の使い方には一種の矛盾がある。憲法上の問題を判断する裁判官が、その問題に直接言及していない文書にもとづいて判断を下しているのだ。実際、法律家でない人たちを集めて憲法の条文を読んでもらったら、その人たちは、この国が直面している主要な課題との関連性について、当然のことながら疑問を呈するだろう。そこへもってきて、憲法の条文をもとにそれぞれの事件を判断するようお願いしたら、ますます困惑するだろう。マスケット銃や銃剣で武装した民兵について書かれた200年以上前の文言をもとに、毎分何百発もの弾丸を発射する自動小銃の使用に関わる事件をどうやって判断するのか？ 警官が市民のスマートフォンからデジタルデータを収集し、現在の位置を特定するなんて想像もできなかった時代の文書を用いて、政府の監視からプライバシーを守る権利についてどうやって判断するのか[37]？ 公立の教育、妊娠中絶の権利、気候変動、労働者の権利など、憲法が（ほかの多くの重要な問題と同じように）直接言及していない問題に関する事件をどうやって判断するのか？ さながら、トルストイの『戦争と平和』を読んでコンピューターの修理のしかたを学べというようなものだ。そもそもが目的に適したツールではないのである。したがって、彼ら非法律家たちは裁判官と同じように、自分が下す判断と憲法の条文とのあいだにごくわずかな関連性を見出すため、分析的・論理的な頭の体操を何度となく行わなければならない。法律家は一連の慣習や解釈方法を開発し、このプロセスにある程度の秩序と理屈を与えてきた。とはいえ、憲法上の判断がその根拠となるべき文書と緩やかにしか結びついていない状況について、見て見ぬふりをすべきではないだろう。

右に述べたことについて、これは憲法の問題ではなく、私たちが任命し選出する裁判官の問題だという人もいるかもしれない。よりよい裁判官さえいれば、よりよい裁判もできるはずだ。よって、解決策は政治的なものだというわけである。だが、裁判官にここまで並外れた解釈の自由を与えてしまえば、私たちは国として、憲法が国益に反する形で利用される危険を冒すことになる。だからこそ私たちは、最高裁判事の指名をめぐる争いに多くのエネルギーを注いでいるのだ。それもこれも、選挙で選ばれていない終身職の裁判官が、私たち一般市民に対して絶大な権力を持ち、その力をきわめて有害な形で利用することを防ぐ（あるいは有益な形で利用するよう導く）文言が憲法にはほとんどないことを私たちが認識しているからである。

だが、もし解釈の余地がさほどなかったとしたらどうだろうか？　世界の国々と同じように、裁判官が判断しなければならない事件に適した指針が実際に文書に記載されていたら？　裁判官のイデオロギーや政治傾向が判断に与える影響について、それほど心配する必要がなかったら？　一例として、比較憲法プロジェクト[*5]がまとめた世界で利用されている202の憲法のうち、合衆国憲法にはない明確な文言を含むものがどれだけあるか見てみよう。

・149の憲法が、教育を受ける権利を認めている。
・145の憲法が、医療を受ける権利を認めている。
・101の憲法が、同一の価値を持つ労働に対する同一賃金の権利を認めている。
・167の憲法が、環境の保護や保全に関する権利を認めている。
・91の憲法が、適切な生活水準を確保する権利を認めている。
・158の憲法が、組合に加入する権利を認めている。
・86の憲法が、休息および余暇に対する権利を認めている。
・166の憲法が、拷問を行うことを禁じている。[38]

合衆国憲法が起草当時はいかに革新的なものだったとしても、現在では世界のほとんどの国が、私たちよりもはるかに国民の権利を向上させ、正義と平等を促進するような憲法を制定している。以下に、いくつか例を示そう。

・スウェーデン：公権力は、すべての国民の平等な価値ならびに個人の自由および尊厳を尊重して行使しなければならない。国民の個人的、経済的および文化的な福祉は、公的活動の基本的な目標とする。とくに、公的機関は雇用、住居および教育の権利を保障し、社会扶助、社会保障および健康にとって良好な条件を促進しなければならない。公的機関は、現在および将来の世代のために、良好な環境をもたらす持続可能な開発を促進しなければならない。公的機関は、社会のあらゆる分野において、民主主義の理念が指針となるよう促し、個人の私生活および家庭生活を保護しなければならない。公的機関は、すべての国民が社会参加と平等を達成する機会を作り出すとともに、子どもの権利が保護されるように取り計らわなければならない。公的機関は、性別、皮膚の色、国籍もしくは民族的出自、言語もしくは所属する宗教、機能障害、性的指向、年齢または個人に関するその他の事情を理由とする差別に対抗しなければならない。

・パキスタン：国家は（a）性別、カースト、宗教および人種のいかんを問わず、富および生産・流通の手段が少数の者に集中して一般の利益が損なわれることを防ぎ、雇用者および被雇用者ならびに地主および借地人の権利を平等に調整することによって、国民の幸福を守らなければならない。（b）すべての国民に対し、国の利用可能な資源の範囲内で、労働および十分な生計のた

＊5　さまざまな憲法を国別や年代順で検索できるサービス。

めの拠点を合理的な休息および余暇と併せて提供しなければならない。（c）パキスタンまたはその他の国で雇用されるすべての国民に対し、強制社会保険またはその他の手段を通じて社会保障を提供しなければならない。（d）性別、カースト、宗教および人種のいかんを問わず、病気、虚弱および失業を理由として、永久的または一時的に生計を立てられないすべての国民に、衣食住、教育および医療扶助などの生活必需品を提供しなければならない。（e）パキスタンのさまざまな階層に属する国民を含む個人の収入および所得の格差を是正しなければならない。

・ベルギー：何人も人間の尊厳にふさわしい生活を送る権利を有する……これらの権利はとりわけ以下のものを含む……社会保障、健康医療ならびに社会的、医療および法的扶助に対する権利。適切な住居に対する権利。健康的な環境保護に対する権利。文化的・社会的充足感に対する権利。

・ブラジル：労働者の社会的条件の改善を目的とする各種の権利にくわえ、以下は、都市および農村における労働者の権利である……住居、食料、教育、健康、余暇、医療、衛生、交通および社会保障に関して、本人およびその家族の基本的生活の需要を満たすに足りる、法律が定める全国一律の最低賃金。これは、購買力を維持するための定期的な調整をともなう……1日8時間、週44時間を超えない通常労働時間……日曜日を優先とする週次有給休暇……通常賃金の少なくとも3分の1の割り増し額をくわえた年次有給休暇……雇用および賃金を損なうことのない120日間の出産育児休暇……法律で定める期間における父親の育児休暇。出生から6歳までの子どもおよび扶養家族に保育所および幼稚園を無償で提供。性別、年齢、皮膚の色または婚姻関係の有無を理由とする給与、職務内容および採用基準に差をつけることを禁じる……肉体労働、技能労働および知的労働間、またはそれぞれの職業間における差別はいっさい禁じる。

・コンゴ民主共和国：すべてのコンゴ人は国富を享受する権利を有する。国家はそれを公平に再分配する義務がある。

・ボリビア：何人も医療に対する権利を有する。国家は、すべての国民がいかなる排除も差別もなく医療を受けられるように努めなくてはならない。無償で、公平で、文化内および異文化間の、参加型ならびに唯一の国民皆保険制度を設置し、質、思いやりおよび社会統制を兼ね備えることとする。この制度は、連帯、効率および共同責任の原則にもとづき、政府のあらゆるレベルの公共政策によって開発するものとする。

・スイス：男性と女性は同等の権利を有する。法律は、その法的平等および事実上の平等、とくに家族、教育および労働における平等を保証する。男性と女性は、同一の価値を持つ労働に対して同一の賃金を要求する権利を有する。

・エクアドル：教育は人間に焦点を当て、人権、持続可能な環境および民主主義の尊重という枠組みのなかで、総合的な人間の開発を保証するものである。教育は参加型、義務教育、異文化間、民主的、包括的および多様なものであると同時に、質が高く、人道的でなければならない。また、男女の平等、正義、連帯、平和を促進するものとする。さらに、批判的思考、芸術、スポーツ、個人およびコミュニティの主体性ならびに創造および仕事のための能力および能力の開発を奨励するものでなければならない……教育は一般の福祉のためにあるものであり、個人や企業の利益のためのものであってはならない。いかなる差別もなく、誰もが利用でき、永続性、流動性および卒業が保証されるものとする……公立の教育は、すべての段階において誰もが利用可能な、宗教色のないものとし、第三期の教育［中等教育後の高等教育］まですべて無償でなければならない。

・エジプト：何人も健康および安全な環境で生きる権利を有する。その保護は国家の義務である。国は、以下の措置のために必要な措置を講ずる。すなわち、環境の保全、環境汚染の防止、持続的開発の実現を目的とした天然資源の合理的な利用および環境に対する次世代の権利の保障である。

・アンゴラ：アンゴラ共和国は……以下の原則にもとづき、すべての国家および民族と友好的な協力関係を築くものとする。（a）国家の主権および独立の尊重、（b）国家間の平等、（c）民族の自決権および独立権、（d）紛争の平和的解決、（e）基本的人権の尊重、（f）他国の内政に対する不干渉、（g）相互間の利益、（h）テロ、麻薬密売、人種差別、汚職、人身売買および臓器売買の禁止および根絶、（i）平和、正義および進歩のためにすべての国民と協力する。アンゴラ共和国は民族間の関係において、あらゆる形態の植民地主義、侵略、圧政、支配および搾取の撤廃に努める。[39]

もちろん、これらの国々が憲法で定めた基準をつねに満たしているわけではない。しかし、高い目標を掲げているのはたしかだ。合衆国憲法には、ここに挙げたような権利の保護や価値観の表明に相当するものはない。むしろ、合衆国憲法を他国の憲法と大きく分けているのは、五分の三条項（州の人口を算出する際、奴隷をひとりではなく5分の3人と数えるとした条項）といったどちらかといえば不名誉な記述や、憲法がすべて白人男性によって書かれ、その多くは奴隷所有者であったという事実である。ほとんどの人が憲法でもっとも重要な条項として挙げるであろう部分、たとえば憲法修正第一条の言論の自由の権利でさえ、もはや精査に耐えるものではない（シチズンズ・ユナイテッド判決で、政治的支出[*6]は言論の自由に当たるものとして保護されると述べられたあとでは、憲法修正第一条が私たちの集団的な利益に十分な貢献をしていると主張するのは難しい）。

冒瀆的と感じる人もいるかもしれないが、合衆国憲法を全体の文脈でとらえ、世界中で用いられているほかの憲法と比べてみると、その時代遅れの内容に多少なりとも気恥ずかしさを感じずにはいられない。くわえて、ほかの国の憲法が社会正義を推進し、低所得層、労働者階級、中流階級の利益を保護するためはるかに多くのことを行っていることに、少しばかりの嫉妬を感じずにはいられない。「国の最高法規」の内容は本来、国としての価値観や優先事項、必要性に沿ったものであるべきなのに、もはや合衆国憲法がそれにのっとったものだと胸を張って主張できる者はいない。ある時点で、こう問いかけなければならないのだ。「私たちはいつまで同じ文書に頼りつづけるのだろう？　どれだけ頼れば十分なのか？　あと100年？　200年？　それとも、未来永劫？」

憲法にはもちろん、これまで私たちの役に立ってきた、守るべき条項もたくさん存在する。しかし、個々の権利を守り、人種不平等に対処し、参加型民主主義を促進し、すべての人の自由と幸福を支え、私たちの集団的な利益にもっとも資するような国の方向性を決めるとなると、私たちの憲法では明らかに不十分である。したがって、人種正義、経済的正義、ジェンダーの正義、LGBTQIA＋の正義、気候変動の正義などの社会正義運動を結集した、BBAやCOSの計画に代わる真の草の根主導の選択肢があれば、国家にとって重要な問題——たとえば、民主的権利、子どもと若者の教育と発達の機会、医療保険、環境保護、企業の説明責任、労働者の権利、刑事司法、社会のセーフティ・ネット、女性の権利、LGBTQIA＋の権利、移民の権利、障害者の権利、ネイティブ・アメリカンの権利、平等と差別撤廃、銃規制、プライバシーの権利、国際関係——について、より有意義な言葉で統治文書を書き換えられる。

これらはいずれも、きわめて重要な問題である。しかし、私たちの憲法はそのことについて沈黙しているか、アメリカ史のほとんどを通じて、そして現代ではますますそうであるように、ごく一部の特権階級の考えのみを反映する傾向にある。それはあまりにも長いあいだ、国としての足かせとなってきた。したがって、合衆国憲法を修正するための包摂的で一元的、かつ民主的なプロセスは、まさにそうした国を作るために必要なものである。

政治を〝自分たちのもの〟にする

本書の序章で述べたように、私にとって重要な啓示が訪れたのは、制度的レイシズムが今も存在しつづけているのは古い世代のアメリカ人や少数の憎悪に満ちたわからず屋のせいではないとようやく気づいたときのことだ。それどころか、ごく普通のありふれた白人に起因しているとわかったのだ。私たち白人は、制度的レイシズムを支える唯一にして最大の勢力だ。それは裏を返せば、レイシズムを撤廃するうえで唯一無二の存在となれることを意味する。だが問題は、私たちのうち何人が、当初から闘いに参加している多数の有色人種に加わることを選ぶかということだ。もし私たちがそれを選

＊6　選挙の際のコマーシャルの放送を指す。

ぶなら、人生において何を望むかというアメリカ国民の夢は、もっとずっと大きくなるだろう。もし選ばなければ、超富裕層は私たちがどれほど多くの不公正や社会的、経済的、政治的不平等に耐えられるか、限界まで試しつづけるだろう。

世の中には「政治にはあんまり興味がなくて」とか「政治なんて柄じゃない」と言う人は多い。たしかに、そのようなことにエネルギーを割かずに済んでいるのはいいことだ。だが現実には、私たちがさほど政治に関心がなくとも、私たちが働いている会社の経営者、利用している銀行、毎月保険料を納めている保険会社、そして依存している製品のメーカーは、政治に深く関わっている。私たちがほかのことに目を向けているあいだ、彼らはみずからの資源、つまり私たちが彼らのために稼いだり支払ったりしたお金を、さまざまな形で私たちに害を及ぼす政策を進めるために使っている。そして彼らは、私たちみんなが「政治には興味ない」とか「政治なんて柄じゃない」と言いつづけることを心から願っているのだ。

結局のところ、これから起こりうることはふたつしかない。私たちが手を携えて事態を改善するか、あるいはこのまま手をこまねいて、悪化しつづけるのを見守るかだ。つまり、参加するしない以前に、私たちに選択肢はないのではないだろうか？

おわりに　相互依存宣言

1776年、ある革命家集団が、歴史の流れを永久に変えることになるひとつづりの文書を起草した。彼らはこんなふうに書いた。

> われわれは、以下の事実を自明のこととする。すなわち、すべての人間は生まれながらにして平等であり、創造主によって、生命、自由、幸福の追求を含む不可侵の権利を与えられている。こうした権利を確保するために、人々のあいだに政府が樹立され、政府は統治される者の合意にもとづいて正当な権力を得る。いかなる形態の政府であれ、これらの目的に反するようになったときには、民衆には政府を改造または廃止し、新たな政府を樹立し、民衆の安全と幸福をもたらす可能性がもっとも高いと思われる原理を基盤とするような権利が与えられる。

こうした言葉は、今なお正しいものに思える。ひるがえって現代の政府は、「これらの目的に反する」ことも、生命、自由、幸福の追求に対する数百万人の権利を大幅に制限することも、私たちの基本的平等を妨げることもないとはっきり言えるだろうか？　ジェファーソン、アダムズ、フランクリンらが確立した原理にもとづくなら、このような政府の形態を「改造」することは、民衆の「権利」

である。そのためには、「建国の父たち」が反乱の声明を起草したときと同じくらい大胆な行動をとらなければならない。しかし、今日の私たちが直面する深刻な課題に向き合うために必要なのは、18世紀後半に彼らが掲げたような独立(インディペンデンス)宣言ではなく、相互依存(インターディペンデンス)宣言である。

アメリカでは、人は多くの場合、自分のことをたくましい個人主義者と考えたがる。だが実際には、私たちは独立しているというよりも、相互に依存している。私たちの生活は、目に見える糸もそうでない糸もすべて網のなかで深く結びついている。たとえば私の子どもたちについて、彼らを唯一無二の存在にしているのは何かと問われたら、私はじっくり考えた末、数限りない人々の無数の影響が組み合わさっていることに気づくだろう。代々受け継がれてきた遺伝子、私たち夫婦が教えたこと、私たちの友人や家族から学んだこと、友だちや先生の影響、社会で出会った人々との交流、そして世界中の何千という人々が作り出した本、映画、テレビ番組といったメディア。彼らはそうした人々が及ぼす影響の結晶なのだ（そしてもちろん、その人たちにもそれぞれ影響を及ぼした人がいて、その前にも影響を及ぼした人がいて……という具合に、影響の輪はどんどん広がっていく）。これらすべての要因から生まれるものを決めるのは、多くの場合、私の子どもたちの生活や、彼らが日々出会い影響を受けるすべての人々の生活を形成する公共政策である。教育、医療、労働、環境、経済、育児、住宅、投票、メディア、刑事司法など、数え切れないほどの政策が直接的に（たとえば、予算の決定が学校に与える影響）、または間接的に（たとえば、クラスメートの親が投獄されたり強制送還されたりして、そのトラウマが子どもやクラスメート、教師に与える影響）子どもたちの生活に関わっているのである。よくよく見てみると、これらの要因が子どもたちの日々の行動においてどんな役割を果たしているかがわかる。そして、この混じり合った影響がいかに繊細なもので、ほんのわずかなインプットの変化によって、いかに大きなアウトプットの違いが生じるかを理解できるのである。

政策の影響をより広範な構造のレベルで見るときも同様である。私たちはみな、教育の不平等、犯罪の拡大解釈、反移民政策といった人種正義の問題が、資源の不足した学校に通い、過剰な取り締まりの影響を受け、強制送還の危機に直面する人々だけに害を与えているのではないことをしっかりと理解しなければならない。自分自身の生活をふり返ってみれば、こうした不公正な制度がもたらす被害の証拠を誰もが見つけられるだろう。反面、こうした問題に取り組むことは、制度的レイシズムの重荷から有色人種を解放するためだけではないことを、私たちは認識しなければならない。私たちの隣人が質の高い生活を送れるようになり、公共制度から不公正という腐敗が根こそぎなくなれば、私たち全員が利益を得ることになる。

この相互依存を認識することから生まれるパワーは計り知れない。私の健康、安全、幸福が、あなたの健康、安全、幸福と密接に関係していることを理解すれば、私たちがともに達成できることの可能性は飛躍的に増えるだろう。それだけでなく、お互いを大切に思いやり、自分のために望むものはなんでも、すべての人のために望むべきだと認識するようになれば、アメリカの真の自由と真の偉大さが、現実味を帯びはじめる。

だが、アメリカの自由と偉大さという資産はここへ来て危機に瀕している。私たちがしばしば主張するのとは異なり、この国が世界でもっとも偉大で自由な国であることを示す証拠はほとんどないが、そうなれる可能性はある。私たちはかつて、世界がそれまで見たこともないほど先進的で、包括的で、平等な民主主義を築き上げることができた。過去には、すべての国民の愛と献身と愛国心にふさわしい国、世界中の人々が尊敬を寄せ、畏敬の念さえ抱くほどの国を建設することができた。アメリカは「丘の上の輝く都」[*1]になれるかもしれないが、そうした栄誉にふさわしい国にするのは結局のところ私たち自身である。私たち一人ひとりが、自分の国がどうあってほしいのか、自分はどう生きていきたいのかを決めなければならない。あなたが望んでいるのは、ごく一部の人がほかの人を犠牲にして並外れた富を築くような機会を生む公共政策なのか。それとも、個人、家族、コミュニティの本質的なニーズに対応するために資源を活用することなのか。私たちの生活が軽視される状況に甘んじ、私たちの生活にもっとも影響を与える決定について、私たちの声が届かないような状況をこのまま受け入れるのか。それとも、すべての人が自己決定権を持つ、人間らしさに富んだ新しい世界を作りたいのか。他人をつねに出し抜こうとする終わりなき競争のなかで人生を過ごしたいのか。それとも、お互いの利益のために協力し合うような生き方を見つけたいのか。私たちは、子や孫やひ孫の世代に、自分たちが今直面しているのと同じ制度的レイシズムの問題に取り組ませることを望むのか。それとも、自分たちの不平等に対処することで、すべての人が平等な立場に立ち、人種によってその人が豊かな人生を送れるかどうか決まらないようにしたいのか。

　私たちには、こうした選択をする責任がある。アメリカの真の自由と偉大さは実現可能だが、そのためには、さらに多くの人々が私たちの基本的な相互依存を認識し、私たちに共通する人間性を受け入れなければならない。そうすれば、レイシズムがふたたび利益の源泉となることはないだろう。そして、それこそがダビデがゴリアテを打ち負かす方法だ。正確に言えば、ゴリアテひとりに対して何十万人ものダビデが立ち上がることで、その真の力を発揮し、勝利を収められるだろう。その過程で、私たちはやさしく、強く、公正なアメリカを築くことができる。

＊1　人々に注目される繁栄した社会。マサチューセッツ・ベイ植民地初代総督ジョン・ウィンスロップが1630年、移住者たちに述べた言葉。

謝辞

幸いなことに、私はこれまで社会運動の構築をサポートする仕事にみずからのキャリアを費やすことができた。その過程で、私は人々の集団が同じ方向を向いたとき、驚くべきことを成し遂げられると学んだ。また、仕事の一環として、思っていた以上に楽しいときを過ごすことができた。だが、こうした経験のなかでもっとも貴重だったのは、コミュニティの人々のために日々その身を捧げている何百もの非凡で刺激的な人々と出会い、ともに働き、学ぶ機会を得られたことである。この本に書かれた貴重な知見はすべて、彼らが長年にわたって私に快く提供してくれた知恵の結晶である。本書のなかで価値を見出せない部分があるとすれば、それはまず間違いなく、私が彼らからしっかりと学ぶことができなかった結果だ。

さまざまな問題について、私の思考を刺激し、形成し、研ぎ澄ましてくれたすばらしい同僚、教師、メンター、友人のみなさんに感謝する。ロジャー・バートリング、アリソン・ブラウン、マット・クレガー、リー・ディンガーソン、クリス・エドリー、ダン・ファーブマン、アラナ・グリア、ラニ・ギニエ、デイモン・ヒューイット、ジョン・キム、チン・レ、ダン・ローゼン、マクシーン・フィリップス、ルイス・ピッツ、ビル・キグリー、ブルック・リッチー、アレクサ・シャベコフ、パービ・シャー、アニタ・シンハ、マーブレ・ステイリー＝バッツ、エリザベス・ウエストフォールに、ありがとうと伝えたい。とくに、ジュディス・ブラウン・ディアニス、ペンダ・ヘア、エディ・ヘイルズ、モニク・ディクソンには深い感謝を表したい。みんな、私がこの仕事を通じて成長するのを助けてくれた。人は頭脳とハートが交わる場所で仕事ができるということを、彼らはほかの誰よりも私に気づかせてくれた。それ以上に価値のあるものはほとんどない。

たくさんのコミュニティのオーガナイザーやリーダーが、本書のアイデアを形作ってくれた。彼らは制度的レイシズムのおぞましき深層へと私を導いてくれた。モニカ・アコスタ、ジェニー・アーウェイド、ラウル・ボテロ、ジトゥ・ブラウン、オーナ・チャタジー、マヌエル・クリオロ、パトリス・カラーズ、マリア・デジーロ、ルース・ディンジー、ニジミー・ドゥリンコ、マーシャ・エリソン、フアン・エヴァンジェリスタ、ケシ・フォスター、フレッド・ジンヤール、ジョイス・ジョンソン、ネルソン・ジョンソン、ダニエル・キム、サラ・ランデス、デイル・ランドリー、ジョン・リス、タミー・バン・ルウ、パム・マルティネス、リカルド・マルティネス、チャールズ・マクドナルド、ラロ・モントーヤ、マルコ・ヌニェス、アボラ・オビ・ヌウィーズ、アンディ・ペレス、フランシスカ・ポーチャス、ヒラム・リベラ、ライディ・ロブレド、エルサ・オリバ・ロチャ、ビル・シーブラー、ジョナサン・スティス、ムスタファ・サリバン、マーリン・ティルマン、エブリン・ウルティア、ジェフリー・ウィンダーに感謝を申し上げる。ここに挙げた人々や、私が幸運にも手を携えることのできたほかの人々は、みなをたえず団結させ、私たちが世界を変えるための力をどれだけ秘めているかを教えてくれる。彼らは私にとってのヒーローである。

また、編集者が作者に与えられる3つのすばらしい贈り物を私にくれたフラン・ベンソンに心から感謝したい。（1）私が何を言いたいのか、なぜそれを言いたいのかを即座に、そして正確に理解してくれた。（2）私が実際にそれを伝えられるように、純粋な熱意を持って手助けしてくれた。（3）どうすればもっとうまく伝えられるようになるか、優れた手腕で的確に指摘してくれた。

家族や友人のネットワーク、そしてあまりに長いあいだ当たり前のように接してきたコミュニティのメンバーたちに、心からの感謝を捧げたい。今では、多くの人々の支えや励まし、そして投資がなくては、誰も価値あるものを達成することはできないと、十分すぎるほど理解している。私たちはみな、支援制度を必要としている。私たちはみな、機会のはしごを必要としている。軌道から外れたり、失敗したりしたときには、セーフティ・ネットが必要なのだ。私は大人になってから、人生のほとんどを私や私の周囲の人たちのために作られた支援インフラを享受できない人々といっしょに過ごしてきた。そうでなければ、私の人生の旅路は大きく変わっていたかもしれない。

最後に、想像していたよりずっと大きな喜びを私の人生にもたらしてくれたレキシー、チェイソン、そしてチャーリーに感謝したい。私がこれまでに享受してきた多くの特権のなかで、もっとも感謝したいのは、世界中で誰よりも好きな3人といっしょに暮らせることだ。

訳者あとがき

本書は、アメリカの弁護士ジム・フリーマンの初の著作、*Rich Thanks to Racism: How the Ultra-Wealthy Profit from Racial Injustice*(2021)の全訳である。白人として生まれ育った著者は本書で、現代のアメリカにはびこる人種不平等や差別の構造を明らかにし、さらにはその解決策を大多数のアメリカ人、とくに自分と同じ白人に向けて訴えている。

アメリカでなぜレイシズム（人種差別主義）がなくならないのか、疑問に思う人は多いだろう。150年以上前に奴隷制が廃止され、1960年代には公民権法で人種による分離や差別が違法となり、2009年には黒人初の大統領が誕生したにもかかわらず、なぜ今も有色人種に対する差別があとを絶たないのか……。著者はその理由として、「戦略的レイシズム」という概念を取り上げる。

戦略的レイシズムとは、ごく少数の大金持ちがいわゆる制度的レイシズム（個人の抱く感情や偏見からではなく、社会全体の制度や仕組みから生じるとされるレイシズム）を支持している状況を示す著者の造語である。本書では、10億ドル以上の個人資産を有するビリオネアたちが、とりわけ有色人種の人々に害を及ぼすような団体に巨額の資金を提供する事例が続々と紹介される。そして、それはリベラルな慈善家に見えるビリオネアや億万長者も変わらないという。彼らもまた、自分たちの利益のために、崇高なふるまいの裏でレイシズムを支持するような公共政策に積極的な投資を行っているのだ。

本書では、超富裕層がこうした戦略的レイシズムを通じて利益を得る主な方法として、教育制度（第2章）、刑事司法制度（第3章）、移民政策（第4章）を挙げている。たとえば、教育に関して言えば、公立学校の民営化運動はまさに戦略的レイシズムの典型である。近年、ビル・ゲイツやチャールズ・コーク、マーク・ザッカーバーグといった名だたる実業家たちは、チャータースクールやバウチャー制度などの学校民営化運動を支援するため、民営化を推進する団体に多額の寄付金を納めてきた。その結果、公立学校制度は弱体化し、全米で大量の公立学校が閉鎖に追い込まれ、数多くの生徒や教師が行き場を失うこととなった。当然ながら、そうした被害が集中したのは、黒人をはじめとする有色人種の低所得者コミュニティである。十分な資金力や政治的発言力を有する白人中心の裕福なコミュニティでは、そのような〝改革〟を求める声は上がらなかった。

このほかにも、有色人種のコミュニティに対する戦略的レイシズムの横行ぶりは枚挙にいとまがない。学校常駐警官（SRO）による生徒たちの過剰な取り締まり、コミュニティにひしめく「犯罪への厳しい対応」をとる警官たち、民間刑務所への巨額の資金援助、「書類なき移民」に対する差別的な政策の数々……。本書を読めば、ここで挙げたすべてに超富裕層が関与していることがわかるだろう。彼らは教育制度や刑事司法制度、移民政策に関わる問題から莫大な利益を得るため、有色人種を意図的に抑圧してきた。まさに本書の原題が示すとおり、〝レイシズムのおかげでお金持ちに〟（Rich

Thanks to Racism）なっているのだ。

著者のジム・フリーマンは、公民権を専門とする弁護士として全米の有色人種コミュニティと協力し、制度的レイシズムを根絶するために長きにわたって活動している。かつてはオバマ元大統領のもと、アフリカ系アメリカ人の教育向上を目指すホワイトハウス・イニシアティブの委員を務めた経験もあるという。だが、そんな彼でさえ、制度的レイシズムの背後に潜むビリオネアや億万長者の〝戦略〟には長いあいだ気づかなかった。彼は、制度的レイシズムの根底には超富裕層側の無知があると考えていたため、「どれほど敵意に満ちた人間でも、深く根ざした人種不平等に向き合うよう説得できると信じていた」。だがやがて、「超富裕層にとって制度的レイシズムによる害は欠陥(バグ)ではなく仕様なのだ」と気づいた（本書18ページ）。実際、制度的レイシズムのもたらす害によって潤沢な政治的・経済的恩恵を得ることは、超富裕層側にしてみればまさに思惑どおりと言えるだろう。

本書における著者の目的のひとつは、制度的レイシズムの背景を同胞の白人に知ってもらうことである。それは、道義的に正しいからというだけではない。今や超富裕層によって、一般の白人の生活さえも脅かされつつあるからだ（一例として、超富裕層が憲法会議を招集し、合衆国憲法を自分たちの都合のいいように改変しようとする動きが紹介される）。著者は、アメリカの白人はまず自分たちのしたこと（あるいは、しなかったこと）が制度的レイシズムにどんな影響を与えたのかを認識し、それに応じて自分たちの行動を見直すべきだと論じる。

こうしたことは、日本人にとっても他人事ではない。アメリカの超富裕層が経営する企業の商品やサービスを毎日のように消費している点からすれば、私たちもまた、間接的に制度的レイシズムに加担していると言えるかもしれない。さらに、アメリカ社会での犯罪の厳罰化や、移民に対してネガティブな感情を煽る論調など、日本社会にも通じるさまざまな事例には慄然とさせられる。本書が読者のみなさんにとって、アメリカだけでなく日本にも存在する制度的レイシズムに向き合うためのきっかけとなることを願いたい。

本書の翻訳にあたっては、アメリカの政治や人種問題について日本人にはなじみのない用語が頻出することから、それぞれにくわしい訳注をつけ加えた。結果的にかなりの量になってしまったが、内容を理解する一助としていただけたら幸いである。また、本文では数多くの団体名や組織名が取り上げられているが、原則として定訳のないものはなるべく日本語に直し、ローマ字の名称は省略させていただいた（例：Journey for Justice Alliance → 正義の同盟のための旅）。日本語としての読みやすさを踏まえた措置であることをご理解願いたい。

なお、本書で引用されている文献について、邦訳のあるものは邦訳書のタイトルを記し、ないものは仮題と原題を併記した。引用文は、邦訳のあるなしにかかわらず拙訳である。

2024年4月

橋本篤史

Inclusive Society, https://haasinstitute. berkeley.edu も参照。

31 Atossa Araxia Abrahamian, "The Rock-Star Appeal of Modern Monetary Theory," *Nation*, May 8, 2017; Stephanie Kelton, Andres Bernal, and Greg Carlock, "We Can Pay for a Green New Deal," Huffington Post, November 30, 2018.

32 Bernie Sanders, "Options to Finance Medicare for All," accessed April 9, 2020, https://www.sanders.senate.gov/download/options-to-finance-medicare-for-all?inline=file; Elizabeth Warren, "Ultra-Millionaire Tax," accessed April 9, 2020, https://elizabethwarren.com/plans/ultra-millionaire-tax. これらの資料は10年間の収益予測を示しており、本文の表15に含まれる数値は年間の平均額として算出した。それ以外の数値は本書ですでに述べたものを参考にした。

33 Communities United et al., *The $3.4 Trillion Mistake: The Cost of Mass Incarceration and Criminalization, and How Justice Reinvestment Can Build a Better Future for All*, 2016, 15; National Center for Education Statistics, "Fast Facts: Back to School Statistics," accessed April 30, 2018, https://nces.ed.gov/fastfacts/display.asp?id = 372; Solutions Project, "100% Wind, Water, and Solar (WWS) All-Sector Energy Roadmaps for Countries and States, Cities, and Towns," accessed April 30, 2018, http://stanford.edu/group/efmh/jacobson/Articles/I/WWS-50-USState-plans.html.

34 たとえば、クリーンで再生可能なエネルギー源に投資することで、500万人以上の「グリーン・ジョブ(環境関連の雇用)」が生み出されると推定されている。これは軍事、刑事司法、移民法執行の支出削減の結果、行き場を失う人々のニーズを満たすために必要な分をはるかに上回るものである。Solutions Project, "100% Wind, Water, and Solar."

35 Communities United et al., *$3.4 Trillion Mistake*, 17.

36 Common Cause, "More Than 200 Organizations Oppose Calls."

37 Lawrence Hurley, "Supreme Court Restricts Police on Cellphone Location Data," Reuters, June 22, 2018.

38 Constitute Project, accessed April 9, 2020, https://www.constituteproject.org/.

39 Constitute Project.

18 Mayer, *Dark Money*, preface.（メイヤー『ダーク・マネー』）

19 Noam Chomsky, *Requiem for the American Dream: The 10 Principles of Concentration of Wealth & Power* (New York: Seven Stories, 2017), 2.（ノーム・チョムスキー『アメリカンドリームの終わり　あるいは、富と権力を集中させる10の原理』寺島隆吉・寺島美紀子訳、ディスカヴァー・トゥエンティワン、2017年）

20 Malcolm X, "If You Stick a Knife in My Back," YouTube video, uploaded by finifinito, November 5, 2011, https://www.youtube.com/watch?v=XiSiHRNQlQo.

21 これは、2017年に行われたMovement Lawyering Bootcampの共同ファシリテーションにおいて、同僚のパービ・シャー、ジーナ・シャー、アムナ・アクバル、マーブル・スターリー＝バッツ、クリスティナ・フランソワらと協力して策定したものがもとになっている。

22 Alexi Freeman and Jim Freeman, "It's about Power, Not Policy: Movement Lawyering for Large-Scale Social Change," *Clinical Law Review* 23, no. 1 (Fall 2016): 147–66.

23 Lani Guinier and Gerald Torres, *Miner's Canary: Enlisting Race, Resisting Power, Transforming Democracy* (Cambridge, MA: Harvard University Press, 2002).

24 Padres & Jóvenes Unidos and Advancement Project, *Lessons in Racial Justice and Movement Building: Dismantling the School-to-Prison Pipeline in Colorado and Nationally*, 37.

25 Matea Gold, "An Amazing Map of the Koch Brothers Massive Political Network," *Washington Post*, January 6, 2014.

26 Ashley Parker and Maggie Haberman, "With Koch Brothers Academy, Conservatives Settle in for Long War," *New York Times*, September 6, 2016; Peter Overby, "Koch Political Network Expanding 'Grass-Roots' Organizing," NPR, October 12, 2015; Peter Overby, "Koch Political Network Takes a Deep Dive into Community Organizing," NPR, October 12, 2015.

27 "Astroturfing," *Last Week Tonight with John Oliver*, August 12, 2018.

28 American Legislative Exchange Council, https://www.alec.org/; Americans for Prosperity, https://www.americansforprosperity.org/; State Policy Network, https://spn.org/.

29 この文章をプロライフ（妊娠中絶反対）とか、そんなふうに受け取らないでほしい。ここで言いたいのは決してそういうことではない。

30 Center for Popular Democracy et al., *Freedom to Thrive: Reimagining Safety & Security in Our Communities*; Schott Foundation for Public Education, *Loving Cities Index: Creating Loving Systems across Communities to Provide All Students an Opportunity to Learn*, February 2018; Advancement Project California, "Healthy City," http://www.healthycity.org; Haas Institute for a Fair and

8 Noam Chomsky, *Hegemony or Survival: America's Quest for Global Dominance* (New York: Holt, 2003); Noam Chomsky, *How the World Works* (New York: Soft Skull, 2011).(ノーム・チョムスキー『覇権か、生存か　アメリカの世界戦略と人類の未来』鈴木主税訳、集英社、2004年)

9 Rachel Maddow, Drift: *The Unmooring of American Military Power* (New York: Broadway, 2012).

10 Maddow, *Drift*; Movement for Black Lives, "Invest-Divest," accessed April 30, 2018, https://policy.m4bl.org/invest-divest/; Chomsky, *Hegemony or Survival* (チョムスキー『覇権か、生存か』); Jane Mayer, *Dark Money: The Hidden History of the Billionaires behind the Rise of the Radical Right*(New York: Anchor Books, 2016), 6 (メイヤー『ダーク・マネー』); Lauren-Brooke Eisen, *Inside Private Prisons: An American Dilemma in the Age of Mass Incarceration* (New York: Columbia University Press, 2018), 43; Samuel Weigley, "10 Companies Profiting the Most from War," *USA Today*, March 10, 2013; Pam Vogel, "Here Are the Corporations and Right-Wing Funders Backing the Education Reform Movement," Media Matters for America, April 27, 2016 (ブラッドレー財団の富が国防契約によって築かれたことを示している).

11 Center for Media and Democracy, SourceWatch, "ALEC Corporations," accessed April 30, 2018, https://www.sourcewatch.org/index.php/ALEC_Corporations#R.

12 Common Cause, "More Than 200 Organizations Oppose Calls for New Constitutional Convention, Warn of Dangers," April 14, 2017; Common Cause, *A Dangerous Path: Big Money's Plan to Shred the Constitution*, May 2016.

13 Balanced Budget Amendment Task Force, "2019 Campaign Report," accessed April 8, 2020, http://bba4usa.org/report/.

14 Common Cause, *Dangerous Path*; Alex Kotch, "Kochs Bankroll Move to Rewrite the Constitution," Center for Media and Democracy's PRWatch, March 23, 2017.

15 Convention of States Action, "Progress Map: States That Have Passed the Convention of States Article V Application," accessed April 8, 2020, https://www.conventionofstates.com/nu.

16 Jay Riestenberg, "U.S. Constitution Threatened as Article V Convention Movement Nears Success," Common Cause, March 21, 2018; Kotch, "Kochs Bankroll Move to Rewrite the Constitution."

17 Center for Media and Democracy, "ALEC Exposed: ALEC Bills"; Mayer, *Dark Money* (メイヤー『ダーク・マネー』); Nancy MacLean, *Democracy in Chains: The Deep History of the Radical Right's Stealth Plan for America* (New York: Viking, 2017).

Civil Liberties Union, *ACLU Framework for Immigration Reform*, May 2013; American Civil Liberties Union, *Shutting Down the Profiteers: How and Why the Department of Homeland Security Should Stop Using Private Prisons*, September 2016.

88 たとえば、EU(欧州連合)は国境をほぼ開放しているし、南米など世界の多くの地域もそうである。

89 Danny Glover and Rep. Ro Khanna, "Real Border Security Comes from a Moral Foreign Policy," *Nation*, July 6, 2018; Fair Immigration Reform Movement, "About Us," accessed April 10, 2018, https://fairimmigration.org/about; American Friends Service Committee, New Path, 7–8; Brendan Fischer, "America's Inefficient and Ineffective Approach to Border Security," Center for Media and Democracy's PRWatch, December 23, 2010.

第5章 巨人(ゴリアテ)を倒すために

1 Center for Media and Democracy, "ALEC Exposed: ALEC Bills," accessed April 30, 2018, https://www.alecexposed.org/wiki/ALEC_Bills.

2 Philip Bump, "Here's How Much of Your Life the United States Has Been at War," *Washington Post*, August 22, 2017.

3 Alice Slater, "The U.S. Has Military Bases in 80 Countries. All of Them Must Close," *Nation*, January 24, 2018; National Priorities Project, "Federal Budget Tipsheet: Pentagon Spending," accessed April 30, 2018, https://www.nationalpriorities.org/guides/tipsheet-pentagon-spending/.

4 Meredith Bennett-Smith, "Womp! This Country Was Named the Greatest Threat to World Peace," Huffington Post, January 23, 2014; Eric Zuesse, "Polls: US Is 'the Greatest Threat to Peace in the World Today,'" Strategic Culture Foundation, July 8, 2017.

5 Martin Luther King Jr., "Beyond Vietnam," April 4, 1967, Martin Luther King, Jr. Research and Education Institute, Stanford University, transcript and audio, https://kinginstitute.stanford.edu/king-papers/documents/beyond-vietnam.

6 White House Office of Management and Budget, "Historical Tables: Table 3.2—Outlays by Function and Sub-function, 1962–2025," accessed April 8, 2020, https://www. whitehouse.gov/omb/historical-tables/; Robert Sahr, "Individual Year Conversion Factor Tables," Oregon State University, accessed April 30, 2018, http://liberalarts.oregonstate.edu/spp/polisci/faculty-staff/robert-sahr/inflation-conversion-factors-years-1774-estimated-2024-dollars-recent-years/individual-year-conversion-factor-table-0.

7 Institute for Policy Studies, *The Souls of Poor Folk: A Preliminary Report*, December 2017, 14–15.

74 Ben Collins and Meghan Sullivan, "Tech Companies Quietly Work with ICE as Border Crisis Persists," NBC News, June 20, 2018; Michelle Chen, "How Tech Workers Are Fighting Back against Collusion with ICE and the Department of Defense," *Nation*, June 27, 2018.

75 Chomsky, Undocumented, 49. 76. Chomsky, Undocumented, 55.

76 Chomsky, Undocumented, 55.

77 Jacqueline Stevens, "When Migrants Are Treated Like Slaves," *New York Times*, April 4, 2018; Michelle Chen, "ICE's Captive Immigrant Labor Force," *Nation*, October 11, 2017.

78 Catherine E. Shoichet, "Lawsuit Alleges 'Forced Labor' in Immigrant Detention," CNN, April 17, 2018.

79 Southern Poverty Law Center, National Immigration Project of the National Lawyers Guild, and Adelante Alabama Workers Center, *Shadow Prisons: Immigrant Detention in the South*, November 2016.

80 Howard Zinn, *A People's History of the United States* (New York: Harper & Row, 1980).(ハワード・ジン『民衆のアメリカ史』)

81 Josh Bivens and Heidi Shierholz, "Year One of the Trump Administration: Normalizing Itself by Working for the Top 1 Percent," Economic Policy Institute, January 29, 2018, https://www.epi.org/blog/year-one-of-the-trump-administration/.

82 Andrea Diaz, "He's Campaigning for Governor of Georgia on a'Deportation Bus,'" CNN, May 17, 2018.

83 López, *Dog Whistle Politics*, 123; Erin Carlson, "White House Memos Reveal Emanuel's Agenda on Immigration, Crime," NBC5 Chicago, June 20, 2014.

84 Christianna Silva, "Trump Revives His False Campaign Claim about Mexicans Being Rapists," Vice, April 5, 2018.

85 もっとも力になってくれた団体は、Puente Human Rights Movement、Padres & Jóvenes Unidos (CO), Make the Road-New York, Mijente, Detention Watch Network, Communities United (IL), Desis Rising Up and Moving (DRUM), the Black Alliance for Just Immigrationなどである。

86 Black Alliance for Just Immigration, "Top 5 Priorities for a Black Migrant Justice Agenda," accessed April 10, 2018, https://baji.org/top-5-priorities-for-a-black-migrant-justice-agenda/.

87 ここで提案するものとかなり重複するが、より詳細な政策提案の例について知りたい方は以下の文献を参照してほしい。Mijente, *Free Our Future: An Immigration Policy Platform for Beyond the Trump Era*, June 2018; Black Alliance for Just Immigration, "Top 5 Priorities for a Black Migrant Justice Agenda"; Sanders, Our Revolution, 400–403; American Friends Service Committee, *A New Path: Toward a Humane Immigration Policy*, 2013; American

Immigration.

61 Katie Lorenze, "Scaife-Funded Network Works Hard to Kill Immigration Reform," PRWatch, May 31, 2013.

62 Heritage Action for America, "Issue Toolkit: Immigration," accessed April 10, 2018, https://heritageaction.com/toolkit/immigration-toolkit.

63 Lorenze, "Scaife-Funded Network Works Hard to Kill Immigration Reform."

64 Reclaim Democracy!, "The Powell Memo (Also Known as the Powell Manifesto)," accessed April 10, 2018, http://reclaimdemocracy.org/powell_memo_lewis/.

65 American Presidency Project, "National Political Party Platforms," "Parties Receiving Electoral Votes, 1840–2016," http://www.presidency.ucsb.edu/platforms.php.

66 American Presidency Project, "National Political Party Platforms."

67 Will Weissert, "Ted Cruz on Immigration: How His Views Have Shifted," *Christian Science Monitor*, February 13, 2016; Rich Lowry, "Cruz Goes Full Jeff Sessions—and It's Great," *National Review*, January 5, 2016; Brian Snyder, "Billionaire Donors Aided Ted Cruz's Rise in 2016 Race," CBS News, January 25, 2016; Center for Responsive Politics, "OpenSecrets.org: Sen. Ted Cruz—Texas," accessed April 10, 2018, https://www.open secrets.org/members-of-congress/summary?cid=N00033085&cycle=2018.

68 Martin Gilens and Benjamin I. Page, "Testing Theories of American Politics: Elites, Interest Groups, and Average Citizens," *Perspectives on Politics* 12, no. 3 (September 2014): 564–81.

69 Sharita Gruberg, *How For-Profit Companies Are Driving Immigration Detention Policies, Center for American Progress*, December 18, 2015.

70 Samantha Michaels and Madison Pauly, "Private Prison Companies Are About to Cash In on Trump's Deportation Regime," *Mother Jones*, December 29, 2017.

71 Detention Watch Network, "Alternatives to Detention," accessed April 10, 2018, https://www.detentionwatchnetwork.org/issues/alternatives; American Friends Service Committee, "Investigate: Supervision and Surveillance Equipment," accessed April 10, 2018, http://investigate.afsc.org/screens/supervisionandsurveillance; Jason Fernandes, "Alternatives to Detention and the For-Profit Immigration System," Center for American Progress, June 9, 2017.

72 Michelle Chen, "Wall Street's Ties to the Private Immigrant-Detention Network," *Nation*, July 24, 2018.

73 Partnership for Working Families et al., *Wall Street's Border Wall: How 5 Firms Stand to Benefit Financially from Anti-immigrant Policy*, November 2017.

That the Rebuilding Is Over?," *Atlantic*, October 27, 2014; Vivian Yee, "'Please, God, Don't Let Me Get Stopped': Around Atlanta, No Sanctuary for Immigrants," *New York Times*, November 25, 2017; Southern Poverty Law Center, *Families in Fear*.

49 Paul Krugman, "Return of the Blood Libel," *New York Times*, June 21, 2018.

50 Ian Haney López, *Dog Whistle Politics: How Coded Racial Appeals Have Reinvested Racism and Wrecked the Middle Class* (New York: Oxford, 2014), 121.

51 Dartunorro Clark, "Trump Holds White House Event Focused on 'American Victims of Illegal Immigration,'" NBC News, June 22, 2018.

52 Jackson, "Before Trump Pardoned Him"; Eunji Kim, "Immigrants Missing from Immigration Debate," Fairness & Accuracy in Reporting, May 2013.

53 Adam Johnson, "Media Are Literally Copy-and-Pasting ICE Press Releases," Fairness & Accuracy in Reporting, May 12, 2017.

54 たとえば、「連邦政府の圧政」に対抗する「州の権利」の重要性や、政策決定をめぐる「地方統制」の必要性、法律がいかに不当でも「法の支配」に絶対的な敬意を示すべきだといった、かつてジム・クロウ法の人種分離政策を擁護するために活用され、現在でも人種正義の取り組みを阻むためにたびたび用いられる主張が挙げられる。

55 米国連邦規則集は、テロリズムを「政治的または社会的目的を達成するため、政府、民間人またはその一部を威迫しようと、人または財産に対して武力および暴力を行使する不法行為」と定義している。: 28 C.F.R. Section 0.85.

56 Isabel Macdonald, "Marketing the Media's 'Toughest Sheriff,'" Fairness & Accuracy in Reporting, June 2009; Jackson, "Before Trump Pardoned Him."

57 Aura Bogado, "Arpaio v. Immigrants," Fairness & Accuracy in Reporting, June 2009.

58 Zachary Pleat, "How Fox Promoted Convicted Criminal Joe Arpaio, Who May Be Pardoned by Trump," MediaMatters for America, August 22, 2017.

59 Brendan Fischer, "Profit Motive Underlies Outbreak of Immigration Bills," Center for Media and Democracy's PRWatch, August 24, 2011; Beau Hodai, "Brownskins and Greenbacks: ALEC, the For-Profit Prison Industry and Arizona's SB 1070," Center for Media and Democracy's PRWatch, August 22, 2011; Laura Sullivan, "Prison Economics Help Drive Ariz. Immigration Law," NPR, October 28, 2010; Center for Media and Democracy, "ALEC Exposed: Guns, Prisons, Crime, and Immigration," accessed April 10, 2018, https://www.alecexposed.org/wiki/Guns,_Prisons,_Crime,_and_Immigration.

60 Center for Media and Democracy, "ALEC Exposed: Bills Related to Guns, Prisons, Crime, and Immigration," accessed April 10, 2018, https://www.alecexposed.org/wiki/Bills_related_to_Guns,_Prisons,_Crime,_and_

教養学部・公共政策学部のロバート・サー教授が作成したCPI（消費者物価指数）換算表「Individual Year Conversion Factor Tables」（accessed April 2, 2020, http://liberalarts.oregonstate.edu/spp/polisci/faculty-staff/robert-sahr/inflation-conversion-factors-years-1774-estimated-2024-dollars-recent-years/individual-year-conversion-factor-table-0）を用いて、数字を2017年ドルに調整したもの。

38 Human Rights Watch, *Turning Migrants into Criminals*; President Donald Trump, Executive Order 13768, "Enhancing Public Safety in the Interior of the United States," January 25, 2017（移民は刑事犯罪で有罪判決を受けなくても、あるいは起訴すらされず、「起訴相当の罪」を犯しただけでも処分を下される）.

39 US Immigration and Customs Enforcement, "Criminal Alien Program," accessed April 2, 2020, https://www.ice.gov/criminal-alien-program も参照。

40 Gustavo López and Kristen Bialik, "Key Findings about U.S. Immigrants," Pew Research Center, May 3, 2017.

41 Drug Policy Alliance, "Race and the Drug War," accessed April 10, 2018, http://www.drugpolicy.org/issues/race-and-drug-war.

42 Chomsky, *Undocumented*, 186.

43 Bernie Sanders, *Our Revolution* (New York: Thomas Dunne Books / St. Martin's, 2017), 396; Monica Campbell and Tyche Hendricks, "Mexico's Corn Farmers See Their Livelihoods Wither Away / Cheap U.S. Produce Pushes Down Prices under Free-Trade Pact," SF Gate.

44 Chomsky, *Undocumented*, 186–87. また、Telesur Editors, "John Bolton Admits U.S.-Backed Coup in Venezuela Is about Oil, Not Democracy," Telesur, January 30, 2019 も参照。

45 Greg Grandin, "Guatemalan Slaughter Was Part of Reagan's Hard Line," *New York Times*, May 21, 2013; Douglas Farah, "Papers Show U.S. Role in Guatemalan Abuses," *Washington Post*, March 11, 1999; Paul Wright, "An Interview with Noam Chomsky on Criminal Justice and Human Rights," *Prison Legal News*, April 15, 2014; Stephen Zunes, "The U.S. Role in the Honduras Coup and Subsequent Violence," Huffington Post, June 19, 2016.

46 Cole Kazdin, "The Violence Central American Migrants Are Fleeing Was Stoked by the US," Vice, June 27, 2018.

47 Lise Nelson, "Donald Trump's Wall Ignores the Economic Logic of Undocumented Immigrant Labor," UPI, October 26, 2016; Associated Press, "Many Illegal Immigrants Have Jobs in U.S. before Crossing Border," Fox News, April 16, 2016.

48 David Wickert, "How the Olympics Helped Lure Latinos to Atlanta," *Atlanta Journal-Constitution*, July 15, 2016; Alexia Fernández Campbell and Mauro Whiteman, "Is New Orleans Trying to Deport Undocumented Workers Now

Stake?"

27 Ian Gordon and Tasneem Raja, "164 Anti-Immigration Laws Passed since 2010？ A MoJo Analysis," *Mother Jones*, March/April 2012; Reid Wilson, "Trump Spurs Wave of State Immigration Laws," The Hill, August 8, 2017.

28 American Civil Liberties Union, "Lozano v. City of Hazelton," accessed April 10, 2018, https://www.aclupa.org/our-work/legal/legaldocket/lozano-v-city-hazelton.

29 Migra Watch, "MigraMap," accessed April 10, 2018, https://migrawatch.wordpress.com/migra-map-uwd/; Samantha Schmidt, "'Utter Chaos': ICE Arrests 114 Workers in Immigration Raid at Ohio Gardening Company," *Washington Post*, June 6, 2018; Kristine Phillips, "ICE Arrests Nearly 150 Meat Plant Workers in Latest Immigration Raid in Ohio," *Washington Post*, June 20, 2018.

30 Editorial Board, "Arresting Immigrants at Schools, Hospitals and Courthouses Isn't Just Cold-Hearted, It's Counterproductive," *Los Angeles Times*, March 16, 2017.

31 Jynnah Radford, "Key Findings about U.S. Immigrants," Pew Research Center, June 17, 2019.

32 US Immigration and Customs Enforcement, "Delegation of Immigration Authority 287（g）Immigration and Nationality Act," accessed April 2, 2020, https://www.ice. gov/287g.

33 US Immigration and Customs Enforcement, "Secure Communities," accessed April 10, 2018, https://www.ice.gov/secure-communities.

34 Black Alliance for Just Immigration, https://baji.org/ また、Department of Homeland Security, *Immigration Enforcement Actions: 2016*, accessed April 10, 2018, https://www.dhs.gov/sites/default/files/publications/Enforcement_Actions_2016.pdf も参照。

35 Detention Watch Network, "Immigration Detention 101"; US Immigration and Customs Enforcement, *Fiscal Year 2019 Enforcement and Removal Operations Report*, 4–5.

36 Department of Homeland Security, FY 2021 *Budget in Brief*, 25, 31, accessed April 2, 2020, https://www.dhs.gov/sites/default/files/publications/fy_2021_dhs_bib_0.pdf（combining the funds allocated to Immigration & Customs Enforcement［ICE］and Customs & Border Protection［CBP］）.

37 Department of Justice, *Immigration & Naturalization Service Budget*: 1975–2003, http://www.justice.gov/archive/jmd/1975_2002/2002/html/page104-108.htm（1982年～2002年の移民法執行の支出）; Department of Homeland Security, *Annual Budgets*, at http://www.dhs.gov/dhs-budget（移民・関税執行、税関・国境警備、US-VISITプログラムへの実際の支出を使用）. 支出額は、オレゴン州立大学

Values Are Spreading," *Guardian*, August 28, 2017; Catherine Lizette Gonzalez, "A History of Violence: Joe Arpaio's Racist Crusade against Latinxs,"Colorlines, August 28, 2017; Janine Jackson, "Before Trump Pardoned Him, Arpaio Was Promoted by Media," Fairness & Accuracy in Reporting, September 1, 2017; Gonzalez, "History of Violence."

21 Joseph Flaherty, "Seven Jaw-Dropping Moments Provided by Joe Arpaio's Posses," *Arizona New Times*, September 11, 2017.

22 個人の身元が特定されないように、姓は伏せ、子どもたちの名前も例によって仮名を用いた。

23 Corey Mitchell, "Latino Enrollment Shrank Where Police Worked with Federal Immigration Authorities," *Education Week*, October 30, 2018.

24 David Becerra etal., "Immigration Policies and Mental Health: Examining the Relationship between Immigration Enforcement and Depression, Anxiety, and Stress among Latino Immigrants," *Journal of Ethnic & Cultural Diversity in Social Work 29*, no. 1–3 (2020): 43–59; Patricia Gándara and Jongyeon Ee, *U.S. Immigration Enforcement Policy and Its Impact on Teaching and Learning in the Nation's Schools*, Civil Rights Project, February 28, 2018; Omar Martinez et al., "Evaluating the Impact of Immigration Policies on Health Status among Undocumented Immigrants: A Systematic Review," *Journal of Immigrant Minor Health* 17, no.3 (June 2015): 947–70; Wendy Cervantes, Rebecca Ullrich, and Hannah Matthews, *Our Children's Fear: Immigration Policy's Effects on Young Children*, CLASP, March 2018; Maggie Fox, "Trump Immigration Policies Stress Out Parents and Kids Alike," NBC News, March 1, 2018; Elisabeth Poorman, "Houston Lesson: Anti-Immigrant Moves Put Public Health at Greater Risk," WBUR, September 7, 2017; Joel Rose, "Doctors Concerned about 'Irreparable Harm' to Separated Migrant Children," NPR, June 18, 2018.

25 Southern Poverty Law Center, *Under Siege: Life for Low-Income Latinos in the South*, March 31, 2009; Georgia Latino Alliance for Human Rights and National Immigration Project of the National Lawyers Guild, *The Luchadoras of Georgia: Stories of Immigrant Women and Families Fighting Trump's Deportation Force*, 2017; Human Rights Watch, *No Way to Live: Alabama's Immigrant Law*, December 14, 2011; Southern Poverty Law Center, *Families in Fear: The Atlanta Immigration Raids*, January 28, 2016; Human Rights Watch, "I Still Need You" : The Detention and Deportation of Californian Parents, May 15, 2017; Human Rights Watch, *The Deported: Immigrants Uprooted From the Country They Call Home*, December 5, 2017; Southern Poverty Law Center, *Injustice on Our Plates*, November 7, 2010.

26 American Civil Liberties Union, "SB 1070 at the Supreme Court: What's at

Union, "ACLU Reports on Immigration Detention," accessed April 10, 2018, https://www.aclu.org/other/aclu-reports-immigration-detention; American Civil Liberties Union, "Defending Civil Liberties at the Border," accessed April 10, 2018, https://www.aclu.org/issues/immigrants-rights/ice-and-border-patrol-abuses/defending-civil-liberties-border.

12 Adam Hunter and Angelo Mathay, "Driver's Licenses for Unauthorized Immigrants: 2016 Highlights," Pew Charitable Trusts, November 22, 2016.

13 Ballotpedia, "Arizona English Language Education for Children in Public Schools, Proposition 203(2000)," accessed April 10, 2018, https://ballotpedia.org/Arizona_English_Language_Education_for_Children_in_Public_Schools,_Proposition_203_(2000).

14 Ballotpedia, "Arizona Taxpayer and Citizen Protection, Proposition 200 (2004)," accessed April 10, 2018, https://ballotpedia.org/Arizona_Taxpayer_and_Citizen_Protection,_Proposition_200_(2004).

15 Ballotpedia, "Arizona English as the Official Language, Proposition 103 (2006)," accessed April 10, 2018, https://ballotpedia.org/Arizona_English_as_the_Official_Language,_Proposition_103_(2006); Ballotpedia, "Arizona Public Program Eligibility, Proposition 300(2006)," accessed April 10, 2018, https://ballotpedia.org/Arizona_Public_ Program_Eligibility,_Proposition_300_(2006); Ballotpedia, "Arizona Bailable Offenses, Proposition 100(2006)," accessed April 10, 2018, https://ballotpedia.org/Arizona_Bail able_Offenses,_Proposition_100_(2006); Ballotpedia, "Arizona Standing in Civil Actions, Proposition 102(2006),"accessed April 10, 2018, https://ballotpedia.org/Arizona_Standing_in_Civil_Actions,_Proposition_102_(2006).

16 State of Arizona Senate, 49th Legislature, 2nd Regular Session, 2010, Senate Bill 1070, accessed April 10, 2018, https://www.azleg.gov/legtext/49leg/2r/bills/sb1070s.pdf.

17 National Council of State Legislatures, *Arizona's Immigration Enforcement Laws*, accessed April 10 2018, http://www.ncsl.org/research/immigration/analysis-of-arizonas-immigration-law.aspx; Ballotpedia, "Arizona SB 1070," https://ballotpedia.org/Arizona_SB_1070.

18 Andy Barr, "Arizona Bans 'Ethnic Studies,'" Politico, May 12, 2010.

19 US Department of Justice Civil Rights Division, "United States'Investigation of the Maricopa County Sheriff's Office," December 15, 2011.

20 KTAR.com, "Last Inmates Leave Phoenix's Tent City, Jail Formally Closes," KTAR News, October 10, 2017; Valeria Fernández, "Arizona's'Concentration Camp': Why Was Tent City Kept Open for 24 Years?," *Guardian*, August 21, 2017; Paul Mason, "Joe Arpaio's Prison Was a Circus of Cruelty—Now His

161 Josie Duffy Rice, "Prosecutors Aren't Just Enforcing the Law—They're Making It," In Justice Today, April 20, 2018; Ana Zamora, Jessica Brand, and Rob Smith, *Meet California's District Attorneys: When It Comes to Justice Reform, They Say No Even When Voters Say Yes*, ACLU of California and Fair Punishment Project, August 2017.

162 Movement for Black Lives, "Platform."

第4章　ジム・クロウからフアン・クロウへ

1 Box Office Mojo, accessed July 27, 2020, https://www.boxofficemojo.com/franchises/chart/?id=hungergames.htm.

2 US Citizenship and Immigration Services, "Refugees," accessed April 10, 2018, https://www.uscis.gov/humanitarian/refugees-asylum/refugees.

3 Jens Manuel Krogstad, Jeffrey S. Passel, and D'vera Cohn, "5 Facts about Illegal Immigration in the U.S.," Pew Research Center, April 27, 2017.

4 Samantha Raphelson, "Border Patrol Crackdown Shines Light on Rising Number of Migrant Deaths," NPR, January 26, 2018.

5 Aviva Chomsky, *Undocumented: How Immigration Became Illegal* (Boston: Beacon, 2014), x.

6 Catherine Reagor, "Arizona Draws More Baby Boomers Than Every State but Florida," AZ Central, August 13, 2017.

7 Ananda Rose, "Death in the Desert," *New York Times*, June 21, 2012.

8 Erin Siegal McIntyre, "Death in the Desert: The Dangerous Trek between Mexico and Arizona," Al Jazeera America, March 11, 2014.

9 Griselda Nevarez, "Arizona's Undocumented Immigrant Population Inches Up While Nation's Holds Steady," *Phoenix New Times*, September 22, 2016.

10 Population Reference Bureau, "Latinos, Whites, and the Shifting Demography of America," August 11, 2010.

11 Detention Watch Network, "Immigration Detention 101," accessed April 10, 2018, https://www.detentionwatchnetwork.org/issues/detention-101; Detention Watch Network, "Mandatory Detention," accessed April 10, 2018, https://www.detentionwatch network.org/issues/mandatory-detention; Human Rights Watch, *Turning Migrants into Criminals: The Harmful Impact of U.S. Border Prosecutions*, May 22, 2013; Matthew Lowen, "Immigrant Criminalization at the Border," American Friends Service Committee, August 16, 2016, https://www.afsc.org/blogs/news-and-commentary/immigrant-criminalization-border; Grassroots Leadership & Justice Strategies, *Indefensible: A Decade of Mass Incarceration of Migrants Prosecuted for Crossing the Border*, July 2016; American Friends Service Committee, *On the Borderline: Abuses at the United States—Mexico Border*, 2017; American Civil Liberties

151 Phillip Atiba Goff, "A Better Solution for Starbucks," *New York Times*, May 30, 2018.

152 Sered, *Accounting for Violence*, 23–24; Common Justice, "Common Justice Model," accessed March 20, 2018, https://www.commonjustice.org/common_justice_model; PolicyLink and Center for Popular Democracy, *Alternatives to Policing*; Fair and Just Prosecution, *Building Community Trust: Restorative Justice Strategies*, Principles and Promising Practices, December 2017; Prison Culture, "Transformative Justice," accessed March 20, 2018, http://www.usprisonculture.com/blog/transformative-justice/.

153 Fair and Just Prosecution, *Promising Practices in Prosecutor-Led Diversion*, September 26, 2017. また、Intercept Editors, "Philadelphia DA Larry Krasner's Revolutionary Memo," March 20, 2018 も参照。

154 Colorado Department of Human Services, "Co-responder Programs," accessed March 20, 2018, https://www.colorado.gov/pacific/cdhs/co-responder-programs; Chris McKee, "Mayor Keller Announces New Albuquerque Community Safety Department," KRQE, June 15, 2020; Olga R. Rodriguez, "San Francisco Police Won't Respond to Non-Criminal Calls," Associated Press, June 11, 2020.

155 PolicyLink and Center for Popular Democracy, *Alternatives to Policing; Center for NU* Leadership on Urban Solutions, *The Promise of Cure Violence*, May 2016; Barry Carter, "Newark Street Team Builds Trust with Youth to Prevent Violence," NJ.com, March 28, 2017.

156 PolicyLink, "Promise Neighborhoods Institute," accessed March 20, 2018, http://www.policylink.org/our-work/community/promise-neighborhoods-institute; Alliance for Safety and Justice, "Trauma Recovery Centers," accessed March 20, 2018, https://www.traumarecoverycentermodel.org.

157 US Department of Justice Bureau of Justice Assistance, "Justice Reinvestment Initiative," accessed March 20, 2018, https://www.bja.gov/Programs/jri_background.html.

158 UCLA School of Law Criminal Justice Program, *What Happens After We Defund Police? A Brief Exploration of Alternatives to Law Enforcement*, June 2020; Nicole Chavez, "A Movement to Push Police Out of Schools is Growing Nationwide. Here Is Why," CNN, June 28, 2020.

159 Communities United et al., $3.4 Trillion Mistake, 19.

160 Communities United et al., *$3.4 Trillion Mistake*, 15; National Center for Education Statistics, "Table Generator," accessed March 20, 2018, https://nces.ed.gov/ccd/elsi/tableGenerator.aspx; National Center for Education Statistics, "Fast Facts," accessed March 20, 2018, https://nces.ed.gov/fastfacts/display.asp?id=372.

138 Jake Miller, "An Unlikely Alliance Forms between Koch Brothers and Liberal Groups," CBS News, February 19, 2015; Ed Pilkington, "Koch Brothers Join Up with Liberals to Tackle Rising Prison Numbers," *Guardian*, February 19, 2015; Kerry A. Dolan, "Billionaire Charles Koch on Partnering with the Left in Congress and on Poverty Alleviation," *Forbes*, April 4, 2019.

139 Michelle Chen, "Beware of Big Philanthropy's New Enthusiasm for Criminal Justice Reform," *Nation*, March 16, 2018; PR Watch Editors, "Koch Criminal Justice Reform Trojan Horse: Special Report on Reentry and Following the Money," Center for Media and Democracy's PR Watch, June 16, 2016 も参照。

140 たとえば、エイヴァ・デュヴァーネイ監督の映画『13th ―憲法修正第13条―』では、ニュート・ギングリッチとALECの代表が責任回避を試みている。

141 Katie Reilly, "Sesame Street Reaches Out to 2.7 Million American Children with an Incarcerated Parent," Pew Research Center, June 21, 2013.

142 Justin Jouvenal, "Raising Babies behind Bars," *Washington Post*, May 11, 2018.

143 そうした活動の例としては以下のようなものがある。Communities United et al., *$3.4 Trillion Mistake*; Center for Popular Democracy et al., *Freedom to Thrive*; Freedom Cities, http://freedomcities.org; Movement for Black Lives, "Platform," accessed March 20, 2018, https://policy.m4bl.org/platform/; Ella Baker Center for Human Rights, "Our Work," accessed March 20, 2018, https://ellabakercenter.org/our-work; Justice L.A., http://justicelanow.org; Natelegé Whaley, "The Justice Teams Network Is Mobilizing to End Police Violence in California," Mic, May 4, 2018; Black Organizing Project, *The People's Plan for Police-Free Schools*, 2019.

144 Safiya Charles, "'Please Give Us Justice': New California Law Aims to Hold Police Accountable," *Nation*, May 2, 2018.

145 Advancement Project and Alliance for Educational Justice, *We Came to Learn*.

146 Youth First Initiative, http://www.youthfirstinitiative.org/.

147 PolicyLink and Center for Popular Democracy, *Justice in Policing Toolkit, Policy 5: Racial Impact Tool for All Criminal Justice Legislation*.

148 Movement for Black Lives, "Platform."

149 Justice L.A., Center for Popular Democracy, and Law 4 Black Lives, *Reclaim, Reimagine and Reinvest*; Communities United et al., *$3.4 Trillion Mistake*, 17.

150 Urban Institute Justice Policy Center, "What the Public Says," accessed March 20, 2018, https://www.urban.org/policy-centers/justice-policy-center/projects/community-public-safety-investment/what-public-says; American Civil Liberties Union, *Smart Justice Campaign Polling on Americans' Attitudes on Criminal Justice: Topline Memo*, November 13, 2017; Alliance for Safety and Justice, *Crime Survivors Speak: The First-Ever National Survey of Victims' Views on Safety and Justice; Sered, Accounting for Violence*, 12–16.

Case for Giving Formerly Incarcerated a Fair Chance at Employment,"Root, June 9, 2017; Spanne, "Can Hiring Ex-offenders Make Business More Profitable?"

126 70 Million Jobs, "For Employers, It's Not Just Morality and Second Chances. It's a Very Smart HR Decision," accessed March 20, 2018, https://www.70millionjobs.com/page/Its-Good-Business.

127 Prison Policy Initiative, "Section III: The Prison Economy,"accessed March 20, 2018, https://www.prisonpolicy.org/prisonindex/prisonlabor.html; Whitney Benns, "American Slavery, Reinvented," *Atlantic*, September 21, 2015; Elk and Sloan, "Hidden History of ALEC and Prison Labor"; Pride Enterprises, accessed March 20, 2018, https://www.pride-enterprises.org. Laurel Wamsley, "Bloomberg Campaign Vendor Used Prison Labor to Make Presidential Campaign Calls," NPR, December 24, 2019 も参照 ; American Friends Service Committee, "Prison Labor," accessed March 20, 2018, http://investigate. afsc.org/screens/prisonlabor.

128 Jamilah King, "There's a Pretty Good Chance Your American Flag Was Made by a Prisoner," *Mother Jones*, October 4, 2017.

129 American Friends Service Committee, "Prison Labor"; Prison Policy Initiative, "Section III: The Prison Economy."

130 Elk and Sloan, "Hidden History of ALEC and Prison Labor"; Ethan Huff, "Left-Leaning Microsoft and Nike Both Rely on Prison Labor Camps to Produce High-Profit Products," Glitch.News, March 1, 2017; Christoph Sherrer and Anil Shah, "The Return of Commercial Prison Labor," MR Online, April 18, 2017.

131 Alex S. Vitale, *The End of Policing* (New York: Verso, 2017), 201–15.

132 Angela Allan, "40 Years Ago, *Norma Rae* Understood How Corporations Weaponize Race," *Atlantic*, March 2, 2019.

133 Sentencing Project, *Trends in U.S. Corrections, 7* (これによると「610万人のアメリカ人が重罪による選挙権剝奪という州の政策のため投票できない」という).

134 Vitale, *End of Policing*, 48–50, 201–3; Eduardo Bonilla-Silva, *Racism without Racists: Color-Blind Racism and the Persistence of Racial Inequality in America* (Lanham, MD: Rowman & Littlefield, 2017), 42–43.

135 Vitale, *End of Policing*, 49; Gene Demby, "Why Have So Many People Never Heard of the MOVE Bombing?," NPR, May 18, 2015.

136 American Presidency Project, "Political Party Platforms," "Parties Receiving Electoral Votes, 1840–2016," accessed March 20, 2018, http://www.presidency.ucsb.edu/plat forms.php.

137 Bruce Shapiro, "Nothing about the 1994 Crime Bill Was Unintentional," *Nation*, April 11, 2016.

Incarceration," Prison Policy Initiative, January 25, 2017; Lauren-Brooke Eisen, *Inside Private Prisons: An American Dilemma in the Age of Mass Incarceration* (New York: Columbia University Press, 2018), 71; Wacquant, *Prisons of Poverty*, 143.

108 Wagner and Rabuy, "Following the Money of Mass Incarceration."

109 Sentencing Project, "Private Prisons in the United States,"August 28, 2017, https://www.sentencingproject.org/publications/private-prisons-united-states/.

110 Wagner and Rabuy, "Following the Money of Mass Incarceration"; In the Public Interest, "How Private Prisons Take Tax Dollars Away from Fixing Our Criminal Justice System," February 2016.

111 Eisen, *Inside Private Prisons*, 123.

112 Eisen, *Inside Private Prisons*, 73–75; Center for Media Justice, "#PhoneJustice in Prison, Jail & Detention: Fact Sheet," October 2015.

113 Wagner and Rabuy, "Following the Money of Mass Incarceration"; Eisen, *Inside Private Prisons*, 76.

114 Wagner and Rabuy, "Following the Money of Mass Incarceration."

115 Eisen, *Inside Private Prisons*, 75; Wagner and Rabuy, "Following the Money of Mass Incarceration."

116 Wagner and Rabuy, "Following the Money of Mass Incarceration."

117 American Friends Service Committee, "Supervision and Surveillance Equipment," accessed March 20, 2018, http://investigate.afsc.org/screens/supervisionandsurveillance.

118 Eisen, *Inside Private Prisons*, 72.

119 Eisen, *Inside Private Prisons*, 73–75, 71.

120 Eisen, *Inside Private Prisons*, 215–17; American Friends Service Committee, "Community Corrections," accessed March 20, 2018, http://investigate.afsc.org/screens/communityservices.

121 David Robinson and Logan Koepke, *Stuck in a Pattern: Early Evidence on "Predictive Policing" and Civil Rights*, Upturn, August 2016, 2.

122 American Friends Service Committee, "Supervision and Surveillance Equipment"; Davis, *Are Prisons Obsolete?*, 86–87.

123 同じような傾向は〝低スキル〟の移民労働者がもたらす影響についても見られる。*Economist Editors*, "Wage War: Who Are the Main Economic Losers from Low-Skilled Immigration?," *Economist*, August 25, 2016.

124 Wacquant, *Prisons of Poverty*, 81; Autumn Spanne, "Can Hiring Ex-offenders Make Business More Profitable?," *Guardian*, February 4, 2016.

125 Heather Long, "His Best Employee Is an Inmate from a Prison He Didn't Want Built," *Washington Post*, January 26, 2018; Monique Judge, "ACLU Makes the

sourcewatch.org/index.php/ALEC_Trade_Groups.
94 Center for Media and Democracy's SourceWatch, https://www.sourcewatch.org/index.php/SourceWatch.
95 Nasdaq, "GEO Group Inc (The) REIT," accessed December 29, 2017, https://www.nasdaq.com/symbol/geo/institutional-holdings; Nasdaq, Core Civic, Inc. Institutional Ownership, accessed December 29, 2017, https://www.nasdaq.com/symbol/cxw/institutional-holdings.
96 Walter Hickey, "How the Gun Industry Funnels Tens of Millions of Dollars to the NRA," Business Insider, January 16, 2013; Peter Stone, "'Your Fight Has Become Our Fight,'" *Mother Jones*, April 2, 2013; Stone, "Inside the NRA's Koch-Funded Dark-Money Campaign."
97 ここに記載されている寄付金はすべて、Guidestarから入手できる納税申告書と、Center for Media and DemocracyのSourceWatchがまとめた以下の団体の情報にもとづくもの。: Charles G. Koch Charitable Foundation, David H. Koch Foundation, Claude R. Lambe Charitable Foundation, Freedom Partners, Donors Trust, Donors Capital Fund, and TC4 Trust.
98 Lisa Graves, "A CMD Special Report on ALEC's Funding and Spending," Center for Media and Democracy's PRWatch, July 13, 2011; SourceWatch Editors, "ALEC Corporations" ; SourceWatch Editors, "American Legislative Exchange Council."
99 State Policy Network, "Directory," accessed March 20, 2018, https://spn.org/directory/.
100 Manhattan Institute, "About: Board of Trustees," accessed March 20, 2018, https://www.manhattan-institute.org/board-of-trustees.
101 State Policy Network, "Directory."
102 State Policy Network, "Directory."
103 Reason Foundation, "Reason Trustees and Officers," accessed March 20, 2018, https://reason.org/trustees-and-officers/.
104 Center for Responsive Politics, accessed June 27, 2020, https://www.opensecrets.org.
105 Joe Catron, "Gentrifiers and Prison Profiteers Are 'Re-Engineering' the NYPD," MintPress News, May 19, 2015; Jacob Sloan, "JP Morgan Chase Donates $4.6 Million to NYPD on Eve of Protests," Disinfo, October 3, 2011; James C. McKinley Jr., "A Growing Call to Limit Lawyers' Donations to Prosecutors," *New York Times*, November 15, 2017.
106 Justice Police Institute, *Rethinking the Blues: How We Police in the U.S. and at What Cost*, May 2012, 10; Naomi Wolf, "NYPD for Hire: How Uniformed New York Cops Moonlight for Banks," *Guardian*, December 17, 2012.
107 Peter Wagner and Bernadette Rabuy, "Following the Money of Mass

"Reason Foundation," Center for Media and Democracy's SourceWatch, accessed March 31, 2020, https://www.sourcewatch.org/index.php/Reason_Foundation.

81 Paul Larkin, "Reviewing the Rationale for Stop-and-Frisk," Heritage Foundation, March 24, 2014.

82 Edwin Meese III and John Malcolm, *Policing in America: Lessons from the Past, Opportunities for the Future*, Heritage Foundation, September 18, 2017.

83 Center for Responsive Politics, accessed June 27, 2020, https://www.opensecrets.org.

84 SourceWatch Editors, "GEO Group," Center for Media and Democracy's Source-Watch, accessed March 20, 2018, https://www.sourcewatch.org/index.php/GEO_Group; SourceWatch Editors, "Corrections Corporation of America," Center for Media and Democracy's SourceWatch, accessed March 20, 2018, https://www.sourcewatch.org/index. php/Corrections_Corporation_of_America.

85 Center for Responsive Politics, accessed June 27, 2020, https://www.opensecrets.org; SourceWatch Editors, "GEO Group"; SourceWatch Editors, "Corrections Corporation of America."

86 SourceWatch Editors, "GEO Group"; Sourcewatch Editors, "Corrections Corporation of America."

87 Peter Stone, "Inside the NRA's Koch-Funded Dark-Money Campaign, " *Mother Jones*, April 2, 2013.

88 Tim Murphy, "The Big House That Wayne LaPierre Built," *Mother Jones*, February 8, 2013; Alex Yablon, "The NRA Is Talking Tough on Crime Again, Bipartisan Prison Sentencing Reform Be Damned," Trace, June 6, 2016; Jewelle Taylor Gibbs and Teiahsha Bankhead, *Preserving Privilege: California Politics, Propositions, and People of Color* (Westport, CT: Praeger, 2001), 53–58.

89 SourceWatch Editors, "National Rifle Association," Center for Media and Democracy's SourceWatch, accessed March 20, 2018, https://www.sourcewatch.org/index.php/National_Rifle_Association.

90 SourceWatch Editors, "American Legislative Exchange Council," Center for Media and Democracy's SourceWatch, accessed March 20, 2018, https://www.sourcewatch.org/index.php/American_Legislative_Exchange_Council.

91 SourceWatch Editors, "ALEC Corporations," Center for Media and Democracy's SourceWatch, accessed March 20, 2018, https://www.sourcewatch.org/index.php?title=ALEC_Corporations.

92 SourceWatch Editors, "American Legislative Exchange Council."

93 SourceWatch Editors, "ALEC Trade Groups," Center for Media and Democracy's SourceWatch, accessed March 20, 2018, https://www.

Series; City of Chicago, 2017 *Budget Overview*, 113, accessed March 20, 2018, https://www.cityofchicago.org/content/dam/city/depts/obm/supp_info/2017%20Budget/2017.Budget. Overview.pdf; City of Chicago, *1982 Annual Appropriations*, 108, accessed March 20, 2018, http://docs.chicityclerk.com/budget/Annual%20Appropriation%201982optimize.pdf; City and County of Denver, *2017 Mayor's Budget*, 53, accessed March 20, 2018, https://www.denvergov.org/content/dam/denvergov/Portals/344/documents/Budget/Mayors_2017_Budget.pdf.

71 Communities United et al., *The $3.4 Trillion Mistake: The Cost of Mass Incarceration and Criminalization, and How Justice Reinvestment Can Build a Better Future for All*, 2016.

72 Center for Popular Democracy et al., *Freedom to Thrive*; Justice L.A., Center for Popular Democracy, and Law 4 Black Lives, *Reclaim, Reimagine and Reinvest: An Analysis of Los Angeles County's Criminalization Budget*, 1; ACLU, *Cops and No Counselors: How the Lack of School Mental Health Staff Is Harming Students*.

73 Mike Elk and Bob Sloan, "The Hidden History of ALEC and Prison Labor," *Nation*, August 1, 2011; Center for Media and Democracy, "Minimum-Mandatory Sentencing Act Exposed," accessed March 20, 2018, https://www.alecexposed.org/w/images/e/eb/7D6-Minimum-Mandatory_Sentencing_Act_Exposed.pdf;BrigetteSarabi, "ALECintheHouse: Corporate Bias in Criminal Justice Legislation," *Prison Legal News*, January 15, 2002.

74 Elk and Sloan, "Hidden History of ALEC and Prison Labor."

75 Center for Media and Democracy, "ALEC Exposed: Guns, Prisons, Crime, and Immigration," accessed March 20, 2018, https://www.alecexposed.org/wiki/Guns,_Prisons,_Crime,_and_Immigration.

76 Manhattan Institute, "Urban Policy: Crime," accessed March 20, 2018, https://www. manhattan-institute.org/urban-policy/crime; Joseph L. Giacalone and Alex S. Vitale, "When Policing Stats Do More Harm Than Good," *USA Today*, February 9, 2017.

77 Heather Mac Donald, "Mandatory Minimums Don't Deserve Your Ire," *Wall Street Journal*, May 25, 2017.

78 Wacquant, *Prisons of Poverty*, 10.

79 Dana Joel, *A Guide to Prison Privatization, Heritage Foundation*, May 24, 1988; David Dayen, "The True Cost: Why the Private Prison Industry Is About So Much More Than Prisons," TPM, http://talkingpointsmemo.com/features/privatization/two/.

80 Reason Foundation, "Criminal Justice Reform," accessed March 20, 2018, https://reason.org/topics/criminal-justice-reform/; SourceWatch Editors,

56 Adam Looney and Nicholas Turner, "Work and Opportunity before and after Incarceration," Economic Studies at Brookings, March 14, 2018.

57 William J. Stuntz, *The Collapse of American Criminal Justice* (Cambridge, MA: Harvard University Press, 2011), 44.

58 National Research Council of the National Academies, *The Growth of Incarceration in the United States*, 157–319; Movement for Black Lives, "End the War on Black People," accessed March 20, 2018, https://m4bl.org/end-war-on-black-people/; John F. Pfaff, *Locked In: The True Causes of Mass Incarceration and How to Achieve Real Reform* (New York: Basic Books, 2017), 119–23; Human Rights Watch and American Civil Liberties Union, *Every 25 Seconds: The Human Toll of Criminalizing Drug Use in the United States*, 132–79; Kim Gilhuly et al., "Rehabilitating Corrections in California: The Health Impacts of Proposition 47, Research Summary," Human Impact Partners, September 2014, 8–9; Ella Baker Center for Human Rights, Forward Together, and Research Action Design, *Who Pays? The True Cost of Incarceration on Families*, September 2015; Alec Karakatsanis, "Policing, Mass Imprisonment, and the Failure of American Lawyers," *Harvard Law Review Forum*, April 10, 2015; Ernest Drucker, *A Plague of Prisons: The Epidemiology of Mass Incarceration in America* (New York: New Press, 2013).

59 Justice Mapping Center, https://www.justicemapping.org; Million Dollar Hoods, https://milliondollarhoods.pre.ss.ucla.edu/.

60 National Research Council of the National Academies, *The Growth of Incarceration in the United States*, 130–56. Quote on 156.

61 Alexander, *New Jim Crow*, 8.

62 Wacquant, Prisons of Poverty, 133.

63 US Department of Justice, Bureau of Justice Statistics, *Prisoners: 1925–81*, December 1982.

64 Stuntz, *Collapse of American Criminal Justice*, 51.

65 Sered, *Accounting for Violence*, 17–19.

66 Pew Charitable Trusts, *Justice Reinvestment Initiative Brings Sentencing Reforms in 23 States*, January 22, 2016.

67 Pew Charitable Trusts, *Justice Reinvestment Initiative*.

68 Nazgol Ghandnoosh, "Can We Wait 75 Years to Cut the Prison Population in Half?," Sentencing Project, March 8, 2018.

69 Bureau of Justice Statistics, *Justice Expenditures and Employment Extracts Series*; Sahr, "Individual Year Conversion Factor Tables." なお、1980年と1981年の司法・法曹関連の支出額は入手できなかったので、これらの年の警察・矯正関連の支出と同じ額だけ増加したと仮定して推計した。

70 Bureau of Justice Statistics, *Justice Expenditures and Employment Extracts*

Human Rights," December 15, 2017; Peter Edelman, "More Than a Nuisance: How Housing Ordinances Are Making Poverty a Crime," *New Republic*, April 10, 2018; "Governor Scott Announces Major Action Plan to Keep Florida Students Safe following Tragic Parkland Shooting," press release, Office of the Governor of Florida, February 23, 2018（リック・スコットフロリダ州知事(当時)が「すべての公立学校に法執行官を配置」するよう求めている）; Dana Goldstein, "Inexcusable Absences," *New Republic*, March 6, 2015.

47 Bureau of Justice Statistics, *Justice Expenditures and Employment Extracts Series*; Sahr, "Individual Year Conversion Factor Tables."

48 参考までに、高校の卒業資格を持たない中年のアフリカ系アメリカ人男性のうち、刑務所に服役した経験を持つ人は60パーセント近くにのぼる。Sentencing Project, Race and Punishment, 5.

49 Sered, *Accounting for Violence*, 23.

50 Justice Policy Institute, *Finding Direction: Expanding Criminal Justice Options by Considering Policies of Other Nations*, April 2011; Connie de la Vega, Amanda Solter, Soo-Ryun Kwon, and Dana Marie Isaac, *Cruel and Unusual: U.S. Sentencing Practices in a Global Context*, University of San Francisco School of Law, Center for Law and Global Justice, May 2012.「最低量刑の強制」とは、特定の犯罪について犯行時の事情を考慮せず、あらかじめ決められた期間の投獄を要求するもの。「真の量刑法」とは、仮釈放をなくすか制限しようとする試みで、結果として刑期が長くなるため、特段の事情に合わせて刑罰を調整することが難しくなる。「スリーストライク法」とは、前科が2犯以上ある加害者に対し非常に重い刑事罰を科そうというもので、そうした法律のもと、幅広い犯罪を対象とする「三度目の空振り(ストライク)」を犯すと、自動的に仮釈放のない終身刑に処されることになる。

51 Sentencing Project, *Race and Punishment*, 7; Marc Mauer, *Incarceration Rates in an International Perspective*, Sentencing Project, June 28, 2017.

52 Sentencing Project, *Race and Punishment*, 8–9; "Black Boys Viewed as Older, Less Innocent Than Whites, Research Finds," press release, American Psychological Association, March 6, 2014; "People See Black Men as Larger, More Threatening Than Same-Sized White Men," press release, American Psychological Association, March 13, 2017.

53 Chris Hayes, *A Colony in a Nation* (New York: W. W. Norton, 2018), 209; Josh Katz, "How a Police Chief, a Governor and a Sociologist Would Spend $100 Billion to Solve the Opioid Crisis," *New York Times*, February 14, 2018; "Race and the Gentler War on Drugs," Color of Pain, http://www.colorofpain.org.

54 C. Eugene Emery Jr., "Hillary Clinton Says Blacks More Likely to Be Arrested, Get Longer Sentences," PolitiFact, February 26, 2016.

55 Jamal Hagler, "8 Facts You Should Know about the Criminal Justice System and People of Color," Center for American Progress, May 28, 2015.

36 Alex Horton, "Body-Cam Video Shows 6-Year-Old Crying for Help as Officers Zip-Tie Her," *Washington Post*, February 25, 2020; Advancement Project and Alliance for Educational Justice, *We Came to Learn*.

37 US Department of Education Office for Civil Rights, *2015–16 Civil Rights Data Collection—Flat File*.

38 US Department of Education Office for Civil Rights, *2015–16 Civil Rights Data Collection—Flat File*（7年生または10年生のどちらかが在籍していると回答した学校を調査）.

39 "Wall Street Millenials Living Fast and Hard," *Barron's*, March 9, 2017; Emily Chang, "'Oh My God, This is so F—ed Up': Inside Silicon Valley's Secretive, Orgiastic Dark Side," *Vanity Fair*, February 2018.

40 Safety beyond Policing, accessed March 20, 2018, http://www.safetybeyondpolicing.com（これによると、年間10万人のニューヨーク市民が交通費の未払いで逮捕されている）; Labor/Community Strategy Center, "The Strategy Center Submits DOJ & DOT Civil Rights Complaint against the LACMTA," November 14, 2016.

41 Federal Bureau of Investigation, "2016 Crime in the United States," table 21A.

42 California Endowment, *Community Safety: A Building Block for Healthy Communities*, January 2015; Jamecca Marshall, *Comprehensive Violence Reduction Strategy（CVRS）, A Framework for Implementing the CVRS in Your Neighborhood*, Advancement Project, April 2011; Danielle Sered, *Accounting for Violence: How to Increase Safety and Break Our Failed Reliance on Mass Incarceration*, Common Justice, 2017.

43 Center for Popular Democracy et al., *Freedom to Thrive: Reimagining Safety & Security in Our Communities*. また、Schott Foundation for Public Education, *Loving Cities Index: Creating Loving Systems across Communities to Provide All Students an Opportunity to Learn*, February 2018; Advancement Project California, "Healthy City," http://www.healthycity.org; Haas Institute for a Fair and Inclusive Society, https://haasinstitute. berkeley.edu も参照。

44 Color of Change and USC Annenberg Norman Lear Center, *Normalizing Injustice: The Dangerous Misrepresentations That Define Television's Scripted Crime Genre*, January 2020.

45 Alyssa Rosenberg, "In Pop Culture, There Are No Bad Police Shootings," *Washington Post*, October 26, 2016; Adam Johnson, "6 Elements of Police Spin: An Object Lesson in Copspeak," FAIR, January 30, 2018.

46 Karen Dolan and Jodi L. Carr, *The Poor Get Prison: The Alarming Spread of the Criminalization of Poverty*, Institute for Policy Studies, 2017; United Nations Human Rights Office of the High Commissioner, "Statement on Visit to the USA, by Professor Phillip Alston, Special Rapporteur on Extreme Poverty and

28 Delores Jones-Brown, Jaspreet Gill, and Jennifer Trone, *Stop, Question, and Frisk Policing Practices in New York City: A Primer*, John Jay College of Criminal Justice, Center on Race, Crime and Justice, July 2013; New York Civil Liberties Union, "Stop-and-Frisk Data," accessed March 20, 2018, https://www.nyclu.org/en/stop-and-Frisk-data; Prison Policy Initiative, "NYC Police Use of Force without Arrest 2010," accessed March 20, 2018, https://www.prisonpolicy.org/graphs/nyc_police_use_of_force_without_arrest_2010_rates.html.

29 ACLU of Illinois, March 2017 *Stop & Frisk Report*; US Department of Justice Civil Rights Division and US Attorney's Office Northern District of Illinois, *Investigation of Chicago Police Department*, January 13, 2017.

30 Alice Brennan and Dan Lieberman, "Florida City's 'Stop and Frisk' Nabs Thousands of Kids, Finds 5-Year-Olds 'Suspicious,'" Fusion; Adam Weinstein, "Meet Miami Gardens: The Stop-and-Frisk Capital of America," Gawker, May 29, 2014; Conor Friedersdorf, "The City Where Blacks Suffer under 'Stop and Frisk on Steroids,'" *Atlantic*, May 30, 2014.

31 Udi Ofer and Ari Rosmarin, *Stop-and-Frisk: A First Look*, ACLU of New Jersey, February 2014; US Department of Justice Civil Rights Division and US Attorney's Office District of New Jersey, *Investigation of Newark Police Department*, July 22, 2014.

32 US Department of Justice Civil Rights Division, *Investigation of the Baltimore City Police Department*, August 10, 2016; NAACP, *Born Suspect: Stop-and-Frisk Abuses & the Continued Fight to End Racial Justice in America*, September 2014, 24.

33 ACLU of Massachusetts, "Ending Racist Stop and Frisk," accessed March 20, 2018, https://aclum.org/our-work/aclum-issues/racial-justice/ending-racist-stop-and-frisk/; American Civil Liberties Union, "ACLU Challenges Milwaukee Police Department's Unconstitutional Stop-and-Frisk Program Conducted without Reasonable Suspicion and Based on Racial Profiling," February 22, 2017; US Department of Justice, "Special Litigation Section Cases and Matters: Law Enforcement Agencies,"accessed March 20, 2018, https://www.justice.gov/crt/special-litigation-section-cases-and-matters#police.

34 Federal Bureau of Investigation, "2016 Crime in the United States," table 18.

35 Federal Bureau of Investigation, "2016 Crime in the United States," table 21A; US Census Bureau, "ACS Demographic and Housing Estimates,"2012-16 American Community Survey 5-Year Estimates, DP05, accessed March 20, 2018, https://data.census.gov/cedsci/table?g = 1600000US4033300 & tid = ACSDP5Y2016.DP05&q=DP05.

Punishment: Racial Perceptions of Crime and Support for Punitive Policies, 2014.

18 Federal Bureau of Investigation, "2016 Crime in the United States," table 25, accessed March 20, 2018, https://ucr.fbi.gov/crime-in-the-u.s/2016/crime-in-the-u.s.-2016/topic-pages/tables/table-25/; US Census Bureau, "State Area Measurements and Internal Point Coordinates," accessed March 30, 2020, https://www.census.gov/geographies/reference-files/2010/geo/state-area.html (land area only)

19 Federal Bureau of Investigation, "2016 Crime in the United States," table 26, accessed March 20, 2018, https://ucr.fbi.gov/crime-in-the-u.s/2016/crime-in-the-u.s.-2016/tables/table-26/table-26-state-cuts/table-26-new-york.xls; US Census Bureau, "QuickFacts: New York City, New York," accessed March 20, 2018, https://www.census.gov/quickfacts/fact/table/newyorkcitynewyork/PST045216

20 Federal Bureau of Investigation, "2016 Crime in the United States," table 26, accessed March 20, 2018, https://ucr.fbi.gov/crime-in-the-u.s/2016/crime-in-the-u.s.-2016/tables/table-26/table-26.xls/view; US Census Bureau, "QuickFacts." FBIのファイルではウィネトカとハイランドパークの警察のデータを入手できなかったので、警官の数は以下のサイトで確認した。: City of Highland Park, *Police Department Annual Report 2016*, accessed March 20, 2018, https://www.cityhpil.com/government/city_departments/police/docs/2016%20Annual%20Report%20PD.pdf; Village of Winnetka, "Police: Divisions," accessed March 20, 2018, http://www.villageofwinnetka.org/departments/police/divisions/.

21 Heather Cherone, "Here's How Many Officers Are Patrolling Your Neighborhood," DNA Info, April 17, 2017.

22 US Department of Education Office for Civil Rights, *2015-16 Civil Rights Data Collection*; Kristen Harper and Deborah Temkin, "Compared to Majority White Schools, Majority Black Schools Are More Likely to Have Security Staff," Child Trends, April 26, 2018.

23 Advancement Project and Alliance for Educational Justice, *We Came to Learn: A Call to Action for Police-Free Schools*.

24 German Lopez, "How Systemic Racism Entangles All Police Officers—Even Black Cops," Vox, August 15, 2016.

25 ここで展開した推論については、恩師の刑法学者ビル・スタンツより多大な影響を受けている。

26 Prison Policy Initiative, "The Hidden Cost of Stop and Frisk," accessed March 20, 2018, https://www.prisonpolicy.org/graphs/stop_and_frisk.html.

27 Louis Nelson, "Trump Calls for Nationwide 'Stop-and-Frisk' Policy," Politico, September 21, 2016.

naacp.org/criminal-justice-fact-sheet/.

6 Gaynor Hall and Pam Grimes, "Are Surveillance Cameras Making Chicago Safer?," WGN, February 22, 2016; Edward Ericson Jr., "Watching the CitiWatcher: The Night Shift Monitoring Baltimore's Security Cameras," *City Paper*, January 27, 2016.

7 Radley Balko, *Rise of the Warrior Cop: The Militarization of America's Police Forces* (New York: Public Affairs, 2014); American Civil Liberties Union, *War Comes Home: The Excessive Militarization of American Policing*, January 2014.

8 World Prison Brief, accessed March 20, 2018, http://www.prisonstudies.org/highest-to-lowest/prison_population_rate?field_region_taxonomy_tid=All.

9 Seth Stoughton, "Law Enforcement's 'Warrior' Problem," *Harvard Law Review* 128, April 10, 2015.

10 Rachel E. Morgan, *Race and Hispanic Origin of Victims and Offenders*, 2012-15, US Department of Justice, October 2017.

11 「割れ窓」式取り締まりとは、コミュニティの治安の悪化や重大犯罪の増加を防ぐため、警察はどんなにささいな犯罪でも積極的に取り締まるべきだという理論。

12 Substance Abuse and Mental Health Services Administration, *Results from the 2016 National Survey on Drug Use and Health, table 1.1B* (finding that almost half of all Americans over the age of twelve admit to using an illicit drug sometime in their life); Tanya Basu, "1 in 6 Young Americans Have Stolen Something in the Last Year, Study Finds," *Time*, October 12, 2015; Child Trends, *Physical Fighting by Youth*, accessed March 20, 2018, https://www.childtrends.org/indicators/physical-fighting-by-youth/.

13 警察の注意を引く犯罪でさえ全体の半分程度に過ぎない。National Research Council of the National Academies, *The Growth of Incarceration in the United States: Exploring Causes and Consequences* (Washington, DC: National Academies Press, 2014), 133.

14 Angela Y. Davis, *Are Prisons Obsolete?* (New York: Seven Stories, 2003), 91 (アンジェラ・デイヴィス『監獄ビジネス —— グローバリズムと産獄複合体』上杉忍訳、岩波書店、2008年); Loïc Wacquant, *Prisons of Poverty* (Minneapolis: University of Minnesota Press), 154.

15 Jennifer L. Truman and Lynn Langton, *Criminal Victimization*, 2014, Bureau of Justice Statistics, September 29, 2015, table 1.

16 Alyssa Rosenberg, "The Drug War's Most Enthusiastic Recruit: Hollywood," *Washington Post*, October 27, 2016; Michelle Alexander, *The New Jim Crow: Mass Incarceration in the Age of Colorblindness* (New York: New Press, 2012), 52, 105.

17 ColorOfChange.Org, *Not to Be Trusted: Dangerous Levels of Inaccuracy in TV Crime Reporting in NYC*, March 2015; Sentencing Project, *Race and*

た、Linda Darling-Hammond and Channa M. Cook-Harvey, *Educating the Whole Child: Improving School Climate to Support Student Succes*, Learning Policy Institute, September 2018も参照のこと。

170 Jeannie Oakes, Anna Maier, and Julia Daniel, *Community Schools: An Evidence-Based Strategy for Equitable School Improvement*, National Education Policy Center and Learning Policy Institute, June 5, 2017; Journey for Justice Alliance, *Death by a Thousand Cuts*, 25–32; Journey for Justice Alliance, *The Journey for Justice Alliance Education Platform,* accessed March 5, 2018, http://beta.j4jalliance.com/wp-content/uploads/sites/2/2017/02/J4J_Final_Education_Platform.pdf; Center for Popular Democracy, *Community Schools: Transforming Struggling Schools into Thriving Schools*, February 10, 2016.

171 Broader, Bolder Approach to Education, https://www.boldapproach.org, for more information を参照。

第3章　あなたには厳罰を、私には奉仕と保護を

1 Sentencing Project, "Criminal Justice Facts," accessed March 20, 2018, https://www.sentencingproject.org/criminal-justice-facts/; Margaret Werner Cahalan, *Historical Corrections Statistics in the United States, 1850-1984*, Bureau of Justice Statistics, December 1986, 76; US Census Bureau, *A Look at the 1940 Census*, accessed June 26, 2020, https://www.census.gov/newsroom/cspan/1940census/CSPAN_1940slides.pdf.

2 Bureau of Justice Statistics, *Justice Expenditure and Employment in the U.S.*, 1971-79, August 1984, 37.

3 Bureau of Justice Statistics, *Justice Expenditure and Employment in the U.S.*, 1971-79, 36; Robert Sahr, "Individual Year Conversion Factor Tables," Oregon State University, accessed March 27, 2020, http://liberalarts.oregonstate.edu/spp/polisci/faculty-staff/robert-sahr/inflation-conversion-factors-years-1774-estimated-2024-dollars-recent-years/individual-year-conversion-factor-table-0.

4 Danielle Kaeble and Lauren Glaze, *Correctional Populations in the United States, 2015*, Bureau of Justice Statistics, December 2016; Bureau of Justice Statistics, *Justice Expenditure and Employment in the U.S.*, 2015—Preliminary; Bureau of Justice Statistics, *Justice Expenditure and Employment in the U.S., 2015—Final*; Sahr, "Individual Year Conversion Factor Tables" ; Robert Schlesinger, "The 2015 U.S. and World Populations," U.S. News and World Report, December 31, 2014.

5 World Prison Brief, accessed June 27, 2020, http://www.prisonstudies.org/highest-to-lowest/prison_population_rate?field_region_taxonomy_tid = All; NAACP, *Criminal Justice Fact Sheet*, accessed March 20, 2018, http://www.

2018, https://www.sanders.senate.gov/koch-brothers.

157 Mayer, *Dark Money*（メイヤー『ダーク・マネー』）; MacLean, *Democracy in Chains*.

158 Adamson, Cook-Harvey, and Hammond, *Whose Choice?*; "Faking the Grade," editorial, *New Orleans Tribune*, https://theneworleanstribune.com/faking-the-grade/; Equity in All Places, *Considering the Impact of Education Reform on High-Risk Neighborhoods*, 2016; "Bill Quigley: Outraged Parents and Students in New Orleans Blast Charter School System," *Diane Ravitch's Blog*, April 28, 2017, https://dianeravitch.net/2017/04/28/bill-quigley-outraged-students-and-parents-in-new-orleans-blast-charter-school-system/; Ravitch, Slaying Goliath, 219.

159 Frank Adamson, *Privatization or Public Investment in Education?*, SCOPE, November 2016, 3–4.

160 Adamson, *Privatization or Public Investment in Education?*; Jennifer Pribble and Jennifer L. Erkulwater, "Betsy DeVos Wants 'School Choice.' Chile Tried That Already," *Washington Post*, January 17, 2017; Amaya Garcia, "Chile's School Voucher System: Enabling Choice or Perpetuating Social Inequality?," New America, February 9, 2017; Martin Camoy, "Lessons of Chile's Voucher Reform Movement," Rethinking Schools, http://rethinkingschools.aidcvt.com/special_reports/voucher_report/v_sosintl.shtml.

161 Adamson, *Privatization or Public Investment in Education?*; MacLean, *Democracy in Chains*, 167.

162 Adamson, *Privatization or Public Investment in Education?*

163 Adamson, *Privatization or Public Investment in Education?*; MacLean, *Democracy in Chains*, 167.

164 Mary Ann Ahern, "Emanuel Disavows 25% of School Kids, Says CTU," NBC Chicago, February 27, 2012.

165 これが実際にどのようなものかについては、ボストン・コンサルティング・グループによるフィラデルフィア公立学校のための計画を参照してほしい。
Philadelphia Coalition Advocating for Public Schools, *The Philadelphia Community Education Plan*.

166 Sanders, "What Do the Koch Brothers Want?" ; Hohmann, "Koch Network Laying Groundwork to Fundamentally Transform America's Education System.

167 Deborah Meier and Emily Gasoi, *These Schools Belong to You and Me: Why We Can't Afford to Abandon Our Public Schools*（Boston: Beacon, 2017）.

168 Constitute（https://www.constituteproject.org, accessed April 7, 2018）が公開している202の憲法のうち、149が教育を受ける権利を明示している。

169 それが実際にどのようなものかを示すうえで、イェール大学のジェームズ・コマー博士が過去50年以上にわたり行ってきた研究ほどふさわしいものはない。ま

"From Education Accountability to Privatization and African American Exclusion—*Chicago's'Renaissance* 2010,'" *Educational Policy* 21, no.3 (2007); Data and Democracy Project, accessed March 5, 2018, http://ceje.uic.edu/publications/(mapping school closings onto areas of gentrification)も参照。

144 Lafer, *One Percent Solution*, 129.

145 非常にたくさんの例があるが、最近のものでは、Alyson Klein, "Betsy DeVos: There's a 'Disconnect' between K-12 Schools and the Economy," *Education Week*, January 25, 2018 を参照のこと。また、トランプ政権は教育政策と雇用者のニーズをすり合わせるため、教育省と労働省を統合する計画を立てていた。Danielle Douglas-Gabriel, "Merging the Labor and Education Departments Won't Accomplish Much, Say Experts," *Washington Post*, June 21, 2018.

146 Valerie Strauss, "How to Fix the Charter School Movement: Ravitch," *Washington Post*, July 16, 2012.

147 Center for Media and Democracy, "Bills Affecting Americans'Rights to a Public Education," accessed March 5, 2018, https://www.alecexposed.org/wiki/Bills_Affecting_Americans%27_Rights_to_a_Public_Education にてALECのモデル法案を参照。また、Matthew Ladner, *Report Card on American Education: State Education Rankings*, ALEC, November 10, 2015 も参照のこと。

148 Center for Media and Democracy, "K12, Inc."; K12, Inc., 2017 *Annual Report*.

149 Andrew Ujifusa, "Trump Seeks to Cut Education Budget by 5 Percent, Expand School Choice Push," *Education Week*, February 12, 2018; Curtis L. Decker, "DeVos to Remove Key Discipline Protection for Children," Huffington Post, January 4, 2018; Scott Sargrad, "Rolling Back Rights for Students," *U.S. News & World Report*, March 7, 2018; Andrew Ujifusa, "Trump Seeks to Slash Education Budget, Combine 29 Programs into Block Grant," *Education Week*, February 10, 2020 も参照。; Valerie Strauss, "In State of the Union, Trump Makes Clear His Aversion to Public Schools," *Washington Post*, February 4, 2020.

150 Diane Ravitch, "The Demolition of American Education," *New York Review of Books*, June 5, 2017.

151 Miron, Mathis, and Welner, *review of Separating Fact & Fiction*, 5.

152 Journey for Justice Alliance, *Death by a Thousand Cuts*, 22.

153 Mayer, *Dark Money*（メイヤー『ダーク・マネー』）; MacLean, *Democracy in Chains; Lafer, One Percent Solution*; Center for Media and Democracy, "ALEC Exposed."

154 MacLean, *Democracy in Chains*, 154–68.

155 Condon, "Jeb Bush Pitches 'Total Voucherization'"; Roberts, "Koch-Funded Group Spends Six Figures to 'Educate' on Vouchers."

156 Bernie Sanders, "What Do the Koch Brothers Want?," accessed March 5,

Nancy MacLean, *Democracy in Chains: The Deep History of the Radical Right's Stealth Plan for America*(New York: Viking, 2017); Gordon Lafer, *The One Percent Solution: How Corporations Are Remaking America One State at a Time*(Ithaca, NY: Cornell University Press, 2017); Klein, *Shock Doctrine*(クライン『ショック・ドクトリン』)などを参照。

131 Mayer, *Dark Money* (メイヤー『ダーク・マネー』); MacLean, *Democracy in Chains*; Lafer, *One Percent Solution*; また、Center for Media and Democracy, "ALEC Exposed," accessed March 5, 2018, https://www.alecexposed.org/wiki/ALEC_Exposed も参照。

132 Network for Public Education, *Charters and Consequences, 1*; Diane Ravitch, "Worldwide, Public Education Is Up for Sale," *U.S. News & World Report*, August 9, 2016; Ravitch, *Reign of Error*(ラヴィッチ『アメリカ　間違いがまかり通っている時代』), 180–97も参照。

133 Reuters, "Privatizing Public Schools: Big Firms Eyeing Profits from U.S. K-12 Market," *Huffington Post*, August 2, 2012.

134 Reuters, "Privatizing Public Schools."

135 Journey for Justice Alliance, *Death by a Thousand Cuts*, 24.

136 Abby Jackson, "The Walmart Family Is Teaching Hedge Funds How to Profit from Publicly Funded Schools," Business Insider, March 17, 2015.

137 Valerie Strauss, "The Big Business of Charter Schools," *Washington Post*, August 17, 2012; Peter Grant, "Charter-School Movement Grows-for Real-Estate Investors," *Wall Street Journal*, October 13, 2015.

138 Bruce D. Baker and Gary Miron, *The Business of Charter Schooling: Understanding the Policies That Charter Operators Use for Financial Benefit*, National Education Policy Center, December 10, 2015.

139 Ravitch, *Reign of Error*, 161 (ラヴィッチ『アメリカ　間違いがまかり通っている時代』).

140 Ravitch, 161 (同上).

141 Mercedes Schneider, "Tax Credit Scholarships: 'Neovoucher'Profiteering Disguised as Philanthropy," *Deutsch29* (blog), April 8, 2017, https://deutsch29.wordpress.com/2017/04/08/tax-credit-scholarships-neovoucher-profiteering-disguised-as-philanthropy/.

142 Journey for Justice Alliance, *Death by a Thousand Cuts*, 24.

143 Matt Barnum, "An Integration Dilemma: School Choice Is Pushing Wealthy Families to Gentrify Neighborhoods but Avoid Local Schools," Chalkbeat, March 16, 2018; Arun Gupta, "How Education Reform Drives Gentrification," Al Jazeera America, March 17, 2014; Pauline Lipman, *The New Political Economy of Urban Education: Neoliberalism, Race, and the Right to the City*(London: Routledge, 2011); Pauline Lipman and Nathan Haines,

April 24, 2013; Hay-leigh Colombo, "Charter School Offered $100 Reward to Anyone Who Referred Students Who Enrolled," Chalkbeat, January 29, 2015.

115 "Online Charter Schools Spent Millions of Taxpayer Dollars on Advertising to Recruit New Students," *Huffington Post*, November 29, 2012.

116 Colorado League of Charter Schools, *Stand Out*, 3.

117 Great Schools Massachusetts, "Yes on 2—Absurd," YouTube video, September 27, 2016, https://www.youtube.com/watch?time_continue = 30 & v = QqXUr3N7lcw.

118 Democrats for Education Reform, accessed March 5, 2018, https://dfer.org/.

119 Stand for Children, accessed March 5, 2018, http://stand.org.

120 Peter Marcus, "U.S. Education Secretary Betsy DeVos Calls School Choice Protestors 'Defenders of the Status Quo,'" Colorado Politics, July 21, 2017.

121 Based on a search in Westlaw.

122 Westlawの検索結果より。

123 Westlawの検索結果より。

124 アメリカの主要新聞で人名と所属団体を含んだ報道についてWestlawを検索した結果にもとづくもの。

125 Persson, "ALEC Admits School Vouchers Are for Kids in Suburbia" ; Diane Ravitch, "The Great Retreat Now Begins: Choice Is No Longer about 'Saving Poor Children from Failing Schools,'" *Diane Ravitch's Blog*, May 6, 2017, https://dianeravitch.net/2017/05/06/the-great-retreat-now-begins-choice-is-no-longer-about-saving-poor-children-from-failing-schools/; Arianna Prothero, "Extending Vouchers into Middle Class Is Florida's Next Move," *Education Week*, April 16, 2019.

126 Valerie Strauss, "The 'Walmartization' of Public Education," *Washington Post*, March 17, 2016.

127 Stephanie Condon, "Jeb Bush Pitches 'Total Voucherization' at Education Summit," CBS News, August 19, 2015; Laurie Roberts, "Koch-Funded Group Spends Six Figures to 'Educate' on Vouchers," AZ Central, November 16, 2017; Kye Martin, "Chicago Teachers Union Opposes School Funding Plan's 'Extremist Voucher Tax Credit,'" NBC Chicago, August 28, 2017.

128 Naomi Klein, *The Shock Doctrine: The Rise of Disaster Capitalism*(New York: Picador, 2007)(ナオミ・クライン『ショック・ドクトリン』); Jan Resseger, "'One Newark' Exemplifies the Shock Doctrine," *The Progressive*, April 28, 2015 も参照。

129 The American Presidency Project, "Political Party Platforms," "Parties Receiving Electoral Votes, 1840—2016," accessed March 5, 2018, http://www.presidency.ucsb.edu/platforms.php.

130 こうした方針の詳細については、Mayer, *Dark Money*(メイヤー『ダーク・マネー』);

しつつある学校(failing schools)」「失敗しつつある公立学校(failing public schools)」「失敗しつつある公立の教育制度(failing public school system)」「公立学校は失敗しつつある(public school are failing)」「教育に及ぶ危機(crisis in education)」「公立の教育に及ぶ危機(crisis in public education)」「教育危機(education crisis)」。

103 Sarah Darville, Echoing Bush and Obama, Trump Calls Education'The Civil Rights Issue of Our Time'—and Asks for a School Choice Bill," Chalkbeat, February 28, 2017.

104 Frank Luntz, Words That Work: It's Not What You Say, It's What People Hear (New York: Hyperion, 2007), 287.

105 Jonas Persson, "ALEC Admits School Vouchers Are for Kids in Suburbia," Center for Media and Democracy, July 22, 2015.

106 これらの団体のウェブサイトを検索した結果にもとづくもの(2018年3月5日)。

107 Ballotpedia, "Massachusetts Authorization of Additional Charter Schools and Charter School Expansion, Question 2 (2016)," https://ballotpedia.org/Massachusetts_Authorization_of_Additional_Charter_Schools_and_Charter_School_Expansion,_Question_2_(2016).

108 Michael Levenson, "Pro—Charter School Group Pays State's Largest Campaign Finance Penalty," *Boston Globe*, September 11, 2017.

109 Levenson, "Pro—Charter School Group" ; Ravitch, *Slaying Goliath*, 203.

110 Gates Foundation, "Awarded Grants," accessed March 5, 2018, https://www.gatesfoundation.org/How-We-Work/Quick-Links/Grants-Database.

111 Journey for Justice Alliance, *Death by a Thousand Cuts*, 13.

112 "After Success Academy's Annual Lottery, 14,000 Children Are Left on Waitlist," press release, Success Academy, April 6, 2017.

113 "After Success Academy's Annual Lottery" ; Great Schools Massachusetts, "Governor Charlie Baker—YES on 2 HD," accessed March 5, 2018, https://ballotpedia.org/Massachusetts_Authorization_of_Additional_Charter_Schools_and_Charter_School_Expansion,_Question_2_(2016).

114 Charter School Capital, *Digital Marketing 101 for Charter Schools*, March 17, 2015, https://www.slideshare.net/CharterSchoolCapital/digital-marketing-101-for-charter-schools; Colorado League of Charter Schools, *Stand Out: A Guide to School Marketing*, 3, accessed March 5, 2018, https://charterschoolcenter.ed.gov/sites/default/files/files/field_publication_attachment/StandOut-Marketing-Tookit-2015.pdf; Six Degrees Digital Media, "Marketing Your Charter School Online: What to Keep in Mind," March 11, 2015, https://sixdegreesdigitalmedia.com/marketing-your-charter-school-online-what-to-keep-in-mind/; Dustin Dwyer, "Some Charter Schools Focus on Quality. Others Focus on Marketing. Guess Which Ones Are Winning," State of Opportunity,

84 Carol Caref et al., *The Black and White of Education in Chicago's Public Schools: Class, Charters & Chaos; A Hard Look at Privatization Schemes Masquerading as Education Policy*, Chicago Teachers Union, November 30, 2012, 4, 35–37.

85 KIPP, accessed March 26, 2020, http://www.kipp.org.

86 KIPP-New Orleans, "Schools Overview," accessed March 26, 2020, https://www.kippneworleans.org/apps/pages/schoolsoverview.

87 US Department of Education Office of Civil Rights, "2015–16 Civil Rights Data Collection"（KIPP提供のデータによる）.

88 Tim Tooten, "Number of Suspended, Expelled Students Raises Concern," WBAL TV, November 15, 2016.

89 George Joseph, "Where Charter-School Suspensions Are Concentrated," *Atlantic*, September 16, 2016.

90 Alejandra Matos, "New Scrutiny on Suspension Rates in Some D.C. Charter Schools," Washington Post, February 17, 2017; 2015–16 DC Charter Schools with Suspension Rates of 10% or Higher, https://www.nonpartisaneducation.org/Review/Resources/DC_Charters_GAO_Susp_Rpt_17_0209.xls.

91 Losen et al., *Charter Schools, Civil Rights and School Discipline*, 10.

92 Sarah Carr, "How Strict Is Too Strict? The Backlash against No-Excuses Discipline in High School," *Atlantic*, December 2014.

93 Welner, "Dirty Dozen"（チャータースクールが生徒をいかにして排除するかを説明している）.

94 Journey for Justice Alliance, *Death by a Thousand Cuts*, 4.

95 Editorial Board, "The NAACP Opposes Charter Schools. Maybe It Should Do Its Homework," *Washington Post*, October 11, 2016.

96 Shane Goldmacher, "Daniel Loeb, a Cuomo Donor, Makes Racial Remark about Black Leader," *New York Times*, August 10, 2017.

97 Dave Powell, "No, Education Isn't the Civil Rights Issue of Our Time," *Education Week*, May 15, 2017; Susan Berry, "Jeb Bush Calls Education a 'Civil Rights Issue,' Quiet on Support of Common Core," Breitbart, January 18, 2016.

98 Journey for Justice Alliance, *Death by a Thousand Cuts*, 19.

99 Dustin Beilke, "New Grants Announced: ED Continues to Pour Millions into Charter School Black Hole," PR Watch, September 29, 2016.

100 Julian Vasquez Heilig, "Truth: Why Vouchers and School Choice Were Created," *Cloaking Inequity* (blog), January 13, 2017, https://dianeravitch.net/2017/02/12/julian-vasquez-heilig-the-sordid-truth-about-vouchers/.

101 Sean Cavanagh, "George W. Bush Defends Legacy of No Child Left Behind at Education Business Conference," *Education Week*, April 17, 2018.

102 Westlawで以下の語句を検索した結果にもとづくもの（2017年12月14日）。「失敗学校による「トップダウン式の独占状態」について言及している[現在はリンク切れ]).

67 National Alliance for Public Charter Schools, "Data Dashboard," accessed March 15, 2019, http://data.publiccharters.org（ここでは5万人以上の生徒を擁する6つのチャータースクール管理機構(CMO)を挙げている); Monica Disare, "Eva Moskowitz Looks Back at Her Turn Away from District Schools, as She Plans for 100 Schools of Her Own," Chalkbeat, October 16, 2017.

68 Journey for Justice Alliance, *Death by a Thousand Cuts*, 7.

69 Democrats for Education Reform, "Statement of Principles"([66と同じページで]現在の学校制度が「子どもの教育上のニーズよりも大人の要求を優先するような、強力な既得権益層に支配されている」点について述べている).

70 Journey for Justice Alliance, *Death by a Thousand Cuts*, 7.

71 Tal Axelrod, "DeVos: Teachers Union Has a 'Stranglehold' on Many Federal, State Politicians," The Hill, November 27, 2018.

72 Center for Popular Democracy, *Charter School Vulnerabilities; Strauss*, "What Taxpayers Should Know about the Cost of School Choice" ; Pelto, "Loosely Regulated, Charter Schools Pose Fiscal Risk" ; Network for Public Education, *Charters and Consequences*; Network for Public Education, *Still Asleep at the Wheel*.

73 Monte Whaley, "'Historic' Colorado Charter School Funding Measure Headed for Governor's Signature," *Denver Post*, May 10, 2017.

74 Miron, Mathis, and Welner, review of *Separating Fact & Fiction*; Welner, "Dirty Dozen."

75 ノーブルの納税申告書はGuidestarから入手した。

76 Journey for Justice Alliance, *Death by a Thousand Cuts*, 16.

77 Lynne Marek, "How the Noble Charter Network Connected with Chicago's Business Elite," *Crain's*, February 22, 2014.

78 Marek, "How the Noble Charter Network Connected."

79 Melissa Sanchez and Kalyn Belsha, "Inside Noble," *Chicago Reporter*, February 8, 2016.

80 US Department of Education Office of Civil Rights, "2015–16 Civil Rights Data Collection," https://ocrdata.ed.gov. なお、ノーブルは小学校を運営していないが、全米平均の退学率には小学校が含まれることに注意してほしい。

81 Chicago Public Schools, "School Data," accessed March 5, 2018, https://cps.edu/SchoolData/Pages/SchoolData.aspx.

82 Dusty Rhodes, "Culture Shock: Teachers Call Noble Charters 'Dehumanizing,'" NPR Illinois, April 3, 2018.

83 James Warren, "Some Students Really Pay for Breaking the Rules," *New York Times*, February 17, 2012.

billionaires-are-biggest-threat-public-schools; Katie Ferrari, "Disaster Capitalism is Coming for Public Education," *Jacobin*, May 14, 2020.

55 *Envisioning the Future of Newark Public Schools*; Great Public Schools—Pittsburgh, *Creating a District of Last Resort*; Philadelphia Coalition Advocating for Public Schools, *The Philadelphia Community Education Plan*.

56 Matt Levin, "Bill Gates, Angelina Jolie Top List of Most Admired People in the World," *Houston Chronicle*, May 12, 2016.

57 Jane Mayer, Dark Money: *The Hidden History of the Billionaires behind the Rise of the Radical Right*(New York: Anchor Books, 2016), 33–41.(ジェイン・メイヤー『ダーク・マネー――巧妙に洗脳される米国民』伏見威蕃訳、東洋経済新報社、2017年)

58 Marc Sternberg, "Our $1 Billion Plan to Create Opportunities for U.S. Students," Walton Family Foundation, January 7, 2016, https://blog.waltonfamilyfoundation.org/2016/january/our-$1-billion-plan-to-create-opportunities-for-us-students.

59 James Hohmann, "The Daily 202: Koch Network Laying Groundwork to Fundamentally Transform America's Education System," *Washington Post*, January 30, 2018; Andrew Ujifusa, "Koch Network Announces New Education Lobbying Group, Walton Funding Pact," *Education Week*, June 29, 2019.

60 Center for Media and Democracy, "ALEC Exposed," accessed March 5, 2018, https://www.alecexposed.org/wiki/ALEC_Exposed. この数年で、マイクロソフト、フェイスブック(現メタ)、デルはいずれもALECの会員資格を取りやめたと述べている。Center for Media and Democracy, "Corporations That Have Cut Ties with ALEC," SourceWatch, accessed March 5, 2018, https://sourcewatch.org/index.php?title = Corporations_that_Have_Cut_Ties_to_ALEC.

61 Brendan Fischer and Zachary Peters, "Cashing in on Kids: 172 ALEC Education Bills Push Privatization in 2015," Truthout, March 9, 2016.

62 National Alliance for Public Charter Schools, "Charter School FAQ," accessed March 5, 2018, http://www.publiccharters.org/about-charter-schools/charter-school-faq.

63 Center for Education Reform, "Just the FAQs—Charter Schools," accessed March 5, 2018, https://www.edreform.com/2012/03/just-the-faqs-charter-schools/.

64 Foundation for Excellence in Education, "Charter Schools," accessed March 5, 2018, http://www.excelined.org/opportunity/charter-schools/.

65 Colorado Department of Education, "Charter School Waivers 2017—18," https://www.cde.state.co.us/cdechart/report-waiversbycharterschool-0.

66 Democrats for Education Reform, "Statement of Principles," accessed March 5 2018, https://dfer.org/about-us/statement-of-principles/(本ページでは、公立

dissemination/awards.html; "Charter Schools Program Non-State Educational Agencies Planning, Program Design, and Initial Implementation Grant," accessed March 26, 2020, https://www2.ed.gov/programs/charternonsea/awards.html.

44 Kayla Lattimore, "DeVos Says More Money Won't Help Schools; Research Says Otherwise," NPR, June 9, 2017.

45 Walton Family Foundation, "Investing in Cities," accessed March 5, 2018, https://www.waltonfamilyfoundation.org/our-impact/k12-education/investing-in-cities.

46 "About Education Matters Funding," *Los Angeles Time*s, accessed March 5, 2018, http://www.latimes.com/local/education/la-me-edu-about-education-matters-funding-20151120-story.html.

47 Valerie Strauss, "Mark Zuckerberg Is Giving $120 Million to Bay Area Schools (after His Last Education Reform Effort Didn't Go So Well)," *Washington Post*, May 30, 2014.

48 Network for Public Education, *Hijacked by Billionaires: How the Super-Rich Buy Elections to Undermine Public Schools*; "The $1M School Board Race," *Economist*, November 9, 2017; Valerie Strauss, "Dark Money Just Keeps on Coming in School Board Races," *Washington Post*, October 29, 2017; "The 96 Billionaires Who Decided to Buy Local School Board Elections," Diane Ravitch's Blog, June 13, 2017, https://dianeravitch.net/2017/06/13/the-96-billionaires-who-decided-to-buy-local-school-board-elections/.

49 Howard Blume and Ben Poston, "How L.A.'s School Board Election Became the Most Expensive in U.S. History," *Los Angeles Times*, May 21, 2017; Peter Dreier, "Big Money Wins Big in L.A. School Board Race," L.A. Progressive, May 17, 2017.

50 Joanne Barkan, "Charitable Plutocracy: Bill Gates, Washington State, and the Nuisance of Democracy," *Nonprofit Quarterly*, April 11, 2016.

51 Matt Rosoff, "Steve Ballmer Spends $425,000 Fighting Bill Gates over Income Tax in Washington," Business Insider, November 1, 2010.

52 Russell Berman, "'You Better Learn Our Lesson,'" *Atlantic*, October 11, 2017; Mitch Smith and Julie Bosman, "Kansas Supreme Court Says State Education Spending Is Too Low," *New York Times*, March 2, 2017.

53 Danica Coto, "Puerto Rico's Gov Seeks Charter Schools, Raises for Teachers," *Washington Post*, February 5, 2018; Merrit Kennedy and Lauren Migaki, "School Closures Loom in Puerto Rico as Enrollment Shrinks after Maria," NPR, January 4, 2018.

54 Sarah Lahm, "Billionaires Are the Biggest Threat to Public Schools," Common Dreams, May 15, 2020, https://www.commondreams.org/views/2020/05/15/

Dell Foundation, Laura and John Arnold Foundation, Robertson Foundation, Tiger Foundation(Julian Robertsonも運営に参加), Lynde and Harry Bradley Foundation, and Doris & Donald Fisher Fund / Doris & Donald Fisher Foundationについて、すべてGuidestar〔アメリカの公益法人の収益や寄付金の額がわかるサイト〕から入手可能な1998年以降の年間納税申告書(フォーム990)をもとにした。ビル&メリンダ・ゲイツ財団とウォルトン・ファミリー財団については、それぞれのウェブサイトから寄付金額を集計した。シリコンバレー・コミュニティ財団については、入手可能な納税申告書から各人の投資額を算出できなかったため、同財団の寄付金額の合計を記載した。フィッシャー一族については、入手可能な納税申告書にドン・フィッシャーによるKIPPとティーチ・フォー・アメリカへの寄付金の情報を補足した。情報については「Philanthropy Roundtable Hall of Fame: Don Fisher」(accessed March 25, 2020, https://www.philanthropyroundtable.org/almanac/people/hall-of-fame/detail/don-fisher)にあるとおり。「コーク・ネットワーク」には以下の団体が属している。Charles G. Koch Charitable Foundation, David H. Koch Foundation, Claude R. Lambe Charitable Foundation, Freedom Partners, Donors Trust, Donors Capital Fund, and TC4 Trust. 情報源は以下のとおり。PRWatch Editors, "Meet the Network Hiding the Koch Money:'Donors Trust' and 'Donors Capital Fund,'" Center for Media and Democracy's PRWatch, October 29, 2012; Mike Allen and Jim Vandehei, "The Koch Brothers' Secret Bank," Politico, September 11, 2013; SourceWatch Editors, "Koch Family Foundations," Center for Media and Democracy's SourceWatch, accessed March 5, 2018, https://www.sourcewatch.org/index.php/Koch_Family_Foundations#Contributions_of_the_Claude_R._Lambe_Foundation. これらの団体は資金提供者を詳細に明かすよう義務づけられていないため、チャールズとデイヴィッド・コーク兄弟がそれぞれの団体でどんな役割を果たしたのか、正確にはわからない。しかし、どの団体もコーク一族の資金が相当額流れ込んでおり、コーク兄弟とのあいだに深いつながりがあるのは明らかである。寄付金額はGuidestarのほか、Center for Media and DemocracyのSourceWatchで入手可能な納税申告書から集計した。

43 チャータースクール・グロースファンドとニュースクールズ・ベンチャーファンドからの寄付金額は、Guidestarで入手可能な納税申告書から集計した。米教育省による助成金額は、同省のウェブサイト(以下を参照)に記載されている情報をもとに算出した。"Charter School Program Grants for Replication and Expansion of High-Quality Charter Schools," accessed March 26, 2020, https://oese.ed.gov/offices/office-of-discretionary-grants-support-services/charter-school-programs/charter-schools-program-grants-for-replications-and-expansion-of-high-quality-charter-schools/awards/; "Charter Schools Program Non-State Educational Agencies Dissemination Grants," accessed March 26, 2020, https://www2.ed.gov/programs/charternonsea-

2020, https://www.edchoice.org/engage/the-states-ranked-by-spending-on-school-choice-programs-2020-edition/(バウチャーとバウチャー類似プログラムの総支出額を計算すると、27億ドルとなる).

33 Eve L. Ewing, "Phantoms Playing Double-Dutch: Why the Fight for Dyett Is Bigger Than One Chicago School Closing," Seven Scribes, August 26, 2015; Nadia Prupis, "'Reclaim Our Schools': Cities Rally Nationwide to Save Public Education," Common Dreams, February 17, 2016; Naomi Nix, "Newark Student Protestors to End Four-Day Sit-In against Superintendent," NJ.Com, February 20, 2015; News Advisory, "CTU to Lead Picket before Chicago Board of Education Meeting Calling for Halt to Charter School Expansion," May 26, 2015.

34 John Mooney, "Newark Civil-Rights Probe Mirrors Investigations in Other U.S. Cities," NJ Spotlight, July 24, 2014.

35 Diane Ravitch, *Slaying Goliath: The Passionate Resistance to Privatization and the* Fight to Save America's Public Schools(New York: Knopf, 2020).

36 Ravitch, *Slaying Goliath; United Teachers* Los Angeles, "Our Contract Agreement: What We Won & How It Builds Our Future."

37 フォーブスのランキングや純資産額はすべて、以下のふたつの情報源から得ている。: Luisa Kroll and Kerry A. Dolan, "The Forbes 400: The Definitive Ranking of the Wealthiest Americans," *Forbes*, https://www.forbes.com/forbes-400/#15dbd 2177e2f; Kerry A. Dolan, "Billion-Dollar Clans: America's Richest Families 2016," *Forbes*, June 29, 2016, https://www.forbes.com/sites/kerryadolan/2016/06/29/billion-dollar-clans-americas-25-richest-families-2016/#72e3881e32f5.

38 すなわち、(a)チャータースクールや著名な学校民営化団体に寄付したり、(b)ALECの会員(近年脱退した会員を含む。Center for Media and Democracyのプロジェクト「ALEC Exposed」より)として州レベルで学校民営化計画を推進する企業を通じて財を成したり、(c)学校民営化を主な優先事項とするコーク・ネットワークに所属するドナーとなったり、という具合に(Gavin Aronsen, "The Koch Brothers' Million-Dollar Donor Club," *Mother Jones*, September 6, 2011より)。Luisa Kroll, "Forbes 400 2017: Meet the Richest People in America," *Forbes*, https://www.forbes.com/forbes-400/#4d419 2887e2f.

39 Walton Family Foundation, "K-12 Education," accessed March 5, 2018, https://www.waltonfamilyfoundation.org/our-impact/k12-education.

40 Bill & Melinda Gates Foundation, "Who We Are: Annual Reports," accessed March 5, 2018, https://www.gatesfoundation.org/Who-We-Are/Resources-and-Media/ Annual-Reports.

41 Aronsen, "Koch Brothers' Million-Dollar Donor Club."

42 表2〜5および表7〜10に記載された数値、Broad Foundation, Michael & Susan

and Worse Results," Salon, January 10, 2014.

25 Network for Public Education, "California Charters Gone Wild: Part 2—Storefront Schools," October 17, 2016.

26 Jess Clark, "Department of Education Awards $13 Million to Train New Orleans Teachers," New Orleans Public Radio, November 13, 2017; Eric Westervelt, "Where Have All the Teachers Gone?," NPR, March 3, 2015.

27 Daniel J. Losen et al., Charter Schools, *Civil Rights and School Discipline: A Comprehensive Review,* Center for Civil Rights Remedies at the Civil Rights Project, March 2016; NAACP Task Force on Quality Education, *Quality Education for All... One School at a Time,* July 2017; Frank Adamson, Channa Cook-Harvey, and Linda Darling Hammond, *Whose Choice? Student Experiences and Outcomes in the New Orleans School Marketplace,* SCOPE, September 2015; Joe Davidson, "Feds Cite D.C. Charters for High Suspension Rates, Particularly for Black Students," *Washington Post,* February 14, 2017.

28 "Bruce Baker: The Relationship between States' Charter Schools and Fiscal Effort," Diane Ravitch's Blog, May 23, 2017, https://dianeravitch.net/2017/05/23/bruce-baker-the-relationship-between-states-charter-schools-and-fiscal-effort/; Michael Leachman, Kathleen Masterson, and Eric Figueroa, *A Punishing Decade for School Funding,* Center on Budget and Policy Priorities, November 29, 2017; National Education Association, *Wraparound Services,* accessed July 31, 2020, http://www.gpsnetwork.org/assets/docs/Wraparound-Services-05142013.pdf.

29 Center for Popular Democracy, *Charter School Vulnerabilities to Waste, Fraud, and Abuse,* May 2017; Valerie Strauss, "What Taxpayers Should Know about the Cost of School Choice," *Washington Post,* January 26, 2017; Jonathan Pelto, "Loosely Regulated, Charter Schools Pose Fiscal Risk," The Hill, November 1, 2016; Network for Public Education, *Charters and Consequences;* Network for Public Education, *Still Asleep at the Wheel: How the Federal Charter Schools Program Results in a Pileup of Fraud and Waste,* December 6, 2019.

30 Journey for Justice Alliance, *Death by a Thousand* Cuts, 21.

31 Journey for Justice Alliance, *Death by a Thousand* Cuts, 4.

32 National Alliance for Public Charter Schools, "About Charter Schools," accessed July 29, 2020, https://www.publiccharters.org/about-charter-schools（これによると、チャータースクールの生徒数は330万人）; Patrick J. Wolf et al., *Charter School Funding: Inequity in the City, School* Choice Demonstration Project(Fayetteville, AR: University of Arkansas Department of Education Reform, 2017), 11（14都市のチャータースクールの生徒ひとり当たりの支出を加重平均で求めると、1万4200ドルとなる）; Drew Catt, "The States Ranked by Spending on School Choice Programs, 2020 Edition," EdChoice, January 28,

Pittsburgh, *Creating a District of Last Resort: The Community Perspective on Pittsburgh Public Schools' Proposed "Corporate-Style" Reforms*, October 2013; Philadelphia Coalition Advocating for Public Schools, *The Philadelphia Community Education Plan: Excellent Schools for All Children*, 2012; Network for Public Education, *Charters and Consequences: An Investigative Series*, November 2017; Network for Public Education, *NPE Toolkit: School Privatization Explained;* Ravitch, *Reign of Error*（ラヴィッチ『アメリカ　間違いがまかり通っている時代』); Diane Ravitch, *The Death and Life of the Great American School System: How Testing and Choice Are Undermining Education* (New York: Basic Books, 2011); Molly F. Gordon et al., *School Closings in Chicago: Staff and Student Experiences and Academic Outcomes*, University of Chicago Consortium on School Research, May 2018; Brett Robertson, "NPR Series Exposes the Numerous Problems with Trump and DeVos' Push for Private School Vouchers," Media Matters for America, May 25, 2017; Alliance to Reclaim Our Schools, "Vouchers: What the Research Says," April 7, 2017; Alliance to ReclaimOurSchools, "Myths and Facts about Vouchers," April 7,2017;Network for Public Education, *NPE Toolkit;* と、正義の同盟のための旅(Journey for Justice Alliance)のメンバーへのインタビュー。

20 Network for Public Education, *NPE Toolkit;* David Lapp, Joshua Linn, Erik Dolson, and Della Moran, *The Fiscal Impact of Charter School Expansion: Calculations in Six Pennsylvania School Districts,* Research for Action, September 2017; Bruce D. Baker, *Exploring the Consequences of Charter School Expansion in U.S. Cities,* Economic Policy Institute, November 30, 2016; In the Public Interest, *Breaking Point: The Cost of Charter Schools for Public School Districts,* May 2018.

21 Kevin G. Welner, "The Dirty Dozen: How Charter Schools Influence Student Enrollment," *Teachers College Record,* April 2013, http://www.tcrecord.org.

22 Great Public Schools—Pittsburgh, *Creating a District of Last Resort: The Community Perspective on Pittsburgh Public Schools' Proposed "Corporate-Style" Reforms,* October 2013, 5; Journey for Justice Alliance, *Death by a Thousand Cuts,* 17.

23 たとえば、シカゴ市が2013年に50の公立学校を閉鎖したとき、1万5000人以上の生徒が学校から追い出されたが、そのうち40パーセントが翌年指定された受け入れ校に通わず、行方不明となった。Linda Lutton, "Only 60 Percent of Students from Chicago's Closed Schools Turn Up at 'Welcoming Schools,'" WBEZ, October 14, 2013.

24 Network for Public Education, *Charters and Consequences;* Network for Public Education, #AnotherDayAnotherCharterSchoolScandal; Jeff Bryant, "The Truth about Charter Schools: Padded Cells, Corruption, Lousy Instruction,

"Christie Breaks the Law (Again) to Overfund State's Charter Schools," NJ Spotlight, June 25, 2015; Mike Klonsky, "Rauner's Dream: A State with No Unions and More Charters," *Mike Klonsky's Blog*, February 5, 2015, https://michaelklonsky.blogspot.com/2015/02/rauners-dream-state-with-no-unions-and.html; Erin Richards, "Walker Budget Proposal Would Virtually Upend Education Status Quo," *Milwaukee Journal Sentinel*, February 3, 2015.

10 Center for Popular Democracy, *State Takeovers of Low-Performing Schools: A Record of Academic Failure, Financial Mismanagement & Student Harm*, February 2016.

11 Center for Popular Democracy, *State Takeovers of Low-Performing Schools;* Alliance to Reclaim Our Schools, *Out of Control: The Systematic Disenfranchisement of African American and Latino Communities through School Takeovers,* August 2015; Alliance to Reclaim Our Schools, *The Facts about State Takeovers of Public Schools,* 2015.

12 Education Commission of the States, *50-State Comparison: Vouchers*, March 6, 2017; また、Alliance to Reclaim Our Schools, "Resources," accessed March 5, 2018, http://www.reclaimourschools.org/resources も参照。

13 Network for Public Education and Schott Foundation for Public Education, *Grading the States: A Report Card on Our Nation's Commitment to Public Schools*, June 2018.

14 Tim Walker, "Beware of School Voucher Doublespeak," *NEA Today,* May 26, 2017; Evie Blad, "Trump Pushes Tax Break to Promote School Choice in State of the Union Address," *Education Week*, February 4, 2015.

15 Andrew Marra, "Schools Chief Wants Freedom from State Rules to Rival Charters," *Palm Beach Post*, July 30, 2015.

16 Howard Blume, "Backers Want Half of LAUSD Students in Charter Schools in Eight Years, Report Says," *Los Angeles Times,* September 21, 2015.

17 Gary Miron, William J. Mathis, and Kevin G. Welner, review of *Separating Fact & Fiction: What You Need to Know about Charter Schools*, National Education Policy Center, February 2015; Diane Ravitch, *Reign of Error: The Hoax of the Privatization Movement and the Danger to America's Public Schools* (New York: Knopf, 2013), 156, 206 (ダイアン・ラヴィッチ『アメリカ　間違いがまかり通っている時代——公立学校の企業型改革への批判と解決法』末藤美津子訳、東信堂、2015年).

18 Arianna Prothero and Alex Harwin, "In Many Charter High Schools, Graduation Odds Are Slim," *Education Week*, February 26, 2019.

19 とくに記載のないかぎり、チャータースクールやバウチャー拡大の影響に関する情報は以下から得たものである。: Journey for Justice Alliance, *Death by a Thousand Cuts; Envisioning the Future of Newark Public Schools: Excellent Neighborhood Public Schools for All*, May 17, 2014; Great Public Schools—

いた。

3 Naomi Klein, *The Shock Doctrine: The Rise of Disaster Capitalism* (New York: Picador, 2007), 5.(ナオミ・クライン『ショック・ドクトリン』上下巻、幾島幸子、村上由見子訳、岩波書店、2011年)

4 Alliance to Reclaim Our Schools, *Confronting the Education Debt: We Owe Billions to Black, Brown and Low-Income Students and Their Schools*, September 2018.

5 Journey for Justice Alliance, *Death by a Thousand Cuts: Racism, School Closures, and Public School Sabotage*, May 2014; Communities United for Quality Education, *Fact Sheet on Chicago Public Schools' Proposed Charter School Expansion*, January 15, 2014; Susan Saulny, "Board's Decision to Close 28 Kansas City Schools Follows Years of Inaction," *New York Times*, March 11, 2010; Dominic Adams, "Half of Closed Flint Schools Over Last 10 Years in Predominantly Black Neighborhoods in Northwest Quadrant," *MLive*, May 12, 2013; Theresa Harrington and Aly Tadayon, "Oakland School Board's Vote to Close Schools Draws Ire from Parents, Teachers," *Mercury News*, September 12, 2019.

6 Kevin Hesla, Jamison White, and Adam Gerstenfeld, *A Growing Movement: America's Largest Public Charter School Communities*, 13th annual ed., National Alliance for Public Charter Schools, March 2019; National Alliance for Public Charter Schools, *A Growing Movement: America's Largest Charter School Communities*, 5th annual ed., November 2010, 1.

7 Arianna Prothero, "Alabama Governor Signs Measure to Allow Charter Schools," *Education Week*, March 19, 2015.

8 National Alliance for Public Charter Schools, National Association of Charter School Authorizers, and 50Can, *A Call to Action to Improve the Quality of Full-Time Virtual Charter Public Schools*, June 2016.

9 Diane Ravitch, "North Carolina Relaxes Oversight for Charters, Launches ASD to Turn More Public Schools Over to Charters," *Diane Ravitch's Blog*, July 3, 2016, https://dianeravitch.net/2016/07/03/north-carolina-relaxes-oversight-for-charters-launches-asd-to-turn-more-public-schools-over-to-charters/; Vivian Lee and Jesse McKinley, "Legislature Reaches Deal to Extend Mayoral Control of New York's Schools for a Year," *New York Times*, June 17, 2016; Jonathan Pelto, "Cha-Ching! Wealthy Charter School Backers Give Big to Malloy—Malloy Gives Big to Charter Schools," *Wait What?* (blog), February 7, 2016, http://jonathanpelto.com/2016/02/07/cha-ching-wealthy-charter-school-backers-give-big-to-malloy-malloy-gives-big-to-charter-schools/; Valerie Strauss, "What Gov. Scott Walker Is About to Do to Wisconsin's Public Schools," *Washington Post*, July 8, 2015; Darcie Cimarusti,

20 National Priorities Project, "Federal Budget Tipsheet: Pentagon Spending," accessed March 5, 2018, https://www.nationalpriorities.org/guides/tipsheet-pentagon-spending/.

21 Danny Hakim and Michael Wines, "'They Don't Really Want Us to Vote': How Republicans Made It Harder," *New York Times*, November 3, 2018; Elizabeth Tandy Shermer, "The Right to Work Really Means the Right to Work for Less," *Washington Post*, April 24, 2018; Michelle Chen, "America's Right to Protest Is under Attack," *Nation*, June 6, 2017. また、In the Public Interest, https://www.inthepublicinterest.org/ も参照。

22 "'The Future of the Negro': Clip from 'I Am Not Your Negro,'" PBS, https://www.pbs.org/video/i-am-not-your-negro-future-negro-clip-uppanz/.

23 Howard Zinn, *A People's History of the United States*(New York: Harper & Row, 1980).(ハワード・ジン『民衆のアメリカ史――1492年から現代まで』猿谷要監修、富田虎男・平野孝・油井大三郎訳、明石書店、2005年)

24 比較的新しい例を挙げると、白人の怒りが向かう先は税金を浪費する黒人の「福祉の女王〔生活保護をだまし取って高級車を乗り回すような人々〕」や"私たちの"仕事を奪う「不法移民」、都心部を荒らす「サグ(チンピラ)」や「ギャング」、アメリカを憎むイスラム教徒、学校を脅かす「スーパープレデター」の子どもたちなどである。これらはすべて、白人の女性を「黒人のけだもの」から守らなければならないと訴える古来の戦術が現代に直接受け継がれたものである。

25 "James Baldwin: How Much Time Do You Want for Your 'Progress?'" uploaded by UnaffiliatedCritic, YouTube video, https://www.youtube.com/watch?v=OCUlE5ldPvM.

26 例を挙げればきりがないが、なかでもビル・クリントン、ジョー・バイデン、ラーム・エマニュエルなど中道派の政治家の「三角測量(トリアンギュレーション)」戦略〔アメリカの保守派とリベラル派のイデオロギー的な立ち位置を測量し、みずからの政策的立場をその中間に置こうとする戦略〕は手始めにふさわしい。

27 たとえば、2015年にボランティア活動を行った白人の数はおよそ5200万人だった。活動に費やされた時間の中央値は52時間だ。つまり、白人は合計何十億という時間を自分たちのコミュニティや周辺のコミュニティでのボランティア活動に費やしたことになる。Bureau of Labor Statistics, Economic News Release, "Volunteering in the U.S., 2015," February 25, 2016.

28 白人のアメリカ人は2億人近くいるので、人種正義を支持する白人を50万人動員するには、400人に1人程度集めればいいことになる。

第2章　才能を潰され、使い捨てにされる若者たち

1 これについては、著名なコミュニティ・オーガナイザーのリカルド・マルティネスがくり返し指摘している。

2 プライバシー保護のため、本書に登場する子どもと若者の名前はすべて仮名を用

ALEC," SourceWatch, accessed March 5, 2018, https://sourcewatch.org/index.php/Corporations_that_Have_Cut_Ties_to_ALEC.

8 eHistory.org, "The Invasion of America," YouTube video, June 2, 2014, https://www.youtube.com/watch?v=pJxrTzfG2bo

9 Laura Meckler, "Report Finds $23 Billion Racial Funding Gap for Schools," *Washington Post*, February 26, 2019.

10 実際の金額はこれよりもずっと大きい場合がある。US Department of Education Office of Civil Rights, "2015–16 Civil Rights Data Collection."

11 David Cooper, "Workers of Color Are Far More Likely to Be Paid Poverty-Level Wages Than White Workers," Economic Policy Institute, *Working Economics Blog*, June 21, 2018, https://www.epi.org/blog/workers-of-color-are-far-more-likely-to-be-paid-poverty-level-wages-than-white-workers/.

12 Don Gonyea, "Majority of White Americans Say They Believe Whites Experience Discrimination," NPR, October 24, 2017.

13 American Values Institute, *Transforming Perception: Black Men and Boys*; Perception Institute, https://perception.org/; Kirwan Institute for the Study of Race and Ethnicity, http://kirwaninstitute.osu.edu/.

14 David Armiak and Alex Kotch, "ALEC Leading Right-Wing Campaign to Reopen the Economy Despite COVID-19," Center for Media and Democracy, April 30, 2020, https://www.exposedbycmd.org/2020/04/30/alec-leading-right-wing-campaign-to-reopen-the-economy-despite-covid-19/.

15 Morgan Jerkins, "Too Many Kids: School Districts Are Packing More and More Kids into Classrooms—and That's Pushing Teachers Out," *Atlantic*, July 1, 2015; Tim Walker, "The Testing Obsession and the Disappearing Curriculum," *NEA Today*, September 2, 2014.

16 Michael Mitchell, Michael Leachman, and Kathleen Masterson, *A Lost Decade in Higher Education Funding*, Center on Budget and Policy Priorities, August 23, 2017.

17 Dave Gilson, "Overworked America: 12 Charts That Will Make Your Blood Boil," *Mother Jones*, July/August 2011; G. E. Miller, "The U.S. Is the Most Overworked Developed Nation in the World," 20 Something Finance, January 2, 2018.

18 Morgan Haefner, "Medical Bills Account for 1 in 3 GoFundMe Campaigns," *Becker's Hospital Review*, July 3, 2018.

19 Adam Gopnik, "The Caging of America," *New Yorker*, January 30, 2012; Communities United et al., *The $3.4 Trillion Mistake: The Cost of Mass Incarceration and Criminalization, and How Justice Reinvestment Can Build a Better Future for All* , 2016; Electronic Frontier Foundation, "NSA Spying," accessed March 5, 2018, https://www.eff.org/nsa-spying.

原注

序章　戦略的レイシズム

1　本書では、アフリカ系、ラテンアメリカ系、カリブ系、ネイティブ・アメリカン、南アジア系などの有色人種が多くを占めているアメリカの地域について、「黒人と褐色人種のコミュニティ(地域社会)」という呼び方を使用する。
2　"'Segregation Forever': A Fiery Pledge Forgiven, but Not Forgotten," NPR, January 10, 2013.
3　Smithsonian Institution, "Spotlight: Dr. Martin Luther King, Jr.," accessed March 20, 2018, https://www.si.edu/spotlight/mlk?page=4&iframe=true.
4　Eugene Scott, "Six Times President Trump Said He Is the Least Racist Person," Washington Post, January 17, 2018.
5　私は「白人(white people)」という言葉を用いるときは、典型的なヨーロッパ系で、ラテンアメリカの血を引かず、アメリカ文化において「白人」を自認し、周囲からもそう認識される人々を表す略語として使っている。

第1章　レイシズムでぼろ儲けする人々

1　"Chicago Board Votes to Close 50 Schools," CNN, May 22, 2013.
2　私がアンナ・ジョーンズに行ったインタビューに、彼女が「Anna Jones: Hunger Striker」(『*Chicago Reader*』紙、2015年12月9日)という記事で語った内容を補足した。
3　Inequality.org, "Facts: Wealth Equality in the United States," accessed March 5, 2018, https://inequality.org/facts/wealth-inequality/
4　Center for Media and Democracy, "What Is ALEC?," ALEC Exposed, accessed March 5, 2018, https://www.alecexposed.org/wiki/What_is_ALEC.
5　Center for Media and Democracy, "What Is ALEC?"
6　Center for Media and Democracy, "ALEC Corporations," SourceWatch, accessed March 5, 2018, https://www.sourcewatch.org/index.php/ALEC_Corporations.
7　Center for Media and Democracy, "Corporations That Have Cut Ties with

ちょうふゆうそう　じんしゅさべつせんりゃく
超富裕層の人種差別戦略
ぜんい　うら　もう
善意の裏でボロ儲けするアメリカのビリオネアたち

2024年5月30日　初版1刷発行

著者 ———— ジム・フリーマン
訳者 ——— 橋本篤史（はしもとあつし）
ブックデザイン ———— 森恭子（ビーワークス）
発行者 ———— 三宅貴久
組版 ———— 新藤慶昌堂
印刷所 ———— 新藤慶昌堂
製本所 ———— 国宝社
発行所 ———— 株式会社光文社
〒112-8011　東京都文京区音羽1-16-6
電話 ———— 翻訳編集部 03-5395-8162
書籍販売部 03-5395-8116
制作部 03-5395-8125

落丁本・乱丁本は制作部へご連絡くだされば、お取り替えいたします。

ISBN978-4-334-10332-3 Printed in Japan